高等职业教育系列教材
道路与桥梁工程技术专业系列教材

道路工程制图

第2版

主　编　谭伟建
副主编　胡　朵　王晓芳　陈　凡
参　编　唐　甜　彭　雪　周莉莉　刘小聪
程彤燕　周　密　陈思源
主　审　曹孝柏

机械工业出版社

本书是按照道路工程制图教学大纲及国家颁发的有关规程、标准等编写的，具有较强的专业特色且通俗易懂。全书共12章，内容包括制图基础知识，投影原理和正投影图，点、直线和平面的投影，结构形体的投影，结构形体的表达方法，标高投影，道路路线工程图，涵洞与通道工程图，桥隧工程图，市政管道工程制图，城市轨道交通工程制图，计算机辅助设计简介。

本书可作为高职高专道路与桥梁、工程造价、市政工程、地下建筑、隧道、监理、养护、检测等有关专业的制图课程教材，也可作为道路工程施工人员、管理人员的自学和参考用书。

图书在版编目（CIP）数据

道路工程制图/谭伟建主编．—2版．—北京：机械工业出版社，2019.2（2023.9重印）

高等职业教育系列教材．道路与桥梁工程技术专业系列教材

ISBN 978-7-111-61628-3

Ⅰ.①道…　Ⅱ.①谭…　Ⅲ.①道路工程-工程制图-高等职业教育-教材　Ⅳ.①U412.5

中国版本图书馆CIP数据核字（2019）第012211号

机械工业出版社（北京市百万庄大街22号　邮政编码100037）

策划编辑：张荣荣　责任编辑：张荣荣　范秋涛

责任校对：杜雨霏　封面设计：张　静

责任印制：常天培

北京中科印刷有限公司印刷

2023年9月第2版第8次印刷

184mm×260mm·20.75印张·412千字

标准书号：ISBN 978-7-111-61628-3

定价：49.00元

电话服务　　网络服务

客服电话：010-88361066　机　工　官　网：www.cmpbook.com

010-88379833　机　工　官　博：weibo.com/cmp1952

010-68326294　金　书　网：www.golden-book.com

封底无防伪标均为盗版　机工教育服务网：www.cmpedu.com

前　言

本书是按照《道路工程制图》教学大纲及国家颁发的有关规程、标准等编写的。本书具有较强的专业特色且通俗易懂，可作为高职高专业道路与桥梁、市政工程、城市轨道工程、地下建筑、隧道、工程造价、监理、养护、检测等有关专业的制图教材用书，也可作为从事道路工程施工人员、管理人员自学和参考用书。

在编写过程中贯彻了“专业适用性”和“必需、够用”的原则，力求内容精炼、图文并茂、通俗易懂。编写内容首先把传统的制图工具做了介绍，让初学者用这些工具学会自己动手画图，从而实现初学者的动手能力和图像思维能力，为正确使用计算机绘图打基础。接着编写了《道路工程制图标准》（GB 50162—1992）有关规定，让初学者树立画图都要符合制图规定的思想。我们抓住初学者会读立体图和宣传画的特点，在介绍了正投影图形成原理后，接着介绍了由正投影图画出轴测图，以及它们之间可以互逆的画图方法，来增加初学者的画图兴趣和空间想象能力。之后学习点、直线、平面的投影，使初学者认识构成形体最基本的几何元素及性质，并且把结构形体表面的截交线和两形体相交的相贯线集中在一起学习，可以找到相同的作图方法（即求出若干共同点，过点连线的方法）；再详细介绍结构形体的表达方法，为学生能够正确绘制各种相关专业图样奠定基础。在专业制图部分，系统讲解了标高投影图、道路路线工程图、涵洞与通道工程图、桥隧工程图、市政管道工程制图、城市轨道交通工程制图等专业施工图的读图与绘图方法；另增加了隧道工程图，帮助学生拓宽专业知识面。

本书采用了二维码技术以动画、图片形式，将原来静止的插图变成了动态彩色的画面，拓展了本书内容和知识面。

为了巩固学习内容，加强实际练习训练，另编写了《道路工程制图习题集》与本书配套使用。

本书编写分工如下：湖南城建职业技术学院谭伟建（绪论、第1章、第2章、第4章、第5章）；刘小聪（第3章）；唐甜（第6章）；彭雪（第7章）；胡朵（第9章）；陈凡（第10章）；王晓芳（第11章）；周莉莉（第12章）；黄河水利学院程形燕（第8章）；西南大学研究生陈思源（第1～5章的动画、图片制作等）；周密（习题集部分章节）。本书由谭伟建任主编；胡朵、王晓芳、陈凡任副主编；全书由湖南城建职业技术学院曹孝柏主审。

本书在编写的过程中，得到了机械工业出版社张荣荣和湖南城建职业技术学院市政路桥系老师们的指导与帮助，在此表示衷心的感谢。

由于编者水平有限，书中如有疏漏和错误之处，恳请读者批评指正。

编　者

目　录

前　言
绪　论 …… 1
第 1 章　制图基础知识 …… 3
1.1　制图工具及用品 …… 3
1.2　道路工程制图国家标准的有关规定 …… 8
1.3　徒手绘图 …… 19
思考题与习题 …… 21
第 2 章　投影原理和正投影图 …… 22
2.1　投影及投影法分类 …… 23
2.2　正投影图的基本原理 …… 26
2.3　平面几何体轴测图的画法 …… 32
思考题与习题 …… 36
第 3 章　点、直线和平面的投影 …… 38
3.1　点的投影 …… 38
3.2　直线的投影 …… 42
3.3　平面的投影 …… 46
思考题与习题 …… 52
第 4 章　结构形体的投影 …… 53
4.1　基本形体的投影 …… 53
4.2　曲面立体轴测图的画法 …… 59
4.3　结构形体表面的交线 …… 63
4.4　组合体投影图的读图与画图方法 …… 72
思考题与习题 …… 78
第 5 章　结构形体的表达方法 …… 79
5.1　视图 …… 79
5.2　结构形体的尺寸标注 …… 82
5.3　剖面图和断面图 …… 85
思考题与习题 …… 95
第 6 章　标高投影 …… 96
6.1　概述 …… 96
6.2　点、直线和平面的标高投影 …… 97
6.3　曲面的标高投影 …… 104
6.4　地形面 …… 106
6.5　标高投影在土建工程中的应用 …… 108
思考题与习题 …… 112

第 7 章　道路路线工程图 ……………………………………………… 113
7.1　公路路线工程图 ……………………………………………… 113
7.2　城市道路路线工程图 ………………………………………… 123
7.3　公路路面结构图 ……………………………………………… 127
7.4　公路排水系统及防护工程 …………………………………… 130
思考题与习题 ……………………………………………………… 132
第 8 章　涵洞与通道工程图 ……………………………………………… 133
8.1　涵洞的分类与组成 …………………………………………… 133
8.2　涵洞工程图 …………………………………………………… 135
8.3　通道工程图 …………………………………………………… 142
思考题与习题 ……………………………………………………… 144
第 9 章　桥隧工程图 ……………………………………………………… 145
9.1　桥隧概述 ……………………………………………………… 145
9.2　桥梁工程图 …………………………………………………… 146
9.3　隧道工程图 …………………………………………………… 161
思考题与习题 ……………………………………………………… 171
第 10 章　市政管道工程制图 ……………………………………………… 172
10.1　给水排水管道制图基本知识 ……………………………… 172
10.2　管道工程图的识读 ………………………………………… 179
思考题与习题 ……………………………………………………… 183
第 11 章　城市轨道交通工程制图 ………………………………………… 184
11.1　轨道交通路线工程图 ……………………………………… 184
11.2　轨道构造图 ………………………………………………… 190
11.3　地铁车站构造图 …………………………………………… 196
思考题与习题 ……………………………………………………… 202
第 12 章　计算机辅助设计简介 …………………………………………… 203
12.1　Auto CAD 概述 …………………………………………… 203
12.2　Auto CAD 2007 绘图实例 ………………………………… 207
思考题与习题 ……………………………………………………… 209
参考文献 ………………………………………………………………… 210

绪　论

在土木建筑工程中，由于结构物的形状、尺寸大小和施工要求，都无法用普通语言和文字表达清楚，因此无论是修路架桥、建造房屋或其他建筑工程，都要先画出工程图，经审核后才能照图生产或施工。工程施工图一般采取正投影原理作图，将结构物或基本形体各个方面的形状大小、内部布置及结构、细部构造、材料等，以及相关尺寸与施工要求，按照国家制图标准统一规定，准确、无误地在图纸上表达出来，作为工程施工与管理的依据。工程施工图已成为工程技术中不可缺少的重要文件资料，它是设计者用来表达其设计意图、指导施工、交流思想和保证生产正常运行的一种特殊语言工具，被喻为“工程界的语言”。因此，无论是从事道路工程设计的技术人员，还是从事现场施工或管理的技术人员，都要具备识读和绘制本专业工程图样的能力。

道路工程是一项综合性的工程，它包括道路土建施工和桥梁与隧道施工，其图示方法与其他工程图表达不尽相同。道路工程图以地形面作为平面图，以纵断面图和横断面图作为立面图，从而构成了《道路工程制图》课程的基础框架和知识内容。《道路工程制图》课程的教学目的和任务以及学习方法有如下几点要求：

1. 本课程教学目的

本课程教学目的是教会学生能根据国家标准的规定，运用所学的基本理论、基本知识和基本技能，绘制和识读较为复杂的道路工程施工图。

2. 本课程的主要任务

1）学习平行投影原理用于表示空间形体的图示方法，包括正投影法、斜投影法、标高投影法等，其中正投影法和标高投影法为主要教学任务。

2）掌握道路工程图的图示方法及与其他工程图的图示方法不同之处，道路工程图具有长、宽、高三方向的尺寸相差大、形状受地形影响大和涉及学科广的特点，绘制道路工程图时，应遵守国家标准《道路工程制图标准》（GB 50162—1992）中的有关规定。

3）培养学生掌握结构物的表达方法，形成较强的识图与绘图能力以及自学能力。

4）培养学生的空间想象能力和分析问题、解决问题的能力以及动手能力。

5）培养学生认真负责的工作态度和一丝不苟的工作作风，将思想品德教育和素质培养贯穿于教学全过程。

3. 本课程的学习方法

1）要明确学习目的，端正学习态度，刻苦认真，才能保持持久的学习热情。

2）学习制图首先要熟悉《道路工程制图标准》（GB 50162—1992）中的有关规定，有些内容必须强记，如图线的名称和用途，比例、尺寸标注、标高符号的规定，详图索引符号、详图符号以及剖切符号的规定，图样规定画法，各种材料图例以及各类构配件的图示规定等。学习时还应阅读相关专业的书籍，如《房屋建筑制图统一标准》（GB/T 50001—2017）、《机械制图》等内容。

3）制图课程的特点之一是既学制图理论更注重实践训练，务必按照要求完成一定数量的制图作业，从易到难循序渐进，才能把书本上的知识转换为自己的分析问题、解决问题的能力及动手能力。做作业时一定要认真，切莫粗枝大叶、马虎潦草。

4）做作业时，要独立思考。可借助于一些模型或实物来加强图、物对照，从中获得感性认识，有时可画出有立体感的轴测图来帮助识读正投影图，并按照投影规律加以分析，想象投影图与空间形体的对应关系。若遇到疑难问题或模糊不清的地方要多问老师，不可轻易放过。

5）制图课程的一个特点是图多，教材中图文并茂，不少地方是以图助文。教师在讲课时，一般是边讲、边画、边写且以图示为主来促进学生不断增强图像思维能力。学生上课时应做好记录便于课后复习，同时要特别注意讲课中的重点、难点内容，从而扩宽自己的知识面。预习时要边看边思考以提高自学能力。只有在平时学习中多思考、多读、多画才能正确掌握投影原理并运用在读图过程中，正确应用结构物的表达方法使绘制的图完整、清晰，不断增强图像思维能力。

6）工程图是施工与加工制作的依据，往往由于图样上一条图线或一个数字的识读与绘制出现差错，会造成返工与浪费甚至造成事故。因此，要求学生从开始学习制图课程时就严格要求自己，自觉养成耐心细致、认真负责、严谨的工作态度和工作作风。

7）适当阅读有关参考书，扩大视野，培养自学能力。

第1章　制图基础知识

学习目标：

1. 熟悉常用的制图工具及其使用方法。
2. 掌握《道路工程制图标准》（GB 50162—1992）有关规定。
3. 掌握徒手绘图的方法。

教学重点：

《道路工程制图标准》（GB 50162—1992）中的有关规定和徒手绘图方法。

制图基础是绘制工程图的前提，首先让初学者熟悉常用的制图工具及其使用方法，其目的是为以后训练手工绘图做好准备；学习和掌握《道路工程制图标准》（GB 50162—1992）有关规定，其目的是让初学者一开始学制图就要具备制图有标准、有规范、要认真的思想；学习徒手绘图的方法是为计算机绘图前的构思画草图打基础。

1.1　制图工具及用品

1.1.1　常用制图工具

绘制工程图须借助制图工具来进行，目前主要有现代的计算机制图工具（图 1-1a）和传统的制图工具（图 1-1b）。现在绘制工程图都使用计算机制图工具，但对于初学者要使图样的质量好、绘制速度快，就必须增强图像思维能力与制图动手能力，还要牢固树立制图有制图标准的思想，使自己保持良好的工作作风。因此，让初学者掌握传统的制图工具和介绍各种制图工具及用品的使用方法也就十分必要。

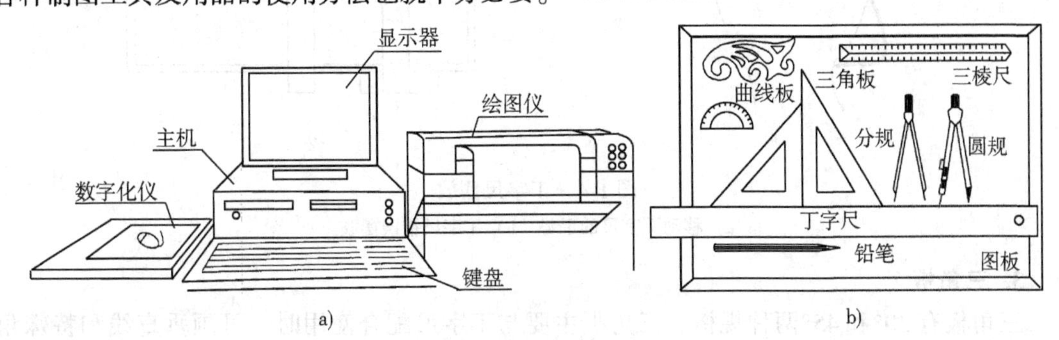

图 1-1　常用制图工具

a）计算机制图工具　b）传统制图工具

传统的制图工具及用品种类繁多，常用的工具有图板、丁字尺、三角板、圆规、分规、曲线板、建筑模板等，常用的用品有铅笔、橡皮、胶带纸等。

1. 图板

图板通常用胶合板制成，四周镶以硬木边条，以防翘曲，主要用作画图的垫板。图板板面应质地松软、光滑平整、有弹性，图板两端要平整，四角互相垂直，图板的左侧为工作边，又称导边。图板的大小有0号、1号、2号等各种不同规格，可根据所画图幅的大小而选定。

2. 丁字尺

丁字尺用胶合板或者有机玻璃制成，防止因受潮、暴晒等原因产生变形。丁字尺由相互垂直的尺头和尺身构成，丁字尺与图板、图纸、胶带纸的配合与固定如图1-2所示。

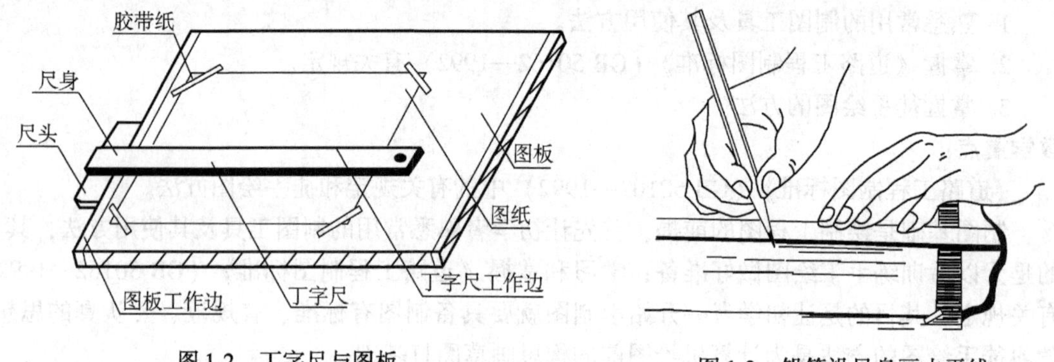

图1-2 丁字尺与图板

图1-3 铅笔沿尺身画水平线

用丁字尺画水平线时，铅笔应沿着尺身工作边从左画到右（图1-3）。若水平线较多，则应由上往下逐条画出。丁字尺每次移动位置都要注意尺头是否紧靠图板工作边，图1-4a所示为移动丁字尺的手势。为保证图线的准确，不允许用丁字尺的下边画线，也不许把尺头靠在图板的上边、下边或右边来画垂直线或水平线（图1-4b）。

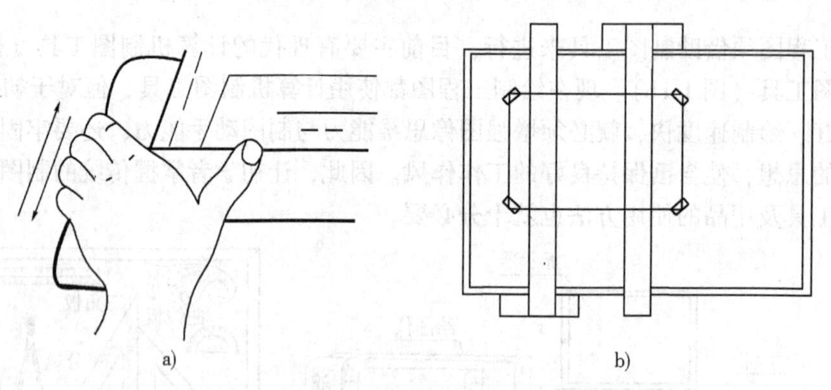

图1-4 丁字尺摆放

a）移动丁字尺的手势 b）丁字尺错误摆放

3. 三角板

三角板有30°和45°两种规格。三角板主要与丁字尺配合使用时，可画垂直线和特殊角度（30°、45°、60°、75°、15°）的斜线（图1-5）。

使用三角板画铅垂线时，应使丁字尺尺头靠紧图板的工作边，三角板的一侧垂直边紧靠在丁字尺的工作边上，再用左手轻轻按住丁字尺和三角板，右手持铅笔，自下而上画出垂直线。

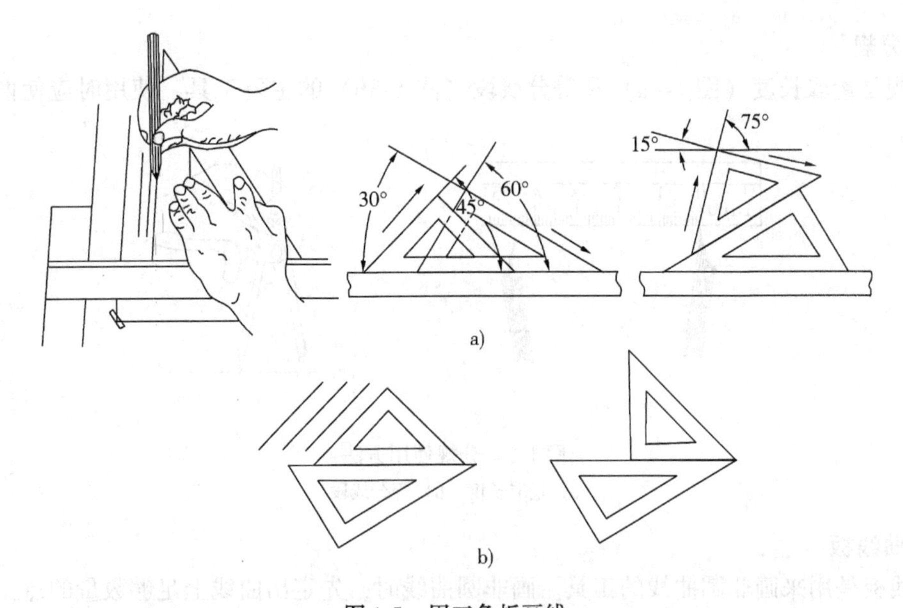

图 1-5　用三角板画线

a）用三角板画铅垂线、30°、45°、60°、75°、15°斜线　b）用三角板画平行线及垂直线

4. 圆规

圆规是用来画圆或圆弧的工具。圆规有两腿，一腿直接钢针，另一腿上附有插脚，换上不同的插脚可做不同的用途，其插脚有钢针插脚、铅芯插脚等（图 1-6a）。用圆规画圆时：先要使钢针对准图心，然后让圆规稍向运动方向倾斜。画圆或圆弧应一次完成（图 1-6b），画较大的圆弧时，应使圆规两脚与纸面垂直；必要时，可接延长杆（图 1-7）。圆规铅芯应磨成楔形，并使斜面向外，其硬度应比所画同类直线的铅芯软一号，以保证图线深浅一致。

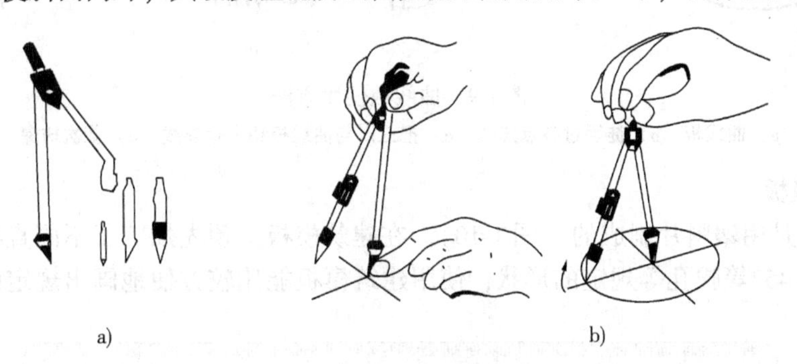

图 1-6　圆规组成及使用方法

a）圆规组成　b）圆规使用方法

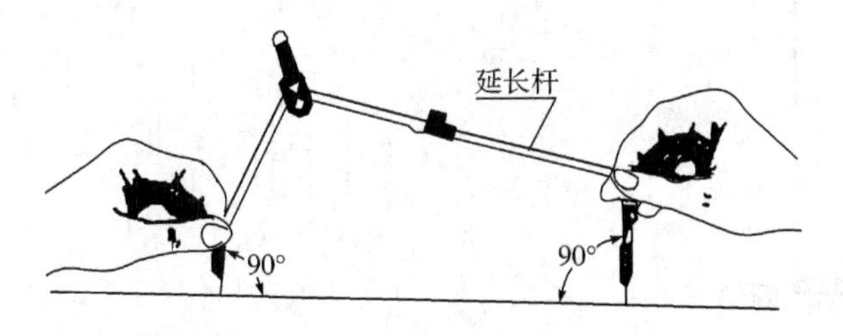

图 1-7　圆规接延长杆画圆

5. 分规

分规是量取长度（图 1-8a）和等分线段（图 1-8b）的主要工具，使用时应使两针尖接触对齐。

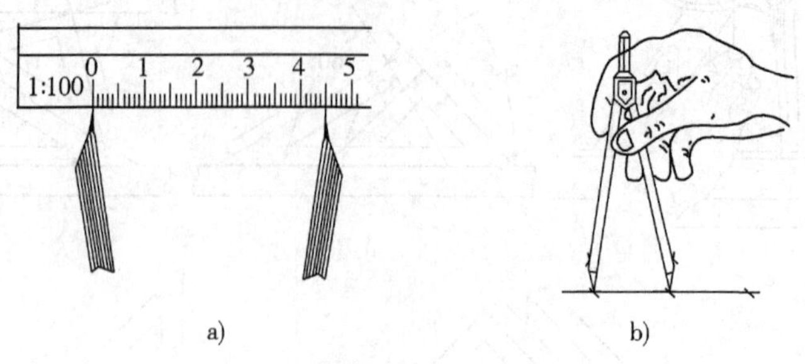

图 1-8　分规使用方法

a）量取长度　b）等分线段

6. 曲线板

曲线板是用来画非圆曲线的工具。画非圆曲线时，先定出曲线上足够数量的点，用铅笔徒手顺着各点轻轻而流畅地画出曲线，然后选用曲线板上曲率合适的部分，分几段逐步描深。每段至少应有三点与曲线板相吻合，并留一小段，作为下次接其相邻部分之用，以保证线条的流畅光滑（图 1-9）。

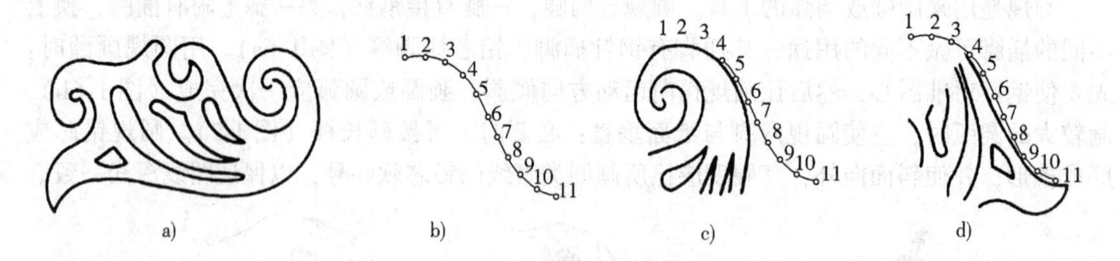

图 1-9　曲线板使用方法

a）曲线板　b）徒手过各点连线　c）把三点与曲线板相吻合连线　d）依次描深

7. 建筑模板

建筑模板是用塑料片制成的（图 1-10）。在建筑模板上预先加工了不同直径的圆、用于画标高符号的 45°等腰孔等规定的形状，使用建筑模板能比较方便地画出规定的圆、标高符号等图形形状。

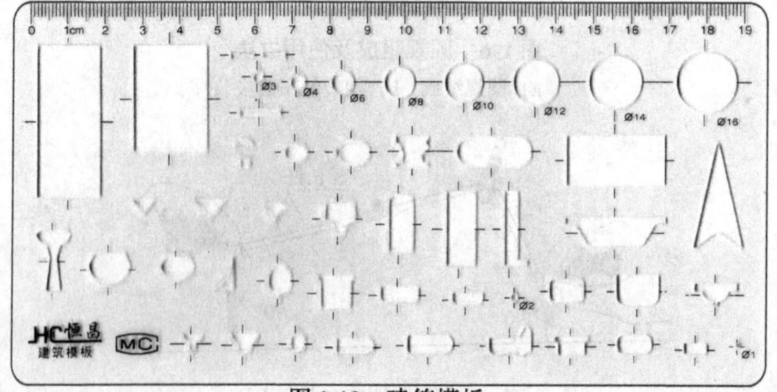

图 1-10　建筑模板

8. 比例尺

比例尺又称三棱尺（图 1-11a），它是根据一定比例关系制成的尺子。尺的度量单位为米（m），尺身为六个面，分别标有不同的比例，如 1∶100、1∶200、1∶300、1∶400、1∶500、1∶600。而 1∶10、1∶20……和 1∶1000、1∶2000 等，三棱尺上虽没有这种比例，但可分别对应在 1∶100、1∶200……的比例尺面上绘出。例如：1∶500 的尺面刻度 25 表示 25m，若图样比例是 1∶50 或 1∶5000，可用 1∶500 的比例来度量，其刻度为 25 的地方，分别表示为 2.5m、250m，依此类推（图 1-11b）。

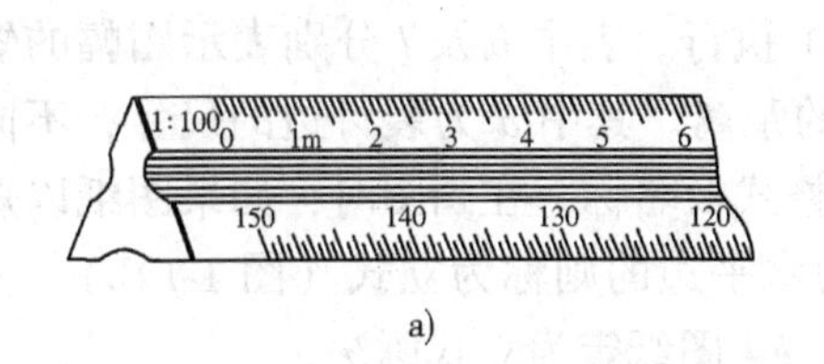

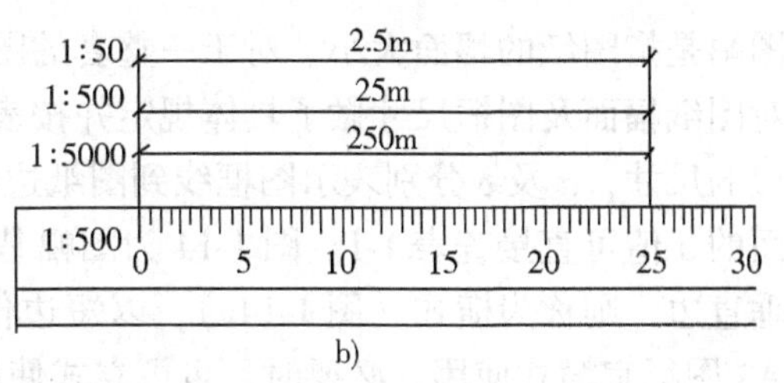

图 1-11　比例尺及使用方法

a）比例尺　b）比例尺使用方法

9. 铅笔

绘图使用的铅笔的铅芯硬度用 B 和 H 表示，B～6B 表示软铅芯，数字越大，铅芯越软；H～6H 表示硬铅芯，数字越大，铅芯越硬；HB 表示中等硬度。一般作底图时选用较硬的 H、2H 铅笔，加深图线时，可用 HB、B、2B 型铅笔。铅笔的削法及使用方法如图 1-12 所示。

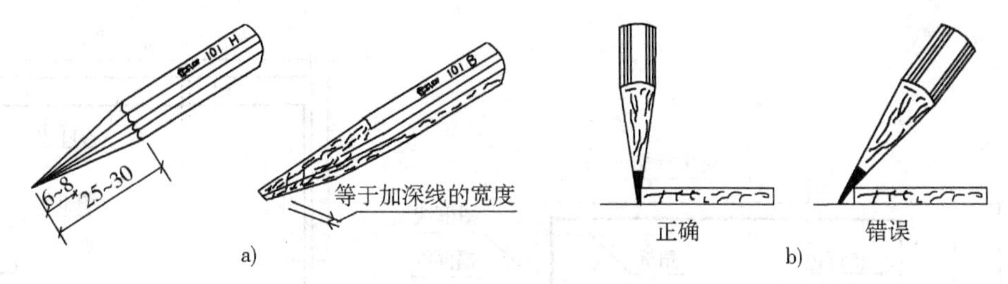

图 1-12　铅笔的削法及使用方法

a）削圆锥形（扁形用于加粗图线）铅笔的尺寸　b）铅笔画线使用方法

1.1.2　制图用品

1. 图纸

图纸是绘图时需要的绘图纸，一般以颜色洁白、橡皮擦拭不易起毛为佳。

2. 其他制图用品

其他制图用品包括橡皮、刀片、砂纸、胶带纸、毛刷等。此外，还有用以擦去多余线条的擦线板，它是用透明塑料或不锈钢制成的薄片，薄片上有各种形状的缺口（图 1-13）。使用时，用橡皮擦去缺口对准的线条，而不影响邻近的线条。

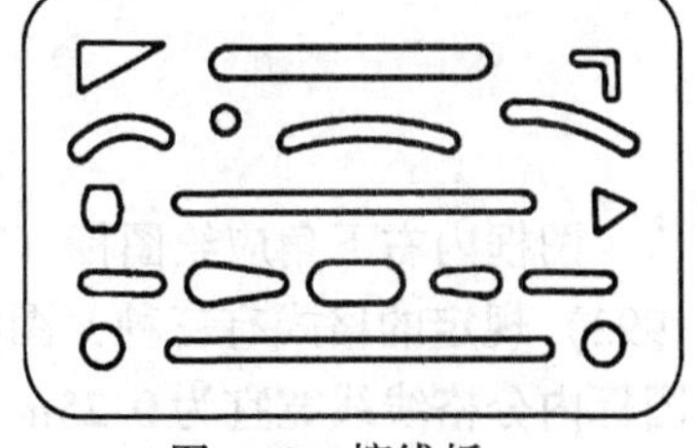

图 1-13　擦线板

1.2 道路工程制图国家标准的有关规定

本节主要介绍《道路工程制图标准》（GB 50162—1992）中有关图幅、图线、字体、坐标、比例、尺寸标注等相关规定。

1.2.1 图幅

图幅是指图纸的幅面大小。对于一整套的图纸，为了便于装订、保存和合理使用，国家标准对图纸幅面及图框尺寸做了具体规定并按表 1-1 执行。表中 b 及 l 分别表示图幅的短边及长边的尺寸，a 及 c 分别表示图框线到图纸边线的距离。其中 a 为装订边的尺寸，不同图纸幅面的 a 值可直接查表 1-1。图 1-14 为图幅基本格式及名称。在画图时，如果图纸以短边作为垂直边，则称为横式（图 1-14a）；以短边作为水平边的则称为立式（图 1-14b）。一般 A0 ~ A3 图纸宜横式使用，必要时，也可立式使用。A4 图纸定为立式画法。

表 1-1 图幅及图框尺寸 （单位：mm）

尺寸代号 \ 图幅代号	A0	A1	A2	A3	A4
$b \times l$	841 × 1189	594 × 841	420 × 594	297 × 420	210 × 297
a	35	35	35	30	25
c	10	10	10	10	10

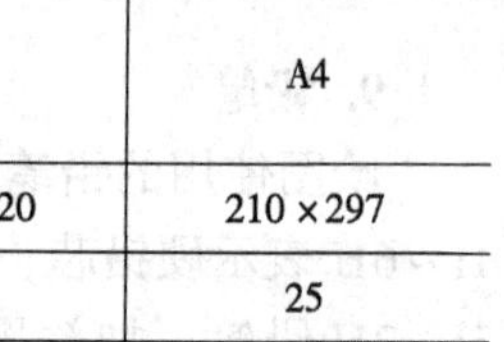

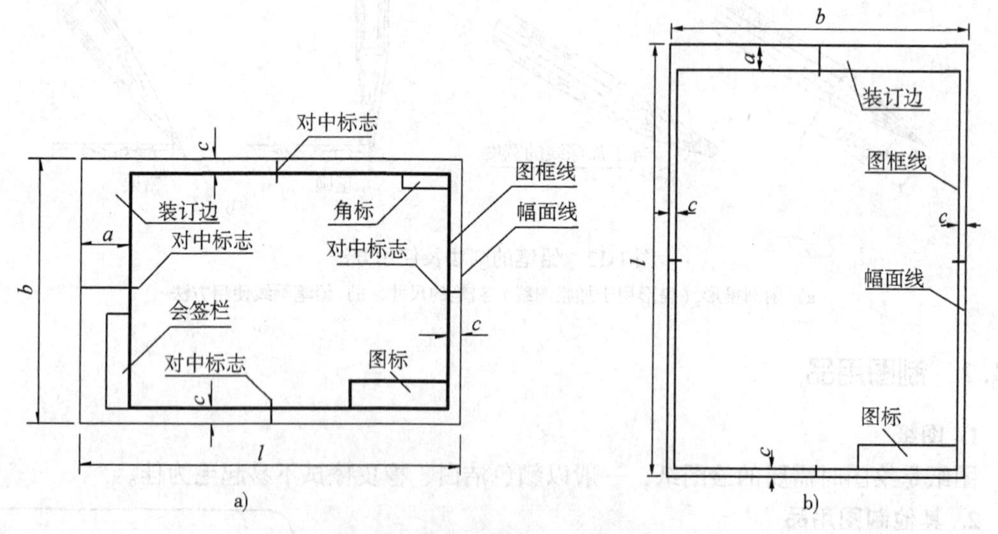

图 1-14 面幅基本格式及名称

a）横式幅面 b）立式幅面

图框内右下角应绘图标（图 1-15），又称标题栏。《道路工程制图标准》（GB 50162—1992）规定的格式有三种，图标应采用图 1-15 所示中的一种。图标外框线宽宜为 0.7mm；图标内分格线线宽宜为 0.25mm。

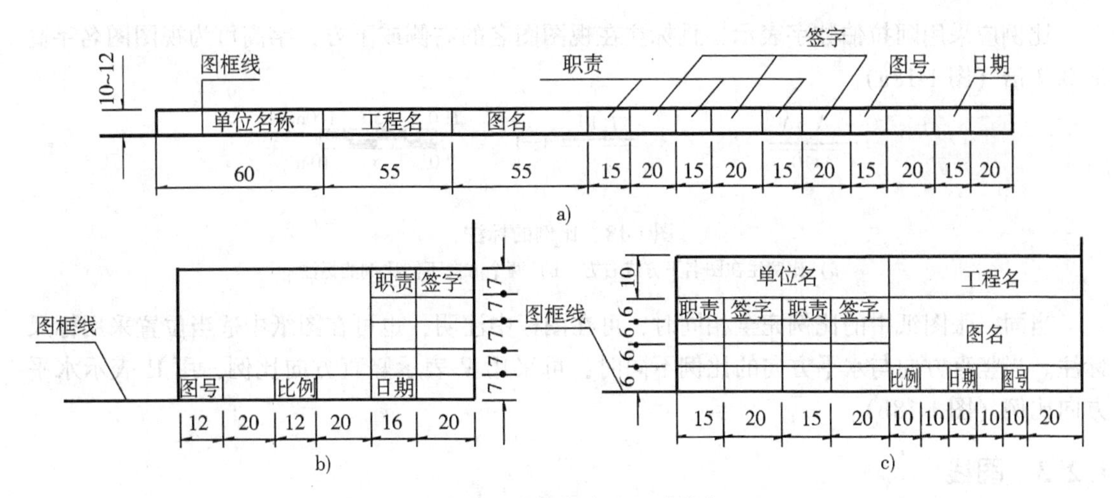

图 1-15 规定的图标格式（尺寸单位：mm）

a）与图框内下方平行的图标 b）100×35 的图标 c）140×34 的图标

会签栏绘制在图框外左下角（图 1-16），会签栏外框线线宽宜为 0.5mm，内分格线线宽宜为 0.25mm。当图纸要绘制角标时，应布置在图框内右上角（图 1-17），角标线线宽宜为 0.25mm。

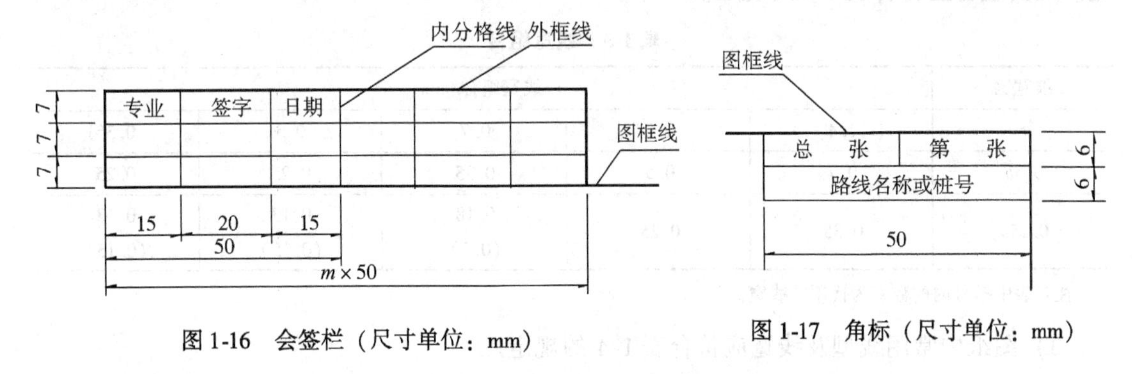

图 1-16 会签栏（尺寸单位：mm）

图 1-17 角标（尺寸单位：mm）

学生在学习期间可按老师指定的图标绘制，会签栏和角标暂不绘制。

1.2.2 比例

绘图的比例，应为图形线性尺寸与相应实物实际尺寸之比。比例大小即比值大小，如 1:50大于 1:100。着手绘图时，先要考虑绘图比例的选择，应根据图面布置合理、匀称、美观的原则，按图形大小及图面复杂程度确定，一般优先选用表 1-2 中的常用比例。

表 1-2 绘图所用的比例

常用比例	1:1、1:2、1:5、1:10、1:20、1:50 1:100、1:200、1:500、1:1000、1:2000、1:5000 1:10000、1:20000、1:50000、1:100000、1:200000
可用比例	1:3、1:15、1:25、1:30、1:40、1:60 1:150、1:250、1:300、1:400、1:600 1:1500、1:2500、1:3000、1:4000、1:6000 1:15000、1:30000

比例应采用阿拉伯数字表示，且标注在视图图名的右侧或下方，字高可为视图图名字高的0.7倍（图1-18a）。

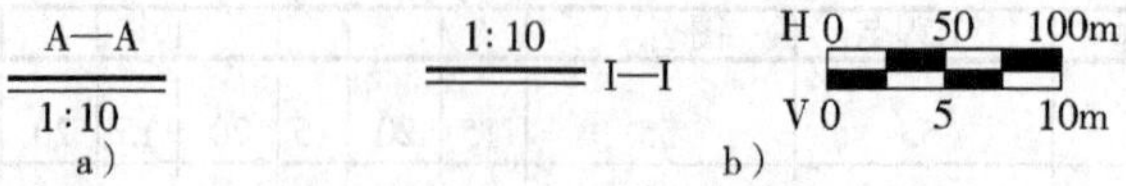

A—A
1:10
a）

1:10 I—I

H 0 50 100m
V 0 5 10m
b）

图1-18　比例的标注

a）比例注在图名下方或右方　b）两个方向不同比例的标注

当同一张图纸中的比例完全相同时，可在图标中注明，也可在图纸中适当位置采用标尺标注。当竖直方向与水平方向的比例不同时，可采用V表示竖直方向比例，用H表示水平方向比例（图1-18b）。

1.2.3　图线

《道路工程制图标准》（GB 50162—1992）对图纸上的图线有如下规定：

1）图线的宽度（*b*）应从2.0mm、1.4mm、1.0mm、0.7mm、0.5mm、0.35mm、0.25mm、0.18mm、0.13mm中选用。

2）每张图上的图线线宽不宜超过3种。基本线宽（*b*）应根据图样比例和复杂程度确定。线宽组合宜符合表1-3的规定。

表1-3　线宽组合

线宽比	线宽组合/mm				
b	1.4	1.0	0.7	0.5	0.35
0.5*b*	0.7	0.5	0.35	0.25	0.25
0.25*b*	0.35	0.25	0.18 (0.2)	0.13 (0.15)	0.13 (0.15)

注：表中括号内的数字为代用的线宽。

3）图纸中常用线型及线宽应符合表1-4的规定。

表1-4　常用线型及线宽

名称	线型	线宽	一般用途
标准实线		*b*	可见轮廓线、钢筋线
中实线		0.5*b*	较细的、可见轮廓线、钢筋线
细实线		0.25*b*	尺寸线、剖面线、引出线、图例线等
加粗实线		1.4*b*~2.0*b*	图框线、路线设计线、地平线等
粗虚线		*b*	地下管线或建筑物轮廓线
中虚线		0.5*b*	不可见轮廓线
细点画线		0.25*b*	中心线、对称线、轴线等
双点画线		0.25*b*	假想轮廓线
波浪线		0.25*b*	断开界线
折断线		0.25*b*	断开界线

4）虚线、长虚线、点画线、双点画线和折断线应按图1-19绘制。

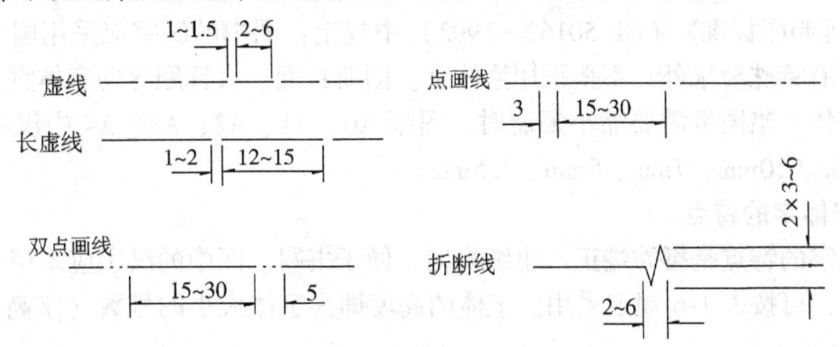

图1-19　图线的画法（单位：mm）

5）当虚线与虚线或虚线与实线相交时，不应留空隙（图1-20a）。当实线的延长线为虚线时，应留空隙（图1-20b）。当点画线与点画线或点画线与其他图线相交时，交点应设在线段处（图1-20c）。

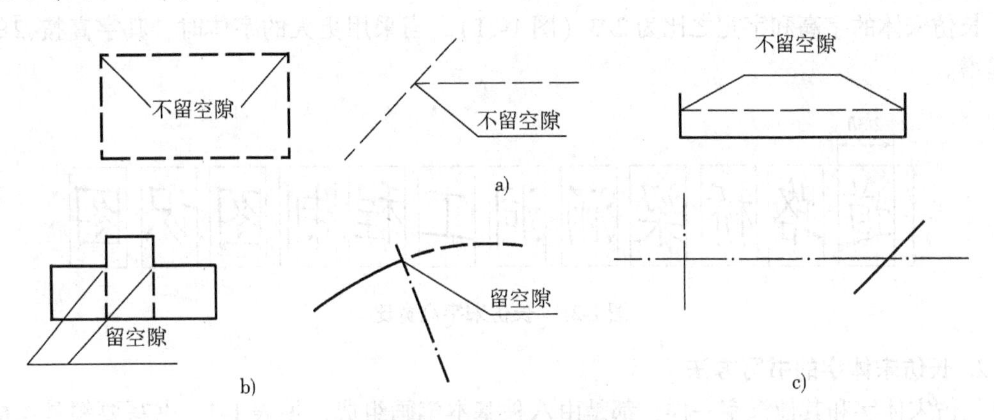

图1-20　图线相交的画法

a）虚线与虚线或虚线与实线相交时　b）实线的延长线为虚线时
c）点画线与点画线或点画线与其他图线相交时

6）图线间的净距不得小于0.7mm。

图纸图框线、图标外框线和图标分格线的宽度见表1-5。

表1-5　图纸图框线、图标外框线和图标分格线的宽度　（单位：mm）

幅面代号	图框线	图标外框线	图标分格线
A0、A1	1.4	0.7	0.25
A2、A3、A4	1.0	0.7	0.25

图线不得与文字、数字或符号重叠、交叉，不可避免时应首先保证文字、数字和符号的清晰。

1.2.4　字体

文字、数字、字母或符号是工程图的重要组成部分，若字体潦草，会影响图面整洁美观，导致辨认困难，或引起读图错误，甚至造成工程事故。因此，图纸上的文字、数字、字母、符号、代号等，均应笔画清晰、字体端正、排列整齐、标点符号清楚正确。

《道路工程制图标准》（GB 50162—1992）中规定：图中的汉字应采用国家公布使用的简化汉字，除有特殊要求外，不得采用繁体字。图册封面、大标题等的字体宜采用仿宋体等易于辨认的字体。当图纸需要缩小复制时，图幅 A0、A1、A2、A3、A4 中汉字的字高分别不应小于 14mm、10mm、7mm、5mm、3.5mm。

1. 长仿宋体字的特点

长仿宋体字的特点是挺秀端正、粗细均匀、便于书写。图中的汉字应采用长仿宋体，字的高、宽尺寸，可按表 1-6 规定采用。字体的高度即为字体大小的号数（字高为 10 即为 10 号字）。

表 1-6　仿宋体汉字的高、宽尺寸

（单位：mm）

字高	20	14	10	7	5	3.5
字宽	14	10	7	5	3.5	2.5

长仿宋体的字高和字宽之比为 2/3（图 1-21）。当采用更大的字体时，其字高按$\sqrt{2}$的比例递增。

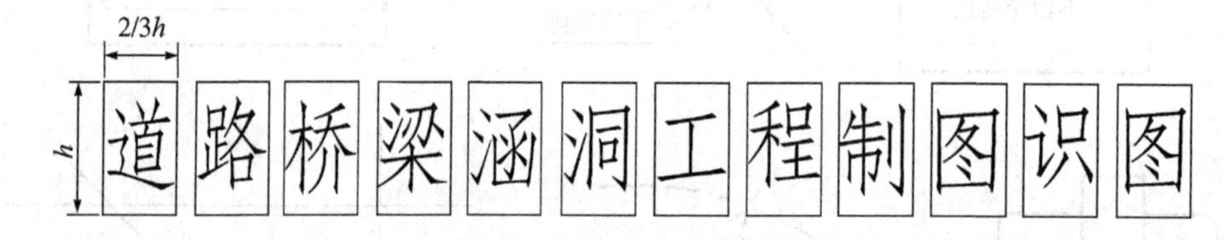

图 1-21　长仿宋字高宽比

2. 长仿宋体字的书写方法

长仿宋体字和其他汉字一样，都是由八种基本笔画组成，见表 1-7。书写要领是：横平竖直、起落分明、笔锋满格、排列匀称。

（1）横平竖直　横笔基本要平，由左向右行笔稍微向上倾斜一点。竖笔要直，笔画要刚劲有力。

（2）起落分明　横、竖的起笔和收笔，撇的起笔，钩的转角等，都要顿一下笔，形成小三角。

表 1-7　几种笔画的写法

名称	笔画	运笔要点	名称	笔画	运笔要点
点		起笔轻、行笔渐重，落笔顿	捺		起笔轻、由上向右下倾斜，行笔渐重，落笔顿
横		起笔顿，由左向右行笔稍上倾，落笔顿	挑		起笔顿，由左向右上行笔，渐轻成尖状
竖		起笔顿，由上向下垂直，落笔顿	横折竖		像横画一样起笔，折时顿笔后向下稍偏左斜笔
撇		起笔顿，由上向左下倾斜，行笔渐轻	竖钩		像竖画一样行笔到底，顿笔向上挑勾成尖状

（3）笔锋满格。上下左右笔锋要触及字格，即一般长仿宋体字要笔锋满格（图1-22a）。但也有个别的，如口、日、图等字，都要比字格略小，书写时要适当缩格（图1-22b）。

混梯钢墙凝　口日月二三图　口日月二三图

（正确）　（错误）

a)　b)

图 1-22　长仿宋书写满格和缩格字例

a）笔锋满格　b）个别字缩格效果

（4）排列均匀。笔画排列要均匀紧凑，并注意下列事项：

1）字形基本对称的应保持其对称，如图 1-23 中的工、示、由、思、于、易等。

2）有一竖笔居中的应保持该笔竖直而居中，如图 1-23 中的本、用、生、律、术等。

3）有三、四横竖笔画的大致平行等距，如图 1-23 中的程、制、基、理、养、真等。

4）偏旁所占的比例，有约占一半的，如图 1-23 中的加、知、利、形、能、到、解等；有约占 1/3 的，如法、强、练、培、规、钻等；有约占 1/4 的，如凝（图 1-22a）。

图 1-23　仿宋体字例

5）左右要组合紧凑，尽量少留空白，如图 1-23 中的路、巩、训、从、观、研等。要写好长仿宋体字，正确的办法就是要多看、多摹、多写，持之以恒。

3. 数字和字母

图纸中的阿拉伯数字、外文字母、汉语拼音字母笔画宽度宜为字高的 1/10；大写字母的宽度宜为字高的 2/3，小写字母的高度应以 b、f、h、p、g 为准，字宽宜为字高的 1/2。a、m、n、o、e 的字宽宜为上述小写字母字高的 2/3。

数字与字母的字体可采用直体或斜体。直体笔画的横与竖应呈 90°；斜体字字头向右倾斜，与水平线应呈 75°；数字与字母要与汉字同行书写，其字高应比汉字的字高小一号。图 1-24所示为《道路工程制图标准》（GB 50162—1992）所规定的数字和字母示例。

当图纸中有需要说明的事项时，宜在每张图的右下角、图标上方加以叙述。该部分文字应采用“注”标明，字样“注”应写在叙述事项的左上角。每条注的结尾应标以句号“。”。说明事项需要划分层次时，第一、二、三层次的编号应分别用阿拉伯数字、带括号的阿拉伯数字及带圆圈的阿拉伯数字标注。图纸中文字说明不宜用符号代替名称。当表示数量时，应采用阿拉伯数字书写。如三千零五十毫米应写成3050mm，三十二小时应写成32h。

图1-24　数字和字母示例

分数不得用数字与汉字混合表示。如：五分之一应字成1/5，不得写成5分之1。不够整数数位的小数数字，小数点前应加0定位。

1.2.5　坐标

为了表示地区的方位和路线的走向，地形图上需要画出指北针或坐标网格。图纸上指北针的形状宜如图1-25a所示，其圆的直径宜为24mm，用细实线绘制；指针尾部的宽度为3mm，指北针头部应注“北”或“N”字。需用较大直径绘制指北针时，指针尾部宽度宜为直径的1/8。为确定平面位置而用网格表示坐标时，坐标网采用细实线绘制，南北方向轴线代号应为*X*轴，向北为坐标值增大方向；东西方向轴线代号应为*Y*轴，向东为坐标值增大方向。坐标网格也可采用十字线代替（图1-25b）。坐标值的标注靠近被标注点，书写方向平行于网格或在网格的延长线上，数值前标注坐标轴线代号。当无坐标轴线代号时，图纸上应绘制指北针（图1-25c）。

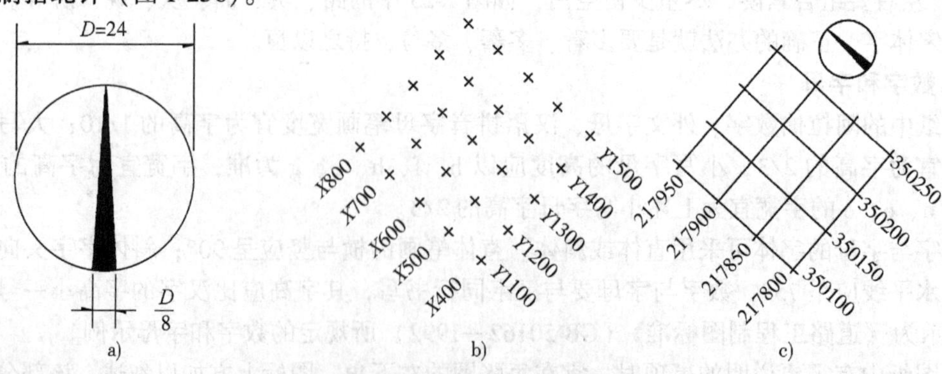

图1-25　指北针及坐标网格绘制

a）指北针　b）有坐标轴线代号　c）无坐标轴线代号

当需要标注的控制坐标点不多时，宜采用引出线的形式标注。水平线上、下应分别标注 X 轴、Y 轴的代号及数值（图 1-26）。当需要标注的控制坐标点较多时，图纸上可仅标注点代号，坐标数值可在适当位置列表示出。

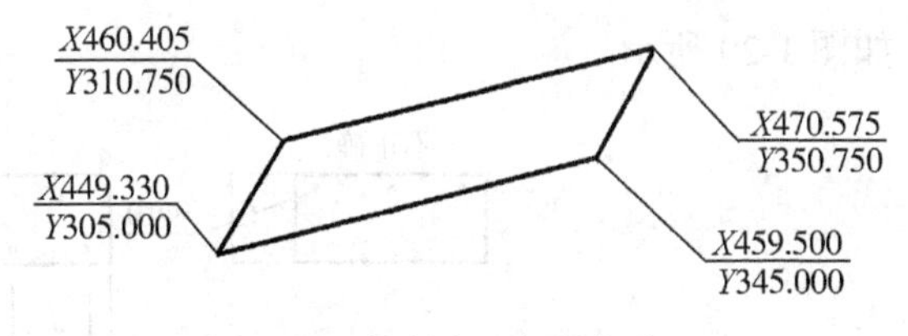

图 1-26　控制点坐标的标注

坐标数值的计量单位应采用“m”，并精确至小数点后三位。当坐标值位数较多时，可将前面相同数字省略，但应在图纸中说明，坐标数值也可采用间隔标注。

例如：$\frac{X449.330}{Y305.000}$表示该点距坐标原点向北 449.330m，向东 305.000m。

1.2.6　尺寸标注

工程图上除了要画出构造物的形状外，还必须准确、完整、清晰地标注出构造物的实际尺寸，以作为施工的依据。如果尺寸有遗漏和错误，就会给生产带来困难和损失，因此，尺寸标注是图样必不可少的组成部分。

1. 尺寸的组成

尺寸应标注在视图醒目的位置。看图纸上的尺寸时，应以标注的尺寸数字为准，不得用尺直接从图中量取。图上所有的尺寸数字是结构物体的实际大小数值，与图的比例无关。图上尺寸数字之后不必注写单位，但在注解及技术要求中要注明尺寸单位。尺寸由尺寸界线、尺寸线、尺寸起止符和尺寸数字组成，其尺寸要素如图 1-27 所示。

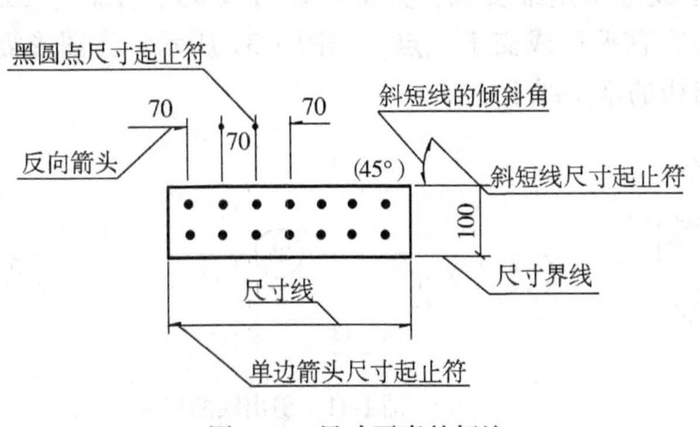

图 1-27　尺寸要素的标注

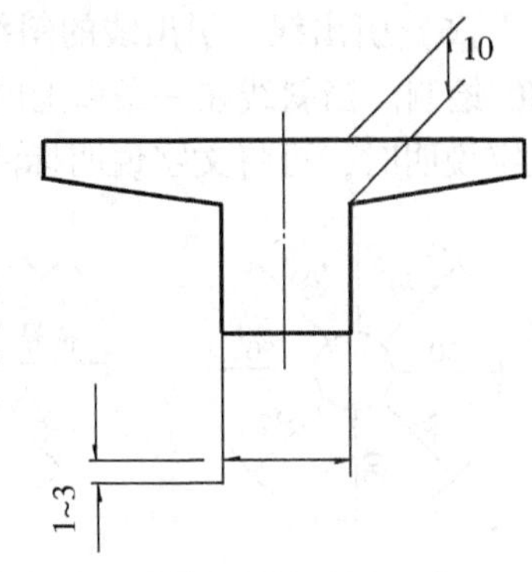

图 1-28　尺寸界线的标注

2. 尺寸标注的有关规定

（1）尺寸界线　尺寸界线应用细实线绘制，尺寸界线的一端应靠近所标注的图形轮廓线，另一端宜超出尺寸线 1 ~ 3mm。图形轮廓线、中心线也可作为尺寸界线。尺寸界线宜与被注长度垂直，当标注困难时，也可不垂直，但尺寸界线应相互平行（图 1-28）。图形轮廓线、中心线也可作为尺寸界线。

（2）尺寸线　尺寸线用细实线绘制，尺寸线必须与被标注长度平行，且不应超出尺寸界线。任何其他图线均不得作为尺寸线。相互平行的尺寸线应从被标注的轮廓线由近向远排列，平行尺寸线间的间距可在 5 ~ 15mm。分尺寸线应离轮廓线近，总尺寸线离轮廓线远，如图 1-29 所示。

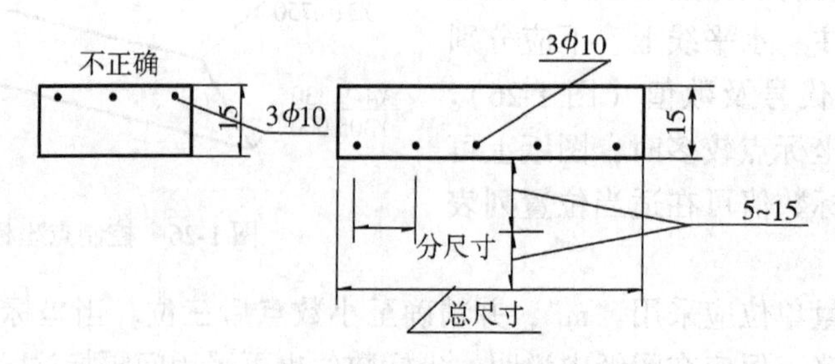

图 1-29　尺寸线的标注

（3）尺寸起止符号　尺寸线与尺寸界线的相交点为尺寸的起止点，在起止点上应画尺寸起止符号。尺寸起止符宜采用单边箭头表示，箭头在尺寸界线的右边时，应标注在尺寸线之上；反之，应标注在尺寸线之下。箭头大小可按绘图比例取值。尺寸起止符也可采用中粗斜短线表示，其倾斜方向应与尺寸界线呈顺时针 45°角，长度宜为 2～3mm。但全图必须采用统一的尺寸起止符。在连续表示的小尺寸中，也可在尺寸界线同一水平的位置，用黑圆点表示尺寸起止符，如图 1-27 所示。

（4）尺寸数字　尺寸数字应按规定的字体书写。在任何情况下，图线不得穿过尺寸数字（图 1-29），当不可避免时，应将尺寸数字处的图线断开。尺寸数字宜标注在尺寸线上方中部，当标注位置不足够时，可采用反向箭头，最外边的尺寸数字，可注写在尺寸界线外侧箭头的上方，中部相邻的尺寸数字可错开标注，也可引出注写（图 1-27、图 1-29）。

（5）尺寸数字及文字书写方向　尺寸数字及文字的书写方向如图 1-30 所示。

（6）引出线　引出线的斜线与水平线应采用细实线，其交角 α 可以 90°、120°、135°、150°绘制。当斜线在一条以上时，各斜线宜平行或交于一点，如图 1-31 所示。当图形需要文字说明时，可将文字说明标注在引出线的水平线上。

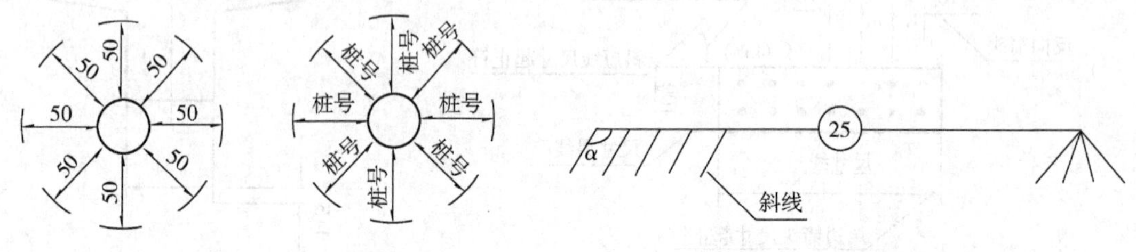

图 1-30　尺寸数字及文字的书写方向

图 1-31　引出线的标注

（7）大样图范围的标注　当大样图表示较小且复杂的图形时，其放大范围，应在原图中采用细实线绘制圆形或较规则的图形圈出，并用引出线标注名称，如图 1-32 所示。

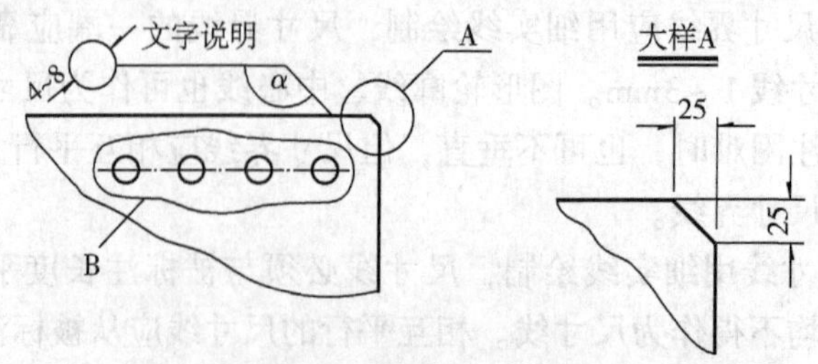

图 1-32　大样图范围的标注

3. 半径与直径的标注

在标注圆的直径尺寸数字前面，加注符号“ϕ”或“d（D）”，在标注半径尺寸数字前面，加注符号“r（R）”，如图1-33a所示；当圆的直径较小时，半径与直径可标注在圈外（图1-33b）；当圆的直径较大时，半径尺寸的起点可不从圆心开始（图1-33c）。

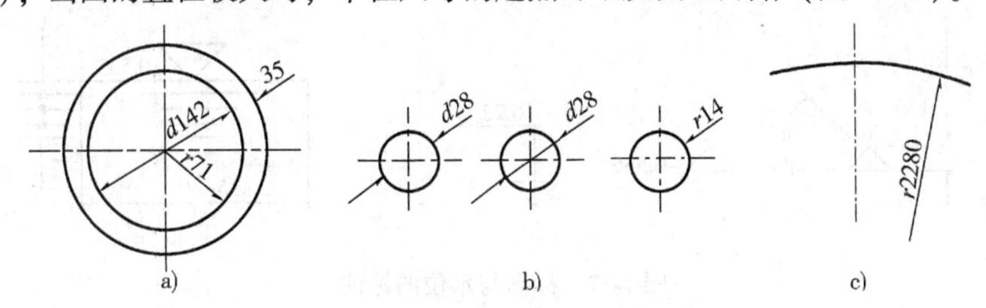

图1-33　半径与直径的标注

a）较大半径与直径的标注　b）较小半径与直径的标注　c）大圆弧半径标注

4. 弧长与弦长的标注

圆弧尺寸标注宜按图1-34a标注；当弧长分为数段标注时，尺寸界线也可沿径向引出（图1-34b）；弦长的尺寸界线应垂直该圆弧的弦（图1-34c）。

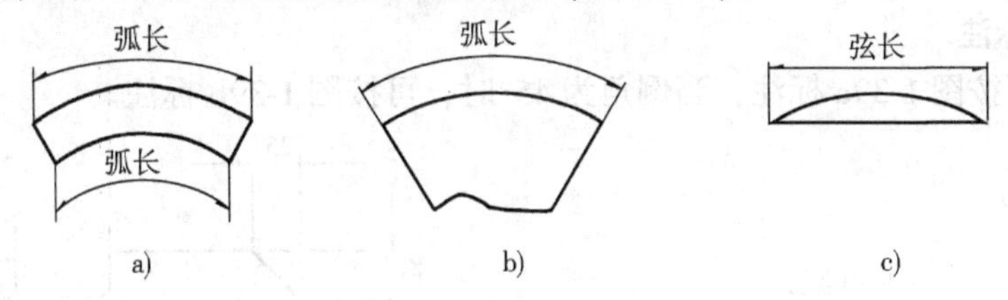

图1-34　圆弧与弦长的标注

a）圆弧尺寸标注　b）弧长分为数段标注　c）弦长的尺寸标注

5. 球的标注

标注球体的尺寸时，应在直径和半径符号前加S，如“$S\phi$”“SR”（图1-35）。

6. 角度的标注

角度尺寸线应以圆弧表示。角的两边为尺寸界线，角度数值宜写在尺寸线上方中部。当角度太小时，可将尺寸线标注在角的两条边的外侧。角度数值宜按图1-36标注。

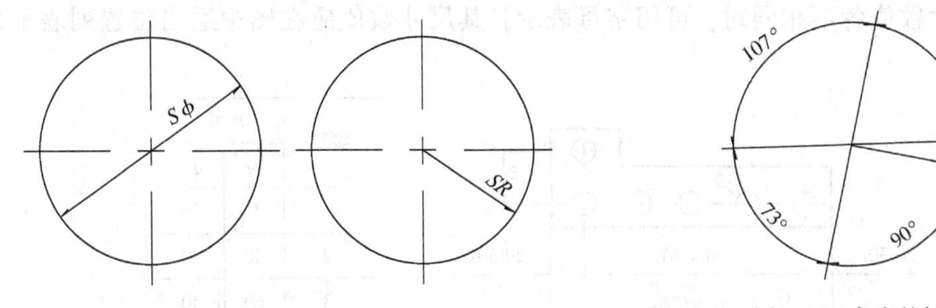

图1-35　球的标注

图1-36　角度的标注

7. 标高与水位的标注

标高符号应采用细实线绘制的等腰三角形表示。高为2～3mm，底角为45°。顶角应指至被注的高度，顶角向上、向下均可。标高数字宜标注在三角形的右边。负标高应冠以

“-”号，正标高（包括零标高）数字前不应冠以“+”号。当图形复杂时，也可采用引出线形式标注，如图 1-37a 所示。

水位符号应由数条上长下短的细实线及标高符号组成。细实线间的间距宜为 1mm（图 1-37b）。

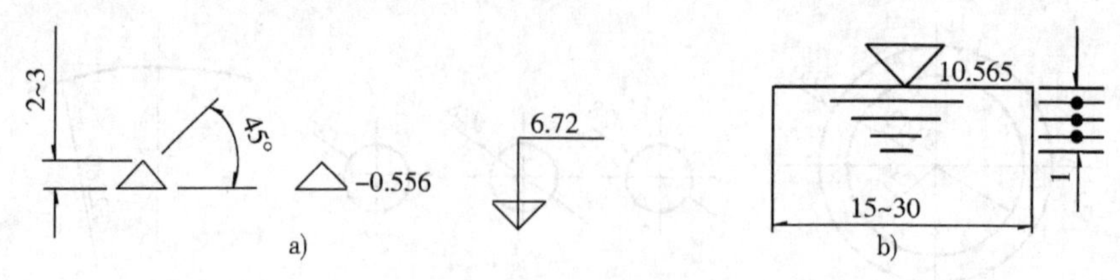

图 1-37　标高与水位的标注

a）标高符号　b）水位的标注

8. 坡度的标注

当坡度值较小时，坡度的标注宜用百分率表示，并应标注坡度符号。坡度符号应由细实线、单边箭头以及在线上标注的百分数组成。坡度符号的箭头应指向下坡。当坡度值较大时，坡度的标注宜用比例的形式表示，例如 $1:n$，如图 1-38 所示。

9. 倒角的标注

倒角尺寸可按图 1-39a 标注，当倒角为 45°时，可按图 1-39b 标注。

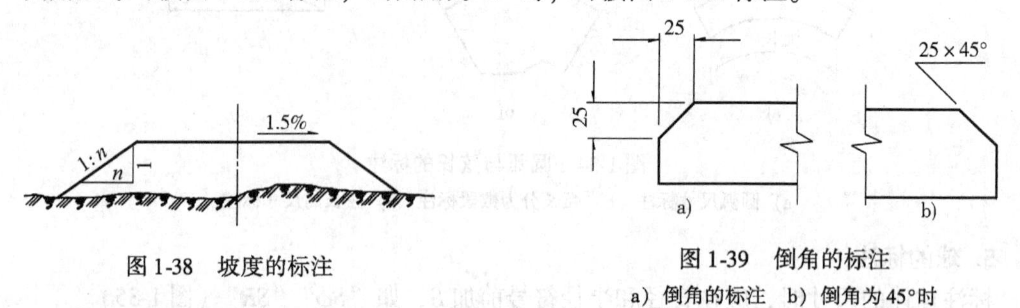

图 1-38　坡度的标注

图 1-39　倒角的标注

a）倒角的标注　b）倒角为 45°时

10. 尺寸的简化标注

1）连续排列的等长尺寸可采用“间距数乘间距尺寸”的形式标注（图 1-40a）。

2）两个相似图形可仅绘制一个。未示出图形的尺寸数字可用括号表示。如有数个相似图形，当尺寸数值各不相同时，可用字母表示，其尺寸数值应在图中适当位置列表示出（图 1-40b）。

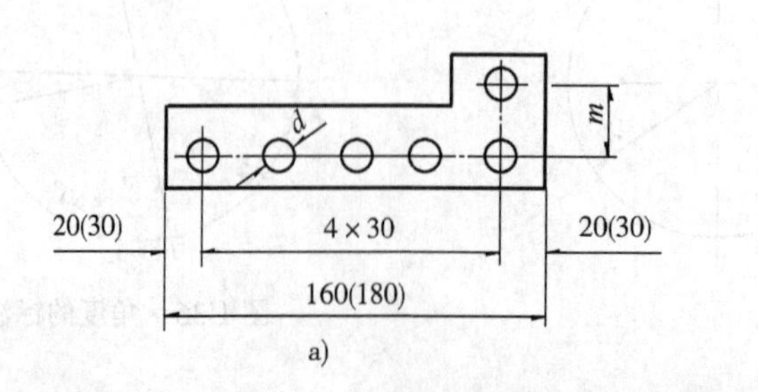

编号	尺寸	
	m	*d*
1	25	10
2	40	20
3	60	30

b)

图 1-40　尺寸的简化标注

a）相似图形的标注　b）尺寸编号列表

1.3 徒手绘图

徒手绘图是一种不受条件限制，绘图迅速、容易更改的绘图方法。它常被应用在表达新构思、拟定设计方案、创作、现场参观记录及交谈等方面。因此，工程技术人员应熟练掌握徒手绘图的技能。

徒手绘图同样有一定的绘图要求，即布图、图线、比例、尺寸大致合理，但不潦草。

徒手绘图，可以使用钢笔、铅笔等画线工具。当选用铅笔时，一般选用 B 型或 2B 型铅笔，铅笔削长一点，笔芯不要过尖，要圆滑些。

1.3.1 直线的画法

画直线时，要注意执笔方法，画短线时，用手腕运笔，画长线时，则整个手臂动作。

1）画水平线时，铅笔要平放些。画长水平线可先标出两端点，掌握好运笔方向，眼睛此时不要看笔尖，要盯住终点，用较快的速度轻轻画出底线（图 1-41）。

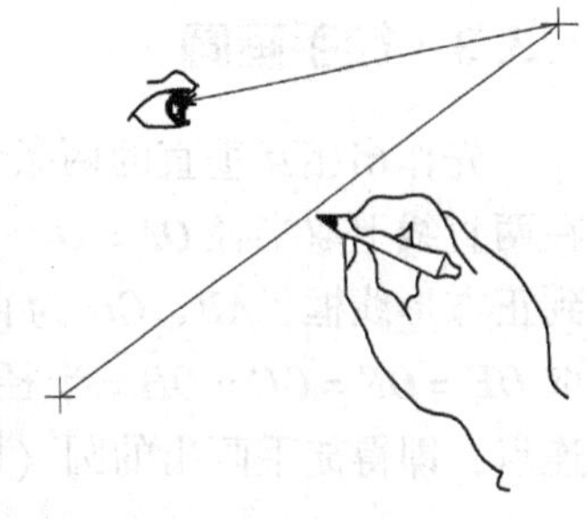

图 1-41　画底线

加深底线时，眼睛却要盯住笔尖，沿底线画出直线并改正底线不平滑之处，如图 1-42a 所示。

2）画竖直线时，铅笔可稍竖高些（图 1-42b），画竖直线的方法与画水平线的方法相同。

3）画斜线时，铅笔要更竖高些（图 1-42c）。画向右上倾斜线，手法与画水平线相似；画向右下倾斜的线，手法与画竖直线相同。

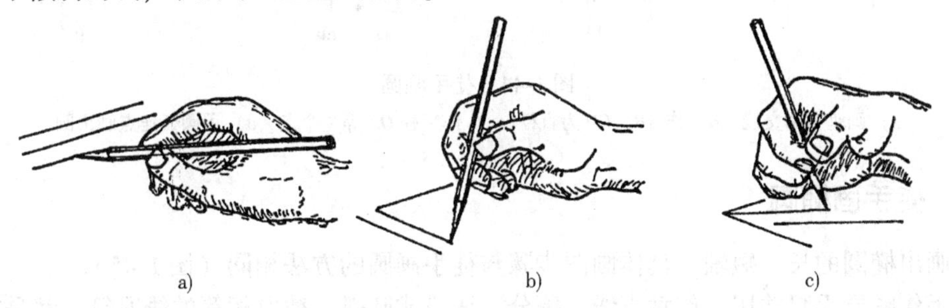

图 1-42　徒手画直线

a）画水平线　b）画竖直线　c）画斜线

1.3.2 徒手画角度

先画出相互垂直的两交线（图 1-43a），从原点 O 出发，在两相交线上适当截取相同的尺寸，并各标注出一点，徒手作出圆弧（图 1-43b）。若需画出 45°角，则取圆弧的中点与原点 O 连线，即得连线与水平线间的夹角为 45°角（图 1-43c）。当画 30°角与 60°角时，可把圆弧作三等分。自第一等分点起与原点 O 连线，即得连线与水平线间的夹角为 30°角；第二等分点与原点 O 连线，即得连线与水平线间的夹角为 60°角（图 1-43d）。

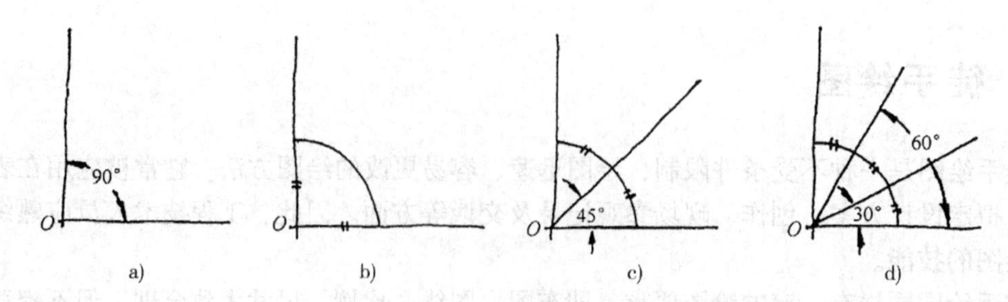

图 1-43 徒手画角度

a）画 90°角 b）画圆弧 c）画 45°角 d）画 30°角或 60°角

1.3.3 徒手画圆

先作出相互垂直的两条线，交点 O 为圆心（图 1-44a），估计或目测徒手画图的直径，在两直线上取半径 $OA=OB=OC=OD$，得点 A、B、C、D，过点作相应直线的平行线，可得到正方形线框，AB、CD 为直径（图 1-44b）。再作出正方形的对角线，分别在对角线上截取 $OE=OF=OG=OH=$ 半径 OA，于是在正方形上得到 8 个对称点（图 1-44c）。徒手用圆弧连点，即得徒手画出的圆（图 1-44d）。

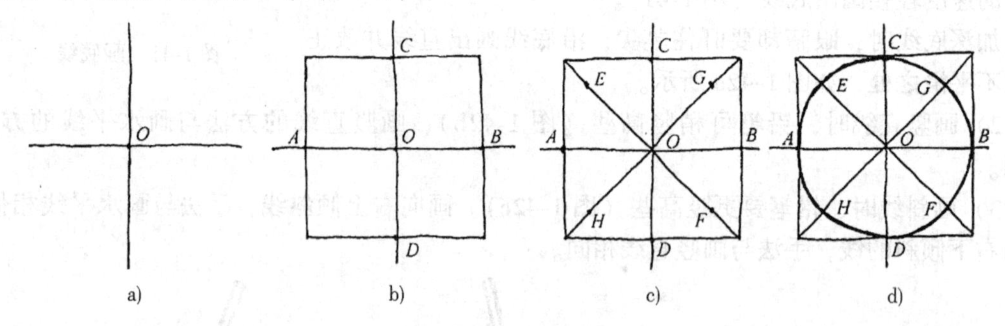

图 1-44 徒手画圆

a）画垂直两交线 b）作 AB、CD 为直径 c）作半径 OA 等 8 个点 d）用圆弧连点画出圆

1.3.4 徒手画椭圆

先画出椭圆的长、短轴，具体画图步骤与徒手画圆的方法相同（图 1-45）。

徒手作图要手眼并用，作垂直线、等分一线段或圆弧，截取相等的线段等，都是靠眼睛目测、估计决定的。

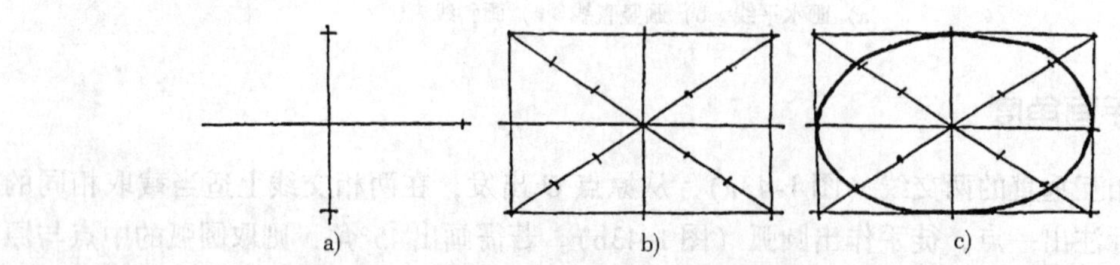

图 1-45 徒手画椭圆

a）画垂直两交线 b）作长、短轴与定椭圆上的点 c）用圆弧连点画出椭圆

思考题与习题

1-1 《道路工程制图标准》（GB 50162—1992）中规定图纸基本幅面有几种？图框的格式有几种？它们的周边尺寸 a、c 的关系如何？

1-2 《道路工程制图标准》（GB 50162—1992）中规定字体高度有哪几种？字号是如何规定的？汉字采用什么字体？其高宽比如何？

1-3 地形图上用什么图例表示方向？根据坐标网格如何确定东、南、西、北？

1-4 《道路工程制图标准》（GB 50162—1992）对尺寸线、尺寸界线、尺寸起止符、尺寸数字有哪些规定？

1-5 徒手绘制以下两图形（图1-46、图1-47）：

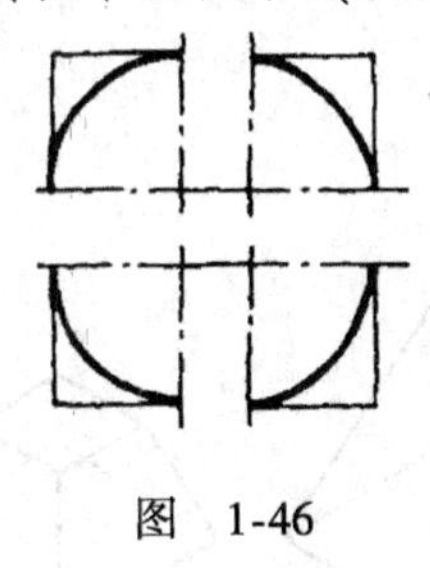

图 1-46

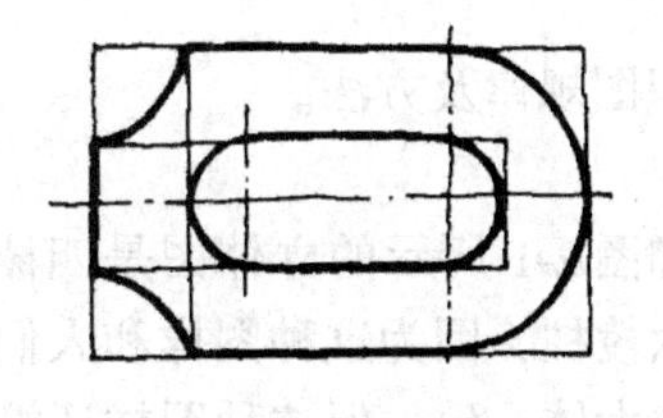

图 1-47

第2章　投影原理和正投影图

学习目标：

1. 学习投影概念、分类及应用。
2. 掌握三面正投影图的形成以及三面投影的识图规律。
3. 能根据平面体正投影图画出正等测图或正面斜轴测图。

教学重点：

投影概念、识图规律及方法。

人们都知道如图2-1所示的立体图是四棱锥、四棱台、正六棱柱，因为这种图样和人们常见到的实物印象大体一致。但这种图样还没有全面表示出四棱锥、四棱台、正六棱柱的各个侧面的形状，也不便于标注形状尺寸。因此，画出来的立体图样还不能满足施工、制作的要求。在工程上一般使用的图样常采用正投影的画法。如图2-2所示，根据实际需要按正投影规律把若干个图组合在一起来表示一个物体。这种正投影图样既能保证该实物的度量性，又能充分反映实物的真实大小，满足加工、制作及工程施工的要求。但用正投影法画出来的图样没有立体感，需要经过一定的训练、学习后才能识图。

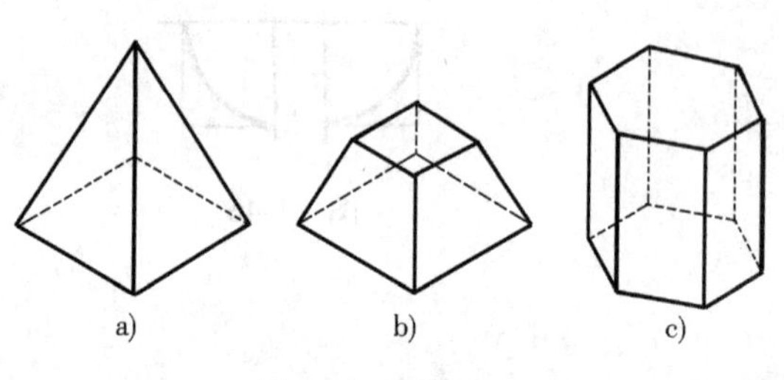

a)　b)　c)

图2-1　立体图

a）四棱锥　b）四棱台　c）正六棱柱

在制图上，我们只研究物体所在空间部分的形状和大小而不涉及物体的重量和物理性质，故把被研究的物体简称为形体。

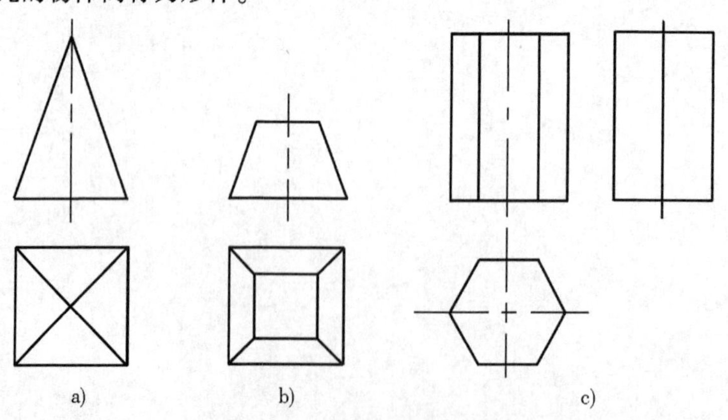

a)　b)　c)

图2-2　工程上使用的正投影图

a）四棱锥正投影　b）四棱台正投影　c）正六棱柱正投影

2.1 投影及投影法分类

2.1.1 投影的概念

在光线（阳光和灯光）的照射下，人和物在地面及承影面上产生影子的现象，早已为人们所熟知。如图2-3所示，汽车在桥面上、桥孔与树木在地面上产生影子，这种自然现象人们把它称为投影现象，当光照射的角度或距离改变时，影子的位置、形状也随之改变。

图2-3 拱桥等物体在阳光下的影子

人们经过长期的实践，将这些现象加以抽象、分析研究和科学总结，从中找出影子和形体之间的关系，用以指导工程实践。这种用光线照射形体，在预先设置的平面上投影产生影像的方法，称为投影法。光源称为投影中心，从光源射出的光线称为投射线，预设的平面称为投影面，形体在预设的平面上的影像称为形体在投影面上的投影。投影中心、投射线、形体、投影面以及它们所在的空间称为投影体系，如图2-4所示。在这个体系中，假设投射线可以穿透形体，使得所产生的“影子”不像真实的影子那样漆黑一片（图2-4a），而能在“影子”的范围内画出有“影子”边线的轮廓来显示形体上受光面的形状；同时，又假设形体受光面的下方还有被遮的不同形状（图2-4为通道模型），则用虚线来表示不可见轮廓线，如图2-4b所示。此外，对投影中心与投影面之间的相对距离和投射线的方向做出了假定，使其能够产生合适的投影及影像。

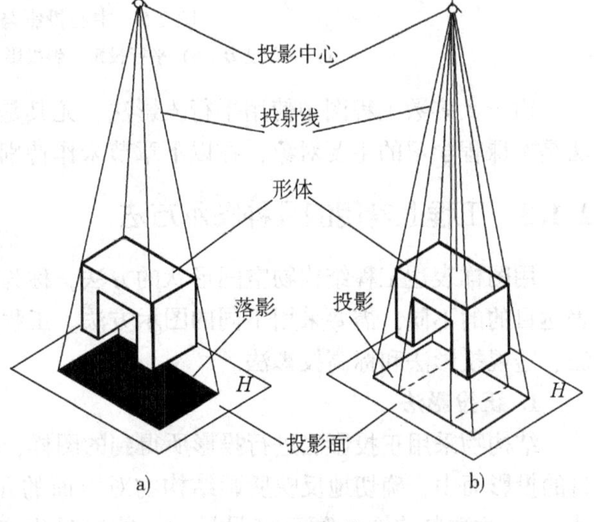

图2-4 投影体系
a）假设前的投影 b）假设后的投影

2.1.2 投影法的分类

根据投影中心与投影面之间距离的不同，投影法分为中心投影法和平行投影法两大类。

（1）中心投影法　当投影中心距离投影面为有限远时，所有的投射线都经过投影中心（即光源），这种投影法称为中心投影法（图 2-5a）。中心投影法常用于绘制透视图，如图 2-10所示为桥台的透视图。

（2）平行投影法　当投影中心距离投影面为无限远时，所有投射线都相互平行，这种投影法称为平行投影法。所得投影称为平行投影。根据投射线与投影面之间夹角的不同，平行投影又分为斜投影和正投影两种，如图 2-5b、c 所示。

1）斜投影。投射线倾斜于投影面时所作出的平行投影称为斜投影，即 α 角小于 90°，如图 2-5b 所示。作出斜投影的方法称为斜投影法，斜投影法主要用来绘制轴测图。

2）正投影。投射线垂直于投影面时所作出的平行投影称为正投影（也称直角投影），如图 2-5c 所示。作出直角投影的方法称为正投影法，正投影法是工程图的主要表示方法。

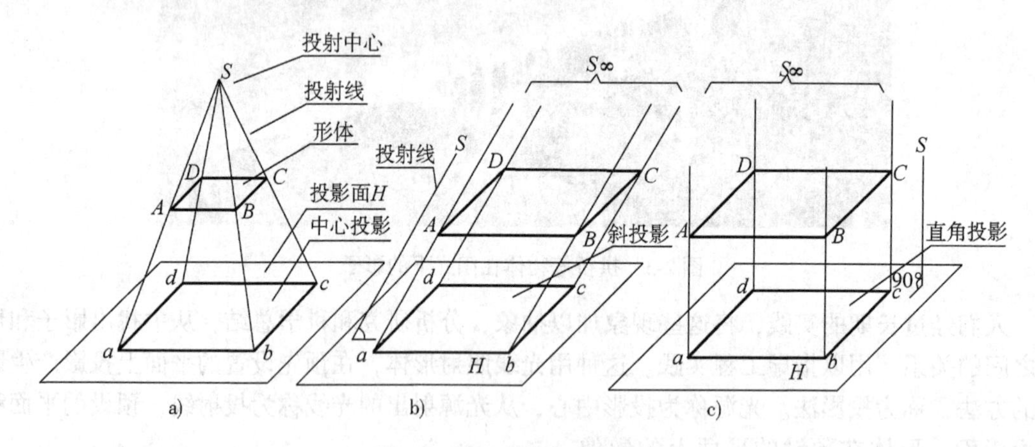

图 2-5　中心投影与平行投影

a）中心投影　b）平行投影—斜投影　c）平行投影—直角投影

由于大多数工程图中使用平行投影法，尤其是用正投影方法绘制工程图，因此，正投影法是本课程学习的主要对象，在以下章节未作特别说明的都属于正投影内容。

2.1.3 工程上常用的几种图示方法

用图样表达工程结构物空间形状的方法，称为图示法。实践中由于表达对象特征形状及表达目的的不同，需要采用不同的图示方法。工程上常用的图示方法有正投影法、轴测投影法、透视投影法和标高投影法。

1. 正投影法

结构物采用正投影法进行投影所得到的图样，称为正投影图。正投影图能够在结构物各自的投影面中，确切地反映所画结构物对应面的几何形状（每个对应面仅表达两个向度尺寸）。其主要特点是：便于度量尺寸，能满足生产技术的要求。但它缺乏立体感，直观性差，需要经过一定的读图训练才能读懂。图 2-6 所示为桥台的三面投影图。

2. 轴测投影法

轴测投影法是把结构物按平行斜投影法投射至单一投影面上所得到的投影图，称为轴测投影图，这种图样具有立体感（轴测图是一种单面投影图，它表达三个向度），但它不能完整地表达出结构物的形状，一般作为工程辅助图样。图2-7所示为桥台的轴测投影图。

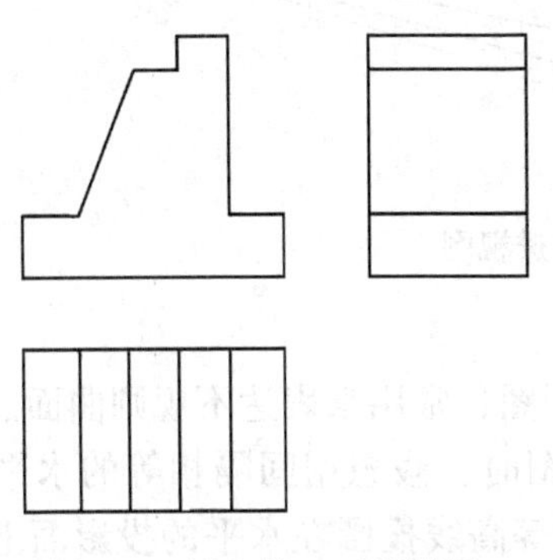

图2-6 桥台的三面投影图

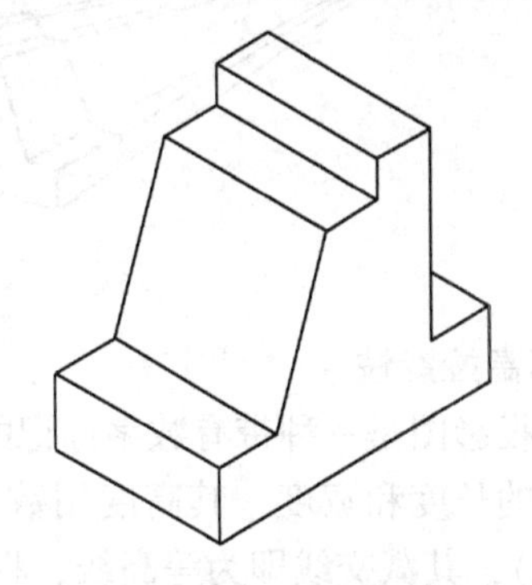

图2-7 桥台的轴测投影图

3. 透视投影法

透视投影法是按照中心投影法绘制的一种单面投影图，称为透视投影图。人们透过一个平面来观察物体时，由人眼引向物体的视线（直线）与画面（平面）交成的图形，如图2-8所示。透视投影图原理与照相机的照片原理很相似，具有近大远小、近高远低的特点（图2-9），又有很明显的空间感与真实的立体感，所以在建筑设计和高速公路设计中，常常用透视图来表达结构物的造型，以表达设计意图，探讨设计方案，是技术交流的重要技术资料。

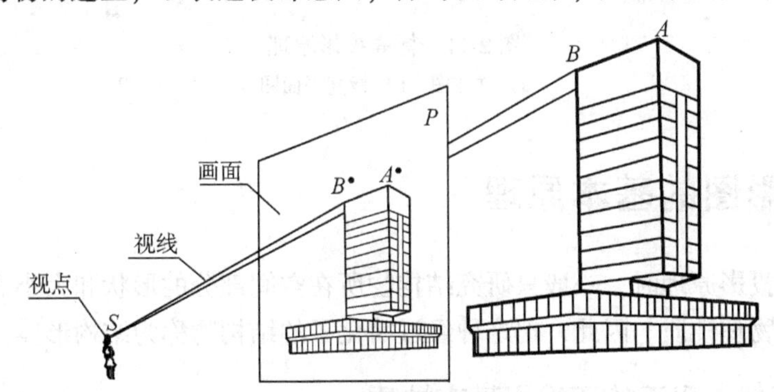

图2-8 透视投影原理

图2-9 高速公路效果图

尽管透视图也有很多优点，但还是不能完整地表达结构物的大小也不便于标注尺寸。图2-10所示为桥台的透视图。

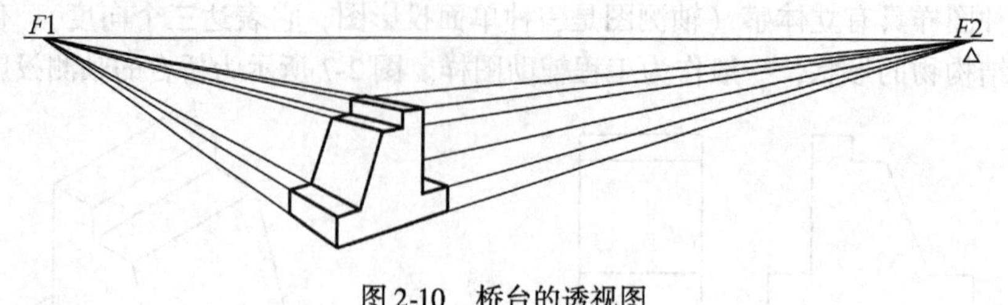

图2-10　桥台的透视图

4. 标高投影法

标高投影图是一种带有数字标记的单面正投影图，常用来表达不规则曲面。它用正投影反映地形的长度和宽度，其高度用数字标注。作图时，假想用间隔相等的水平面截割山峰（图2-11a），其截交线即为等高线，将不同高程的等高线投影在水平的投影面上，并标注出各等高线的高程数字，即得标高投影图（图2-11b）。用这种方法表达地形所画出的图被称为地形图，广泛用于勘测工程。

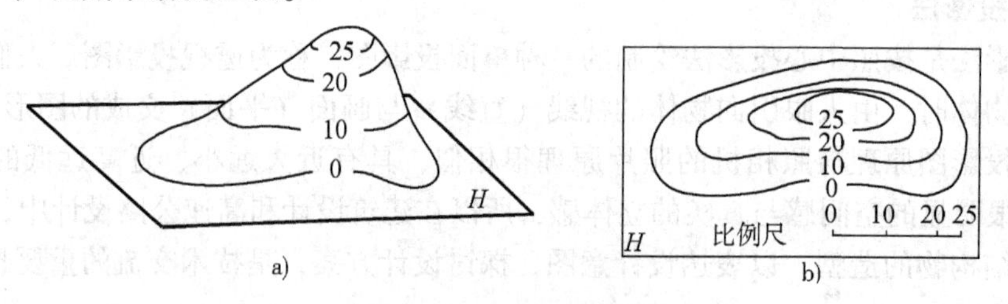

图2-11　标高投影原理
a）立体图　b）标高平面图

2.2　正投影图的基本原理

在研究制图投影原理时，一般只研究结构物所在空间部分的形状和大小而不涉及结构物的材料、重量及物理性质。因此，把这种经过简化了的结构物称为结构形体。

2.2.1　点、直线、平面的正投影基本性质

任何形体的构成都是由点、线、面组成的。若要正确表达或分析形体，应先了解点、直线和平面的正投影基本性质，才有助于更好地理解正投影图的内在联系及投影规律。

点、直线、平面的正投影归纳起来主要有以下基本性质。

1）点的投影仍是点，并规定空间点用大写字母表示，对应在投影面上的投影点用相对应的小写字母表示，如图2-12a所示。

2）如果有两个或两个以上的空间点，它们位于同一投射线的投影必重影在投影面上，这种性质称为重影性；并规定重影中被遮挡的投影点应加括号表示，如图2-12b所示。

3）垂直于投影面的空间直线在该投影面上的投影积聚成一点，如图2-12c所示；垂直于投影面的空间平面在该投影面上的投影积聚成一直线，且空间平面上的任意线或点的投影

必在该平面的投影积聚直线上，如图2-12d所示，这种性质称为积聚性。

4）当空间直线或平面图形平行于投影面时，其平行投影反映其实长或实形，即直线的长短和平面图形的形状和大小，都可以直接从其平行投影上确定和度量，如图2-12e、f所示，这种性质称为度量性或实形性。

5）倾斜于投影面的空间直线或平面图形，其投影小于其实长或实形，如图2-12g、h所示，即直线仍为直线、平面仍为平面，但长度和大小发生了变化，这种性质称为变形性。

6）直线上一点把该直线分成两段，该两段之比，等于其投影之比。如图2-12g所示，$Aa//Cc//Bb$，$AC:CB=ac:cb$，这种性质称为定比性。

7）互相平行的空间两直线在同一投影面上的平行投影保持平行，如图2-12i所示。

8）空间一直线或空间一平面，经过平行地移动之后，它们在同一投影面上的投影，虽然位置变动了，但其形状和大小没有变化（图2-12i、j），这种性质称为平行性。

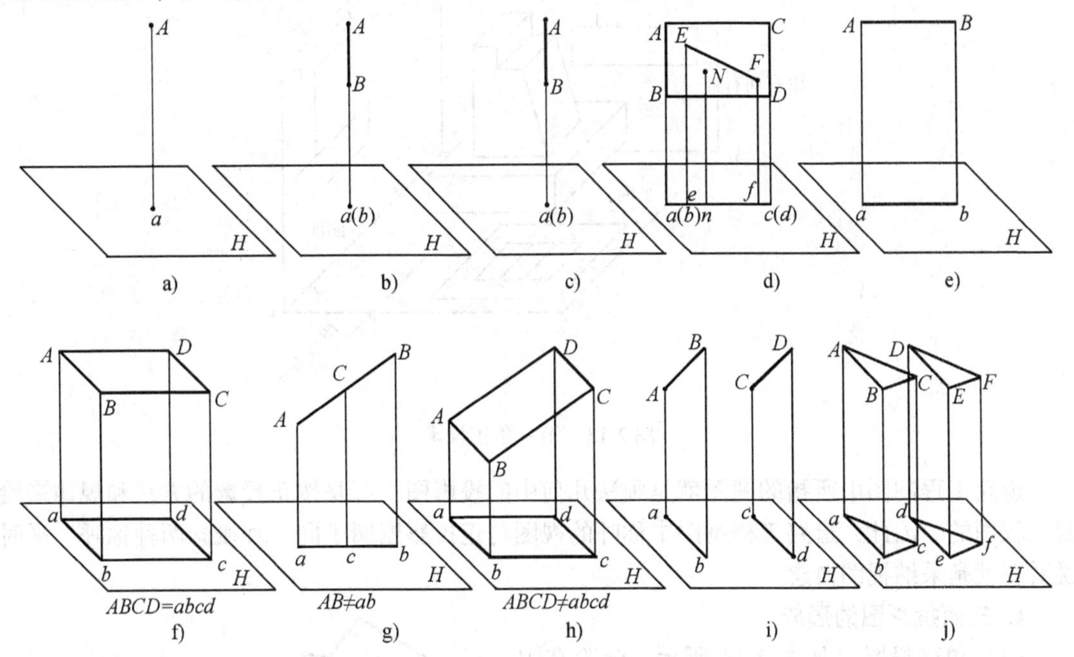

图2-12　点、直线、平面的正投影基本性质

a）点的投影　b）点的重影性　c）线的积聚性　d）平面的积聚性　e）直线的实形性　f）平面的实形性　g）直线的变形性和定比性　h）平面的变形性　i）直线的平行性　j）平面的平行性

识读正投影性质时一般根据不同的称呼来确定空间直线、平面的形态。如确定为积聚性时，马上要想到空间位置直线或平面是垂直于投影面的；确定为实形性时，马上要想到空间位置直线或平面是平行于投影面的；确定为变形性时，马上要想到空间位置直线或平面是不平行于投影面的且投影的直线变短、平面变小的形态。另外正确注写空间点和投影点的字母无疑对图形思维能力会有所帮助。

2.2.2　正投影图的形成及投影规律

《道路工程制图标准》（GB 50162—1992）中，规定了结构物的视图宜采用第一角正投影法绘制。视图的形成原理相当于人站在离投影面无限远处，正对投影面观看形体的结果。

也就是说在投影体系中，把光源换成人的眼睛，把光线换成视线，直接用眼睛观看的形体形状与投影面上投影的结果相同，如图 2-13 所示。由前向后看形体有上下两个面，而正面投影面（或称 *V* 投影面）上有相同形状的上下两个面，均为实形性；由上向下看形体有四个面，而在平面投影面（或称 *H* 投影面）上有相同形状的四个面，其中三个面为实形性一个面为变形性；由左向右看形体有三个面，而在侧面投影面（或称 *W* 投影面）上有相同形状的三个面，其中两个面为实形性一个面为变形性。

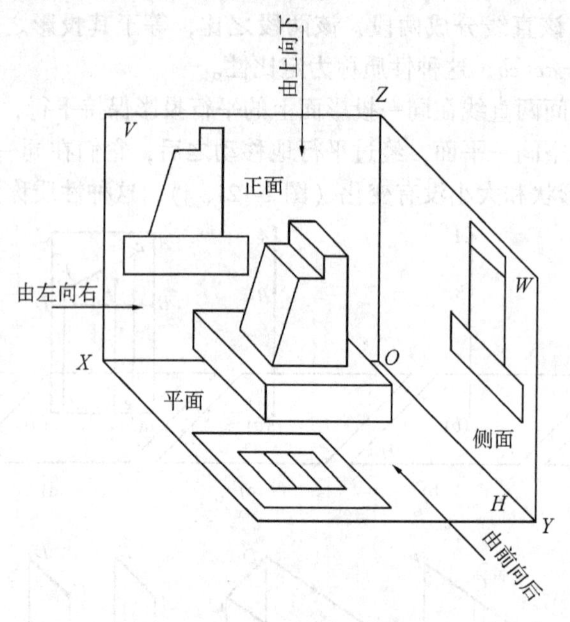

图 2-13　第一角正投影

道路工程制图中所指的视图就是画法几何中的投影图，都是按正投影的方法和规律来绘制工程图的。因此，道路工程制图中称呼的视图与正投影图属于同一种概念两种称呼，平时说看图就是采纳视图概念。

1. 三面投影图的形成

（1）单面投影　如图 2-14 所示，台阶在 *H* 面的投影（*H* 投影）仅反映台阶的长度和宽度，但不能反映台阶的高度。我们还可以想象出不同于台阶的其他形体Ⅰ与形体Ⅱ的投影，它们的 *H* 投影都与台阶的 *H* 投影相同。因此，单面投影不足以确定形体的空间形状和大小。

（2）两面投影　如图 2-15a 所示，可在空间建立两个互相垂直的投影面，即正立投影面和水平投影面，其交线 *OX* 称为投影轴。将台阶形体放置于 *H* 面之上、*V* 面之前，使该形体的底面平行于 *H* 面。按正投影法从上向下投影，在 *H* 面上得到水平投影，即形体朝上各表面的形状与 *H* 投影图相同，它反映出形体的长度和

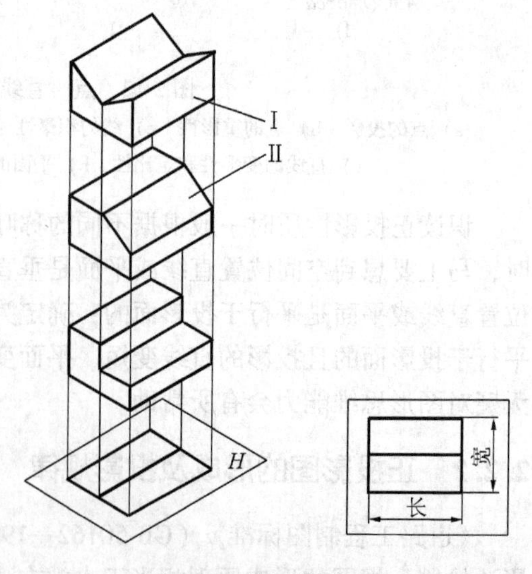

图 2-14　单面投影图

宽度；自观察者由前向后投影，在 V 面上得到正面投影，即形体前各表面的形状与 V 投影图相同，它反映出形体的长度和高度。因此，两面投影有如下两个规律：①若将形体在 V 和 H 两面的投影综合起来分析、思考，即可得到台阶形体长、宽、高三个向度；②H 投影与 V 投影反映形体同一长度，并且左右对齐，这种关系称为："长对正"。尺寸标注"宽$_1$"和"高$_1$"分别表示台阶的总宽和总高；"宽$_2$"和"高$_2$"分别表示细部尺寸（即台阶第一步踏面宽度与踢面高度），如图 2-15c 所示。

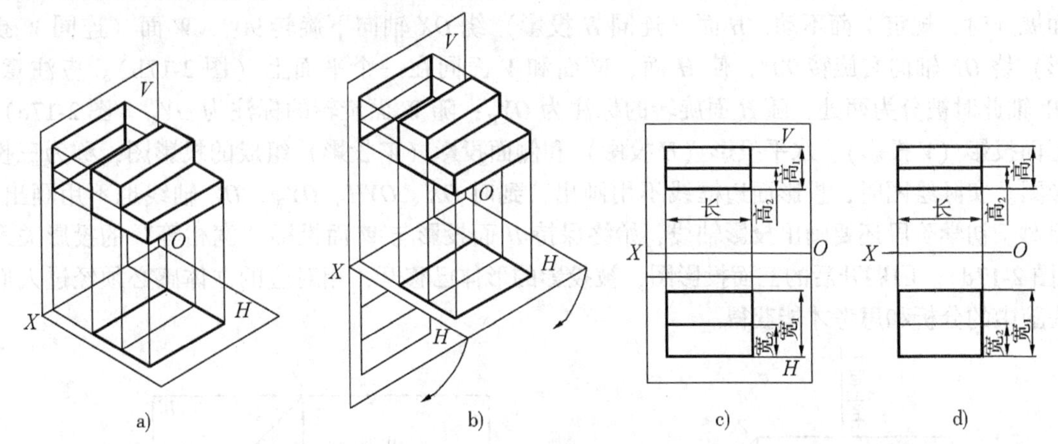

图 2-15　台阶的两面投影

a）台阶与两面投影　b）展开过程　c）展开图　d）投影图

当作出台阶形体的两个投影后，须将该形体移开，并将两投影面展开且规定 V 面不动，使 H 面连同水平投影，以 OX 为轴向下旋转至与 V 面同在一个平面上，如图 2-15b 所示。去掉投影面边界，并不影响台阶形体的投影图，如图 2-15d 所示。在工程图中，投影轴线一般不画出，但在初学练习时，可将投影轴线保留，OX 轴线方向表示长度方向，OX 轴线用细实线画出。

（3）三面投影　有时仅凭两面投影，也不足以确定形体的唯一形状和大小。如图 2-16 所示的形体 A，相当于由上下两个大小不同的长方体叠加而成的台阶，它的 V、H 投影与形体 B 和 C 的 V、H 投影完全相同，这就说明只有形体 A 的 V、H 投影不能唯一确定它的形状。为了确定形体 A 的形状特征，还要增加一个同时垂直于 V 面和 H 面的侧立投影面，简称侧面或 W 面。形体 A 在 W 面上的投影，称为侧面投影或称为 W 投影。于是形体 A 经 V、H、W 三面投影所确定的空间形体是唯一的，而不可能是形体 B、C 或是其他形体。

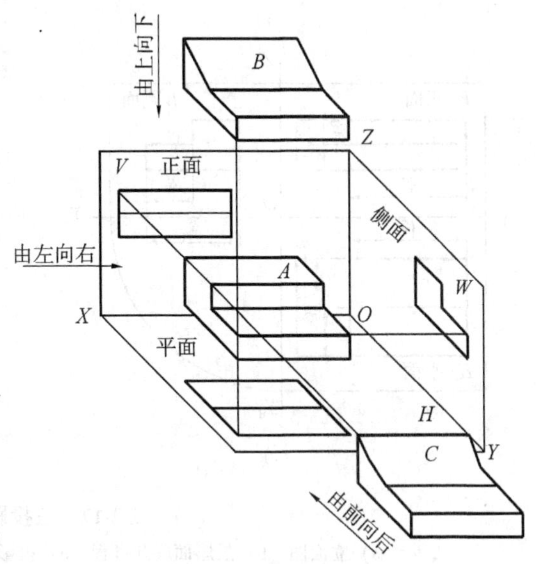

图 2-16　三面投影的必要性

如图 2-16 所示，若把形体 A 换成形体 B 或形体 C，则 W 面投影直接反映形体 B 上半部分为三角形和形体 C 上半部分为曲面形状，说明不同形体的三面投影，总有1个或2个投影面的投影直接反映该形体的投影特征，反之已知投影面的投影特征就能想到相对应的形体形状（即立体图）。

*V*面、*H*面和*W*面三个投影面相交于三条投影轴（图2-17a），*V*面与*H*面的交线称为*OX*轴（为长度方向），*H*面与*W*面的交线称为*OY*轴（为宽度方向），*V*面与*W*面的交线称为*OZ*（为高度方向），三条轴线交于一点*O*，称为原点。按图2-17a画出的立体图还不能作为工程施工图，需要把被投影的形体移开，再按规定把投影面展开布置在同一平面上。投影面展开时，规定*V*面不动，*H*面（连同*H*投影）绕*OX*轴向下旋转90°、*W*面（连同*W*投影）绕*OZ*轴向右旋转90°，使*H*面、*W*面和*V*面同在一个平面上（图2-17b）。应注意，*OY*轴此时被分为两处，随*H*面旋转的标注为OY_H；随*W*面旋转的标注为OY_W（图2-17c）。正面投影（*V*投影）、水平投影（*H*投影）和侧面投影（*W*投影）组成的投影图，称为三投影图。实际绘图时，投影面边框线不用画出，到时*OX*、*OYH*、OY_W、*OZ*轴线也不用画出；但对于初学阶段还要画出投影轴线，始终保持*H*面投影与*W*面投影“宽相等”的投影关系（图2-17d）。因展开后的三面投影图，被投影的形体已移开，相对应的立体感必须经过人们头脑中的分析和思考才能获得。

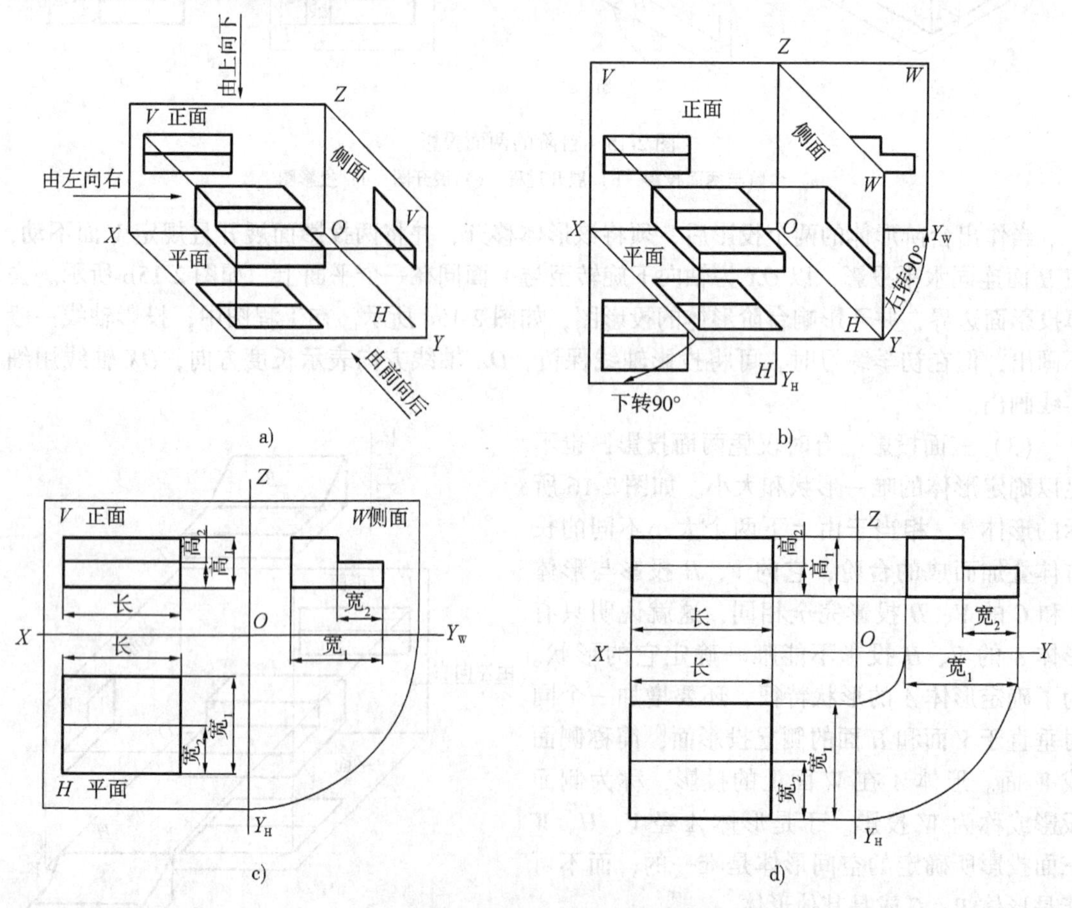

图2-17　三投影面及三面投影图

a）立面图　b）投影面展开过程　c）投影面展开　d）去投影面边框线后的三面投影图

2. 三面投影规律及尺寸关系

每个投影图（即视图）表示形体一个方向的形状和两个方向的尺寸。如图2-17a、b所示：*V*面投影图（即主视图）表示从形体前方向后看的形状（为两个长方框，即两个踢面）和长与高方向的尺寸；*H*面投影图（即俯视图）表示从形体上方向下俯视看的形状（为两个长方框，即两个踏面）和长与宽方向的尺寸；*W*面投影图（即左视图）表示从形体左方向右方看的形状（为一个*L*形侧立面）和宽与高方向的尺寸；通常使*OX*、*OY*、*OZ*轴分别平行于形体的长、宽、高三个向度。因此，*V*、*H*投影反映形体的长度，展开后这两个投影左右对齐，这种关系称为“长对正”。*V*、*W*投影反映形体的高度，展开后这两个投影上下平齐，这种关系称为“高平齐”。*H*、*W*投影反映形体的宽度，展开后这两个投影宽度相等，这种关系称为“宽相等”。“长对正、高平齐、宽相等”是正投影图重要的对应关系及投影规律，它不仅适用于整个形体和形体每个局部的投影（图2-17d），也适用于用正投影方法绘制的工程图。

3. 三面投影图与形体的方位关系

在投影图上能够反映出形体的投影方向及位置关系。由图2-18可直观地知道，*V*投影反映形体的上下和左右关系，*H*投影反映形体的左右和前后关系，*W*投影反映形体的上下和前后关系。在投影图上识别形体的方位，会对读图有所帮助，读图时应特别注意*H*、*W*面的前后方向的位置，即*H*投影靠*OX*轴与*W*投影靠*OZ*轴方向为空间形体的后方，反之为前方。

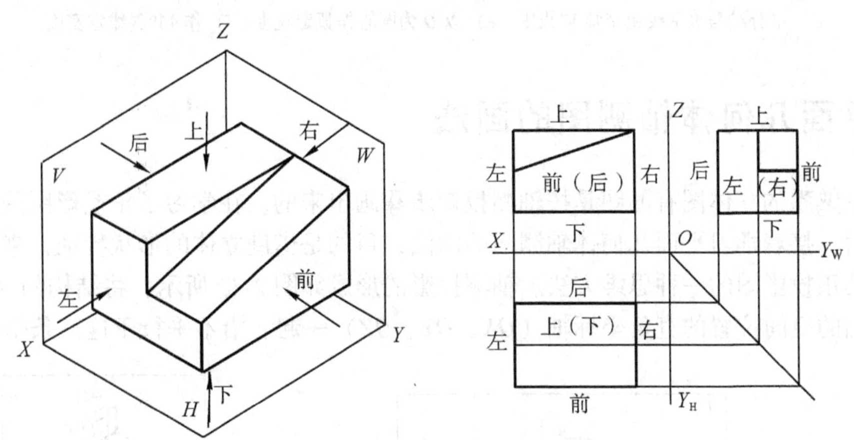

图2-18　三面投影图与形体的方位关系

4. 三面正投影的作图方法

下面以带切口的长方体为例（图2-19a）说明三面正投影的作图方法与步骤。

1）先画出水平和垂直两相交直线作为投影轴，并画出45°的平分线和必要的字母标注，如图2-19b所示。

2）根据形体尺寸以及确定形体的*V*投影方向，如图2-19b所示，先在*V*投影面画出带缺口长方体的主视图。

3）量取形体的宽度尺寸并按“长对正”的投影关系，画出*H*面俯视图，如图2-19c所示。

4）已知主视图和俯视图即可按照“高平齐、宽相等”的投影规律补画左视图，如图2-19d所示。

5）为了保持 H、W 面投影图"宽相等"的关系，可利用原点 O 为圆心作圆弧，或用45°三角板作斜引线进行宽度的转移，如图 2-19e、f 所示。

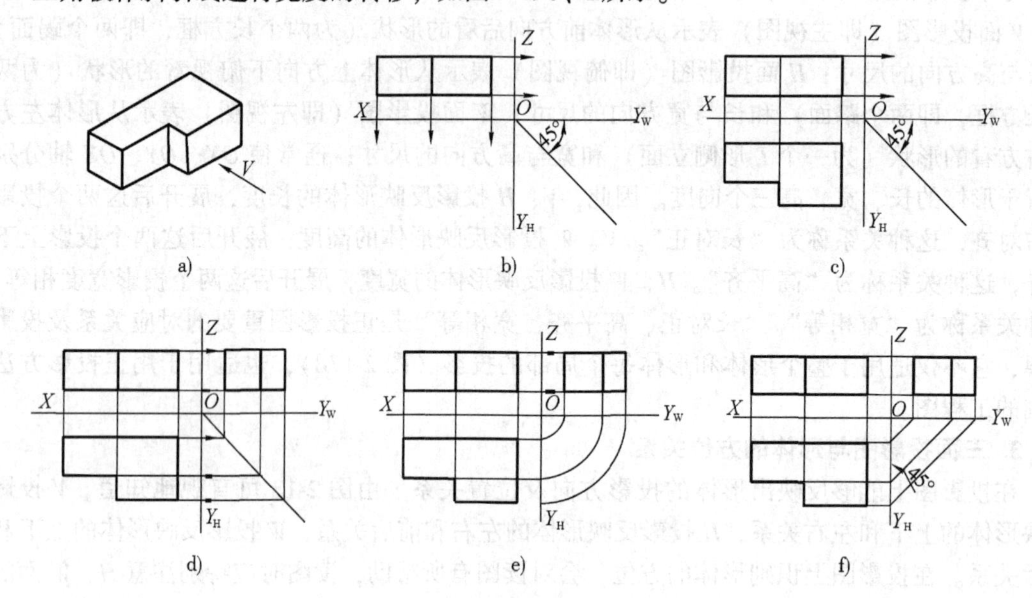

图 2-19　三面投影图的作图方法

a）立体图　b）画轴线与平分线、定长、高度，画 V 投影　c）定宽度并"长对正"画 H 投影　d）平分线与水平线相交画 W 投影　e）以 O 为圆心作弧定宽度　f）作 45°斜线定宽度

2.3　平面几何体轴测图的画法

人们最熟悉的立体图有的图是按轴测投影步骤画出来的。在学习了正投影图的形成及投影规律之后，接着学习平面几何体轴测图的画法，目的是借助立体的形状特征，来帮助初学者掌握识读正投影图的一种思维方法。轴测投影的形成如图 2-20 所示，将结构物（如桥墩）和确定它们的空间位置的直角坐标轴（OX、OY、OZ）一起，沿不平行于这三条坐标轴和由

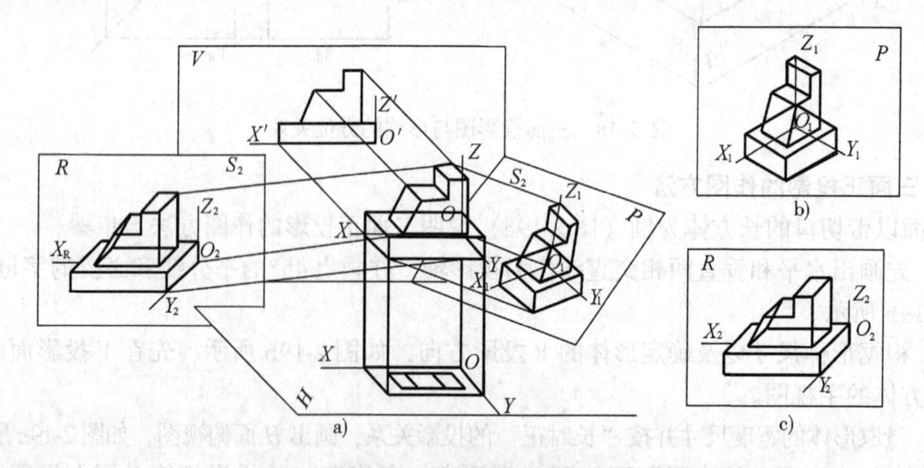

图 2-20　轴测投影的形成

a）轴测投影形成过程　b）正轴测投影　c）正面斜轴测投影

这三条坐标轴组成的任一坐标面的方向 S_1（或 S_2）、投射到新投影面 P（或 R）上。当投射方向 S_1 垂直于轴测投影面 P 时，所得的新投影称为正轴测投影。当投影方向 S_2 不垂直于轴测投影面 R 时，所得的新投影称为斜轴测投影。识读正投影图时可直接把正投影图转画成轴测投影图，其转画过程及方法主要有正等轴测投影和斜轴测投影。

2.3.1 正等轴测投影

1. 正等轴测投影的轴向伸缩系数和轴间角

在正等轴测投影中，当把空间三个坐标轴放置成与轴测投影面成相等倾角时，通过几何计算，可以得到各轴的轴向伸缩系数均为0.82，即 $p=q=r=0.82$，这时得到的投影就为正等轴测投影。正等轴测投影的三个轴间角相等，都等于120°。为了作图方便，常将轴向伸缩系数进行简化，取 $p=q=r=1$，称为轴向简化系数，如图2-21所示。采用简化系数画出的图，称为正等轴测投影图，简称正等测图。在轴向尺寸上，正等轴测图较形体原来的真实轴测投影放大1.22倍，但不影响物体的形状。

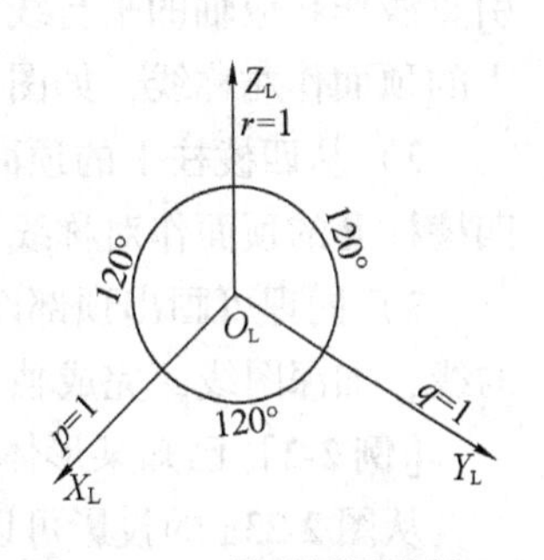

图2-21 正等轴测图的轴测轴和轴向变形系数

2. 平面立体正等轴测图的画法

画轴测图时，首先应分析识读正投影图，得出形体的空间形象；然后画出轴测轴，并按轴测轴方向量取对应的正投影图的轴向尺寸，确定轴测上各点及主要轮廓画线的位置，最后画出所画正投影图的轴测图。

平面立体的轴测图的画法有叠加法、切割法、坐标法等。

[例2-1] 已知台阶的正投影图（图2-22a），求作其正等轴测图。

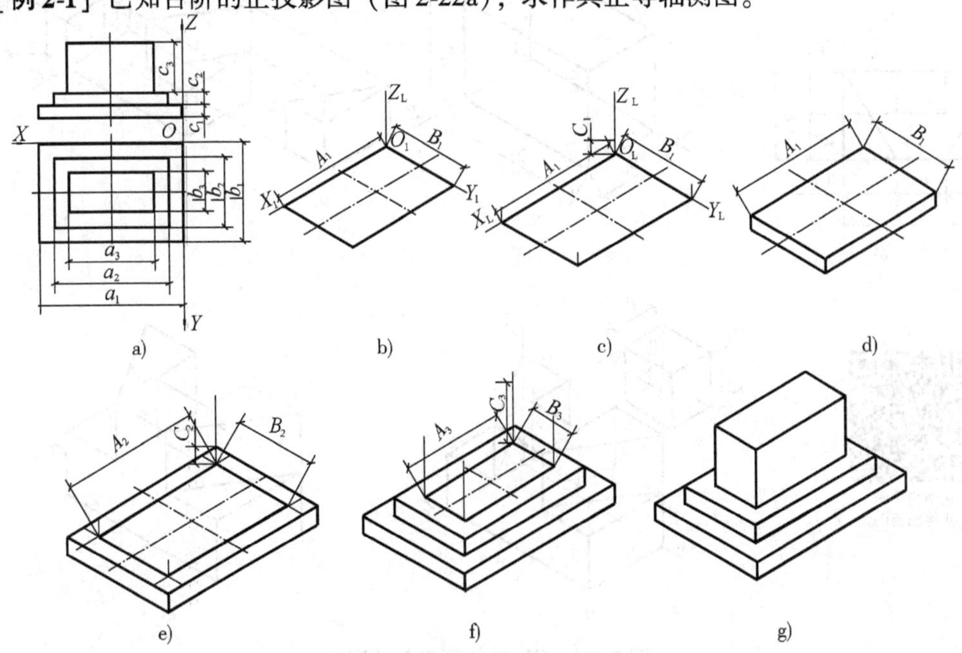

图2-22 用叠加法画正等轴测图

a）投影图 b）画正等轴测轴、量尺寸画底平面 c）竖高度量 C_1 d）完成四棱柱Ⅰ轴测图

e）在四棱柱Ⅰ顶面画对称线、量四棱柱Ⅱ尺寸 f）在四棱柱Ⅱ顶面作对称线、量四棱柱Ⅲ尺寸 g）完成正等轴测图

从图 2-22a 的投影图中可以看出，它是由三个四棱柱叠加而成，故适合用叠加法。所谓叠加法即是将复杂的形体看作由若干简单几何体组合而成，一般先从底面开始，依次往上叠加完成作图，具体作图步骤如下：

1）画四棱柱Ⅰ的底面。画轴测轴，然后分别沿 O_1X_1、O_1Y_1 方向截取长度 A_1、B_1，并各引直线作相应轴的平行线（图 2-22b），竖高度量尺寸并完成四棱柱Ⅰ的轴测图，在四棱柱Ⅰ的顶面作对称线，如图 2-22c、d 所示。

2）从四棱柱Ⅰ的顶面量取四棱柱Ⅱ的 A_2、B_2 尺寸并竖高度完成四棱柱Ⅱ的轴测图，在四棱柱Ⅱ的顶面作对称线，如图 2-22e、f 所示。

3）同理可画出顶部四棱柱Ⅲ的轴测尺寸（图 2-22f），连接四棱柱Ⅲ的图线，擦去多余的线，加深图线，完成独立基础的正等轴测图（图 2-22g）。

[**例 2-2**] 已知某形体的正投影图（图 2-23a），求作其正等轴测图。

从图 2-23a 的投影可以看出，它是由一个长方体切去两个三棱柱和一个四棱柱而成，故适合用切割法。所谓切割法即是将复杂的形体看作一个简单的几何体（如把被切形体放入箱子内，先画箱子），画出几何体的轴测图，再根据形体的实际尺寸和位置切去某些部分。由于许多构筑物或构配件是由长方体组成或切割而成，故熟练掌握长方体切割画法，就为画复杂形体的轴测图打下基础。本例采用“装箱法”“切割法”两种方法完成。

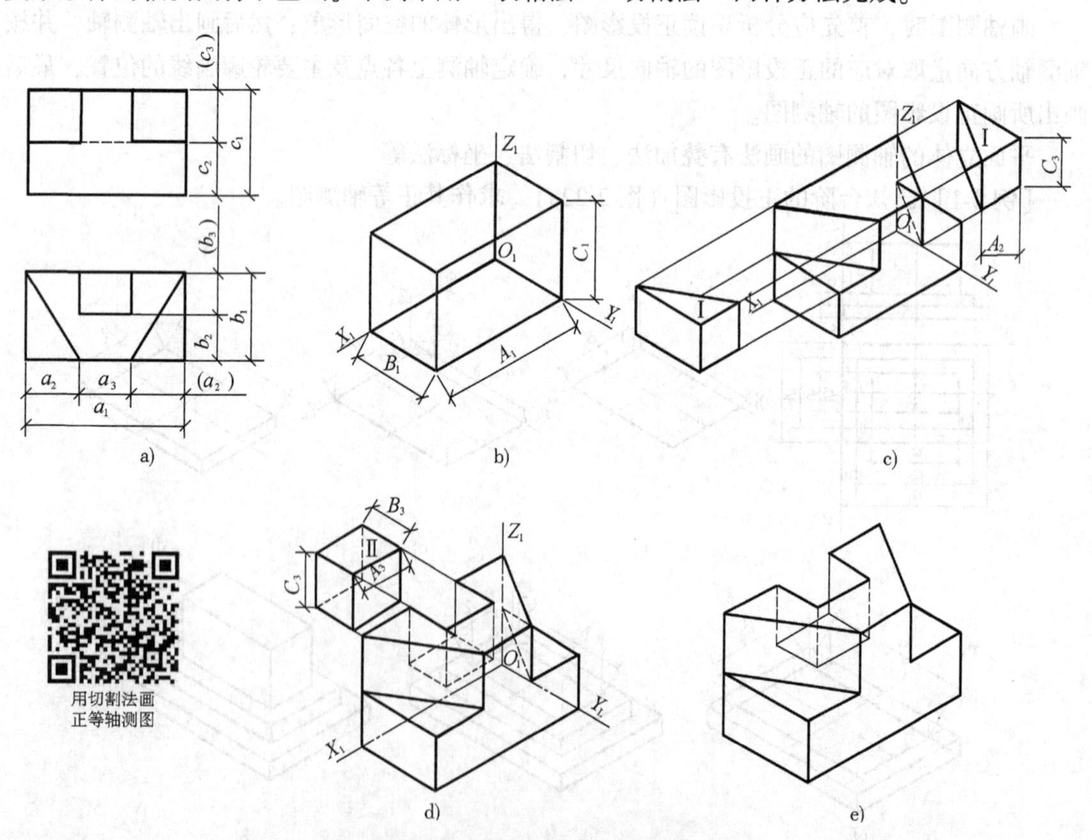

图 2-23　用切割法画正等轴测图

a）正投影图　b）画轴测轴、量尺寸画长方体　c）量尺寸切割左、右两块三棱柱Ⅰ

d）量尺寸切割四棱柱Ⅱ　e）完成正等轴测图

作图步骤如下：

1）画正等轴测轴，根据形体的总尺寸 A_1、B_1、C_1 作出长方体轴测图（图 2-23b）。

2）量取相应的尺寸，切去左右两个三棱柱Ⅰ（图 2-23c）。

3）同理切去中间部位四棱柱Ⅱ（图 2-23d）。

4）擦去多余的线，加深图线完成形体的正等轴测图（图 2-23e）。

[例 2-3] 已知形体的正投影（图 2-24a），求作其正等轴测图。

从图 2-24a 的投影图中可以看出是四棱锥台的投影，常选用坐标法。坐标法是画轴测投影的基本方法，对于求作棱锥、棱柱的轴测投影尤为适宜。

作图步骤如下：

1）画轴测轴，量尺寸、画出四棱锥底面的轴测图（图 2-24b）。

2）画四棱锥底面的对称线，过中心点竖高度量尺寸，得锥顶交点（图 2-24c）。

3）过锥顶交点画对称线，量顶面尺寸得四棱锥台顶平面（图 2-24c）。

4）连接四棱锥台棱线，擦去多余的线，加深图线，完成形体的正等轴测图（图 2-24d）。

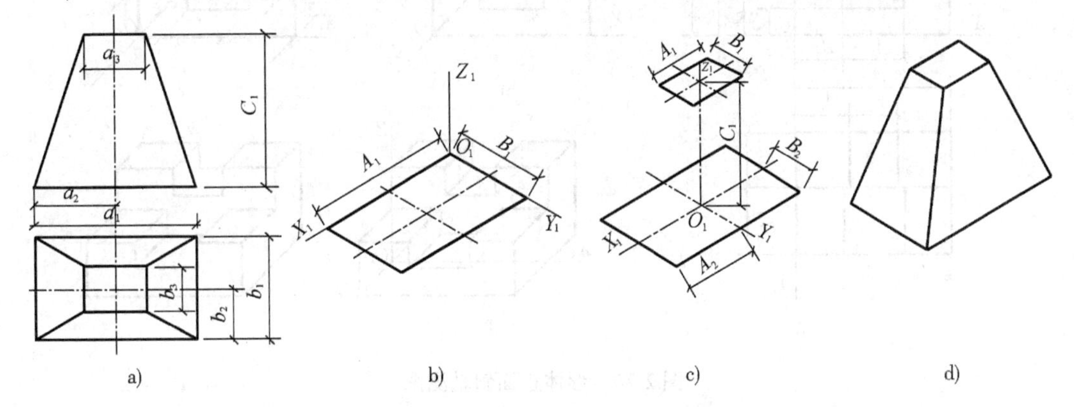

图 2-24　用坐标法画正等轴测图

a）正投影图　b）画轴测轴、量尺寸画底平面　c）量尺寸画顶面对称线和按尺寸画锥台顶面

d）过点连棱线，加深图线，完成正等轴测图

2.3.2　正面斜轴测投影

1. 正面斜轴测投影的轴向伸缩系数和轴间角

投影方向与轴测投影面倾斜，空间形体的正面平行于正平面，且以正平面作为轴测投影面时，这样得到的轴测图，称为正面斜轴测图。

正面斜轴测图中，由于空间形体的坐标轴 OX 和 OZ 平行于轴测投影面（正平面），其投影未发生变形，故 $p=r=1$，轴间角为 90°，而坐标 OY 与轴测投影面垂直，投影方向却是倾斜的，故轴测轴 O_1Y_1 是一条倾斜线，伸缩系数 $q=0.5$，O_1Y_1 轴与水平轴线间均可向左或向右呈 45°角，可根据画图需要选择（图 2-25）。

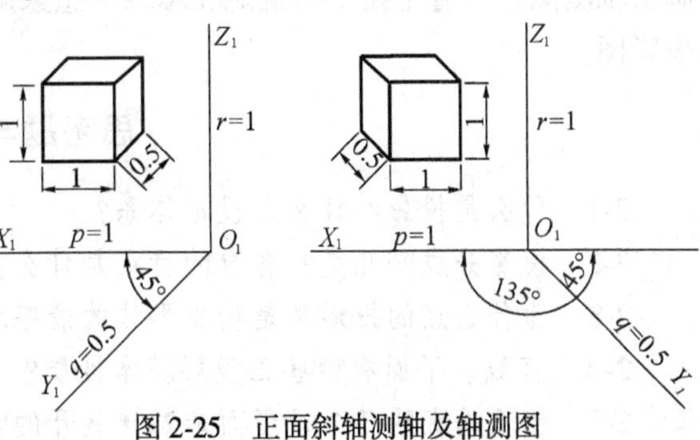

图 2-25　正面斜轴测轴及轴测图

2. 平面体正面斜轴测图的画法

［**例 2-4**］根据形体的正投影图（图 2-26a），求作其正面斜轴测图。

由于正面斜轴测图中 O_1X_1 和 O_1Z_1 轴间角为 90°与正立面投影图相同，故可以利用这个特点，一般将形体轮廓比较复杂或有形状特征的那个面，放在与轴测投影面平行的位置，这样画图就比较简便。画图步骤如下：

1）画正面斜轴测轴，根据形体正投影图中的 V 投影，作其轴测投影（因轴测投影面与 V 面平行，故其轴测投影与 V 投影相同），如图 2-26b 所示。

2）由图 2-26b 中的轮廓线的转折点画 45°斜线（图 2-26c）。

3）在各斜线上分别量取 $B_1/2$、$B_2/2$ 的长度得前后各点，并连接这些点（图 2-26d）。

4）擦去多余的线，加深图线得形体的正面斜轴测图（图 2-26e）。

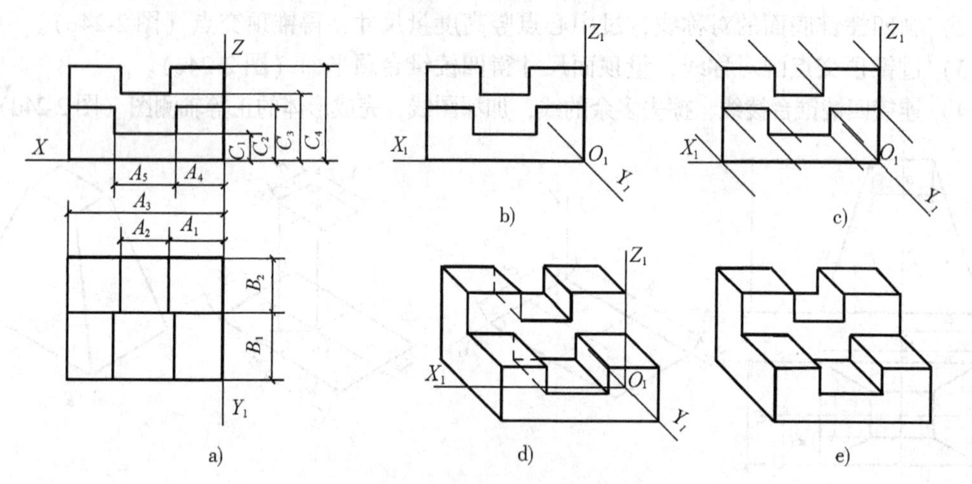

图 2-26　形体正面斜轴测图

a）正投影图　b）画轴测轴、画 V 投影　c）过点画 Y_1 轴平行线

d）过斜线量 $B_1/2$、$B_2/2$，连线　e）擦去多余线、加深图线、完成画图

根据正投影图画出轴测图的目的在于初学正投影图时，因缺乏立体感而暂时不能想出投影图所表达的空间形状，可充分利用初学者熟悉广告画、立体图等常见的图面，一看到这些图面就能明白它要表达的是什么内容。因此，提前把较为复杂的正投影图通过画轴测图的方法转换成立体图，则有助于使初学者不断地根据正投影图画出轴测图并边画边记忆在头脑中，不断积累图像思维。经过一段时间的制图训练与学习后，实现有些正投影图过渡到不用画出轴测图，一看正投影图就能在思维中想象出其空间形状，甚至能把一般的结构物画成正投影图。

思考题与习题

2-1　什么是投影？什么是投影体系？

2-2　投影分成哪几类？各自的特点是什么？

2-3　为什么点的投影又是构成形体的最基本元素？

2-4　直线、平面有哪些正投影基本性质？如何称呼？

2-5　相互垂直的三个投影面是怎样展开的？

2-6　三投影视图之间有什么对应关系？它有什么重要性？

2-7　如果已知两个投影图，如何求作第三个投影图？

2-8　在习题集中为什么要进行“找图”“补线”“补图”的训练，它对读图有何益处？

2-9　已知平面体的两个视图（由老师确定）怎样绘制出正等轴测图？试写出作图步骤。

2-10　已知平面体的两个视图（由老师确定）怎样绘制出正面斜轴测图？试写出作图步骤。

第3章　点、直线和平面的投影

学习目标：

1. 掌握点的三面投影及其规律，判别两点的相对位置，绘制和识读点的投影图。
2. 掌握各种位置直线的投影及直线上的点的投影，绘制和识读直线的投影图。
3. 掌握平面的投影以及平面上的点和线的投影，绘制和识读平面的投影图。

教学重点：

点的三面投影、各种位置直线的投影、直线上的点的投影、平面的投影、平面上的点和线的投影、投影规律和作图方法。

点、线、面是构成任何工程结构物最基本的三种几何元素。在学习空间物体的图示方法之前，必须先学习基本几何元素的图示方法。

3.1　点的投影

3.1.1　点的三面投影及其规律

1. 点的三面投影

图3-1所示为投影面及空间点A的三面投影，点A在H、V、W三个面上的投影分别为a、a'、a''。V、H面的交线为OX投影轴，V、W面的交线为OZ投影轴，H、W面的交线为OY投影轴，三条轴的交线为原点O，X、Y、Z方向分别称为长、宽、高方向。若引进坐标的概念，则三个投影面就相当于三个坐标面，三条投影轴相当于三条坐标轴，交点相当于坐标原点。空间点的位置由其三维坐标决定，如A（x、y、z）。三投影面与坐标系的关系为：$Oa_X=A$到W面的距离，$Oa_Y=A$到V面的距离，$Oa_Z=A$到H面的距离，所以点的空间位置也可用点到投影面的距离来描述。点的投影与坐标的关系为：H面投影由X、Y坐标决定，即a（x，y）；V面投影由X、Z坐标决定，即a'（x，z）；W面投影由Y、Z坐标决定，即a''（y，z）。在图3-1a中，过点A分别向V、H、W面作垂线（即投射线），垂足a'、a、a''即点A的三面投影。将A、a'、a、a''、a_X、a_Y、a_Z及原点O依次连接就构成关于空间点A的“投影方箱”。投影面展开时，规定V面不动，将H面（连同a）绕OX轴向下旋转90°、W面（连同a''）绕OZ轴向右旋转90°，使得V、H、W面摊平在同一平面上，去掉边框线，即得点A的三面投影图（图3-1b）。其中OY轴一分为二，一边随H面旋转到与OZ轴对齐同在一直线上，用OY_H标记；另一边随W面旋转到与0X轴对齐同在一直线上，用OY_W标记。

在图 3-1b 中，有 $aa' \perp OX$，$a'a'' \perp OZ$，$aa_X = oa_{YH} = oa_{YW} = a''a_Z$（即宽相等，作图时可用圆弧或45°线反映该关系）。

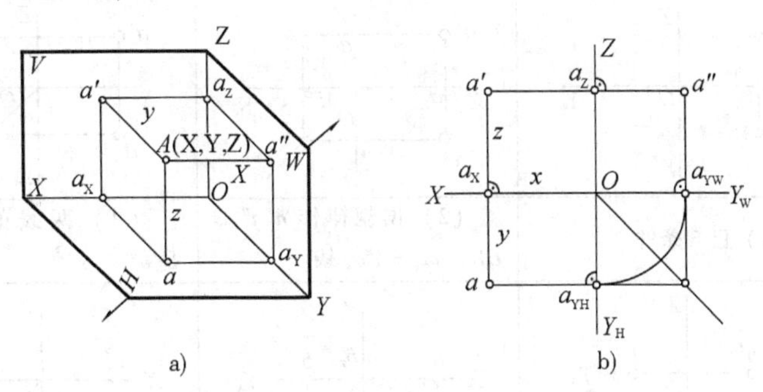

图 3-1　投影面及点的三面投影图

a）立体图　b）投影图

2. 点的三面投影规律

综上所述，点的三面投影规律为：

1）点 A 的 V、H 面投影连线垂直于 OX 轴，即 $aa' \perp OX$，称为长对正。

2）点 A 的 V、W 面投影连线垂直于 OZ 轴，即 $a'a'' \perp OZ$，称为高平齐。

3）点 A 的 H 面投影到 OX 轴的距离等于点 A 的 W 面投影到 OZ 轴的距离，即 $aa_X = a''a_Z$，称为宽相等。

空间点到投影面的距离在投影图中得到反映：

1）点 A 距 H 面距离 $= Aa = a'a_X = a''a_{YW} = z$

2）点 A 距 V 面距离 $= Aa' = aa_X = a''a_Z = y$

3）点 A 距 W 面距离 $= Aa'' = a'a_Z = aa_{YH} = x$

3. 点的空间位置和点的三维坐标

空间点的位置由其三维坐标（x，y，z）决定，点 A 在任一投影面上的投影包含两个坐标，a'（x，z），a（x，y），a''（y，z），可见两个投影点已包含了空间点 A 的三维坐标，所以，在三投影面中，任何两个投影点就能决定空间点 A 的位置。当然也可以由两个投影点作出第三投影（称为补图）。由表 3-1 可知，若三个坐标均不为零，则点 A 在空间；若某一投影面上的点到该投影面的距离为零，点 B 在该投影面上的投影与其本身重合（在 H 面上），另外两个投影在相应的投影轴上；若某一投影点在投影轴上，由于到相交于该轴上的两投影面的距离为零，点 C 在该两个投影面上的投影与其本身重合（在 OY_H、OY_W 轴上），另外一个投影与原点 O 重合。

［**例 3-1**］已知空间点的两面的投影，求第三面的投影，并判别其空间位置。

作图步骤：

1）分析：据已知条件，再根据空间点的三面投影规律作线，两线的交点即为所求点。

2）已知点的两个投影补画第三投影，作图步骤见表 3-1。

表 3-1 点的投影画法及空间位置的判别

题目	作图步骤			空间位置
已知 A 点的投影 a、a'，求 a''	(1) 已知条件	(2) 据规律作 $a'a'' \perp OZ$、$aa_x = a''a_z$ 线	(3) 两线的交点即是 a''	在空间
已知 B 点的投影 b'、b''，求 b	(1) 已知条件	(2) 据规律作 $bb' \perp OX$、$b''b_z = bb_x$ 线	(3) 两线的交点即为 b	在 H 面上
已知 C 点的投影 c、c''，求 c'	(1) 已知条件	(2) 据规律作 $c'c'' \perp OZ$、$cc' \perp OX$ 线	(3) 两线分别与 Y_H、Y_W 轴重合得 c' 在原点处	在 Y 坐标轴上

[**例 3-2**] 已知点坐标 A（25，17，20），求其三面的投影图（图 3-2）。

作图步骤如下：

1）据已知条件，由点的坐标 A（25，17，20）分别在 X 轴上量出 25mm 得 a_x、在 Y 轴上量 17mm 得 a_y、Z 轴上量 20mm 得 a_z。

2）分别过 a_x、a_y、a_z 作所在轴的垂线，它们的交点，即为三个投影面上的投影点 a（x、y）、a'（x、z）、a''（y、z）。其中 x、y、z 三个坐标值分别代表了空间点到 W、V、H 三个投影面的距离。

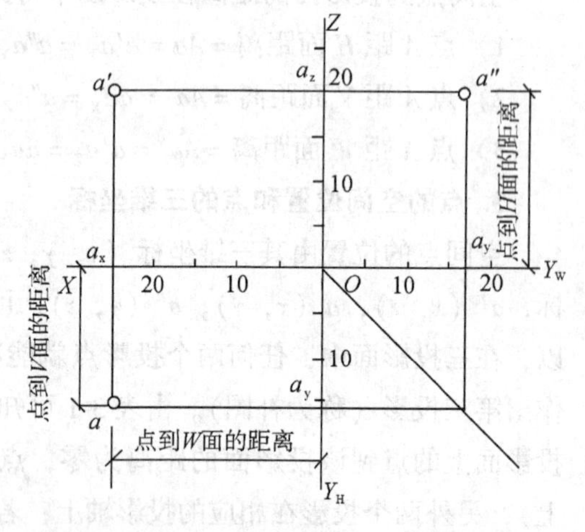

图 3-2 已知点的坐标求点的三面投影图

3.1.2 两点的相对位置与重影点

1. 两点的相对位置与判断

空间点的位置是根据它们对三个坐标轴的位置而定的。分别以 OX 轴、OY 轴、OZ 轴的正向表示左、前、上方。x 坐标值大表示在左方，y 坐标值大表示在前方，z 坐标值大表示在上方。依此规定，利用点在投影图中各组同名投影的相对位置或比较同名坐标值，即可确定两点的相对位置。如点的 V 面投影包含点的 x、z 坐标，比较两点的 V 面投影即可判断两点的上下、左右关系；点的 H 面投影包含点的 x、y 坐标，比较两点的 H 面投影即可判断两点的前后、左右关系；点的 W 面投影包含点的 y、z 坐标，比较两点的 W 面投影即可判断两点的前后、上下关系。

[例 3-3] 如图 3-3 所示，已知 C、D、E 三点的三面投影，试判别它们之间的相对位置关系。

解：根据图 3-3 所示各点的三面投影来判别：由 V 面投影可判断出点 C 在点 D 的左方，由 H 面投影可判断出点 C 在点 D 的左后方，由 W 面投影可判断出点 C 在点 D 的后方，由三投影中任两投影即可综合得出点 C 在点 D 的左、后方（或点 D 在点 C 的右、前方）；同理可得出点 C 在点 E 的左、前、下方（E 点为参考点）；点 E 在点 D 的右、后、上方（D 点为参考点）。

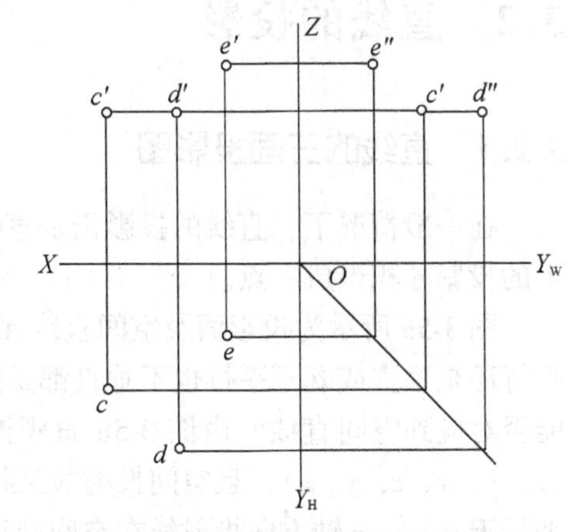

图 3-3　根据点的三面投影判别其相对位置

2. 重影点

当空间两点位于同一投射线上，则此两点在该投影面上的投影重合，此两点称为对该投影面的重影点。

如图 3-4a 所示，A、B 两点处于对 H 面的同一条投射线上，A 在 B 的正上方，则此两点在 H 面上的投影重叠。这个重叠的影即为重影点，标注为 a（b），B 点不可见加以括号。

如图 3-4b 所示，C、D 两点处于对 V 面的同一条投射线上，C 在 D 的正前方，这时它们的 V 面投影重合，标注为 c'（d'），可由 H 面或 W 面投影判断前后关系。前可见，后不可见。

如图 3-4c 所示，E、F 两点处于对 W 面的同一条投射线上，E 在 F 的正左方，这时它们的 W 面投影重合，标注为 e''（f''），可由 V 面或 H 面投影判断左右关系。左可见，右不可见。

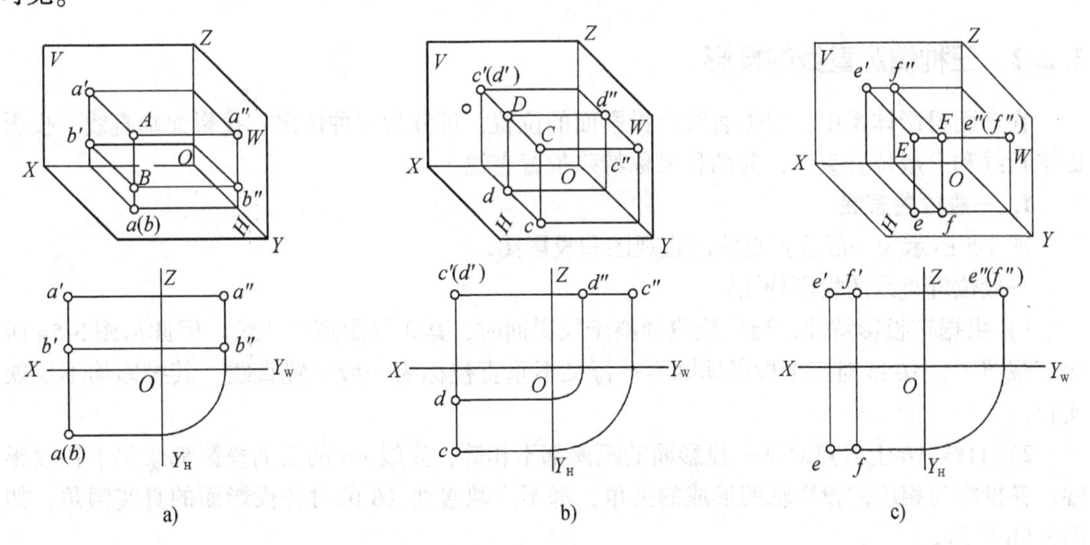

图 3-4　重影点的投影

a）H 面重影点　b）V 面重影点　c）W 面重影点

3.2 直线的投影

3.2.1 直线的三面投影图

在一般情况下，直线的投影仍是直线，只有当直线垂直于某一投影面时，它在该投影面上的投影才积聚成一点。

图 3-5a 所示为投影面及空间直线 *AB* 的三面投影，也就是说三面投影相对于投影面，是平行还是垂直或既不平行也不垂直都是按空间直线摆放角度决定的。反之三面投影的直线段能否对应到空间直线？由图 3-5a 直观图可分析出：直线的端点在投影面上反映 2 个坐标（*x*、*y*，*x*、*z*，*y*、*z*），且空间投射线又符合正投影对应关系，因此，分别过投影直线端点作平行于 *x*、*y*、*z* 轴方向投射线在空间交于一点（三线相交），连 *A*、*B* 点即可确定 *AB* 的空间位置，可见这一过程可以相逆，也是识图线的思维过程。

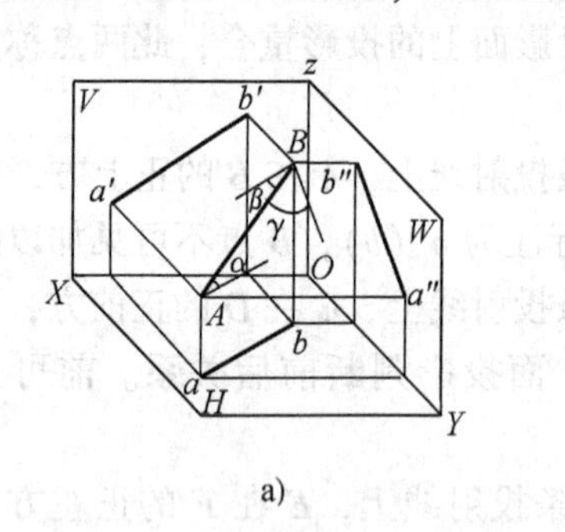

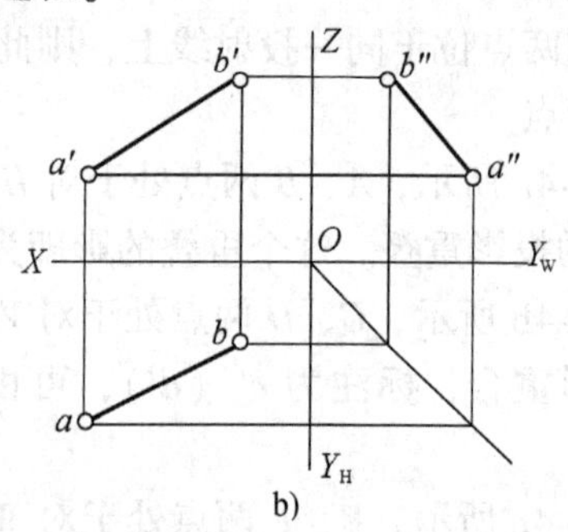

图 3-5 一般位置直线的投影

a）一般位置直线直观图 b）一般位置直线投影图

3.2.2 三种情况直线的投影

在三面投影体系中，根据直线对投影面的位置，可分为三种情况：投影面垂直线、投影面平行线和一般位置直线，前两种又称特殊位置直线。

1. 一般位置直线

图 3-5 所示为一般位置直线的直观图和投影图。

一般位置直线的投影特性：

1）根据正投影特性，当直线段倾斜于投影面时，其正投影短于实长。因此从图 3-5a 所示直观图中，*AB* 线对三个投影面既不平行又不垂直被称为一般位置直线，其投影均不反映实长。

2）直线 *AB* 上各点对某一投影面的距离都不相等，直线 *AB* 的三面投影都倾斜于各投影轴，各投影与相应的投影轴所形成的夹角，都不反映直线 *AB* 的对各投影面的真实倾角，如图 3-5b 所示。

2. 投影面平行线

平行于某一投影面的直线，同时倾斜于其余两个投影面。投影面平行线可分为：水平线（平行于 *H* 面，倾斜于 *V*、*W* 面的直线）、正平线（平行于 *V* 面，倾斜于 *H*、*W* 面的直线）、侧平线（平行于 W 面，倾斜于 H、V 面的直线）。投影面平行线的投影特性见表3-2。

表3-2　投影面平行线的投影特性

名称	水平线（$AB//H$）	正平线（$AC//V$）	侧平线（$AD//W$）
空间位置	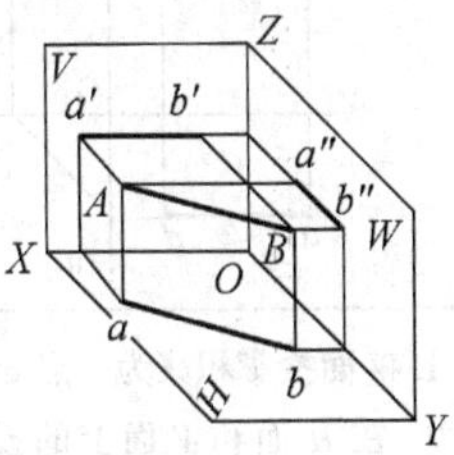 Z V a' b' a'' A b'' W B X O a H b Y	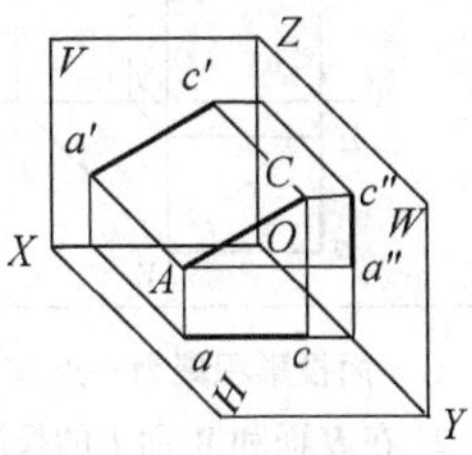 V c' Z a' C c'' W X O a'' A a c H Y	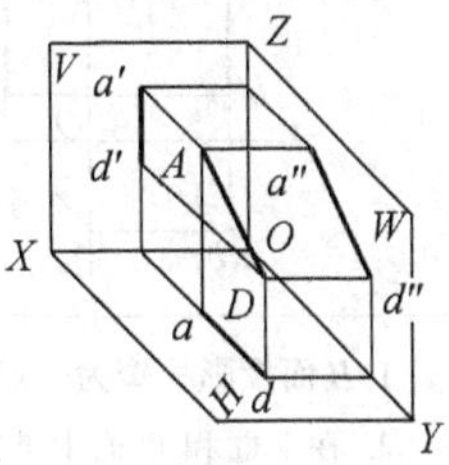 Z V a' d' A a'' W X O D d'' a H d Y
投影图	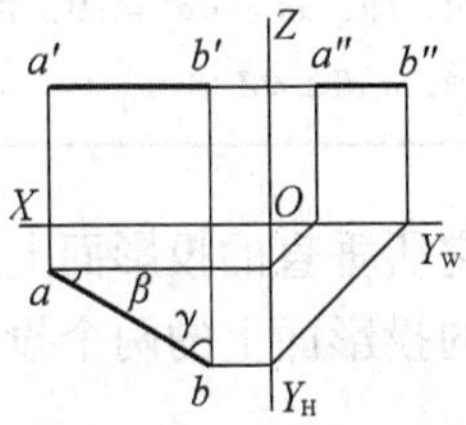 a' b' Z a'' b'' X O Y_W a β γ b Y_H	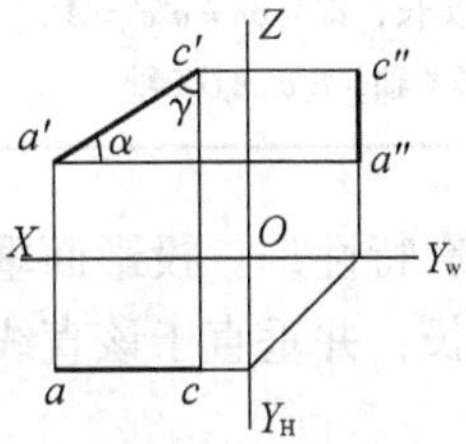 c' Z c'' a' γ α a'' X O Y_W a c Y_H	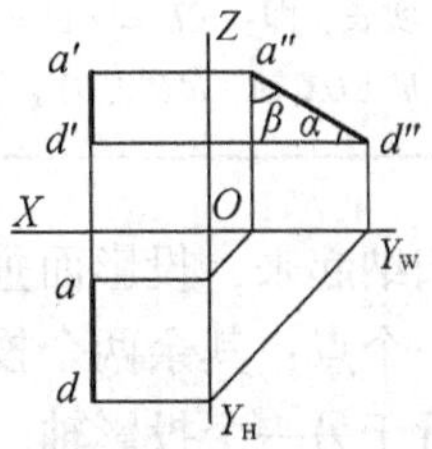 a' Z a'' d' β α d'' X O Y_W a d Y_H
投影规律	1. $ab=AB$，ab 与 OX 轴、OY_H 轴的夹角反映直线与 Y、W 面的真实倾角 β、γ 角 2. 在 V 面和 W 面上的投影分别平行于投影轴，且小于线段实长，即：$a'b'//OX$ 轴，$a''b''//OY_W$ 轴，且 $a'b'<AB$，$a''b''<AB$	1. $a'c'=AC$，$a'c'$ 与 OX 轴、OZ 轴的夹角反映直线与 H、W 面的真实倾角 α、γ 角 2. 在 H 面和 W 面上的投影分别平行于投影轴，且小于线段实长，即：$ac//OX$ 轴，$a''c''//OZ$ 轴，且 $ac<AC$，$a''c''<AC$	1. $a''d''=AD$，$a''d''$ 与 OY_W 轴、OZ 轴的夹角反映直线与 H、Y 面的真实倾角 α、β 2. 在 H 面和 V 面上的投影分别平行于投影轴，且小于线段实长，即：$ad//OY_H$ 轴，$a'd'//OZ$ 轴，且 $ad<AD$，$a'd'<AD$

归纳起来，投影面平行线的投影特性是：投影面平行线在它所平行的投影面上的投影反映实长，该投影与相应投影轴的夹角反映直线与另外两个投影面的倾角；另外两个投影平行于相应投影轴，且小于线段实长。

3. 投影面垂直线

垂直于一个投影面、平行于另两个投影面的直线，称为投影面垂直线。投影面垂直线分为三种：铅垂线（垂直于 H 面，平行于 V、W 面的直线）、正垂线（垂直于 V 面，平行于 H、W 面的直线）和侧垂线（垂直于 W 面，平行于 H、V 面的直线）。投影面垂直线的投影特性见表3-3。

表3-3　投影面垂直线的投影特性

名称	铅垂线（$AB\perp H$）	正垂线（$AC\perp V$）	侧垂线（$AD\perp W$）
空间位置	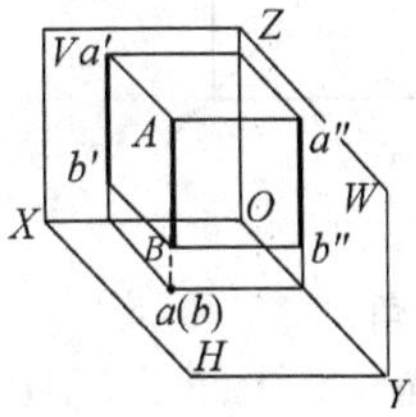 V a' Z A a'' b' W X O B b'' a(b) H Y	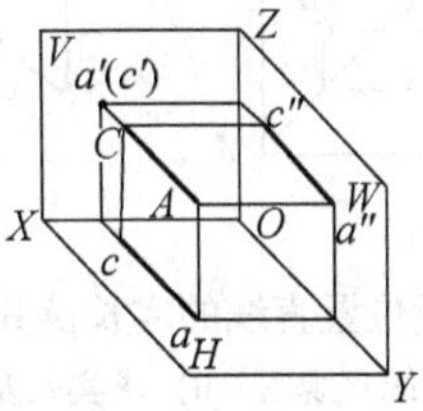 V a'(c') Z C c'' W X A O a'' c a H Y	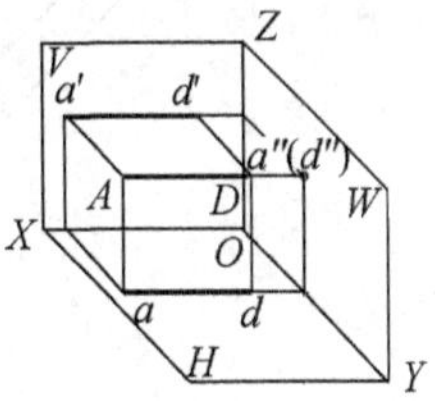 V Z a' d' a''(d'') A D W X O a d H Y

（续）

名称	铅垂线（$AB \perp H$）	正垂线（$AC \perp V$）	侧垂线（$AD \perp W$）
投影图			
投影规律	1. H 面投影积聚为一点 a（b） 2. 在 V 面和 W 面上的投影反映实长，即：$a'b' = a''b'' = AB$，且 $a'b' \perp OX$ 轴，$a''b'' \perp OY_W$ 轴	1. V 面投影积聚为一点 a'（c'） 2. 在 H 面和 W 面上的投影反映实长，即：$ac = a''c'' = AC$，且 $ac \perp OX$ 轴，$a''c'' \perp OZ$ 轴	1. W 面投影积聚为一点 a''（d''） 2. 在 H 面和 V 面上的投影反映实长，即：$ad = a'd' = AD$，且 $ad \perp OY_H$ 轴，$a'd' \perp OZ$ 轴

归纳起来，投影面垂直线的投影特性是：投影面垂直线在它所垂直的投影面上的投影积聚为一个点；其余两个投影反映实长，并垂直于该直线所垂直的投影面上的两个投影轴，且都平行于另一个投影轴。

3.2.3 一般位置直线的实长及其对投影面的倾角

我们知道，一般位置直线的三个投影都不反映直线的实长和与投影面所成倾角的真实大小。由图 3-6a 可知，直线对三投影面 H、V、W 面的倾角是指直线与它在该投影面上投影的夹角 α、β、γ。过点 B 作 $BA_1 /\!/ b'a'$，得直角三角形 BA_1A。分析直角三角形 BA_1A，斜边 AB 为空间直线本身（即实长），一直角边 $BA_1 = b'a'$（直线在 V 面上的投影长度），另一直角边 $AA_1 = aa_1 = y_A - y_B$（直线两端点到 V 面距离之差），AB 与 BA_1 的夹角 β 为直线对 V 面的倾角。这种求作一般位置直线实长和倾角的方法，称为直角三角形法。

一般位置线求实长及其对 V 面夹角 β 的画图步骤如下（图 3-6b）：

1）以 $a'b'$ 为一直角边，过 a' 或 b'（图中过 a'）作 $a'b'$ 的垂线。

2）过 b 作 OX 轴的平行线交 aa' 于 a_1，得 $y_a - y_b$ 的差值等于 aa_1，并在 $a'b'$ 的垂线上量取此长度 $aa_1 = a'A_0$，$a'A_0$ 为另一直角边。

3）连接 $b'A_0$ 即为直线 AB 的实长，$\angle a'b'A_0$ 即为直线 AB 对 V 面的倾角 β。

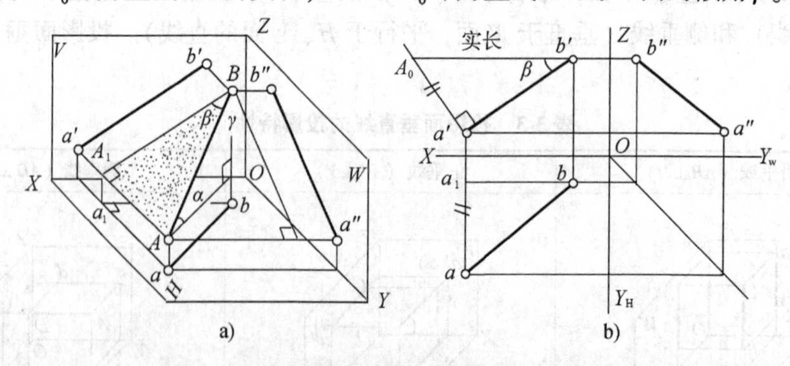

图 3-6　一般位置直线的实长及其对 V 面的 β 角

a）一般位置线直观图　b）求实长及对 V 面的 β 角

同理，可求一般位置直线的实长及其倾角 α 与 γ，如图 3-7 所示。

综上所述，用直角三角形法求直线的实长和与投影面所成的倾角要点如下：以直线的一个投影为一直角边，以直线的另一个投影的两个端点到相应的投影轴距离之差为另一直角边，作直角三角形，其斜边即为直线的实长，斜边与所在投影面的夹角即为直线对该投影面的倾角。

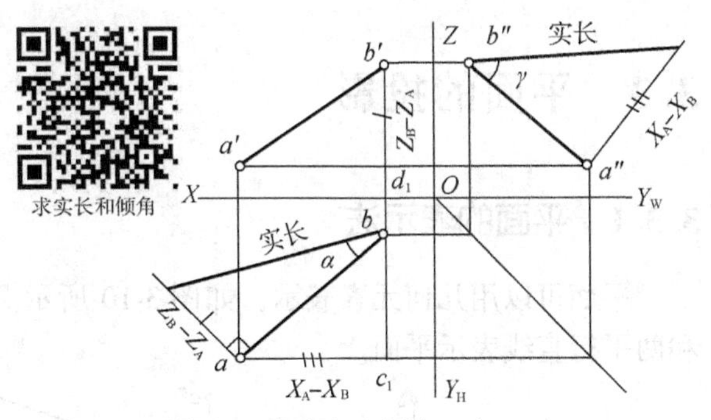

图 3-7　求实长和倾角 α 与 γ

3.2.4　直线上的点

从前所述正投影特性“定比性”中已知：点在直线上，其各投影必在直线的同名投影上，且该点分割线段的比值与投影线段中的比值相同，如图 3-8 所示。根据这一性质可以求出直线上的点的投影，判别点是否在直线上或分线段成某一比例。

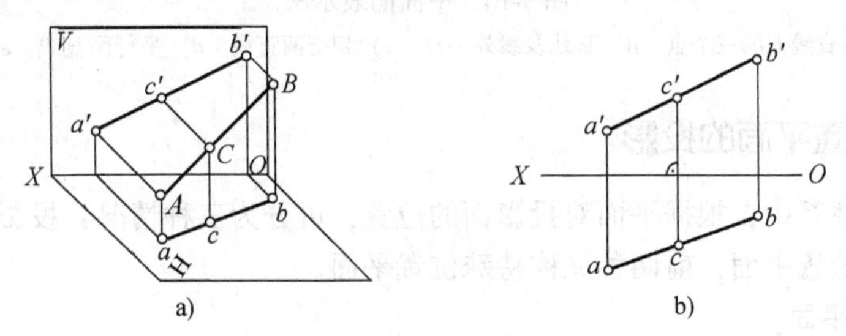

图 3-8　直线的点的投影

a）直线上点的直观图　b）直线上点的投影图

［例 3-4］如图 3-9 所示，已知点 E 是直线 CD 上的点，又已知 V 面投影，求作 H 面投影线上的点 e。

解法 1：据已知条件，利用投影规律，先求出直线的第三投影即 W 面投影 $c''d''$，再求出 e''，最后求出 e 点，如图 3-9b 所示。

解法 2：利用定比性，将直线的 V 面投影度量到 H 面投影上，c、c' 点重合，连接 d、d'，过 e' 点作 dd' 直线的平行线，与 cd 直线相交得 e 点，如图 3-9c 所示。

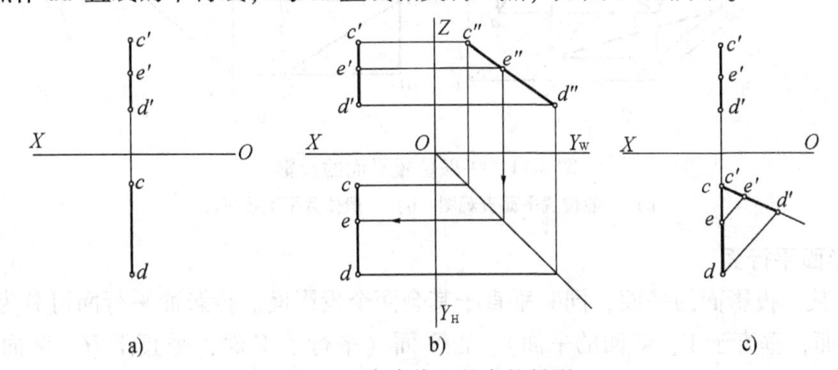

图 3-9　求直线上的点的投影

a）求直线上的点 e　b）第一求点方法　c）第二求点方法

3.3 平面的投影

3.3.1 平面的表示法

平面可以用几何元素表示，如图 3-10 所示。通常用三角形、平行四边形、两相交直线和两平行直线表示平面。

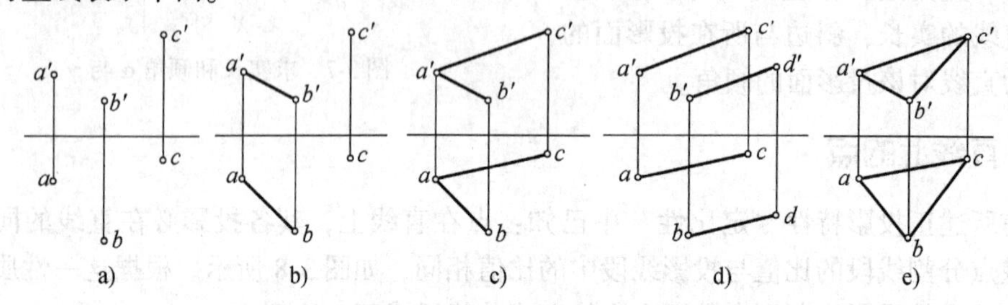

图 3-10　平面的表示法

a）不在同一直线上的三个点　b）直线及线外一点　c）相交两直线　d）平行两直线　e）平面图形

3.3.2 各种位置平面的投影

在三面投影体系中，根据平面对投影面的位置，可分为三种情况：投影面平行面，投影面垂直面，一般位置平面，前两种又称特殊位置平面。

1. 一般位置平面

对三个投影面都倾斜的平面，称为一般位置平面，简称一般平面，如图 3-11a 所示。其投影特性为：一般位置平面的三面投影，既不反映实形，也无积聚性，均为小于实形的类似形，如图 3-11b 所示。

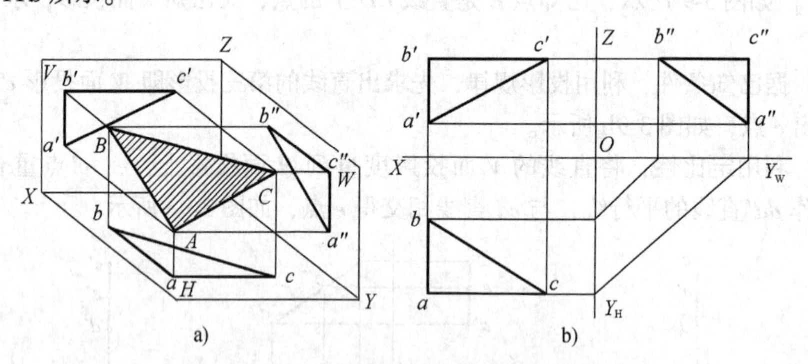

图 3-11　一般位置平面的投影

a）一般位置平面直观图　b）一般位置平面投影图

2. 投影面平行面

平行于某一投影面的平面，同时垂直于其余两个投影面。投影面平行面可分为：水平面（平行于 *H* 面，垂直于 *V*、*W* 面的平面）、正平面（平行于 *V* 面，垂直于 *H*、*W* 面的平面）、侧平面（平行于 *W* 面，垂直于 *H*、*V* 面的平面）。投影面平行面的投影特性见表 3-4。

表 3-4　投影面平行面的投影特性

名称	水平面	正平面	侧平面
空间位置			
投影图			
投影规律	1. 水平投影反映实形 2. 正面投影和侧面投影分别平行于 OX 和 OY_W，且积聚为一直线	1. 正面投影反映实形 2. 水平投影和侧面投影分别平行于 OX 和 OZ，且积聚为一直线	1. 侧面投影反映实形 2. 水平投影和正面投影分别平行于 OY_H 和 OZ，且积聚为一直线

归纳起来，投影面平行面的投影特性是：投影面平行面在它所平行的投影面上的投影反映实形；其余两个投影各积聚成一条直线，并平行于相应的投影轴。

3. 投影面垂直面

垂直于某一投影面的平面，对其他两个投影面倾斜。投影面垂直面可分为：铅垂面（垂直于 H 面，倾斜于 V、W 面的平面）、正垂面（垂直于 V 面，倾斜于 H、W 面的平面）、侧垂面（垂直于 W 面，倾斜于 H、V 面的平面）。投影面垂直面的投影特性见表 3-5。

表 3-5　投影面垂直面的投影特性

名称	铅垂面	正垂面	侧垂面
空间位置			
投影图			

（续）

名称	铅垂面	正垂面	侧垂面
投影规律	1. 水平投影积聚为一条与投影轴倾斜的直线 2. 正面投影和侧面投影为原平面图形的类似形，但小于实形	1. 正面投影积聚为一条与投影轴倾斜的直线 2. 水平投影和侧面投影为原平面图形的类似形，但小于实形	1. 侧面投影积聚为一条与投影轴倾斜的直线 2. 水平投影和正面投影为原平面图形的类似形，但小于实形

归纳起来，投影面垂直面的投影特性是：投影面垂直面在它所垂直的投影面上的投影积聚成一条与投影轴倾斜的直线，其余两个投影为原平面图形的类似形，但小于实形。

3.3.3 平面上的直线和点

1. 直线在平面上的几何条件

直线在平面上的几何条件如图 3-12a 所示：

1）若直线通过平面上的两个点，则此直线在该平面上。如图 3-12a 所示 *L* 在三角形 *ABC* 平面上。

2）若直线通过平面上的一点，且平行该平面上的另一条直线，则此直线必在该平面上。如图 3-12a 所示 *N* 直线平行 *AB*，且过 *C* 点，故 *N* 直线也在三角形 *ABC* 平面上。

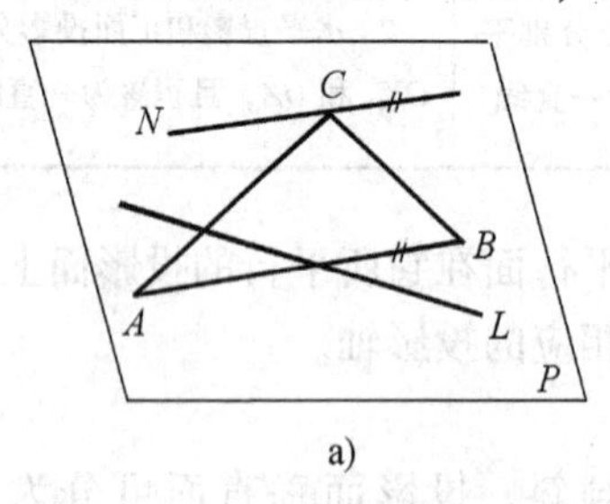

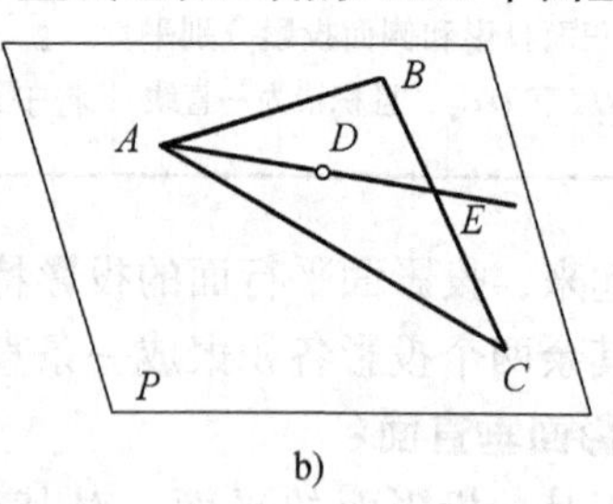

图 3-12 直线和点在平面上的几何条件
a）直线在平面上的几何条件 b）点在平面上的几何条件

2. 点在平面上的几何条件

点在平面上的几何条件如图 3-12b 所示：

点如果在平面中的任一直线上，则此点必在该平面上。*D* 点在直线 *AE* 上，且 *AE* 在 *ABC* 平面上，故 *D* 点在三角形 *ABC* 平面上。

根据这一性质可以求出平面上的点和直线的投影或判别点和直线是否在平面上或补全平面的投影。

［**例 3-5**］如图 3-13a 所示，求平面上点 *M* 及直线 *AB* 的另外一个投影。

（1）分析 点 *M* 和直线 *AB* 在平面 *CDE* 上，可利用点、直线在平面上的几何条件来解题。

（2）作图步骤 根据题目要求，一是已知点 m' 要求出点 m；二是已知直线 ab 要求出直线 $a'b'$。

1）根据已知条件，过 m' 作一辅助直线 $d'm'$，与 $c'e'$ 直线相交于点 1′，点 *M* 在 *D*Ⅰ直线上，利用直线上的点的投影，作出 $d1$ 直线并延长与点 m' 的投射线相交，即可求出 m 点（图 3-13b）。

2）根据已知条件，过直线端点 a、b，分别作 ad、bd 辅助线与 ce 直线的交点 2、3，再作出 2′、3′点，连接 $d'2'$、$d'3'$ 直线并延长与端点 a、b 的投射线相交，即可求出 V 面投影 $a'b'$线（图 3-13c）。

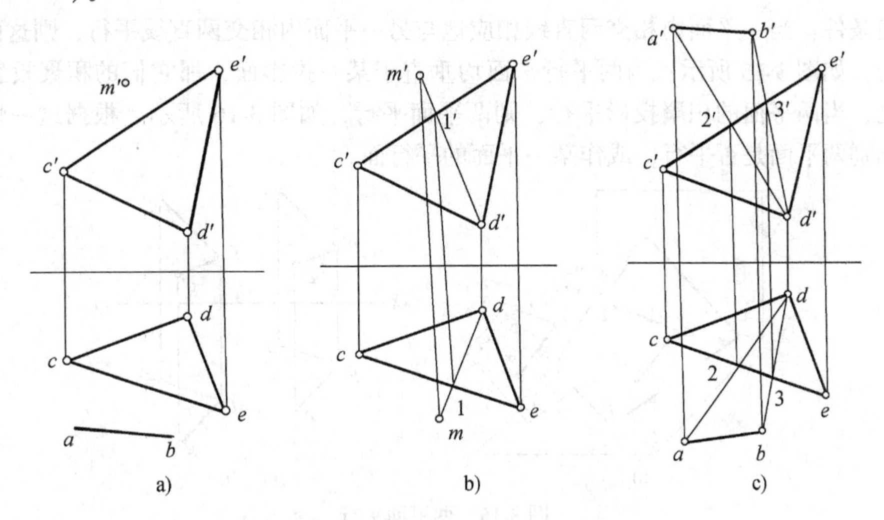

图 3-13　求平面上的点和直线的投影

a）已知条件　b）求点的投影 m　c）求直线的投影 $a'b'$

［**例 3-6**］如图 3-14a 所示，补全平面的投影。

（1）分析　直线 DE、EF、FG 在平面 ABC 上，可利用点、直线平面上的几何条件来解题。

（2）作图步骤

1）延长 $e'f'$分别与 $a'b'$、$a'c'$交于 1′、2′，Ⅰ、Ⅱ点即是 EF 与 AB、AC 的交点。

2）在 H 面上的 ab、ac 上求出 1、2 并连成线段 12，ef 必在 12 辅助线上，作出 ef（图 3-14b）。

3）在 H 面上的 bc 上求出 d、g，并连成线段 de、fg（图 3-14c）。

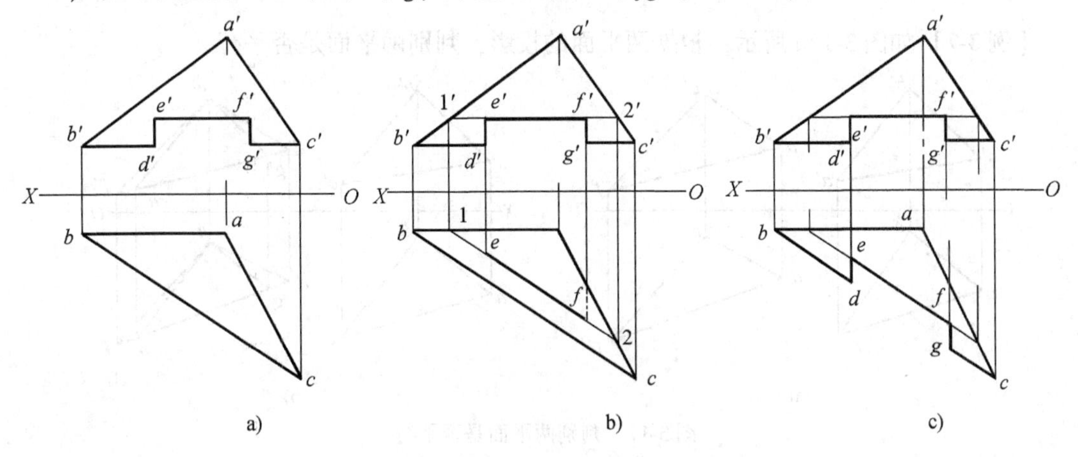

图 3-14　补全平面上点和线的投影

a）已知条件　b）作辅助线求点Ⅰ、Ⅱ　c）完成全图

3.3.4 平面与平面平行和相交

1. 平面与平面平行

几何条件：当一平面内相交两直线相应地与另一平面内相交两直线平行，则这两个平面相互平行，如图 3-15 所示；当两平行平面均垂直于某一投影面，那它们的积聚投影相互平行，反之，当两平面的积聚投影平行，则两平面平行，如图 3-16 所示。根据这一性质，我们可以判别两平面是否平行，或作某一平面的平行面。

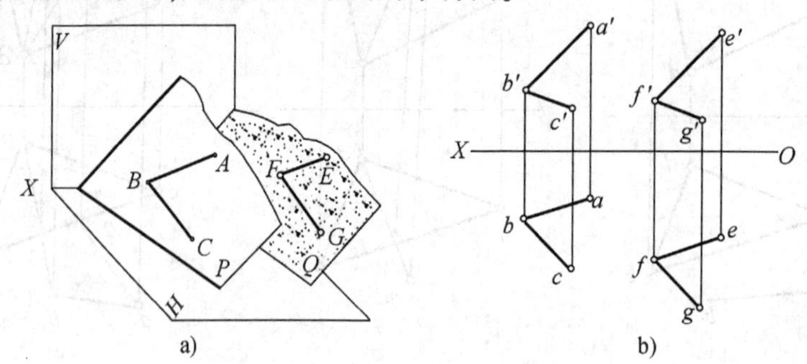

图 3-15 两平面平行

a）立体图 b）投影图

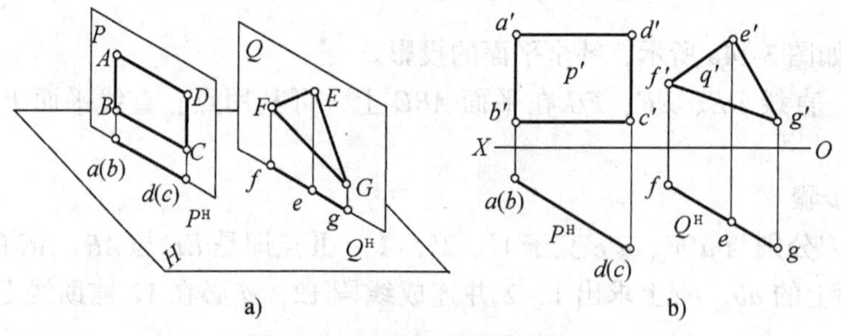

图 3-16 两特殊位置平面平行

a）立体图 b）投影图

[**例 3-7**] 如图 3-17a 所示，根据两平面的投影，判别两平面是否平行。

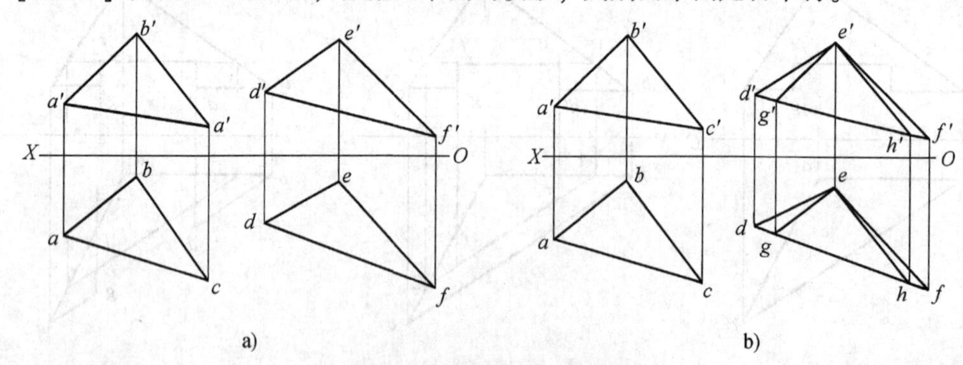

图 3-17 判别两平面是否平行

a）已知条件 b）判别两平面平行

（1）分析 可利用平面内相交两直线平行的几何条件来解题。

（2）作图步骤

1）在 V 面投影 $d'e'f'$ 内作 $e'g'$ // $a'b'$、$e'h'$ // $b'c'$。

2）在 H 面投影 def 内作出投影 eg、eh。

3）eg // ab、eh // bc，则平面 ABC // DEF（图 3-17b）。

[例 3-8] 如图 3-18a 所示，已知平面 ABC 和点 M 的投影，过点 M 作与平面 ABC 平行的平面。

（1）分析　可利用平面内相交两直线平行的几何条件来解题。

（2）作图步骤　过点 m 作 de // ab，过点 m' 作 $d'e'$ // $a'b'$，同理可作出 gf // bc 和 $g'f'$ // $b'c'$，平面内两相交直线相应的平行，则两平面平行（图 3-18b）。

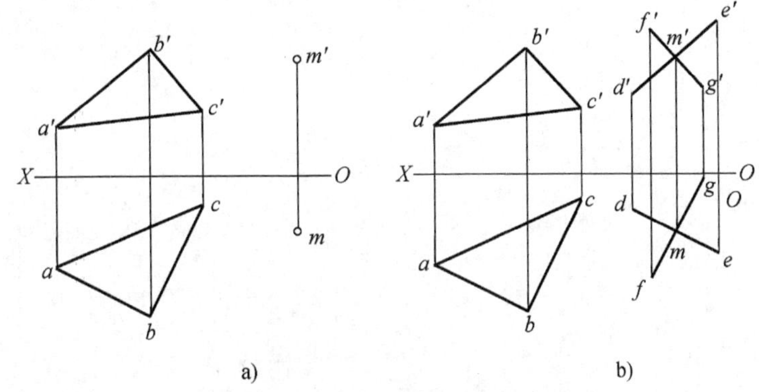

图 3-18　过定点作平面平行于已知平面

a）已知条件　b）两平面平行

2. 平面与平面相交

两平面若不平行则相交，在解决相交问题时就求出两平面的交线。

如图 3-19 所示，欲求平面 P、Q 的交线，先作一特殊位置的辅助平面 S_1，分别求出 S_1 与 P 和 Q 的交线，两条交线的交点 M 即是三面的共点，也就是 P、Q 面交线上的一点；同理可作另一辅助平面 S_2，可作出另一交点 N，连 MN 即为两平面的交线。

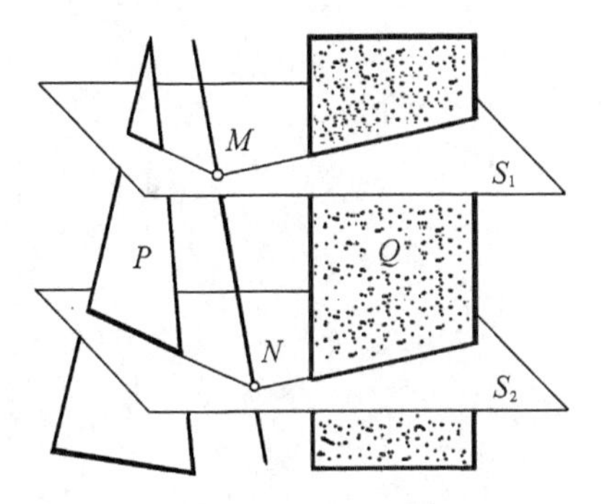

图 3-19　辅助平面法（三面共点）求两平面的交线（直观图）

为使作图简便，一般选 S_1 // S_2，且均平行于某一投影面，这样，P 面（Q 面）与两个平行面的交线是互相平行的，作图过程如图 3-20 所示。

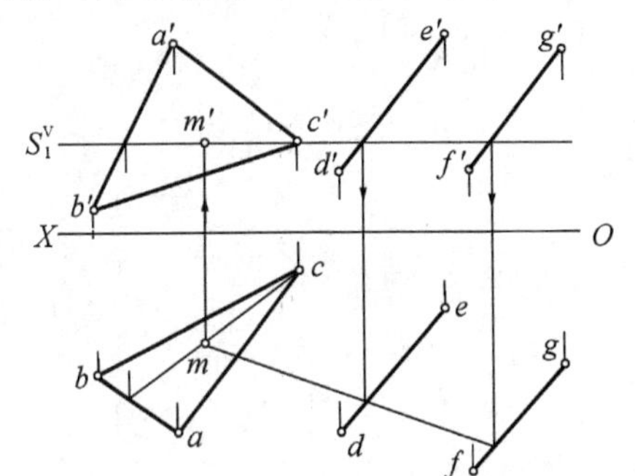

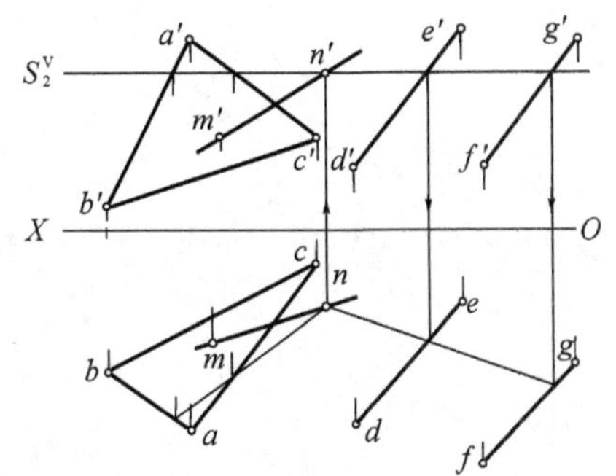

图 3-20　辅助平面法（三面共点）求两平面的交线（投影图）

思考题与习题

3-1　点的投影和坐标有什么关系？点的坐标与点到投影面的距离有什么关系？

3-2　什么是重影点？如何判别两点的相对位置？

3-3　直线与投影面的相对位置有哪几种？各有哪些投影特性？

3-4　如何求直线的实长和与投影面所成的倾角？

3-5　平面与投影面的相对位置有哪几种？各有哪些投影特性？

3-6　如何判别点在直线上？如何判别直线和点在平面上？

第 4 章　结构形体的投影

学习目标：

1. 学习平面体的三面投影、表面上求点和尺寸标注；曲面体的三面投影、表面上求点和尺寸标注以及曲面立体轴测图的画法。

2. 学习平面体的截交线和曲面体的截交线求作方法；组合平面体的相贯线和曲面体的相贯线求作方法。

3. 学习组合体的读图方法。

教学重点：

基本形体的投影方法、曲面立体轴测图的画法、结构形体表面的交线以及读图方法。

从形体构成的角度来看，任何形体都是由点、线（直线或曲线）、面（平面或曲面）组成，而任何结构物都由基本形体叠加、切割、相交所构成。针对形体的构成特点本章主要学习基本形体和组合形体的投影，以及读图、画图方法，尺寸标注等内容。

4.1　基本形体的投影

基本形体可分为平面体和曲面体。

4.1.1　平面体的投影

工程中常用的平面体有棱柱、棱锥、棱锥台等（图 4-1）。

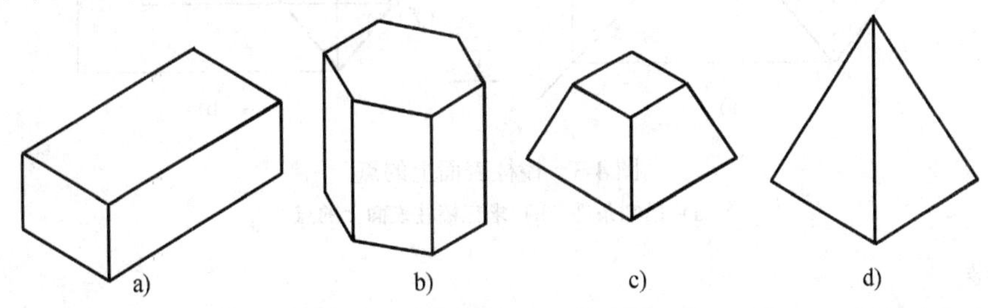

图 4-1　平面体

a）长方体　b）六棱柱　c）四棱锥台　d）三棱锥

1. 棱柱

（1）棱柱的投影　图 4-2 所示为三棱柱的投影。

画棱柱投影图时（如三棱柱），一般先画 *V*、*H* 面的投影，然后根据投影关系补画 *W* 面的投影。也可先画三棱柱的 *W* 面投影，因为它是三棱柱的特征形状，再根据投影关系画出 *V*、*H* 面的投影图，如图 4-2b 所示。

（2）棱柱表面上的点

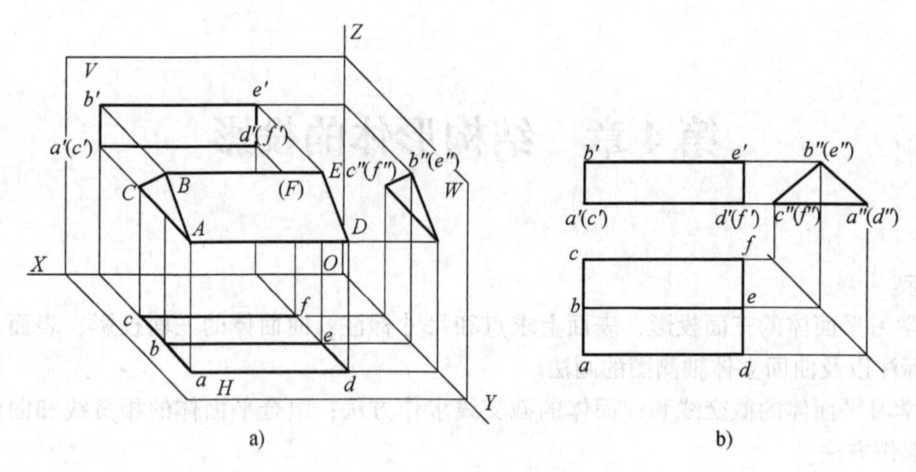

a)　　b)

图 4-2　三棱柱的投影

a）第一角投影　b）投影图

［**例 4-1**］已知三棱柱的三面投影及表面上的点 E、F 的一个投影（e'）、f''，如图 4-3a 所示，画出它们的其余两投影。

从图 4-3a 可知：E 点的 V 面投影 e'不可见，它位于后侧面上，F 点的 W 面投影 f''可见，它位于左侧面上。根据点的投影规律可分别画出（e）、(e'')、(f)、f'，如图 4-3b 所示。

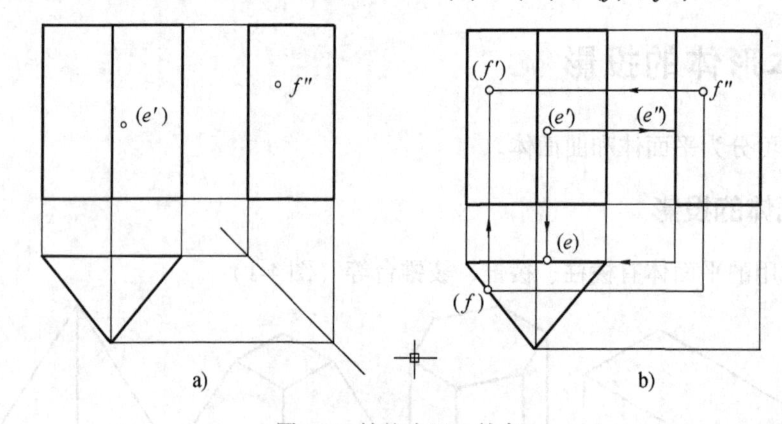

a)　　b)

图 4-3　棱柱表面上的点

a）已知条件　b）求三棱柱表面上的点

2. 棱锥

（1）棱锥的投影　如图 4-4a 所示为正三棱锥的立体图和投影图。画棱锥的投影图时，一般先画 H、V 面的投影，然后根据投影关系补画出 W 面的投影。

（2）棱锥表面上的点

［**例 4-2**］如图 4-4a 所示，已知正三棱锥的三面投影及其表面上的点 A、（B）的一个投影点 a'、（b'），作出它们的其余两投影。

画图步骤如下：

1）根据点在平面上的条件，连接 $s'a'$、延长 $s'a'$交 c'、d'于 f'。

2）作辅助线 SF 的 H 投影，即得 sf。

3）根据点的投影特性，即可求出投影点 a。

4）由 a' 和 a，求出 a''。

5）点 B 所在的面具有积聚性，根据点的投影规律，由（b'）可求得（b''）。

6）由（b'）和（b''）可求得 b，如图 4-4b 所示。

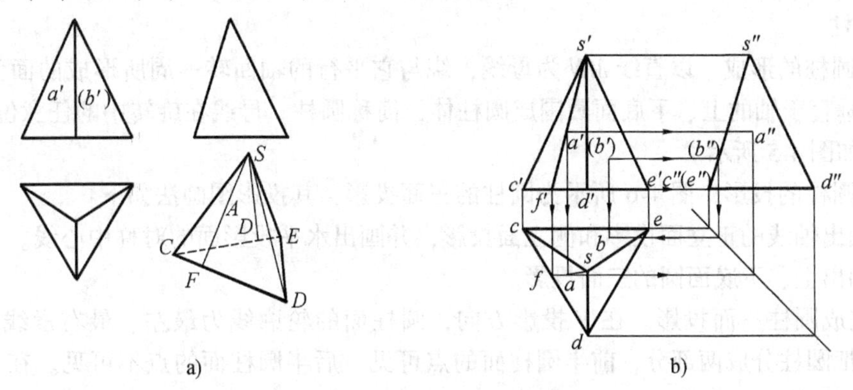

图 4-4 三棱锥表面上的点

a）已知条件 b）求三棱锥表面上的点

3. 平面体的尺寸标注

常见平面体的尺寸标注见表 4-1。

表 4-1 常见平面体的尺寸标注

平面体	四棱柱	三棱柱	六棱柱
投影图			
尺寸数量	3	3	3
平面体	四棱锥	四棱锥台	三棱锥
投影图			
尺寸数量	3	5	4

4.1.2　曲面体的投影

工程上常见的曲面体有圆柱、圆锥、球面等。

1. 圆柱

（1）圆柱的形成　以直线 MN 为母线，绕与它平行的轴回转一周所形成的面为圆柱面。圆柱面和垂直于轴的上、下底面圆围成圆柱体，简称圆柱。母线在旋转中的任意位置线，称为素线，如图 4-5 所示。

（2）圆柱的投影　图 4-6 所示为圆柱的三面投影，其投影图画法如下：

1）画出轴线的正立面投影和侧立面投影，并画出水平投影面的对称中心线。

2）画出上、下底面圆的三面投影。

3）完成圆柱三面投影。在 V 投影方向，圆柱面的轮廓线为最左、最右素线 $a'a_1'$、$b'b_1'$，它们把圆柱分成两部分，前半圆柱面的点可见、后半圆柱面的点不可见。在 W 投影方向，圆柱面的轮廓线为最前、最后素线 $c''c_1''$、$d''d_1''$，它们把圆柱分成两部分，左半圆柱面可见，右半圆柱面不可见。

（3）圆柱表面上的点

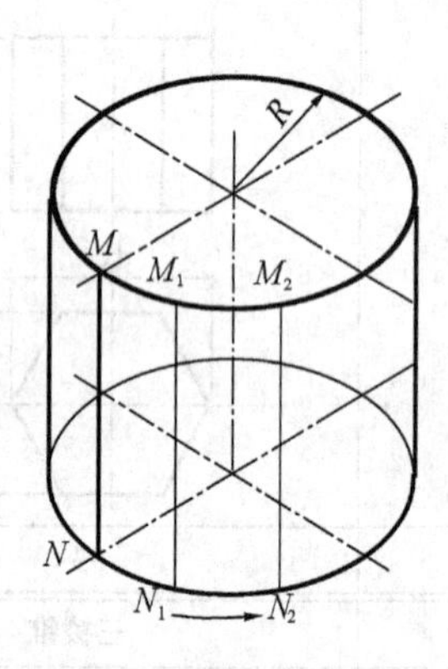

图 4-5　圆柱面的形成

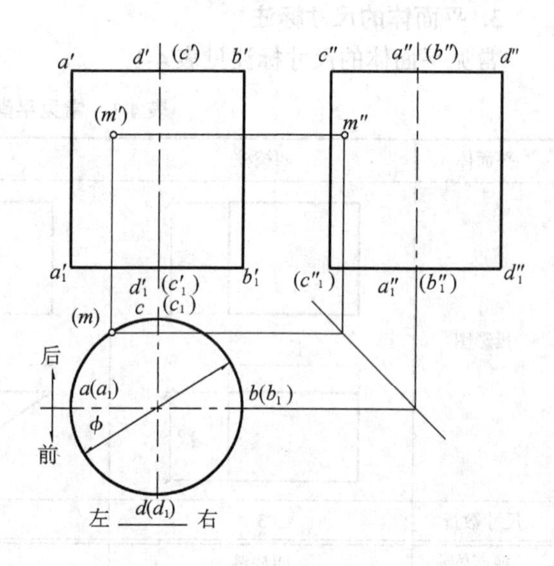

图 4-6　圆柱的投影及表面上的点

［例 4-3］如图 4-6 所示，已知点（m'），求点 m 和 m''投影。

经过分析可知，M 点位于后半圆柱面上。利用圆柱面 H 投影面的积聚性可画出点（m），根据点的投影规律，又可作出 W 面投影点 m''，投影点（m）为不可见，m''为可见。

2. 圆锥

（1）圆锥的形成　以直线 SA 为母线，绕与它相交的轴回转一周所形成的面为圆锥面。圆锥面和垂直于轴的底面围成圆锥体，简称圆锥。母线在旋转中的任意位置线，称为素线，如图 4-7 所示。

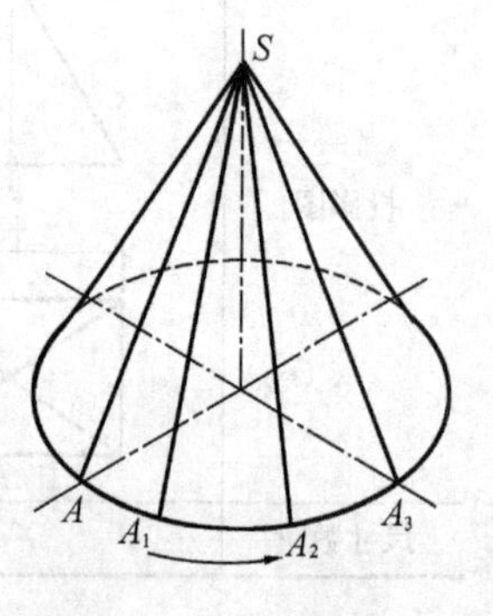

图 4-7　圆锥的形成

（2）圆锥的投影　在图 4-8a 中，圆锥的轴线为铅垂线，因此，圆锥面的每一条素线都与水平面成相同的倾角，圆锥底面为水平面。圆锥的三面投影的画法如下：

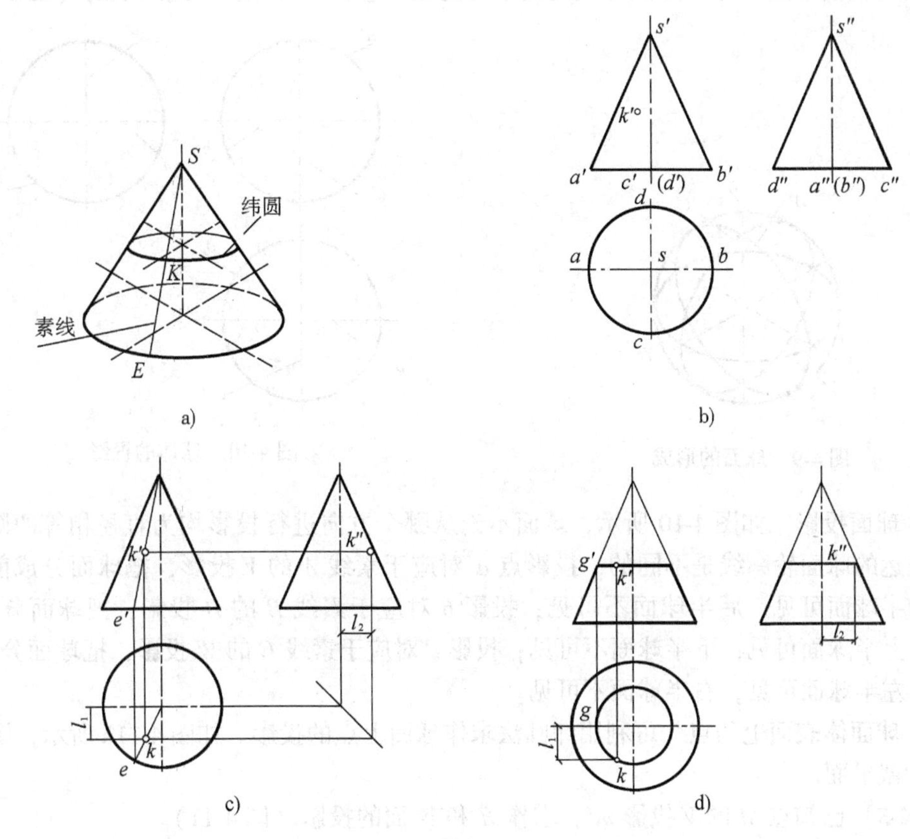

图 4-8　求圆锥表面上的点

a）圆锥立体及表面点　b）已知点的 V 投影　c）素线法　d）纬圆法

1）画出轴线的 V 面投影和 W 面投影，并画出 H 面投影的对称中心线。

2）画出顶点和底面圆的三面投影。先画 H 面投影，再画具有积聚性的 V 面和 W 面投影。

3）画出圆锥面的三面投影。在 V 投影方向，圆锥面的轮廓线为最左、最右素线 $s'a'$、$s'b'$，它们把圆锥分成两部分，前半圆锥面可见，后半圆锥面不可见。在 W 投影方向，圆锥面的轮廓线为最前、最后素线 $s''c''$、$s''d''$，它们把圆锥分成两部分，左半圆锥面可见、右半圆锥面不可见，如图 4-8b 所示。

（3）圆锥表面上的点

[例 4-4] 已知圆锥的三面投影及圆锥面上的点 K 的正面投影 k'，求作 H、W 面的投影。如图 4-8a 所示，求圆锥表面上的点 K 可采用素线法作图，也可用纬圆法作图。

画图步骤如下：

1）过 s' 与 k' 点连线至 e' 点，得到 $s'e'$ 素线。

2）作 se 素线，即得 H 面投影点 k。

3）根据点的投影关系，可求得投影点 k''，如图 4-8c 所示。

图 4-8d 所示为采用纬圆法作图，可自行分析作图过程。

3. 球面

（1）球面的形成　球面是圆母线绕其本身的任一直径为轴旋转一周形成的（图4-9）。

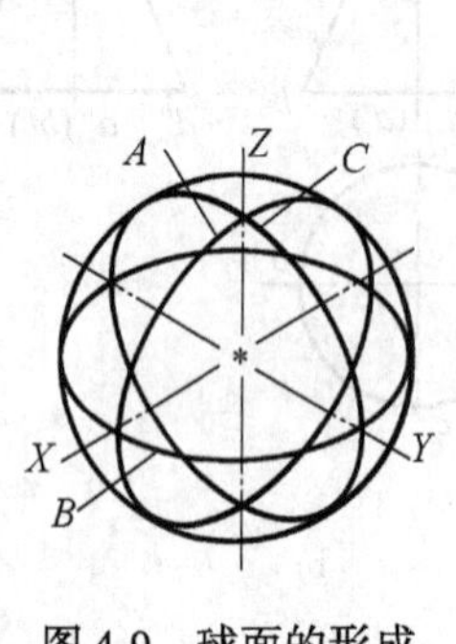

图4-9　球面的形成

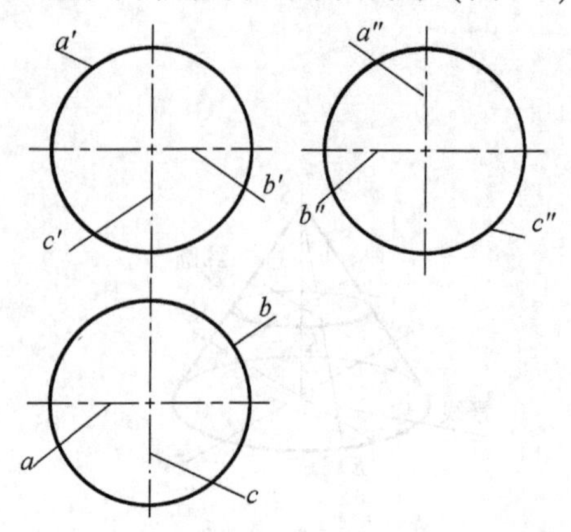

图4-10　球体的投影

（2）球面投影　如图4-10所示，球面不论从哪个方向进行投影均为直径相等的圆，但各圆所表达的球面轮廓线是不同的，投影点 a' 对应于素线 A 的 V 投影，把球面分成前、后两半，前半球面可见，后半球面不可见；投影 b 对应于素线 B 的 H 投影，把球面分成上、下两半，上半球面可见，下半球面不可见；投影 c'' 对应于素线 C 的 W 投影，把球面分成左、右两半，左半球面可见，右半球面不可见。

（3）球面体表面上的点　可利用纬圆法求作球面上点的投影。如图4-11a所示，图中的平面 P 为截平面。

［**例4-5**］已知点 M 的 V 投影 m'，求作 H 和 W 面的投影（图4-11）。

画图步骤如下：

1）先确定点 M 的位置及其可见性，经分析点 M 是在球面的右、上、前半球部位，则 H 投影可见，W 投影为不可见。

2）过 V 投影 m' 点作平行于 OX 轴的直线 $a'a'$，再以直线 $a'a'$ 的一半为半径在 H 面上画出纬圆，即得投影点 m。

3）按点的投影规律即可画出 W 投影点 m''（图4-11b）。

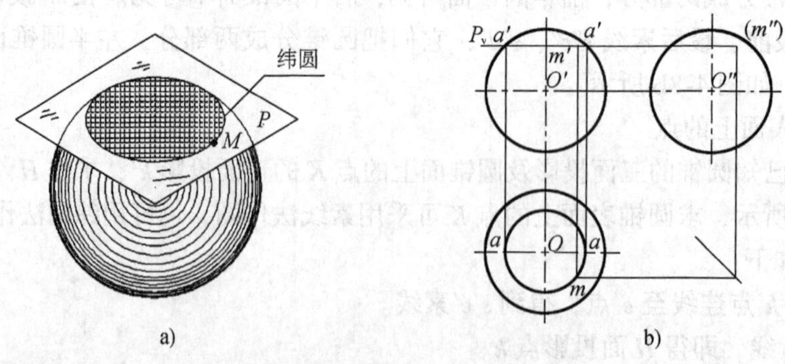

图4-11　球面上点的投影

a）球面、点、截平面 P、纬圆　b）纬圆法求点

4. 曲面体的尺寸标注

常见曲面体的尺寸标注见表4-2。

表4-2 常见曲面体的尺寸标注

曲面体	圆柱	截切圆柱	
投影图	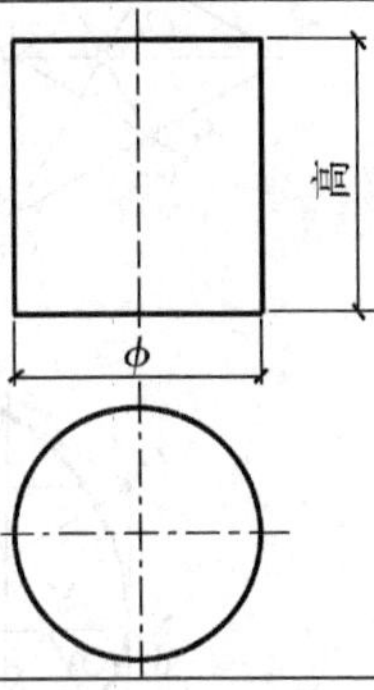	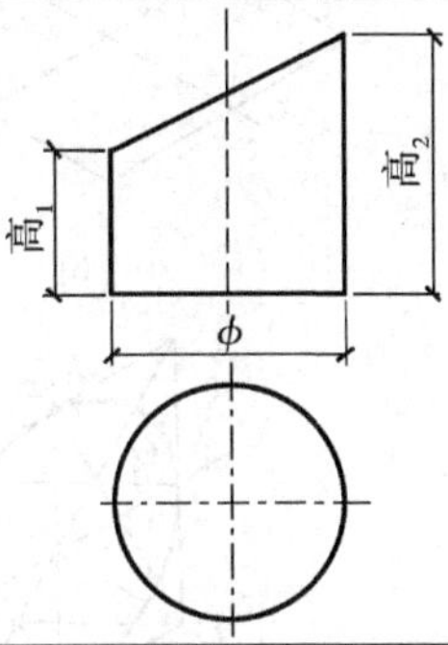	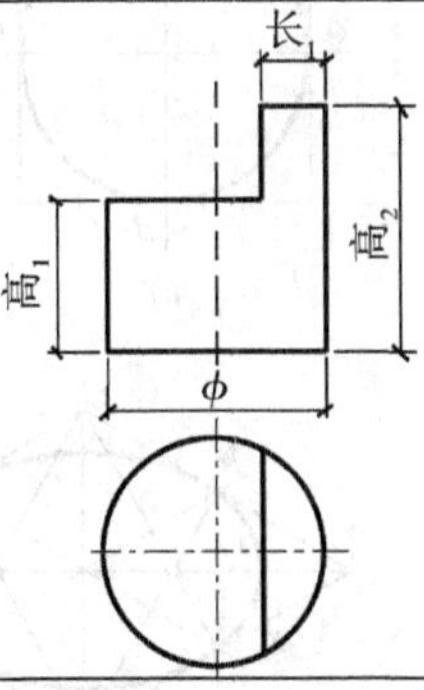
尺寸数量	2	3	4
曲面体	圆锥	锥台	球体
投影图	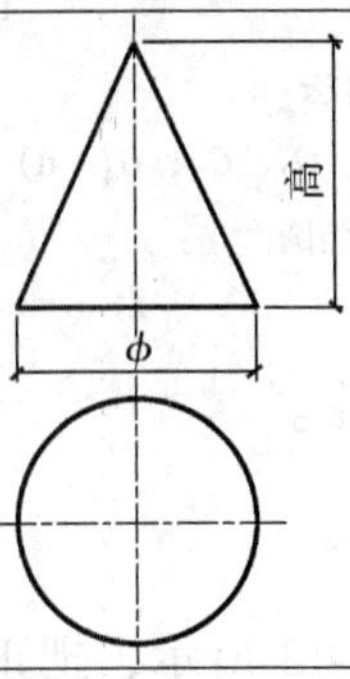	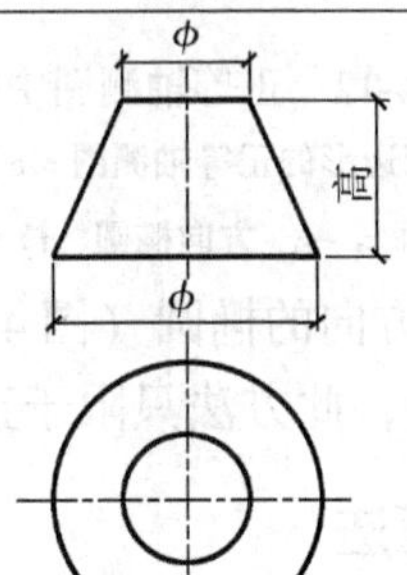	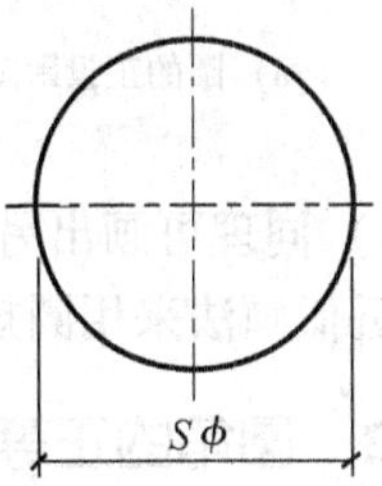
尺寸数量	2	3	1

注：ϕ 表示圆的直径，$S\phi$ 表示球的直径。

4.2 曲面立体轴测图的画法

作曲面立体的轴测投影图与平面立体的轴测投影图的作图过程基本上是相同的，其不同之处在于要求画圆或圆角的轴测投影。

在平行投影中，当圆所在的平面与投影面平行时，其投影为圆；当圆所在的平面与投影面倾斜时，其投影则为椭圆。几种主要的画图方法如下。

4.2.1 椭圆的近似画法

在正等轴测图中，正四边形的轴测投影为一菱形。在菱形中画椭圆可用近似画法，如图4-12所示，画法步骤如下：

1）作圆的外切正四边形的正等轴测图，为一菱形，同时确定其两个方向的直径 a_1c_1 及 b_1d_1（图4-12b）。

2）菱形的钝角为 O_1、O_2，连 O_1a_1 和 O_1d_1 分别交菱形的长对角线于 O_3、O_4，得四个圆心 O_1、O_2、O_3、O_4（图4-12c）。

3）分别以 O_1、O_2 为圆心，O_1a_1 为半径作上下两段弧线，再分别以 O_3、O_4 为圆心，O_3a_1 为半径作左右两段弧线，即得椭圆（图 4-12d）。

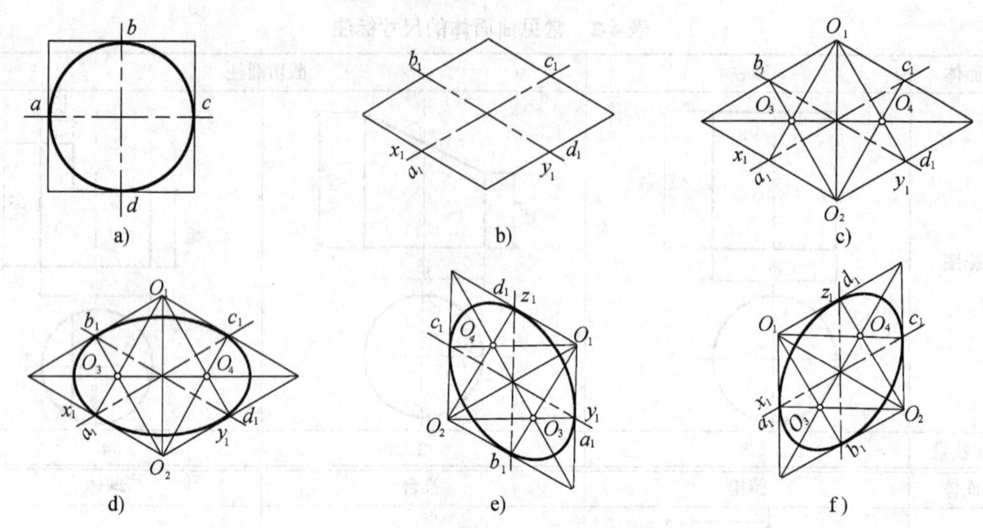

图 4-12　正等轴测图中椭圆的近似画法

a）圆的正投影图　b）画正四边形的正等轴测图　c）求作圆心 O_1、O_2、O_3、O_4　d）画出椭圆　e）画 z_1-y_1 方向椭圆　f）画 z_1-x_1 方向椭圆

4）同理可画出另两个平面方向的椭圆（图 4-12e、f）。

近似画法采用圆规来画椭圆，此方法只限于正等轴测图中。

4.2.2　圆角的正等轴测图画法

圆角的正等轴测图，可按上述椭圆的近似画法，如图 4-13 所示，把正方形分成四角，四角处于不同位置时，它的正等轴测图即成为不同位置的锐角 60°及钝角 120°夹角，在各夹角内作弧即可。

具体做法是在各角顶沿两边量取半径为 R 的长度得两点，过此两点作所在角边的垂线，两垂线的交点即为所求圆弧的圆心，作圆弧与两角边相切即为所求圆角的正投影，如图 4-13b 所示。

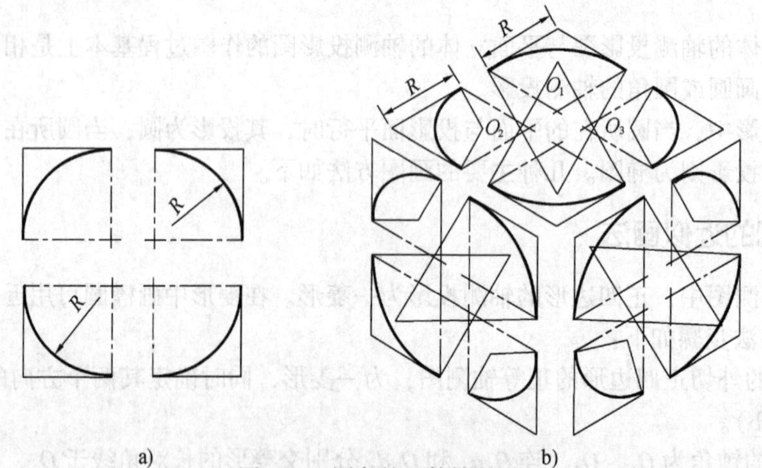

图 4-13　圆角的正等轴测图

a）已知正投影图　b）各夹角内求作新的圆心、画圆弧

4.2.3 曲面体轴测图的画法实例

[**例4-6**] 已知某切口圆柱体的正投影（图4-14a），求作其正等轴测图。

画图步骤如下：

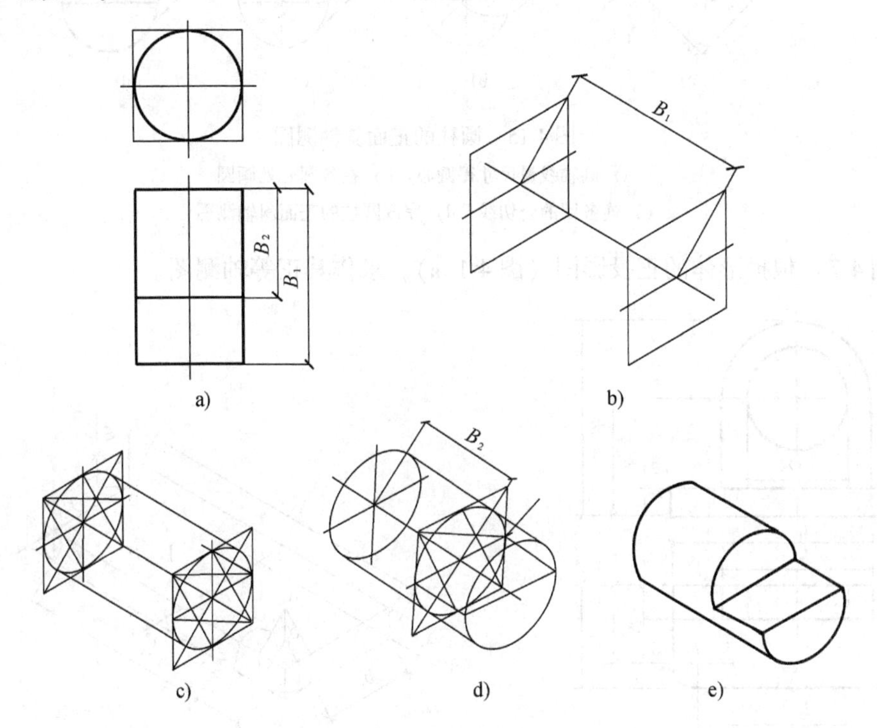

图4-14 圆柱的正等轴测图画法

a）已知条件 b）量尺寸画两端面 c）画两端面椭圆 d）量尺寸画切口端面 e）完成正等轴测图

1）画轴测轴和圆柱轴线，在轴线上量取长度 B_1，并在前后两端点分别作圆的外切正四边形的正等轴测图—菱形（图4-14b）。

2）在两菱形中，用近似画法画椭圆，并作两椭圆公切线（图4-14c）。

3）量出长度 B_2 作切口处半圆的正等轴测图，同时画出其相应的轮廓线（图4-14d）。

4）擦去多余的线，加粗图线得带有切口圆柱的正等轴测图（图4-14e）。

由此例可以看出，求圆柱体的正等轴测图，关键是求圆的轴测投影。若上述例题未规定轴测图的类型，可以选用一种作图比较简便的轴测图类型—正面斜轴测图（图4-15）。这样圆柱体的前、后两圆与轴测投影面平行，则其轴测投影仍然是圆，但需注意轴向变形系数 $q=0.5$。

具体画图步骤如下：

1）按正面斜轴测投影先画出圆柱轴线和轴测轴，在轴线上按变形系数 $q=0.5$ 定出各圆的圆心位置（图4-15a）。

2）由图4-14a 中已知圆的半径，在各圆心处画圆（图4-15b）。

3）根据切口处圆的位置作其相应的轮廓线及各圆的公切线（图4-15c）。

4）擦去多余的线，加深图线得带有缺口圆柱的正面斜轴测图（图4-15d）。

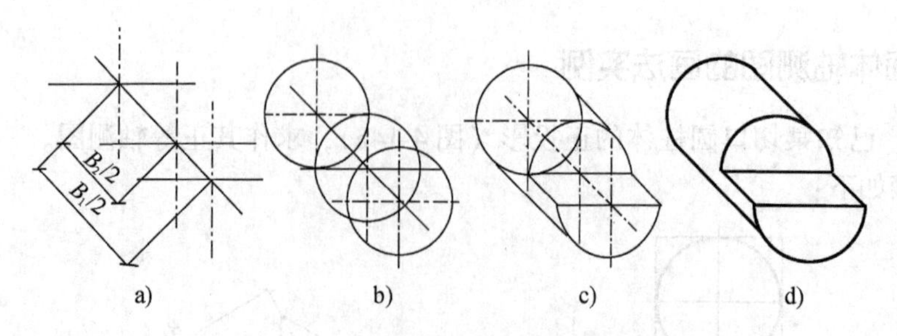

图 4-15 圆柱的正面斜轴测图

a）画轴线量尺寸得圆心 b）在各圆心处画圆

c）连各圆的公切线 d）完成圆柱的正面斜轴测图

[例 4-7] 根据形体的正投影图（图 4-16a），求作其正等轴测图。

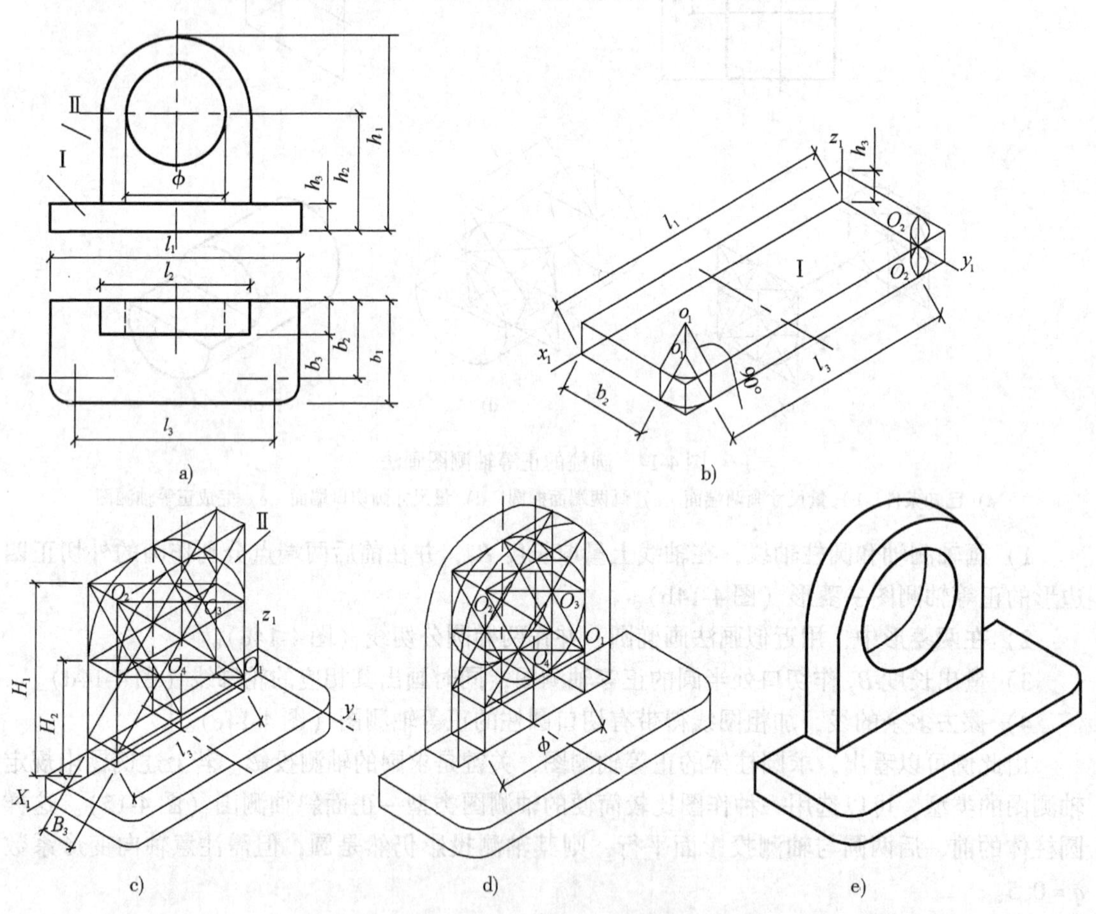

图 4-16 带圆角立体的正等轴测图

a）已知正投影图 b）画轴测轴、量尺寸画底座Ⅰ轴测图 c）画立板Ⅱ外切四边形轴测图

d）量尺寸画圆的轴测图 e）完成全图

要画其正等轴测图，可综合运用叠加法和切割法，并用近似画法作出圆及圆角的正等轴测图，并作出圆弧切线。

具体画图步骤如下：

1）按正等测投影画出轴测轴，量取对应的尺寸作底座Ⅰ的轴测图，对于圆角部分先画出外切的直线夹角，然后根据圆角的半径及圆角的画法作出上、下两层圆角，并连它们的公切线（图4-16b）。

2）量取对应的尺寸用叠加法画出立板Ⅱ的正等轴测图。对于半圆柱部分画出其外切四边形的轴测投影，然后用近似画法画出椭圆，并连椭圆公切线（图4-16c）。

3）根据圆孔的位置用切割法求出其外切四边形的轴测投影，并用近似画法求作圆的轴测投影（图4-16d）。

4）擦去多余的线，加深图线得该形体的正等轴测图（图4-16e）。

4.3 结构形体表面的交线

在结构形体或构配件表面上常见到一些交线，在这些交线上，有的是基本几何体被截平面相截而形成的交线，称为截交线，如图4-17所示基本几何体的表面线框；有的是两立体表面相交而形成的交线，称为相贯线，如图4-17所示组合体表面交线（组合体按其组合方式可分为叠加、切割、混合三种类型）。熟悉这些交线的性质并掌握交线的画法，将有助于正确地表达结构形体或构配件的结构形状。

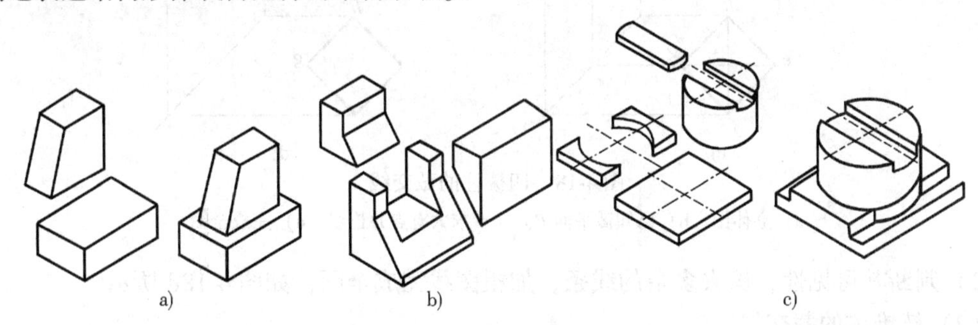

图4-17　组合体的构成方式

a）叠加型（两基本体叠加）　b）切割型（切割去的基本体）　c）混合型（叠加＋切割）

4.3.1 基本几何体被截平面相截的截交线

基本几何体被截平面相截的截交线，可分为平面体被截平面相截的截交线和曲面体被截平面相截的截交线。

1. 平面体的截交线

图4-18a所示截切立体的平面称为截平面，截平面与截切立体各表面产生的交线称为截交线，由截交线围成的平面图形称为截断面。该断面多边形的顶点就是截平面与各棱边的交点，若求出这些顶点，依次连接即得截交线。截平面一般选用特殊位置平面，如正垂面或铅垂面，并约定沿截切位置两端画出短画粗实线，另在端部注写P_V或P_H符号。

（1）棱柱体的截交线

[**例4-8**] 已知截平面为正垂面P_V，求被截切后四棱柱的三面投影（图4-18b）。

分析：截平面为一正垂面，它与四棱柱相截，只要求出截平面与四棱柱的共有点并连线，即可求得截交线（图 4-18a）。

画图步骤如下：

1）从 V 面投影可直接得到截平面与四棱柱各棱线的交点 e'、f'、(h')、g'。

2）根据立体表面取点的方法，分别作出四个点的 H 面投影点 e、f、g、h 和 W 面投影点 e''、f''、g''、h''并依次连接（图 4-18c）。

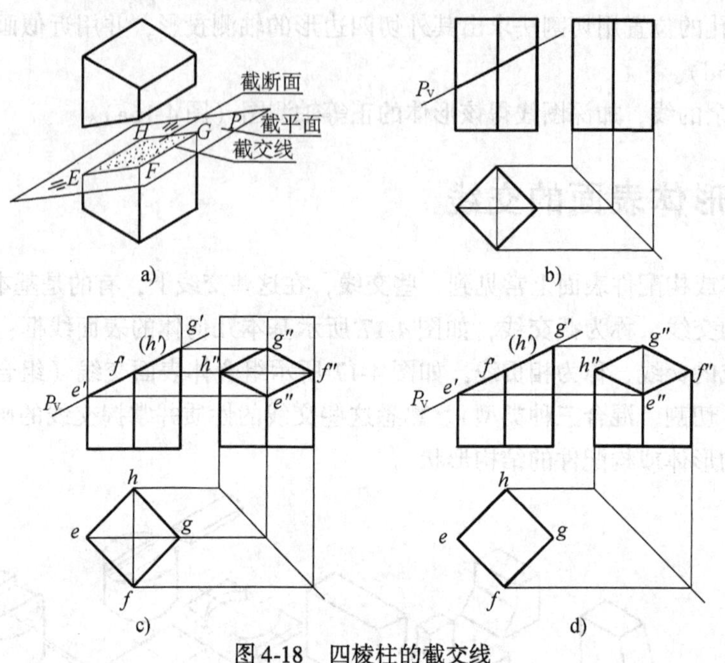

图 4-18　四棱柱的截交线

a）立体图　b）已知截平面 P_V　c）求共有点并连线　d）完成全图

3）判断其可见性，擦去多余的线条，加粗图线完成全图，如图 4-18d 所示。

（2）棱锥体的截交线

［**例 4-9**］如图 4-19b 所示，补全被截切后正三棱锥的三面投影图。

分析：截平面为一正垂面，它与三个棱面相截，只要求出截平面与三棱锥的共有点并连点，即可求得截交线（图 4-19a）。

画图步骤如下：

1）从 V 面投影可直接得到共有点 a'、b'、c'。

2）根据立体表面取点的方法，分别作出 H 面投影 a、b、c 和 W 面投影 a''、b''、c''。

3）依次连接 a、b、c 及 a''、b''、c''，并注意判断可见性（图 4-19c）。

4）擦去多余的线条，加粗图线完成全图，如图 4-19d 所示。

2. 曲面体的截交线

（1）圆柱的截交线　截平面截切曲面体时，产生的截交线一般情况下是一封闭的平面曲线，截交线的形状取决于曲面体表面的形状及截平面与曲面体的相对位置。曲面体截交线上的每一点都是截平面和曲面体表面的共有点，求出足够的共有点，依次连接即得截交线。

截平面截切圆柱体时，根据平面与圆柱轴线的相对位置不同，所得截交线的形状有圆、矩形、椭圆三种形式，见表 4-3。

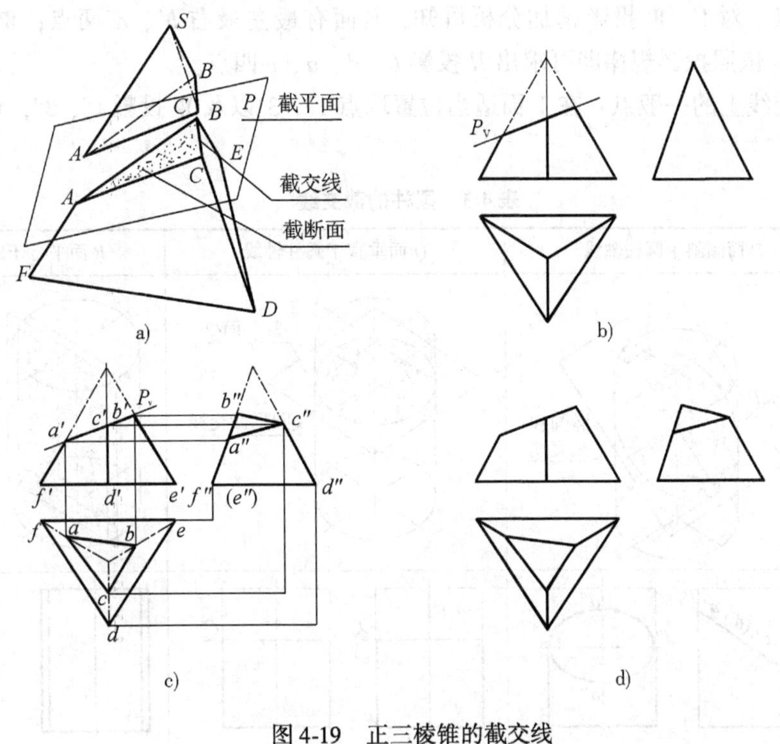

图 4-19　正三棱锥的截交线

a）立体图　b）已知截平面 P_V　c）求截交线　d）完成全图

［**例 4-10**］如图 4-20 所示，已知 *V*、*H* 投影，求作 *W* 投影。

如图 4-20 所示，被切去的部分可看作是两个截平面倾斜于圆柱轴线相切而成，其截交线分别为部分椭圆。求作 *H* 投影时，须按投影规律求出若干点，但可分两步进行，先求特殊点，后求一般点，然后把点圆滑地连接起来即为所求椭圆的截交线（初学者应注重学会求特殊点和一般点的作图方法）。画 *H* 投影的步骤为：

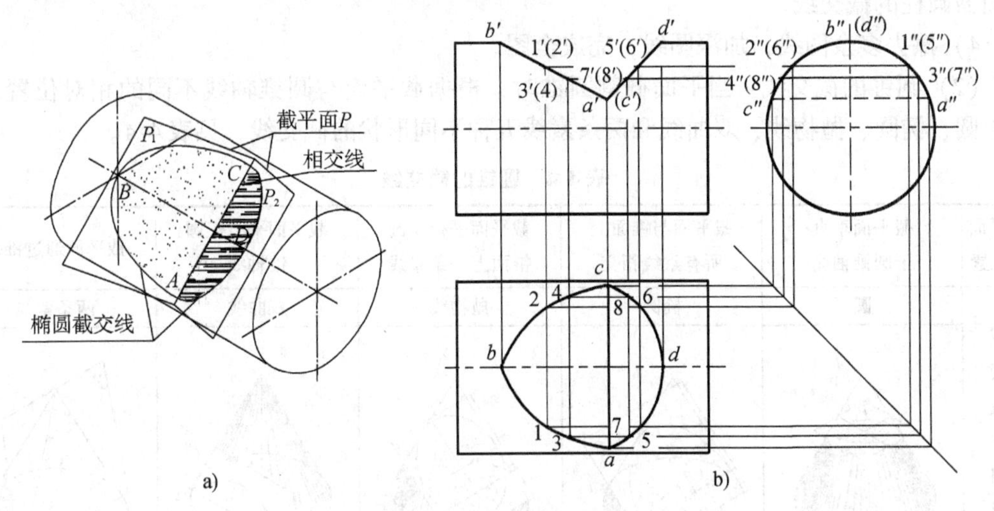

图 4-20　有切口圆柱的投影图

a）立体图　b）圆柱的截交线

1）特殊点：对 V、W 投影稍加分析可知，V 面有最左最右 b'、d' 两点；W 面上有前、后 a''、c'' 两点。依照投影规律即可求出 H 投影 b、d、a、c 四点。

2）求截交线上的一般点：在 V 面适当位置取点 $1'$、$3'$ 以及 W 投影 $1''$、$3''$，可求出 H 投影 1、3。

表 4-3　圆柱的截交线

截平面位置	*P* 面倾斜于圆柱轴线	*Q* 面垂直于圆柱轴线	*R* 面平行于圆柱轴线
立体图	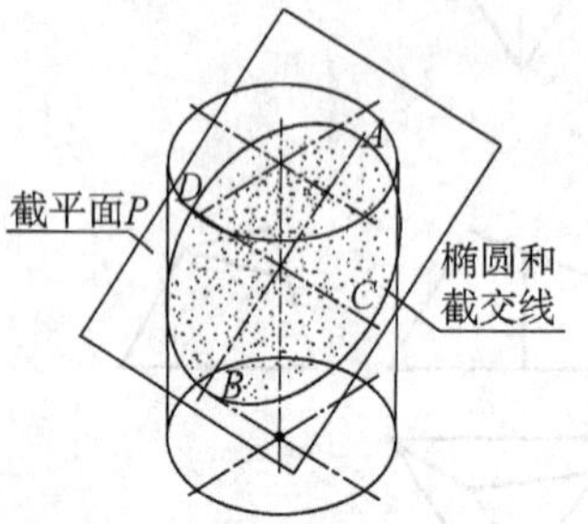 截平面 P；A；D；C；B；椭圆和截交线	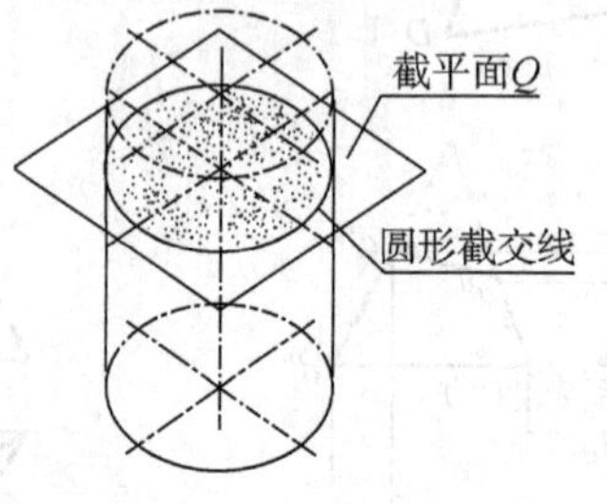 截平面 Q；圆形截交线	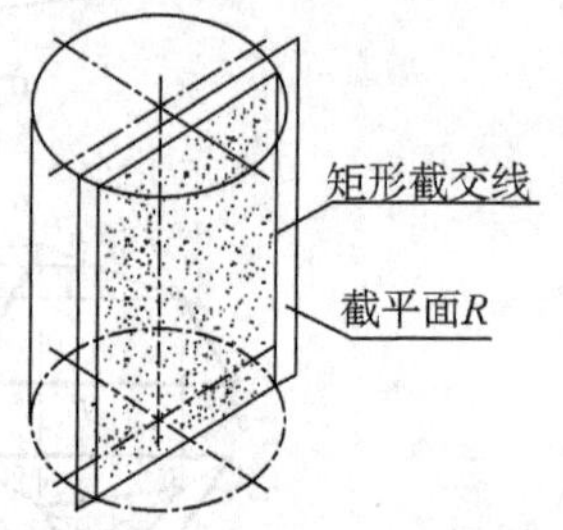 矩形截交线；截平面 R
投影图	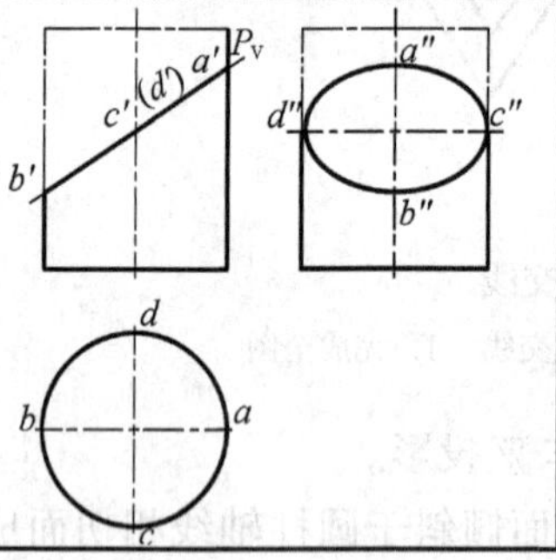 P_V；a'；(d')；c'；b'；a''；d''；c''；b''；d；b；a；c	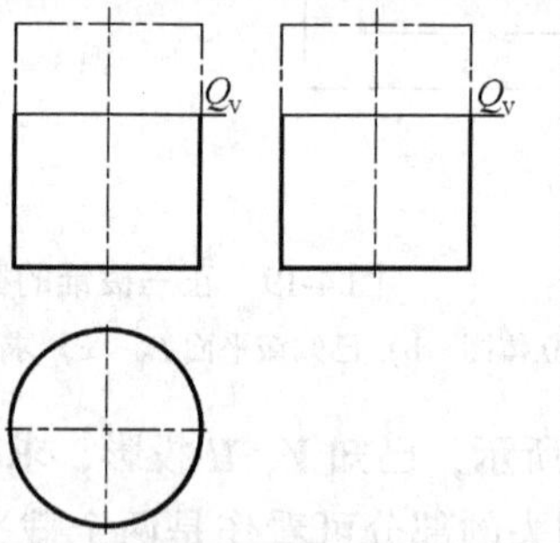 Q_V；Q_V	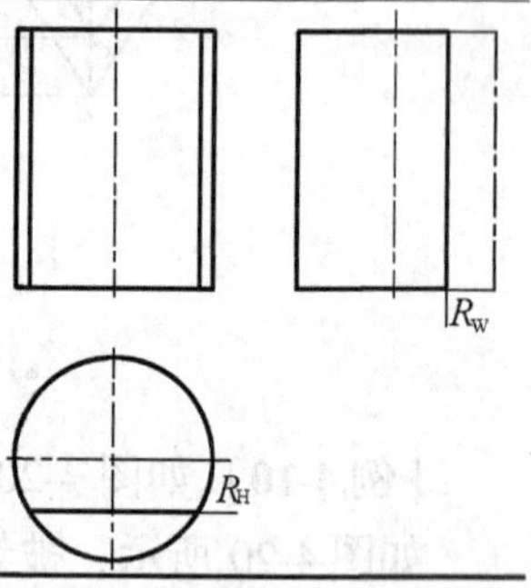 R_W；R_H

3）相同的方法可求得（$2'$）、（$4'$）、2、4、$2''$、$4''$ 等点的投影，圆滑地连接 $a-3-1-b-2-4-c-8-6-d-5-7-a$，并画出 ac 线段，它是两部分椭圆的相交线，即得两相交截平面截圆柱的截交线。

4）擦去多余图线，加深图线，完成全图。

（2）圆锥的截交线　当平面截割圆锥时，根据截平面与圆锥轴线不同的相对位置，可产生圆、椭圆、抛物线、双曲线和两条素线五种不同形状的截交线，见表 4-4。

表 4-4　圆锥的截交线

截平面 *P* 位置	截平面垂直于圆锥轴线	截平面与锥面上所有素线相交	截平面平行于圆锥面上一条素线	截平面平行于圆锥轴线	截平面通过锥顶
截交线空间形状	圆	椭圆	抛物线	双曲线	两条素线
	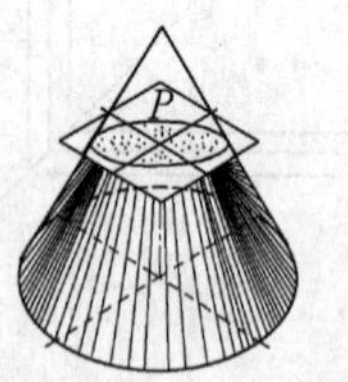 P	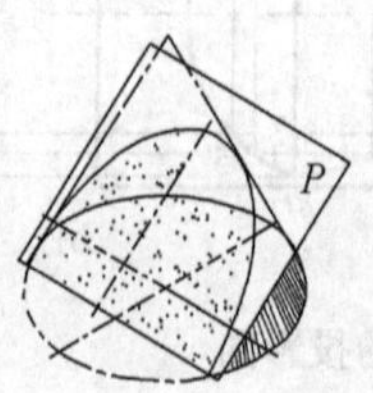 P	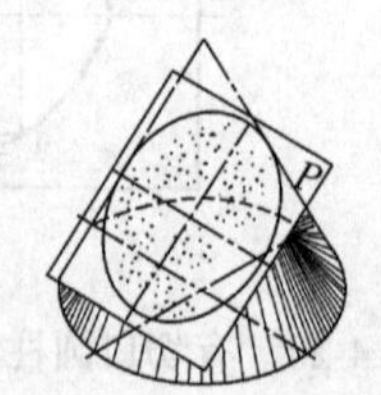 P	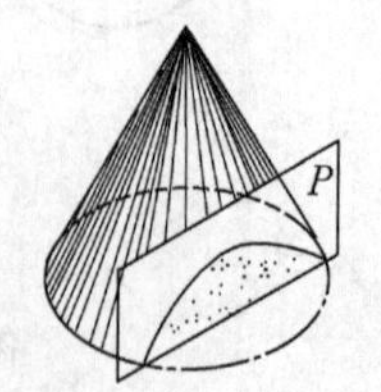 P	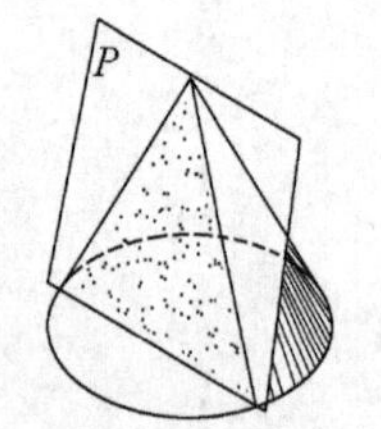 P

（续）

截平面 P 位置	截平面垂直于圆锥轴线	截平面与锥面上所有素线相交	截平面平行于圆锥面上一条素线	截平面平行于圆锥轴线	截平面通过锥顶
投影图	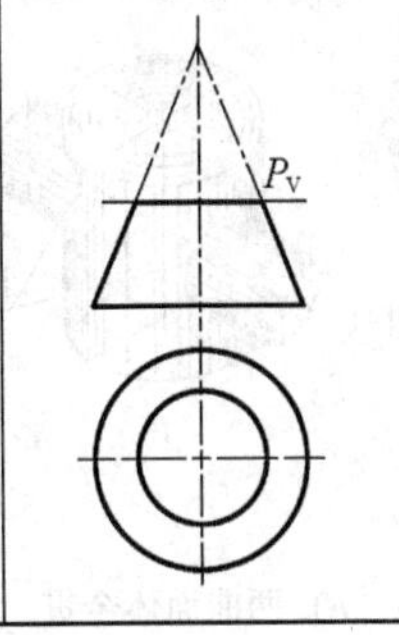 P_V	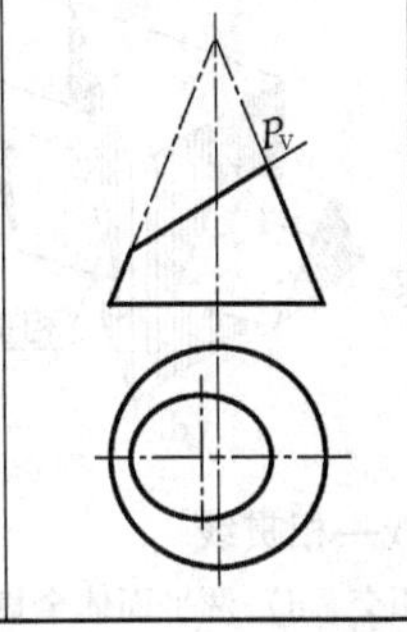 P_V	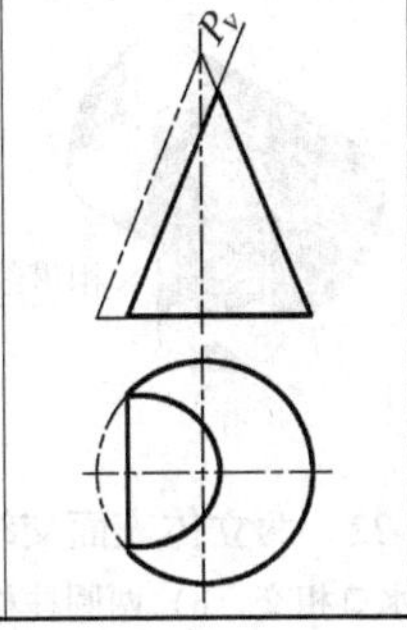 P_V	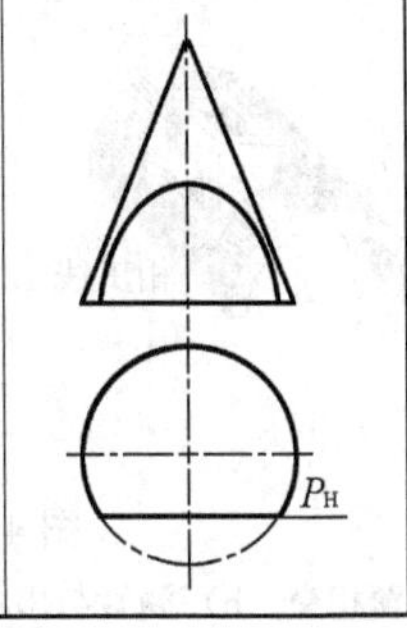 P_H	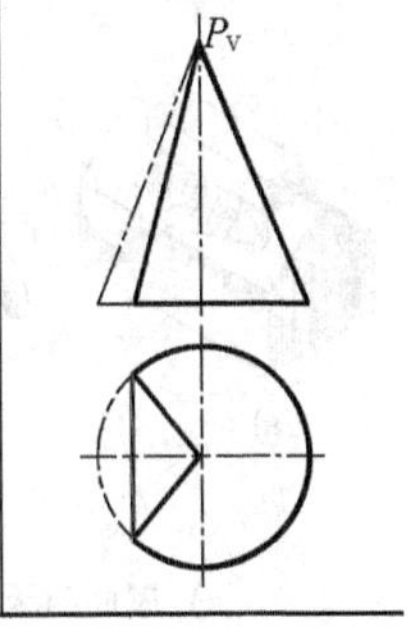 P_V

［**例 4-11**］如图 4-21 所示，已知圆锥的 H 投影，试完成 V、W 面投影。

由图 4-21a 可知，截平面 P_H 平行于 V 面。

1）求特殊点：先作出 W 投影 C''，即为双曲线上最高点，a、b' 即为最低点，依照点的投影规律，即可得到特殊点 C'、a'、b'、C、a、b、C''、a''、b''（图 4-21b）。

2）求一般点：在 H 投影上任取一点 e，然后用素线法求出 e'，用同样的方法求得点 D 的投影 d、d'（图 4-21c）。

3）连点：在 V 投影上依次连接 $a'-d'-C'-e'-b'$ 各点，即得 V 投影截交线为双曲线，截交线在 H、W 面的投影均已积聚。

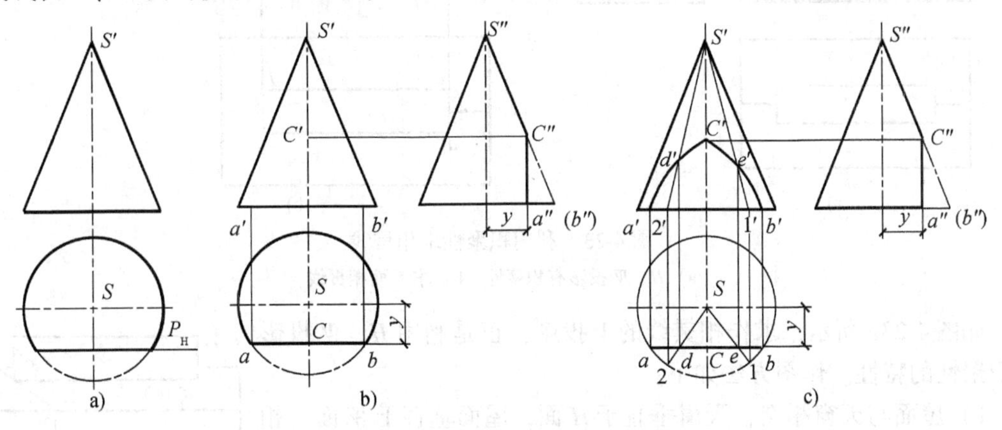

图 4-21　求作圆锥的截交线

a）已知条件　b）完成 W 投影定出最高、最低点　c）求一般点，完成全图投影

4.3.2　组合体表面的相贯线

由两个或两个以上基本几何体按一定方式组合而成的形体，称为组合体。两立体相交称为相贯，它们的表面交线称为相贯线。两立体表面交线是根据不同的组合而有着不同的变化，如平面体与平面体相贯（图 4-22a）、平面体与曲面体相贯（图 4-22b）和曲面体与曲面体相贯（图 4-22c）。当一立体完全穿过另一立体称为全贯，如图 4-22d、e 所示，这时立体表面有两条相贯线；两立体各有一部分参与相贯，如图 4-22a、b、c 所示称为互贯，这时立

体表面有一条相贯线。相贯线是两立体表面的公有线，一般情况下是封闭交线。因此，组合体表面的相贯线，可分为平面体的相贯线和曲面体的相贯线；求作组合体表面相贯线时，首先应掌握求相贯线上共有点的作图方法。

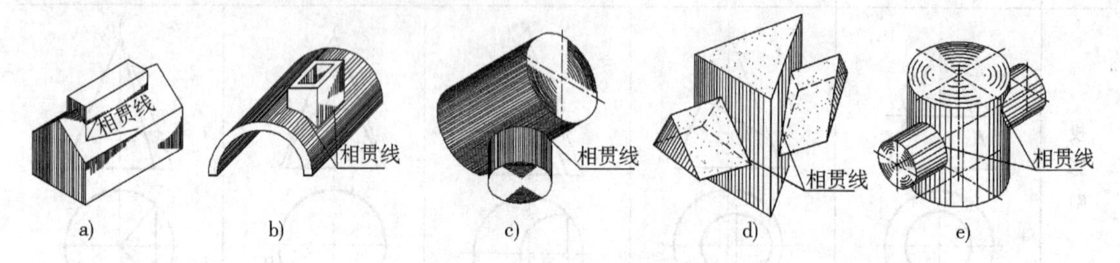

图 4-22　两立体表面交线—相贯线

a）屋面与天窗相交　b）涵管与雨水口相交　c）两圆柱相交　d）两平面体全贯　e）两曲面体全贯

1. 平面体的相贯线

（1）利用积聚性求相贯线　当两个基本体相交，其中有一个基本体的投影有积聚性时，可采用表面取线、取点的方法，求出相贯线上的点。

［**例 4-12**］如图 4-23 所示，求屋面与天窗相贯线的 V 面投影。

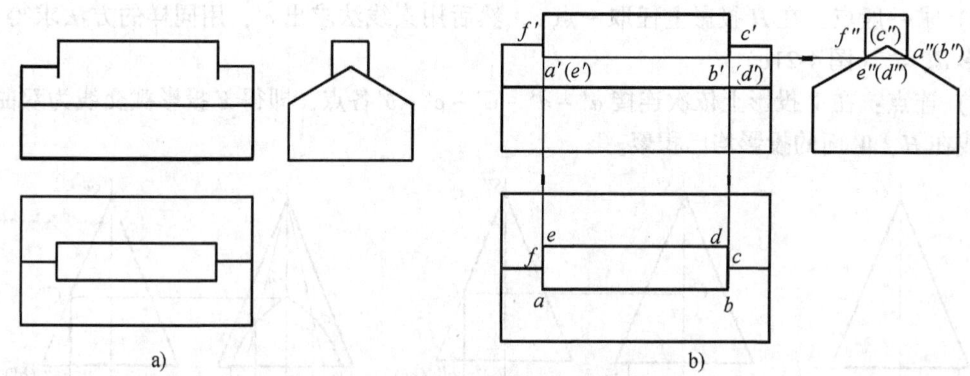

图 4-23　利用积聚性求相贯线

a）H、W 投影有积聚性　b）求 V 面相贯线

如图 4-23a 所示，求作相贯线的 V 投影，正是利用 H、W 投影有积聚性的特性。作图方法如下：

1）屋面与天窗相交，天窗垂直于 H 面，屋面垂直于 W 面，相贯线的 H 投影 $abcdefa$ 积聚在天窗的 H 投影上，相贯线的 W 投影 a''（b''）（c''）（d''）$e''f''a''$积聚在屋面的 W 投影上。可利用屋面 W 投影的积聚性与天窗 H 投影的积聚性，直接求出相贯线的 V 投影。

2）自投影点 a''、点（b''）作水平线，自投影点 a、点 e 与点 b、点 d 向 V 投影面引垂线，得相交点 a'（e'）与 b'（d'），再求天窗与屋脊线 V 投影交点 c'、f'。

3）连接相贯线的 V 投影 $a'b'c'd'e'f'a'$即为所求（图 4-23b）。

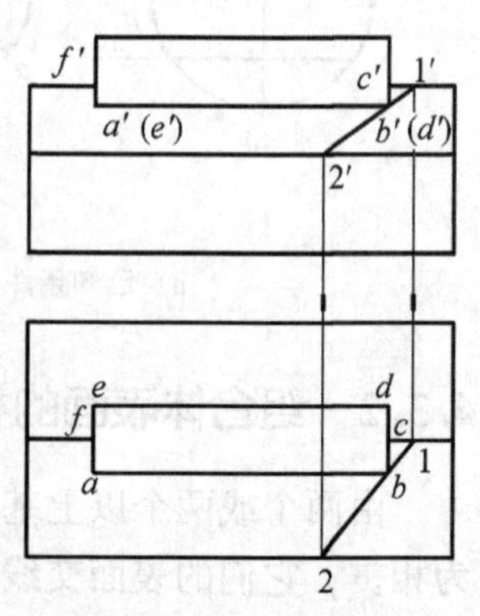

图 4-24　表面取点法求相贯线上的点

如果没有给出 W 投影（图 4-24），可利用表面取线、取点的方法，求出相贯线上的点，在 H 投影上过 b 点，作一直线与屋脊线、

檐口线相交于1、2两点，画出ⅠⅡ直线在V面上的投影$1'2'$，按照点的投影规律求出点b'，因相贯线V投影点a'与点b'等高，又因该相贯线的前后对称，在后的相贯线为不可见，于是可得到V投影点（d'）与点（e'）。V投影点$e'f'$的求作方法同图4-23所述。连接相贯线V投影$a'b'c'$（d'）（e'）$f'a'$即为所求。

（2）利用辅助平面求两平面体的相贯线　在一般情况下，两平面体相贯产生的相贯线是封闭的空间折线。各折线是两平面体表面的共有交线，折线的顶点是两平面体表面上的共有点（图4-25b）。因此，求两平面体的相贯线也就是求相贯两立体表面的交线，即先求立体表面上的共有点，然后连接共有点即得平面体的相贯线。

[例4-13] 三棱锥与四棱柱相贯，其立体图与投影图外形如图4-25a、c所示，求三棱锥与四棱柱的相贯线。

求作平面体的相贯线时，如图4-25b所示，假想用一个水平截平面P_1（又称为辅助平面）沿四棱柱顶面截切三棱锥，此时在截平面、四棱柱、三棱锥之间出现A、B、F三个共有点，然后连接$F-A-B$共有点得上部分表面相贯线；同理用一个水平截平面P_2沿四棱柱底面截切三棱柱，也会得到三个共有点，把六个共有点连接起来即为所求的相贯线。已知四棱柱各棱面的正立面投影有积聚性，只需求作出另外两个投影即可。

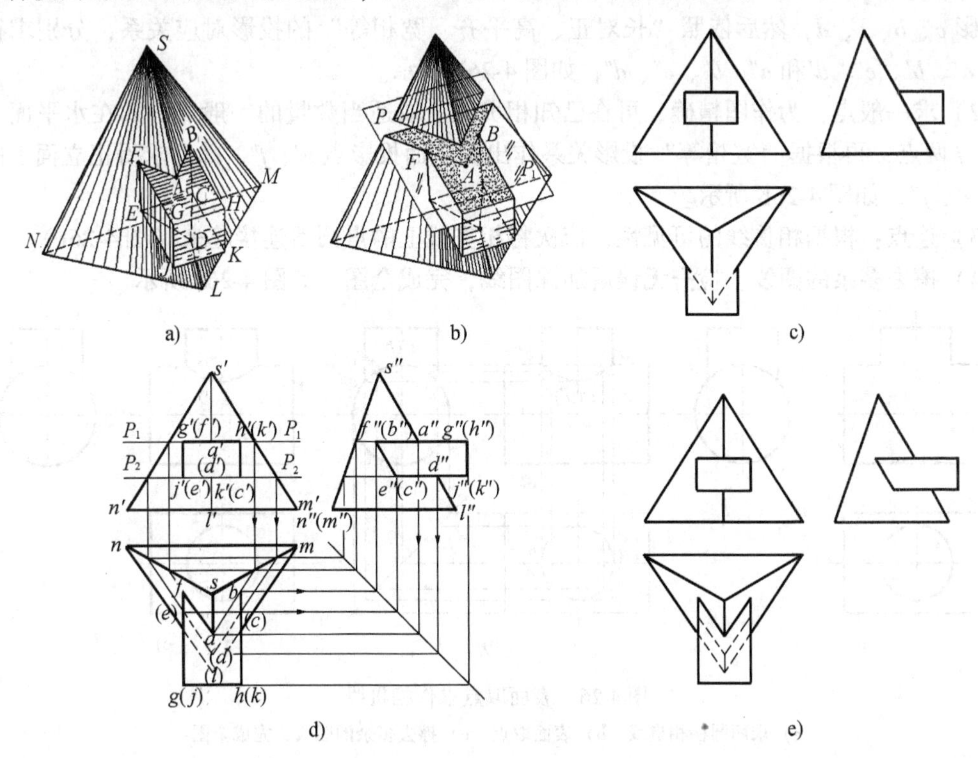

图4-25　四棱柱与三棱锥相贯

a）立体图　b）P_1平面截切体的共有点为A、B、F　c）三面投影图

d）用辅助平面求相贯点　e）连点、擦去多余的图线、完成全图

作图步骤如下：

1）过四棱柱的上棱面和下棱面分别作辅助平面P_1、P_2，辅助平面与三棱锥交线是一与底相似的三角形的部分，它的水平面投影中的线段abf、cde，即是四棱柱与三棱锥表面交线

的水平投影（图4-25d）。

2）四棱柱的左、右两棱面与三棱锥的交线是侧平线，其水平面投影分别为$f-e$、$b-c$。根据侧平线的正立面投影和水平面投影，即可求出侧立面的投影（图4-25d）。

3）连线并判别可见性连接相贯线的各部分，如图4-25d所示。

4）擦去多余的图线，检查无误后加深图线，完成全图，如图4-25e所示。

2. 曲面体的相贯线

（1）表面取点法　如果两曲面体相贯，其中有一个曲面体在某一投影具有积聚性时，则相贯线同时积聚在该积聚投影上。于是，求两曲面体相贯线的投影，可看成已知曲面体相贯线的投影求其未知相贯线投影的问题，这样就可以按照点的投影规律求贯线上若干个点的方法，来画出相贯线。这种方法称为表面取点法。

［**例4-14**］求出图4-26a所示两圆柱的相贯线。

由图4-26a所示，两圆柱相贯，大圆柱积聚在侧立面上，小圆柱积聚在水平面上，其相贯线为已知，未知的相贯线在正立面上需求作。

作图步骤：

1）求特殊点：先在水平投影面上定出最左、最右、最前、最后点A、B、C、D的水平面投影a、b、c、d，然后依照“长对正、高平齐、宽相等”的投影对应关系，分别求得特殊点a'、b'、c'、d'和a''、b''、c''、d''，如图4-26b所示。

2）求一般点：为作图精确，可在已知相贯线上取适当数量的一般点，如在水平面上定出e、f两点，再根据“宽相等”投影关系作出侧立面投影点e''、f''，然后求得正立面上的一般点e'、f'，如图4-26b所示。

3）连点：根据相贯线的可见性，依次将相贯线上的点圆滑连接起来（图4-26c）。

4）擦去多余的图线，检查无误后加深图线，完成全图，如图4-26c所示。

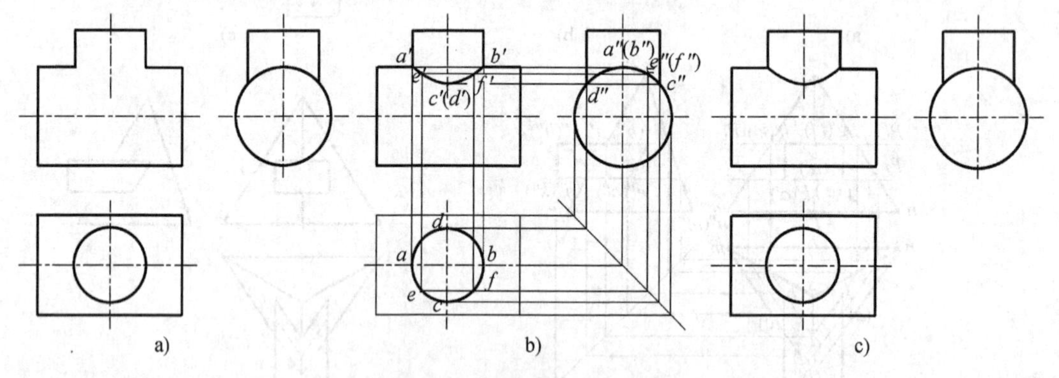

图4-26　表面取点求作相贯线

a）求两圆柱相贯线　b）表面取点　c）擦去多余的图线，完成全图

（2）利用辅助平面求两曲面体的相贯线　利用辅助平面同时与两基本体相截，两截交线的交点是共有点，也就是相贯线上的点。在选择辅助平面时，应使截交线的投影简单易画为直线或圆（图4-27），一般情况下多采用投影面平行面作为辅助平面。

［**例4-15**］如图4-28所示，已知圆锥与圆柱相交的V、H投影，求作相贯线。

图4-28a所示，两相交立体的轴线互相平行，圆柱在H面投影有积聚性，相贯线也积聚在圆柱的H投影上为已知，只需求出V投影相贯线，作图步骤如下：

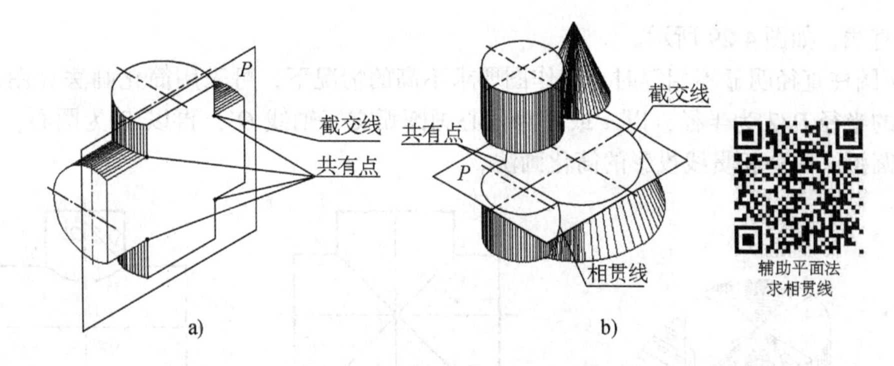

图 4-27　辅助平面法求相贯线

a）直线与直线相交　b）圆与圆相交

1）求特殊位置点：根据投影分析，可直接求得最低点Ⅰ（1、1′）、Ⅱ（2、2′）。过锥顶 S 作圆柱水平投影圆的相切圆，可定出辅助水平面 R_1 的高度位置，求得最高点Ⅴ（5、5′），如图 4-28b 所示。

2）求一般点：分别画出辅助水平面 R_2、R_3，求得一般点投影 3、(3′)，4、(4′)，6、(6′)，7、(7′)。如图 4-28b 所示，画辅助圆的半径分别在截平面 R_2、R_3 上量取。

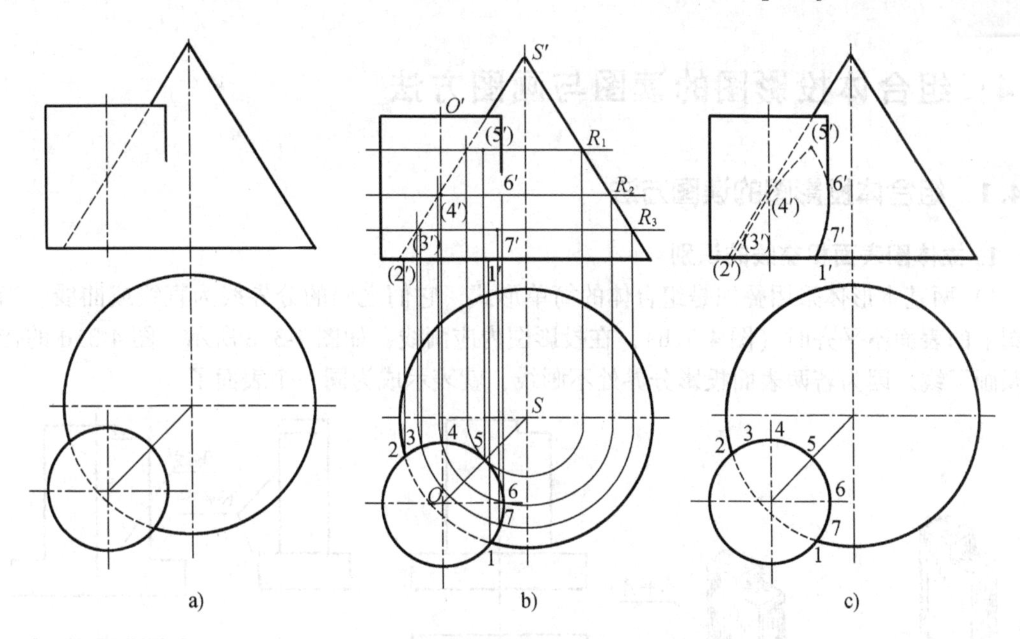

图 4-28　辅助平面法求相贯线

a）已知条件　b）辅助平面法求共有点　c）完成 V 投影相贯线

3）连点、擦去多余图线并判别可见性：最左、最右点是Ⅱ、Ⅵ，最前、最后点是Ⅰ、Ⅳ，相贯线 V 面投影的虚实分界点是 6′，相贯线的 V 投影前段 1′－7′－6′为可见，画实线；后段 6′－(5′)－(4′)－(3′)－(2′)为不可见，画虚线；依次光滑连接所求的共有点 1′－7′－6′－(5′)－(4′)－(3′)－(2′)－1′，即为圆锥与圆柱相交的相贯线（图 4-28c）。

（3）两圆柱正交相贯线的画法

1）两圆柱直径相等时，两圆柱表面的交线为两个垂直相交的椭圆，其正面投影成为两条相交的直线，如图4-29所示。

2）两圆柱直径明显不相等时，在作图要求不高的情况下，可采用简化画法（图4-30），取大圆柱的半径 $D/2$ 为半径，以 a' 或 b' 为圆心画圆弧交于轴线 O'，再以 O' 为圆心，以 $D/2$ 为半径作圆弧，即为相贯线投影的简化画法。

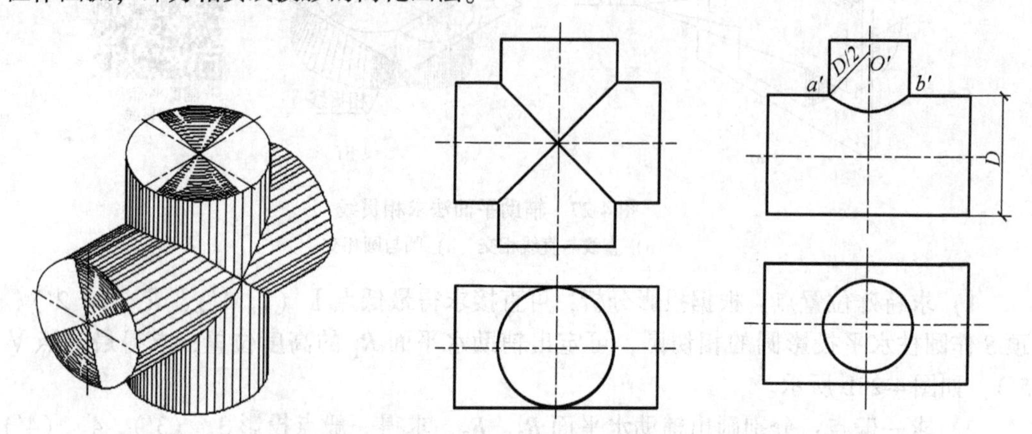

图4-29　两圆柱直径相等的相贯线的画法　　图4-30　圆柱相贯线的简化画法

4.4　组合体投影图的读图与画图方法

4.4.1　组合体投影图的读图方法

1. 立体图表面相交线的识别

1）两基本形体采用叠加是组合体的简单形式，它们之间的分界线为直线或曲线。当立体图上的表面不平齐时（图4-31b），在投影图内应画线，如图4-31c所示。图4-31d的错误是漏画了线。因为若两表面投影分界处不画线，就表示成为同一个表面了。

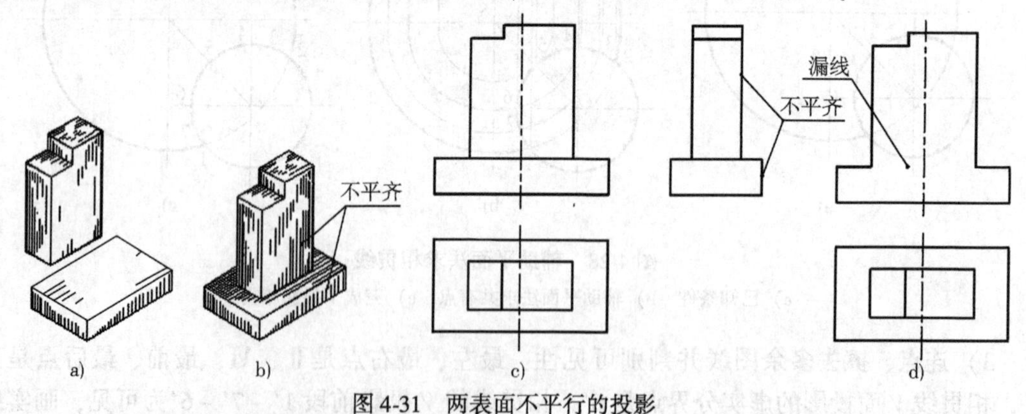

图4-31　两表面不平行的投影

a）两基本形体叠加　b）叠加后的组合体　c）正确投影　d）错误投影

2）两基本形体仍采用叠加组合（图4-32a），当立体图上的表面平齐时（图4-32b），在投影图上不应该画线（图4-32c）。图4-32d的错误是多画了线，若多画一条线，就变成了两个表面了。

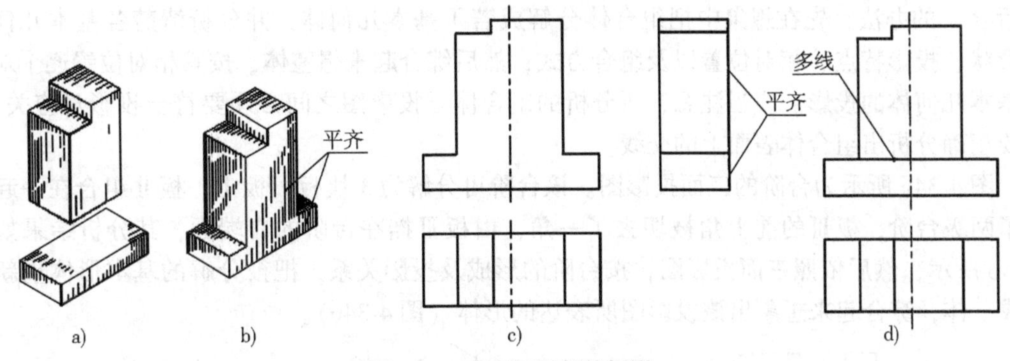

图 4-32　两表面平行的投影

a）两基本形体叠加　b）叠加后的组合体　c）正确投影　d）错误投影

3）当立体图上两基本形体表面相切时（图 4-33a），投影图在相切处为光滑过渡，无分界线，故不画线，相邻平面的投影应画至切点处，如图 4-33b 中的 a'、a''和 b''。图 4-33c 所示是错误的画法。

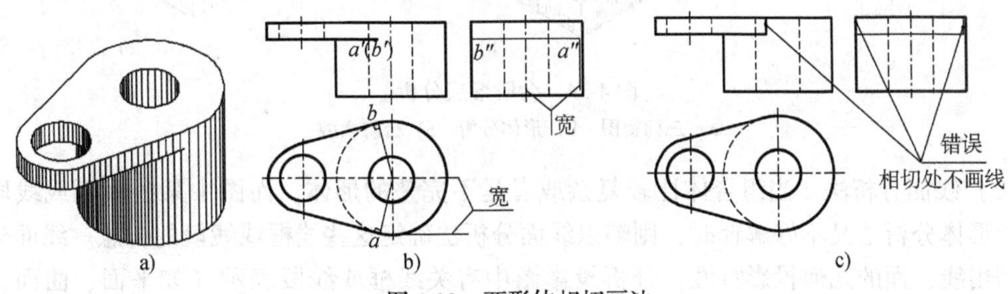

图 4-33　两形体相切画法

a）立体图　b）正确投影　c）错误投影

还应指出，将物体分解成几个基本形体，是为了有次序地作图。这种分解是在想象中进行的，而实际物体是一个整体，切勿认为是由几个形体拼起来的。因此，采用形体分析法画图或读图时，两形体表面不在一个平面时则有交线（即相接触处的“缝”是要画线的），若两形体表面同在一个平面时则无交线（即相接触处的“缝”是不能画线的），如图 4-31、图 4-32 所示。

2. 识读组合体投影图的一般方法

读图方法实质上是根据已知的投影图，想象出形体空间形状的思维过程。下面介绍几种读图的一般方法：

（1）形体分析法　形体分析是假想把组合形体分解为一些基本几何体来识读（或画图），然后综合起来“想象整体形状”的读图、画图的一种思维方法。由于组合体各侧面投影图是由构成组合体的各基本形体表面投影而成，所以各侧面图表现为一些线框的组合。形体分析法就是利用组合体中的基本体在三面投影图中保持“长对正、高平齐、宽相等”的投影关系，读出（或画出）对应基本体的线框，并综合各种基本体之间的投影特征，读出每组对应线框表示的是什么基本体，以及它们之间的相对位置，最后综合起来想象出组合体的形状。

形体分析法是读图和画图时经常采用的方法，无论组合体多么复杂，通常可采用“先分后合”的办法，先在想象中把组合体分解成若干基本几何体，并分析清楚各基本几何体的形状、投影特点、相对位置以及组合方式；然后综合起来想整体，按其相对位置逐个对照各基本几何体的投影。应当注意，所分析的组合体与投影图之间必须要符合投影对应关系，还要正确分析出组合体表面上的交线。

图 4-34a 所示为台阶的三面投影图。该台阶可分解为 3 块板，板Ⅰ、板Ⅱ组合在一起形成了两级台阶，板Ⅲ的前上角被切去了一角，由板Ⅲ挡在台阶的右端面，其分析结果如图 4-34b 所示，然后依照三面投影图，按台阶的形成及投影关系，把被分解的基本形体重新组合成一体，综合起来想象出该投影图所表达的形体（图 4-34c）。

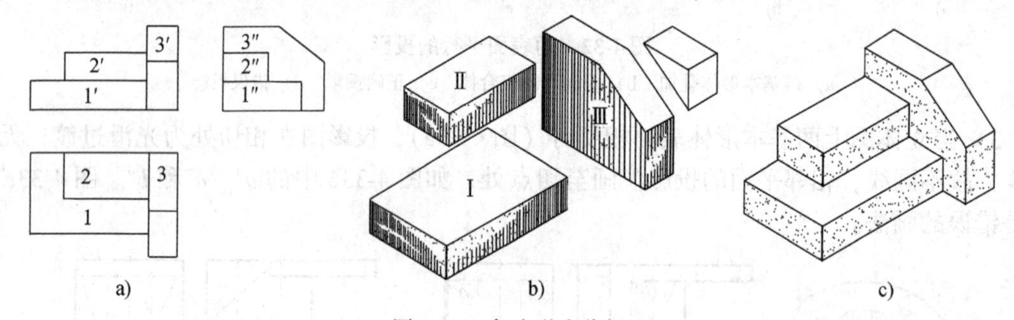

图 4-34　台阶形成分析

a）三面视图　b）形体分析　c）台阶模型

（2）线面分析法　当组合体比较复杂或者是不完整的形体，而图中某些线框或线段的含意用形体分析法又不好解释时，则辅以线面分析法确定这些线框或线段的含意。线面分析法是利用线、面的几何投影特性，分析投影图中有关线框或线段表示（如平面、曲面、转向素线、表面交线、棱线等）哪一项投影，并确定其空间位置，然后联系起来想象形体，即由图到物的思维过程。

如图 4-35 所示形体，*S* 面在两个 *R* 面的后中上方，*S* 面与 *R* 互相平行，并且都平行于 *H* 面。*Q* 面在两个 *P* 面的中前方，*Q* 面与 *P* 面互相平面，并且都倾斜，垂直于 *W* 面。在该投影图中，可先看 *W* 面上的线或面，找出它们对应在 *V*、*H* 投影面中的位置关系。如 *W* 面上的两根倾斜线用 p''、q''所指，其 *V*、*H* 投影均为比实形小的面（p'、p，q'、q 标记），就说明 *P* 与 *Q* 面均为垂直于 *W* 面的侧垂面，*Q* 面在两个 *P* 平面的中间靠前的位置。s''所指的线，在 *H* 面上的投影反映该平面的实形，*V* 投影反映的线是积聚线，说明 *S* 面是平行于 *H* 面的水平面。*V* 面标记的 s'两侧的线分别是两个 *P* 平面的一端轮廓线。用同样的方法分析其他各线、面在投影图中的相互关系。然后依照该投影图，综合上述分析，联想出与该图对应的空间形体的形状。

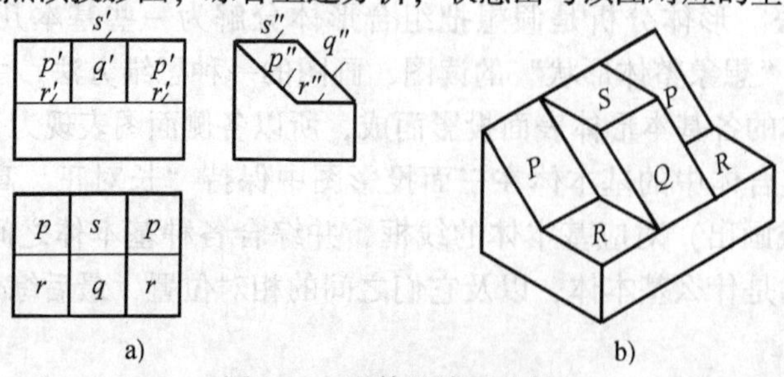

图 4-35　形体的线面分析

a）三面投影图　b）立体图

（3）逆转法读图　在第2章正投影图的形成及投影规律一节中讲到了投影面展开的内容（图2-17）。读图时，如果把投影面展开的原理再逆转过来，恢复原来的第一角投影，三投影面又互相垂直了。此时，思维中选择一个最能反映形体投影特征的投影图，使该图向前（或向左、向上）平行位移与另一投影图重合在空间，则位移、重合了的空间轨迹就是要读出来的多面投影所表达的形体的形状。这种读图方法，是建立在空间思维能力上。例如，图4-36三面投影图中，反映形体特征的是V投影。于是假想把W面向左逆转90°，H面向上逆转90°，恢复原投影角。此时，记住V投影图样同时平行向前位移至H投影图的上方与图重合在空间位置，即V面图移到H面图的正后方到正前方位置的空间轨迹，正好是“桥墩模型”的形状。

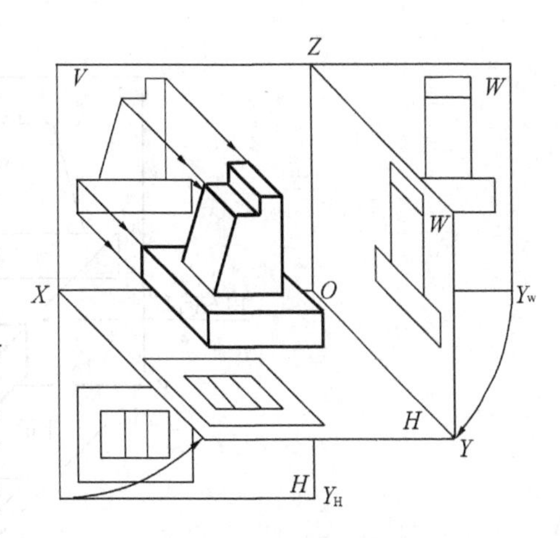

图4-36　用逆转法读图

（4）观察法读图　在投影图中，假若把人的视线设想成一组平行的投射线，则分别把形体各表面向投影面投影所得的图形称为视图。根据这一原理，在读图、画图时，就能做到直观地观察形体与投影图之间的关系。如图4-37所示，在V投影上，形体正面形状有E、R两个面（E面有带缺口的梯形平面且平行于V面、R面也平行于V面），而V投影图正好反映出相对应的两个面（e'面与r'面，e'、r'面均反映实形）；在H投影上，形体有A、C、D、F四个面（A、C、F平行于H面，D面不反映实形且垂直于V面），而在H投影图正好反映出相对应的四个面（a、c、d、f面，d面不反映实形）；在W投影上，形体左侧面形状有B、D、G三个面（B、G面反映实形且平行于W面，D面不反映实形且垂直于V面），而在W投影图上正好反映出相对应的三个面（b''、d''、g''面，d''面不反映实形）。但要注意到形体的右侧面有两个不在同一位置平面，其表面相交线为正垂线而且重合在W投影面上（左侧正垂线上）。反过来识读V、H、W投影图时，正好是形体的前面、上面、左面的平面形状。于是根据投影图来想象空间形体时，若仔细阅读过了V、H、W面图形，就相当于看到了该形体的各侧面的形状，再依照投影关系，就能够比较快地思索出该形体的总体形状及大小。

读投影图的目的主要是读出该图所表达的形体形状。读图熟练后能够达到图与形体、形体与图之间的快速转换。正确运用读图方法，也可能是其中的一种或者是多种方法并用，但它们都应符合读图准确、快速的要求。例如运用形体分析法读图，其分析方法是将组合形体分解为若干形状基本形体，然后读出各基本形体投影后，再把各基本形体的投影组合在一起。经过这样一个读图过程，必然会出现基本形体与基本形体之间的表面交线多余或者是缺少交线等现象，自然会用到线面分析法或者其他方法去解决。观察法与逆转法两种读图方法都比较直观，都是让投影图对应到特定的空间位置，来思索出空间形体的外观形状。因此，读图时可以充分发挥各种读图方法的特点，加上平时多读、多练才能做到熟能生巧，以提高读图速度。

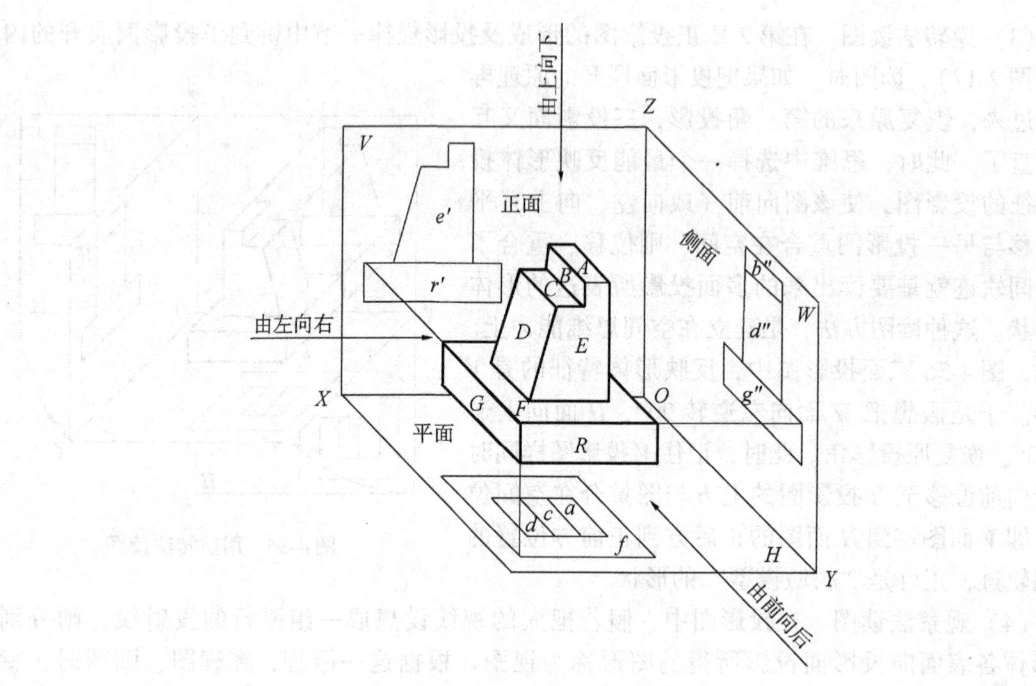

图 4-37　用观察法读图

4.4.2　组合体投影图的画图方法

现以板肋式基础模型为例（图 4-38a），说明组合体的画图方法。

1. 形体分析

板肋式基础是一个混合体，它由一块底板、一个带杯口的四棱柱和四块梯形肋板组成（图 4-38b）。

2. 确定板肋式基础的摆放位置

组合体的摆放位置：一般应有利于各投影图中反映出各表面的实形，便于标注尺寸，并使其 V 面投影能反映出形体的主要形状特征，还要使其他投影虚线最少。建筑形体一般按工作位置平放，本例以 A 向作为 V 投影方向（图 4-38a）。

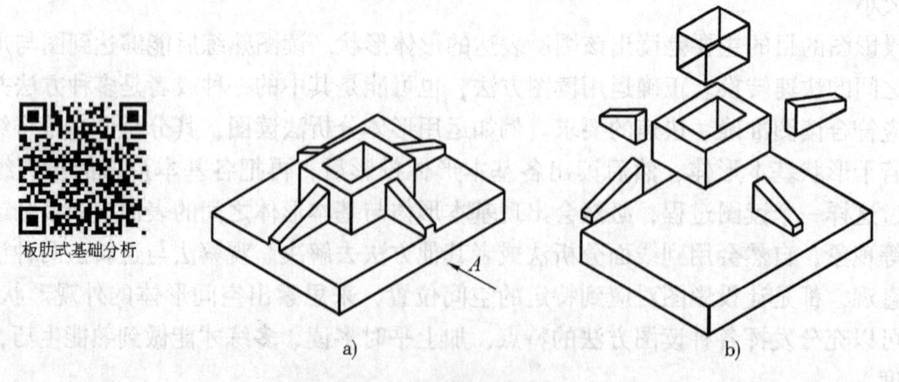

图 4-38　板肋式基础分析
a）立体图　b）形体分析

3. 确定板肋式基础投影图的数量

板肋式基础如仅用 V、H 两个投影面，则前、后肋板的侧面形状还未反映出来，故还必须设有 W 投影面。

4. 画投影图

1）根据形体大小和标注尺寸所占位置，选择合适的图幅和比例。

2）布置投影图，先用细实线画出图框线和标题栏线框，估计所画的范围，然后定出三个投影图的位置，使每个投影图在标注尺寸后与画框的距离大致相等。

3）画投影图底稿，按形体分析的结果，依次画出底板（图 4-39a）、中间四棱柱（图 4-39b）、四块梯形肋板（图 4-39c）和矩形杯口（图 4-39d）的三面投影。在 V、W 投影中杯口内轮廓是看不见的，应画成虚线。

画图时要注意到，形体分析仅仅是一种假想的分析方法。实际上组合形体是一个不可分割的整体，两个基本形体之间的形体尺寸、形状、所处相对位置不可能都完全相同，应注意组合形体表面交线的画法。如果形体中两个基本形体的平面处于同一平面上，就不应该在它们之间画交线。如图 4-39c 中的 W 投影，左边肋板的左侧面与底板的左侧面处在同平面上，它们之间不应画交线。若形体中两个基本形体的平面不处在同一平面上，则应该在它们之间画交线。如图 4-39c 中的 V 投影，靠左边肋板的前面与底板前面，不处在同一平面上，它们之间就应画出交线，该交线与底板顶面投影积聚成一线。

4）检查、整理、擦去多余的图线。

5. 标注尺寸

先画出全部尺寸界线、尺寸线和起止线，然后认真写好尺寸数字，如图 4-39d 所示。

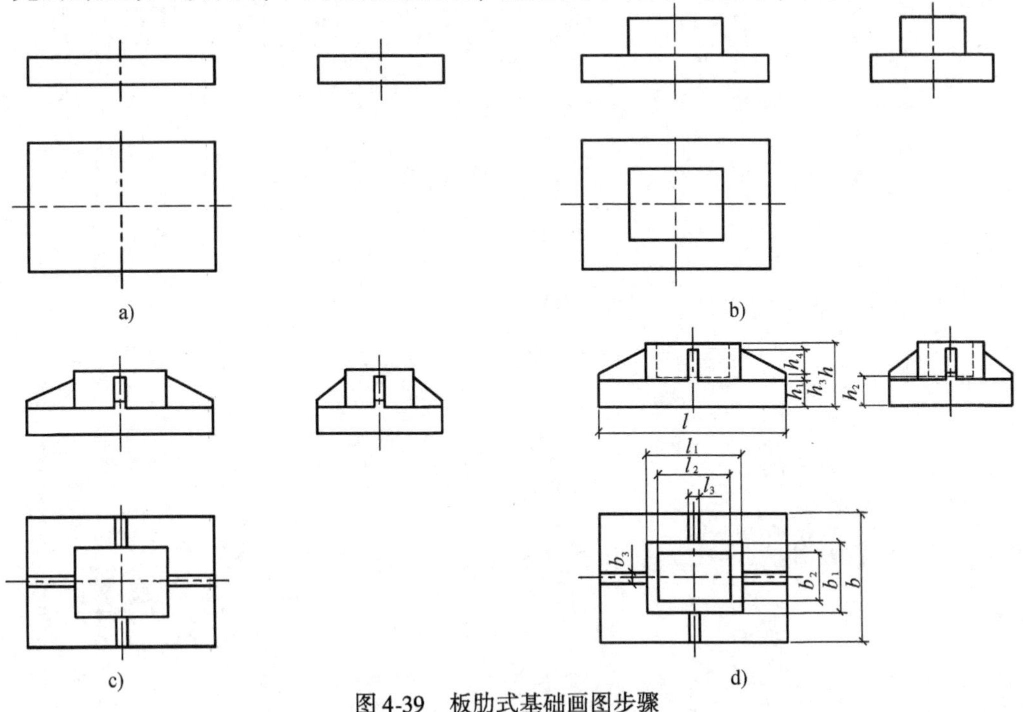

图 4-39　板肋式基础画图步骤

a）布图、画底板　b）画中间四棱柱　c）画四块梯形肋板

d）画矩形杯口、擦去多余的线、标注尺寸、完成全图

6. 检查核对

应用投影关系和形体分析法（或线面分析法），仔细检查形体是否表达清楚，有无遗漏或错画轮廓线；尺寸标注是否齐全、有无错误。

7. 加深图线、完成全图

经检查无误后，按各类线型要求，用较软铅芯的铅笔（B、2B）进行加深。最后填写标题栏内各项内容，完成全图。

思考题与习题

4-1 平面体或曲面体怎样在表面上根据已知点求未知点？又有哪些解题方法？

4-2 选择截平面有什么要求？怎样求平面体截交线的三面投影？

4-3 截平面与圆柱、圆锥曲面相交，各自产生哪几种截交线？

4-4 平面截交线与曲面截交线在求作方法上有哪些不同？

4-5 平面组合体的相贯线与曲面组合体的相贯线在求作方法上有哪些不同？

4-6 读图方法一般有哪几种，自己习惯用什么方法读图？

4-7 一般画投影图的步骤如何？应注意哪些事项？

第5章　结构形体的表达方法

学习目标：

1. 学习基本视图和特殊视图的表达方法及结构形体的尺寸标注。
2. 剖面图和断面图的表达方法。

教学重点：

视图、尺寸标注、剖面图和断面图的表达方法。

前面已介绍了用三面投影图来表达结构物的结构形状与大小。实际操作中，有些简单的结构物只用一个或两个投影图（或称为视图）并注上尺寸，就可以表达清楚了；有些复杂的结构物，用三面投影图也难以将其内外结构形状清楚地表达出来。因此，还必须增加表达方法和表达手段。国家发布的技术制图标准《道路工程制图标准》（GB 50162—1992）和《房屋建筑制图统一标准》（GB/T 50001—2017）中作了相应规定，为确切地表达各种结构物、制图简便、看图方便提供了依据。本章重点学习视图、尺寸标注、剖面图和断面图表达方法及规定画法。

5.1　视图

5.1.1　基本视图

在建筑制图中，对于较为复杂的结构形体，还要增设3个分别平行于H、V、W面的新视图H_1、V_1、W_1（图5-1a），并在它上面分别形成从下向上、从后向前、从右向左观看时所得的投影。分别称为底面图、背立面图和右侧立面图。然后将它们都展开摊平在V面所在的平面上，便得到如图5-1b所示的6个视图和排列位置。这6个视图就称为基本视图，相应的6个投影面则称为基本投影面。

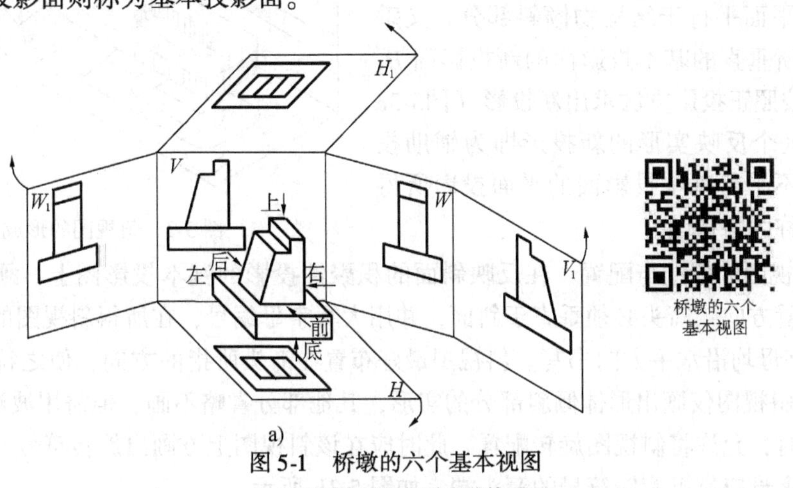

a)

图5-1　桥墩的六个基本视图

a）六个基本视图的形成及其展开

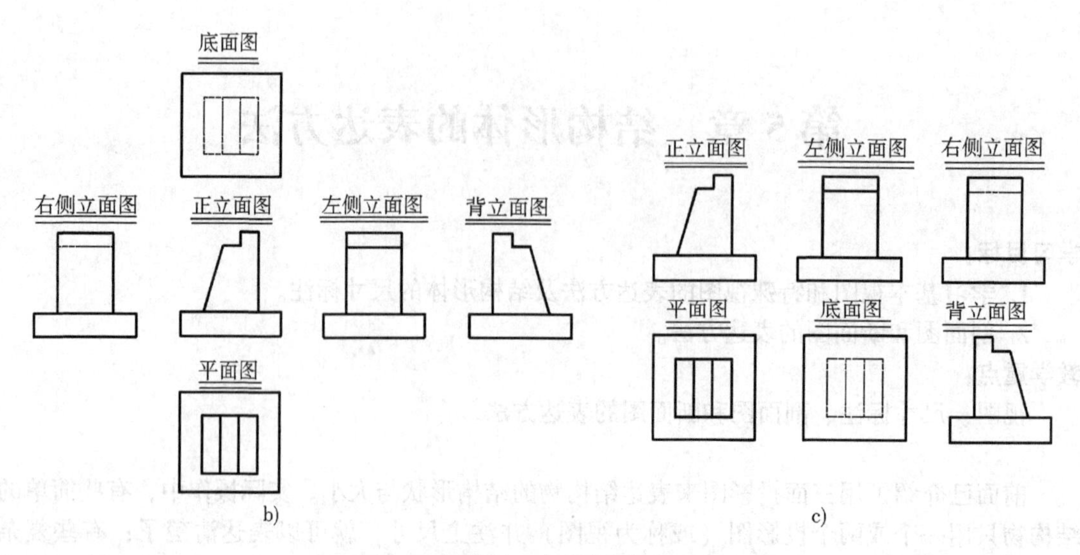

图 5-1 桥墩的六个基本视图（续）

b）基本视图 c）基本视图的配置

这种把结构形体置于第一分角内，通过观察者→形体→投影面进行投射，得到视图的画法称为第一角画法。结构形体的视图应按正投影法并用第一角画法绘制，如果在同一张图纸上绘制多个视图时，宜按图 5-1c 所示的顺序进行配置，并且每个视图一般均应标注图名。

标注图名在《道路工程制图标准》（GB 50162—1992）第二章第八节视图中作了规定：视图名称或剖面、断面的代号均应标注在视图的上方居中。图名底部应绘制与图名等长的粗、细实线，两线间距为 1 ~ 2mm，如图 5-1b 所示。

5.1.2 特殊视图

1. 斜视图

（1）概念 当形体的某一部分的形状和基本投影面倾斜时，其投影会变形，为了得到倾斜部分的实形，可选择一个新的辅助投影面，使新的辅助平面平行于结构物倾斜部分，又垂直于该斜面所垂直的基本投影面的新投影面 H_1（图 5-2）。按照正投影方法求出新投影（图5-3a 的 A 向），这个反映实形的新投影即为辅助投影。这种向不平行基本投影面的平面投影所得的投影图，称为斜视图。

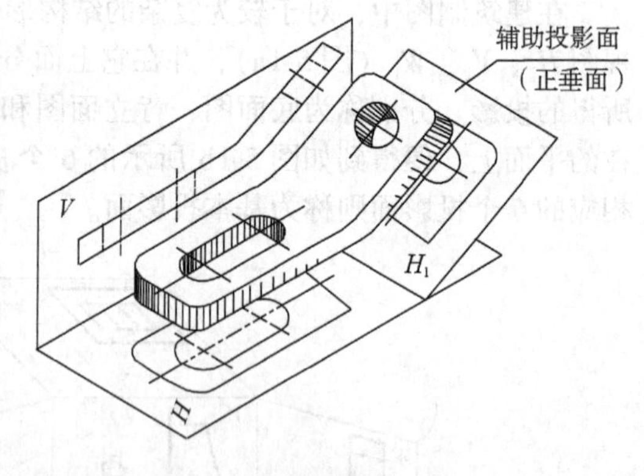

图 5-2 斜视图的形成

（2）斜视图的标注与配置 在反映斜面的积聚性投影的基本投影图上，须用箭头表示斜视图的观看方向，箭头必须垂直于斜面，并用大写字母编号，在所得斜视图的上方注写名称“×”，字母均沿水平方向书写。斜视图最好布置在箭头所指的方向，使之符合投影关系（图 5-3a）。斜视图仅画出形体倾斜部分的实形，其他部分省略不画，但需用波浪线断开。

在必要时，允许将斜视图旋转配置。此时应在该斜视图上方画出旋转符号，表示该视图名称的大写字母应靠近旋转符号的箭头端，如图 5-3b 所示。

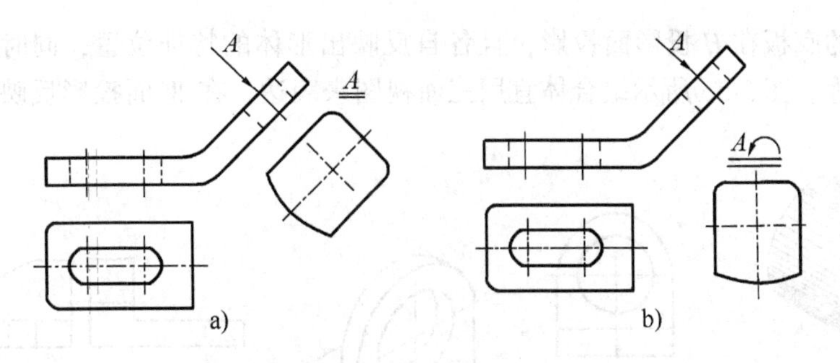

图 5-3　斜视图

a）斜视图配置在箭头所指方向　b）斜视图按旋转配置

2. 局部视图

（1）概念　当结构物选用适当的视图表达后，某一局部的形状表达不够清楚，而从整体看又没有必要加画一个整体的视图时，可只增画局部的视图。这种将形体的某一局部向基本投影面上投影，所得的投影图称为局部视图（图 5-4）。

（2）局部视图的标注　用箭头表示局部视图的观看方向，并用大写字母编号，在所得局部视图上方注写名称“ ×”（图 5-4b）。当局部视图按投影关系配置，中间又无其他图形隔开时，可省略标注。如图 5-3a 中的平面图，也是一个局部视图。

（3）斜视图与局部视图的区别　斜视图也可以用来表达局部形状，但它与局部视图是有区别的。局部视图是在基本投影面上表达结构物的局部形状，适用于表达结构物体中平行于基本投影面的局部；而斜视图是要另加一个平行于结构物的斜面，又垂直于该斜面所垂直的基本投影面，它适用于表达结构物中不平行于基本投影面的部分。

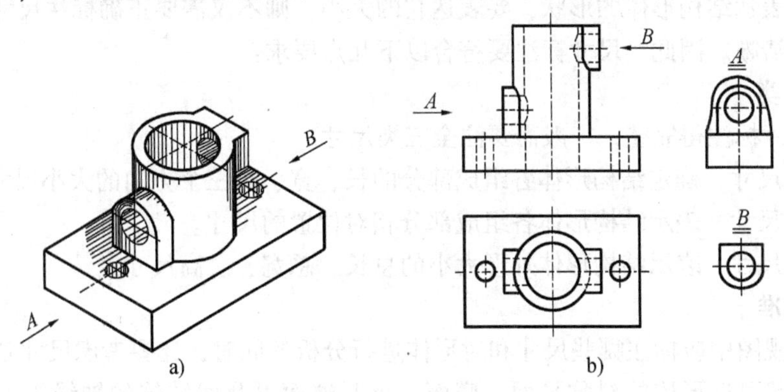

图 5-4　局部视图

a）立体图　b）局部视图的标注

5.1.3　视图数量的选择

视图数量的选择原则是：在保证完整清晰地表达出形体各部分形状和位置的情况下，应使视图数量尽量少。对不同的形体，要进行具体分析，有的形体通过加注尺寸或者再加文字说明，可以减少视图。如图 5-5a 所示的圆柱，由于加注了符号 ϕ、尺寸、轴线，用一个视图表示即可。又如图 5-5b 所示组合体，由于各形体之间相互制约而能够使其形状确定，因此只需用两个视图来表示。该组合体中间立板上有圆孔以及上部为半圆形状在 V 投影面上投影，带圆角的底板在 H 投影面投影，且各自反映出形体的特征位置，同时画出轴线表明组合体左右对称。图 5-5c 所示组合体宜用三面视图来表达，在 W 面投影反映侧立板被切割成斜面的形状。

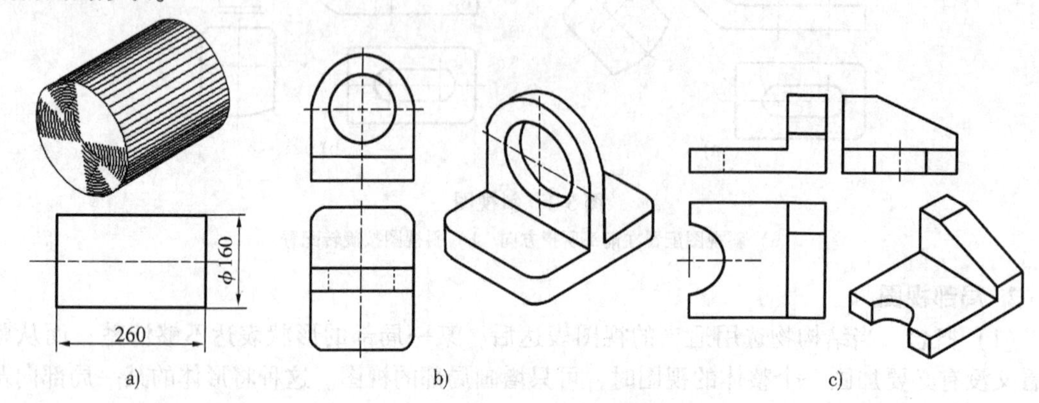

图 5-5 视图数量的选择

a）单面投影 b）两面投影 c）三面投影

5.2 结构形体的尺寸标注

5.2.1 尺寸种类和尺寸基准

视图只能表达结构形体的形状，要表达它的大小，则不仅需要正确标注尺寸，而且必须标注得完整、清晰。因此，尺寸标注要符合以下几点要求：

1. 尺寸种类

为了将尺寸标注得完整，一般需要注全三类尺寸。

（1）定形尺寸 确定结构形体各组成部分的长、宽、高三个方向的大小尺寸。

（2）定位尺寸 表示结构形体各组成部分相对位置的尺寸。

（3）总体尺寸 表示结构形体外形大小的总长、总宽、总高尺寸。

2. 尺寸基准

在明确了视图中应标注哪些尺寸和对形体进行分析的同时，还要考虑尺寸基准，关于基准的确定，一般可选形体的对称平面、底面、重要端面以及回转体的轴线等。如图 5-6 所示，选底板的左右对称线为长度方向的基准；以底板和涵洞墙身的后方作为宽度方向的基准；以底板的底面作为高度方向的基准。

基准选定后，各方向的主要尺寸就应从相应的尺寸基准进行标注。如图 5-7d 所示：正立面图和平面图中的 20、30、40 是从长度方向的基准进行标注的；平面图和左侧立面图中的 4、10、24、32 是从宽度方向的基准进行标注的；正立面和左侧立面图中的 6、41 是从高度方向的基准进行标注的。

5.2.2 尺寸标注的基本要求

在工程图上除了把上述三类尺寸都标注齐全、正确外，还要考虑尺寸标注的基本要求，使之清晰、整齐、符合图家标准、便于阅读。其基本要求主要有：

1. 尺寸标注要完整

所谓完整就是指所标注的尺寸能完全确定建筑形体的形状和大小。因建筑形体是由基本形体组成的，故标注尺寸时通过形体分析法，逐个地标注出各基本形体的定形尺寸，以及它们之间的定位尺寸、总体尺寸都必须标注完整。

2. 尺寸标注要清晰

除某些细部尺寸以外，尽量将尺寸布置在图形之外，如图 5-7d 中，除 *R*8 标在图形内，其他尺寸都标注在图形外。

3. 尺寸标注要集中

要求将同一个基本形体的定形、定位尺寸尽量标注在同一个视图上。如图 5-7d 半圆孔的定形尺寸 *R*8 和定位尺寸 16 都集中标注在正立面图上。为了集中，还应将与两个投影图都有关的尺寸，尽量标注在两个投影图之间的某一个投影图上。如图 5-7d 中的 16、6、29、41 等尺寸标注在正立面与侧立面之间的位置上，而不标注在正立面图的左侧以及左侧立面图的右侧。又如宽度尺寸 10、24、32 都标注在平面图的右侧。这样标注能保证集中，便于阅读，也避免漏注尺寸。

4. 尺寸标注要明显

应尽量将定形尺寸标注在反映形状特征的投影图上，如图 5-7d 中半圆柱孔的定形尺寸标注在反映半圆实形的正立面图上，将反映下方底板高度尺寸、中间涵洞墙身高度尺寸、上方缘石高度尺寸都标注在正立面图中。

5. 尺寸标注要整齐

尺寸线必须与被标注长度平行，不应超出尺寸界线，任何其他图线均不得作为尺寸线。在任何情况下，图线不得穿过尺寸数字。相互平行的尺寸线应从被标注的图形轮廓线由近向远排列，平行尺寸线间的间距可在 5 ~ 15mm。分尺寸线应离轮廓线近，总尺寸线应离轮廓线远，如图 5-7d 中所示的尺寸标注。

6. 尺寸一般不重复

同一尺寸一般只标注一次。

7. 尽可能不把尺寸标注在虚线上

5.2.3 尺寸标注方法及步骤

1. 形体分析、选定基准

图 5-6 所示为涵洞口模型的形体分析。经形体分析可知，涵洞口模型是由上、中、下三个基本体叠合形而成的组合体，如图 5-6a 所示。各基本体相对叠加组合位置如图 5-6b 所示，从而确定长、宽、高三个方向的尺寸基准，如图 5-6c 所示。

2. 标注三类尺寸

（1）标注各基本体定形尺寸　为了不遗漏尺寸，在形体分析的基础上，先应分别标注出各基本体的定形尺寸，如图 5-7a、b、c 所示。还应注意：基本体多为切割后成形的，标注组合体定形尺寸时，应当区分各基本体表面是否有交线。若组合体中两基本形体的表面不在同一平面上，则应该在两表面之间有交线，标注尺寸时要分开标注；如图 5-7d 所标注的高度方向尺寸 6、29。如果组合体中两基本体的表面在同一平面上，则在它们之间应该没有交线，标注尺寸时不要分开标注，如图5-7d所示涵洞口后面的各基本体表面同在一个平面上，则高度方向只标注1个尺寸（尺寸4）。

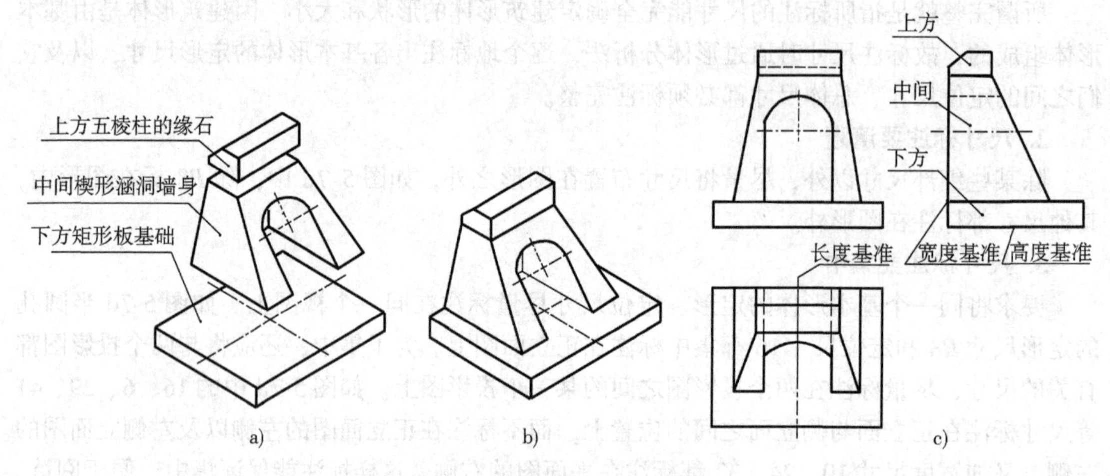

图5-6　涵洞口模型的形体分析

a）形体分析　b）立体图　c）投影图

（2）标注定位尺寸　在涵洞口长度方向，基础、墙身和缘石相对于长度基准线布置，不需要定位尺寸；高度方向，各基本体依次叠加，而且涵洞口后面各基本体表面同在一个平面上，故一般不需定位尺寸；在墙身立面上有1个半径为*R*8的半圆柱孔，需标注尺寸为16的定位尺寸。本例基础、墙身、缘石的宽度尺寸都是从宽度基准标注的，也不需要定位尺寸。

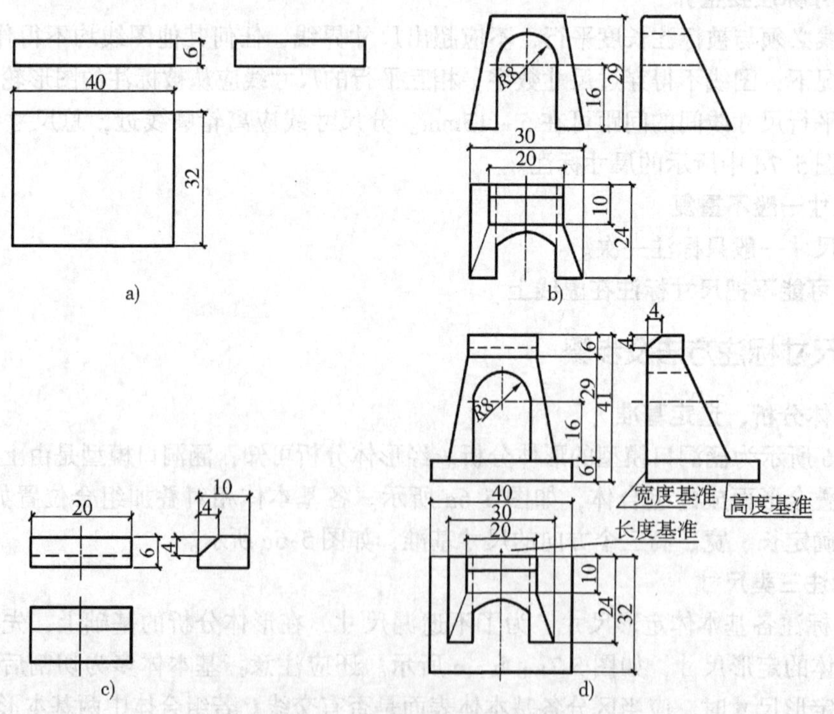

图5-7　涵洞口模型的标注

a）基础　b）墙身　c）缘石　d）涵洞口尺寸标注

(3) 标注总体尺寸　分别标注出涵洞口形体的总长、总高、总宽尺寸（40、41 和 32）。有时标注的三类尺寸相互兼顾。如标注的高度尺寸 6，既是基础的定形尺寸又是墙身高度尺寸 29 的定位尺寸；总体尺寸 40、32 既是涵洞口形体的总长、总宽尺寸又是基础的长与宽定形尺寸。

3. 检查复核

标注完尺寸后，要仔细认真检查、复核所标注的定形、定位、总体尺寸，补上遗漏尺寸，对布置不合理的尺寸进行必要的调整并确保符合制图标准要求。

5.3 剖面图和断面图

本章第一节学习了视图（即投影图）的表达方法，并结合国家发布的制图标准明确了绘制结构物图样的表达方法及相关原则。在绘制结构物的视图时，常把看得见的轮廓线用实线表示，看不见的轮廓线用虚线表示。结构形状越复杂，虚线就会越多，造成虚线重叠交错、混杂不清，影响图样的清晰，既难于识读，也不便于标注尺寸。因此，制图标准规定了采用剖切的方法及剖面图和断面图来解决这一问题，让比较复杂的内部结构由不可见变为可见，被移走的外轮廓形状可由其他图综合补充。凡被剖切到的剖面应画出相对应的材料符号（见表 5-1），于是形体采用什么样的材料也就一目了然。本节学习剖面图和断面图的表达方法，应当注意正投影的表达方法及相关原则，同样适用于剖面图和断面图的表达方法。

5.3.1 剖面图的形成与画法

1. 剖面图的形成

图 5-8a 所示是独立基础立体图，图 5-8b 所示为三面投影图，在正立面图和左侧立面图上都出现了较多的虚线。假想用一个通过独立基础前、后对称线的剖切平面 *P* 将基础剖开，然后将处在观察者和剖切平面之间的半个基础移去，把留下来的半个基础投影到与剖切平面 *P* 平行的正立投影面上，所得到的视图称为剖面图（图 5-8c）。同样的方法当独立基础左、右对称时，切去基础的左、前 1/4 部分可得到另一个方向的剖面图（图 5-8d）。一般要使剖切平面平行于基本投影面。如平行于正立面的剖面图，可代替原来带有虚线的正立面图；平行于左侧立面的剖面图，也可代替原左侧立面图。也就是说，基本投影图的配置规定同样适用于剖面图（图 5-8e）。

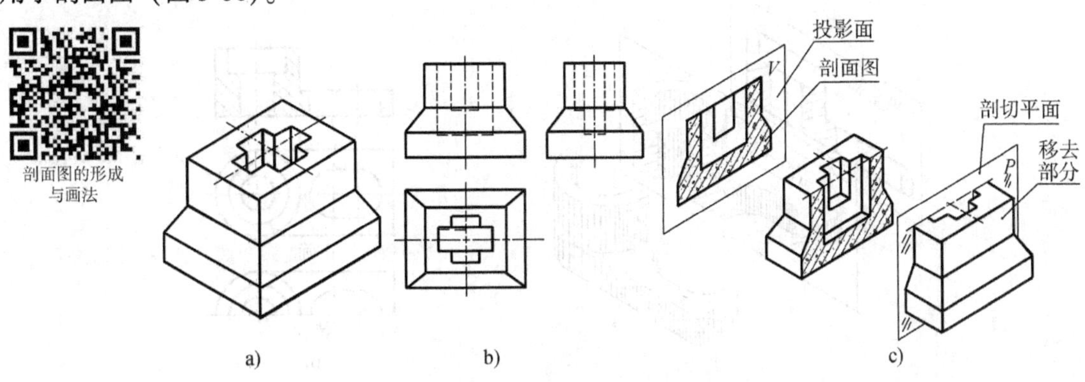

图 5-8　剖面图的形成与画法

a）立体图　b）三面投影图　c）正立投影面剖面图的形成（全剖面图）

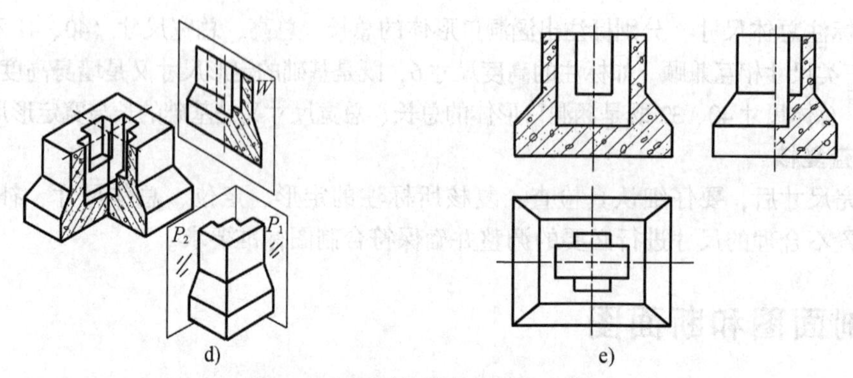

图 5-8　剖面图的形成与画法（续）

d）侧立投影面剖面图的形成（半剖面图）　e）剖面图配置在规定的投影面上

将图 5-9 中的视图与剖面图相比较，不难发现，由于正立面采用了剖面图，投影图中不可见的部分变为可见，原有的虚线变成了实线，加上剖面线的作用，使图形具有层次感。

当剖面图中看不见的结构形状在其他图中已表达清楚时，其虚线可省略不画。如图 5-9c 所示，平面图中反映了沉孔的一个虚线圆，正立面图中下凸缘后部的一条虚线均予以省略，被省略的虚线均在平面图与正立面图中互为补充，所以图形的表达更显得清楚。

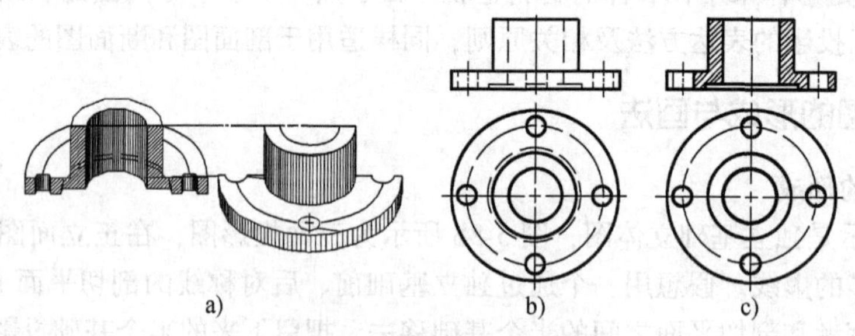

图 5-9　视图与剖面图的比较

a）立体图　b）视图　c）剖面图

由于剖切是假想的，并不是真的把结构形体切开并移走一部分，画剖面图的图形时则应“以假当真”来投影。如图 5-10 所示，当 *V* 面视图按全剖面图画出后，则 *H* 面视图应按完整的结构形状画出（图 5-10b）。

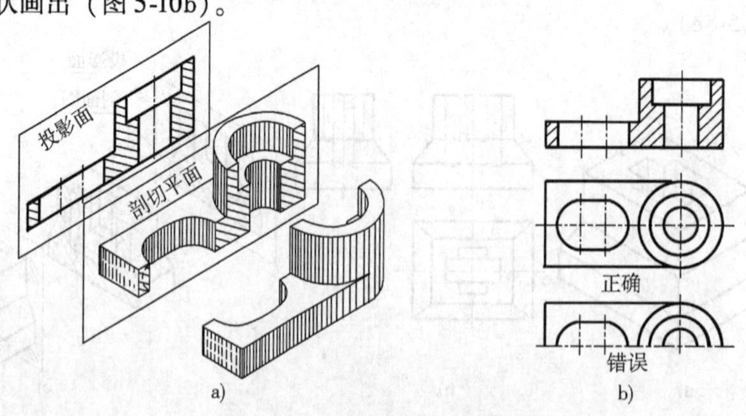

图 5-10　平面图不可只画一半

a）剖切立体图　b）正确与错误的平面图

2. 剖面图的画法

剖面图画法及标注的有关规定为：

1）画剖面图的剖切部位，应根据图样的用途或设计深度，在平面图上选择能反映结构物全貌、构造特征以及有代表性的部位剖切。

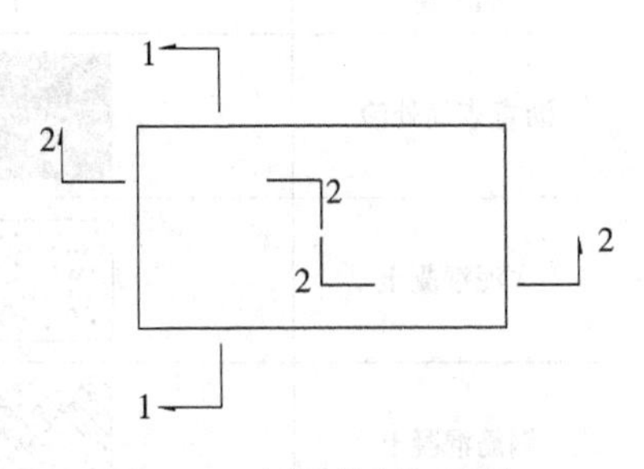

图 5-11　剖视的剖切符号

2）剖面图的剖切符号应由剖切位置线和剖切投影方向组成。一般把剖切面设置成垂直于某个基本投影面的位置，剖切面在该基本投影面上积聚成直线，此时在积聚直线的起止处各画一段长度 5 ~ 10mm 短粗实线表示剖切位置。并在剖切位置线的两端画出与剖切位置线垂直的短细单边箭头，长度为 4 ~ 6mm，表示剖切后的投影方向，如图 5-11 所示 1 – 1 剖切符号。

需要转折的剖切位置线，应在转角的外侧加注与该符号相同的编号，如图 5-11 所示 2 – 2剖切符号。

画图时，剖视的剖切符号不应与其他图线相接触（图 5-11）。

3）剖面图的编号用相同的数字或字母依次注在剖切符号附近，并应注写在投影方向线的端部，如图 5-11 中 1 – 1、2 – 2 的编号。

4）剖面图除应画出剖切面切到部分的图形外，还应画出沿投射方向看到的部分，用粗实线绘制，剖切面没有切到但沿投射方向可以看到的轮廓线用中实线绘制。

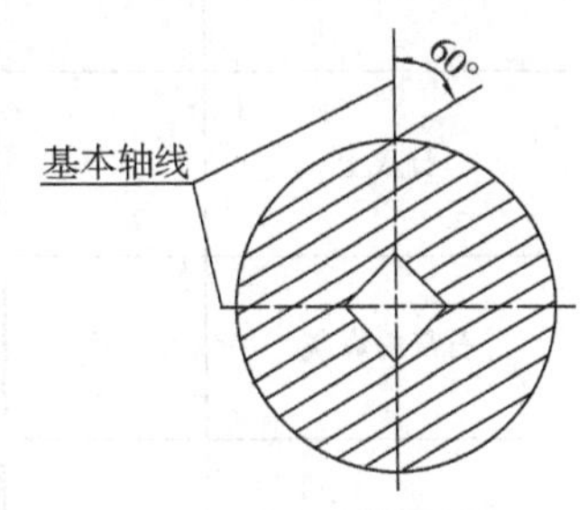

图 5-12　标注剖面线

5）在被剖切面切到部分的图形轮廓线内，可标注剖面线或材料图例。当仅表示剖切面切到部分的图形（剖切断面）而不表示材料时，可采用与基本轴线呈 45°的细实线表示。在原图中，当已有图线与基本轴线倾斜 45°时，可将剖面线画为与基本轴线呈 30°或 60°的剖面线（图 5-12）。若需要指明材料种类时，可画出材料图例，道路工程常用材料图例见表 5-1。

表 5-1　道路工程常用材料图例

名　称	图　例	名　称	图　例
细粒式沥青混凝土		石灰粉煤灰砂砾石	
中粒式沥青混凝土		泥石碎砾石	
粗粒式沥青混凝土		泥灰结碎砾石	
沥青碎石		级配碎砾石	
沥青贯入碎砾石		填隙碎石	

（续）

名 称	图 例	名 称	图 例
沥青表面处治		天然砂砾	
水泥混凝土		干砌片石	
钢筋混凝土		浆砌片石	
水泥稳定土		浆砌块石	
水泥稳定砂砾		木材 横	
水泥稳定砂砾石		纵	
石灰土		金属	
石灰粉煤灰		橡胶	
石灰粉煤灰土		自然土壤	
石灰粉煤灰砂砾		夯实土壤	

6）两个或两个以上的相邻断面可画成不同倾斜方向或不同间隔的剖面线（图 5-13）。在满足图形表达清楚的情况下，断面也可不画剖面线（图 5-20）。当图形断面较小时，可采用涂黑的断面表示，两个相邻的涂黑图例（如混凝土构件、金属件）间，应留有空隙，其宽度不得小于 0.7mm（图 5-14）。

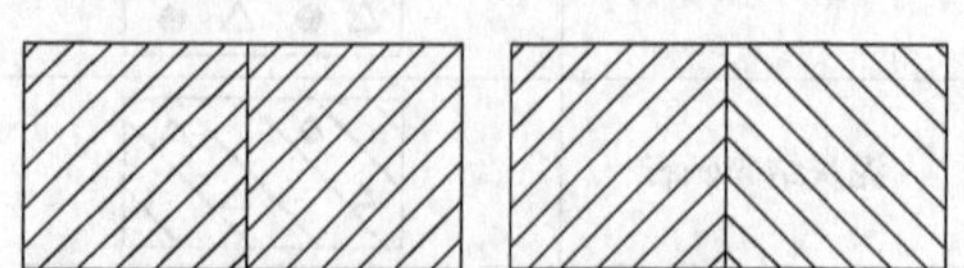

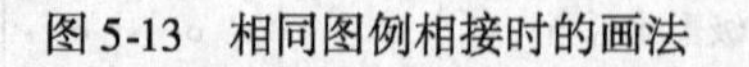

图 5-13　相同图例相接时的画法

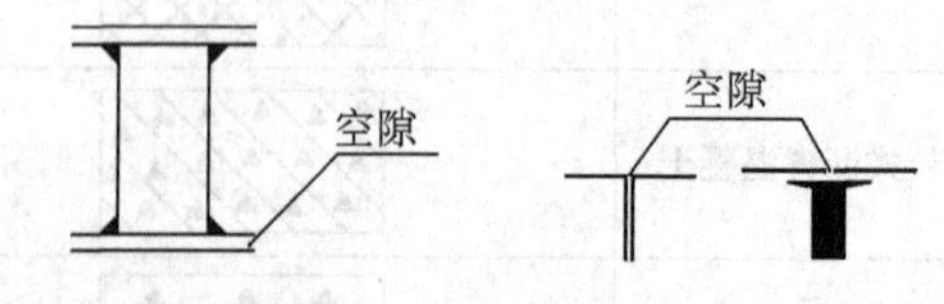

图 5-14　涂黑的断面

7）当图形较大时，可用折断线或波浪线画出图形表示的范围（图 5-15），波浪线不应超出图形外轮廓线。

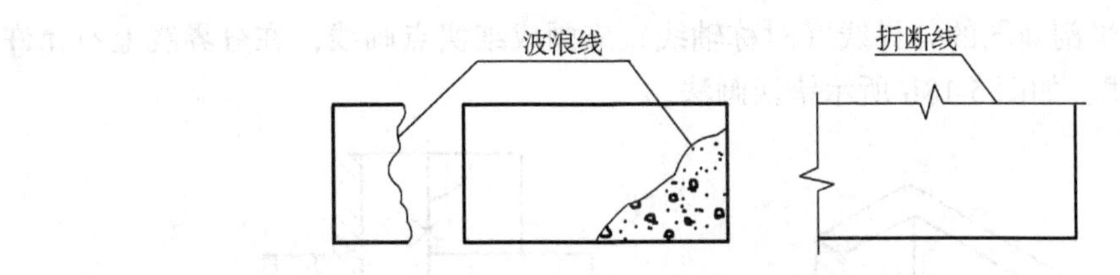

图 5-15　折断线与波浪线

3. 剖面图的几种表达方式

（1）全剖面图　用一个剖切平面把结构物全部剖开后得到的剖面图，称为全剖面图。如图 5-8e、图 5-9、图 5-10、图 5-16所示的是全剖面图。

全剖面图主要用于表达内部形状比较复杂且图形又不对称的结构物（图 5-10）或外形简单的对称结构物（图 5-9）。当剖面图中看不见的结构形状在其他视图中已表达清楚时，其虚线可省略不画。如图 5-16 所示全剖面中上、下凸缘的后部在剖面图中为不可见，但在平面图中已表达，故虚线予以省略。

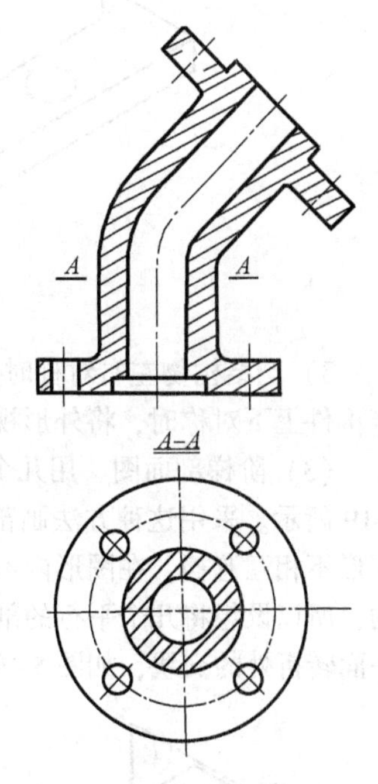

图 5-16　全剖面图中虚线的取舍

（2）半剖面图　一个结构物的投影和剖面图各占一半组合而成的图形，称为半剖面图。半剖面图主要用于内、外结构形状都需要表达的对称结构物，其优点在于它能在一个图形中同时反映结构物的内部结构和外部形状。根据图形所表达的这种优点，又由于结构物是对称的，所以能够比较容易想象出整个结构物的全貌。画半剖面图时应注意的事项：

1）半剖面位于基本投影面，半剖切符号可不予画出；若结构物具有一个方向的对称面时半剖切符号需要标注，标注方法同全剖面图的剖切符号（图 5-17b）。在不影响读图的情况下投影部分出现的虚线可省略不画，如图 5-17、图 5-18 所示。

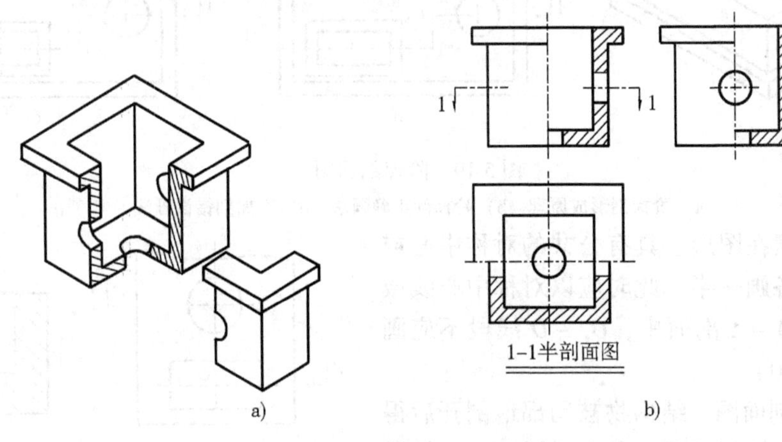

图 5-17　半剖面图的画法

a）半剖立体图　b）半剖面图

2）半外形图和半剖面图的分界线（对称轴线）应画成细实点画线，在分界线上不允许画出带“×”的图线，如图 5-18b 所示错误画法。

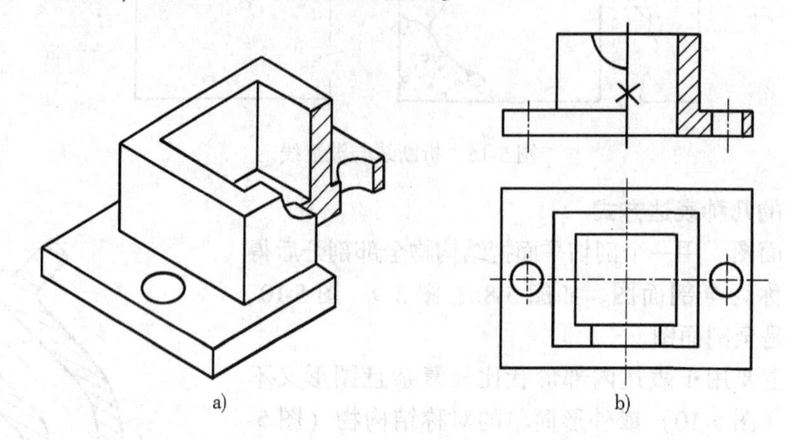

图 5-18　半剖面图的分界线

a）半剖立体图　b）半剖分界线错误画法

3）当结构物左右对称时，将外形视图画在分界线的左边，剖面图画在分界线的右边；当构件上下对称时，将外形视图画在水平分界线的上方，剖面图画在水平分界线的下方。

（3）阶梯剖面图　用几个平行的剖切平面剖开构件得到的图样称为阶梯剖面图，如图 5-19 所示。采用这种方法画剖面图时，各剖切平面的转折处必须为直角，并且要使表达的内形不相互遮挡，在图形内不应出现不完整的要素。因为这种剖切方法只是假想地剖开结构物，所以设想将几个平行的剖切平面平移到同一位置后，再进行投影。此时，不应画出剖切平面转折处的交线，如图 5-19c 所示在转折处不允许画出带“×”的图线。

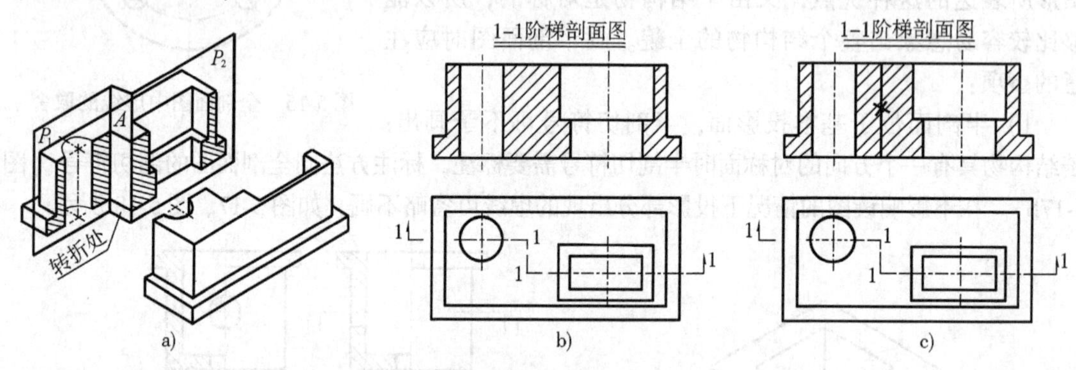

图 5-19　阶梯剖面图

a）阶梯剖形成原理　b）阶梯剖正确画法　c）阶梯剖错误画法

当两个要素在图形上具有公共的对称中心或轴线时，可以各画一半，此时应以对称中心线或轴线为界。在 $A-A$ 剖面中，O_1-O 线段不应画为实线（图 5-20）。

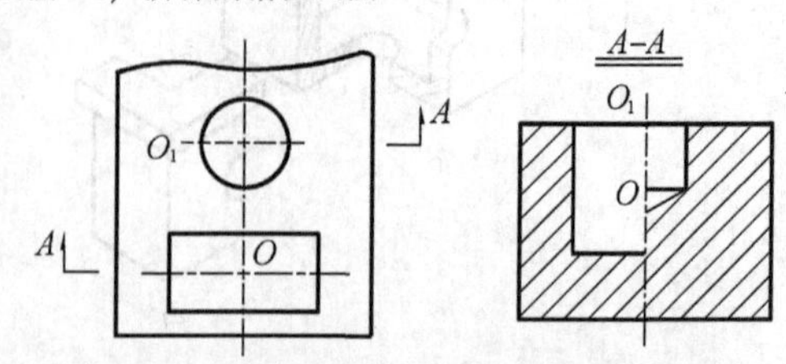

图 5-20　具有公共对称线的剖面图画法

（4）局部剖面图　结构物被局部地剖开后得到的图样称为局部剖面图。它主要用以表达结构物的局部内部形状结构，或不宜采用全剖面图或半剖面图的地方。对于结构物既要显露其内部结构，又要保留其外部形状时，可采用局部剖面图。局部剖面图只是结构物整个外形的一部分，在图上不要标注剖切符号，但是要在局部剖面图与结构物外形之间画出一条波浪线作为界线，如图 5-21 所示。波浪线不应与图样上其他线重合，也不能超出轮廓线。图 5-22 所示为分层局部剖面图，它表明了路面构造情况。

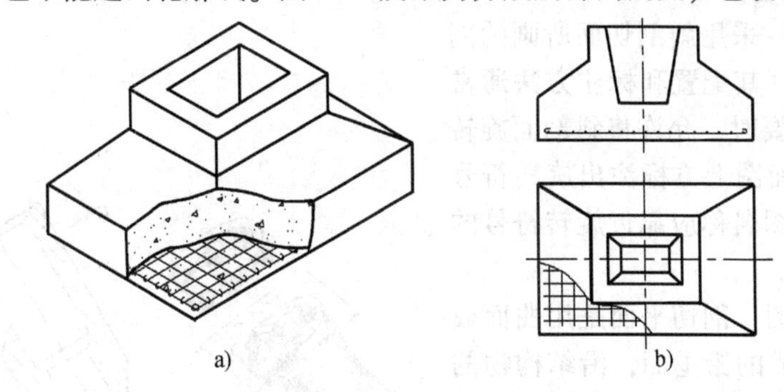

图 5-21　独立基础局部剖面图

a）立体图　b）局部剖面图

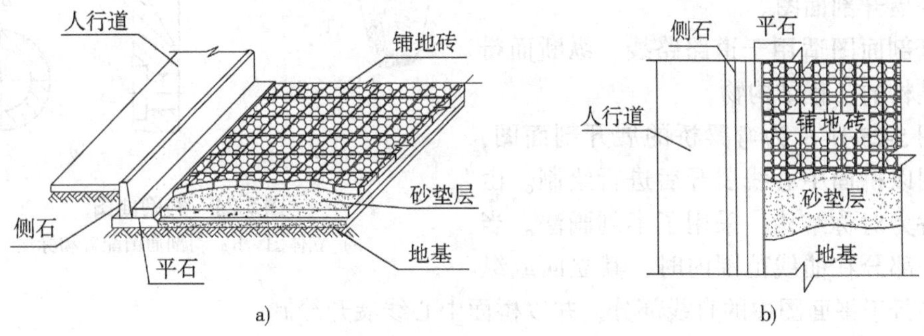

图 5-22　路面结构分层局部剖面图

a）立体图　b）分层局部剖面图

（5）旋转剖面图　用两个相交的切平面（交线垂直于某一基本投影面）剖切结构物，这种方法称为旋转剖。采用这种方法画剖面图时，先假想按剖切位置剖开结构物，然后将剖开后所显示的结构及其有关部分旋转到与选定的投影面平行，再进行投影。如图 5-23 所示，用一个水平面和一个正垂面从摇杆的轴线剖开，再将正垂面部分旋转到与水平投影面平行后再投影而得到旋转剖面图。画图时还应注意以下几点：

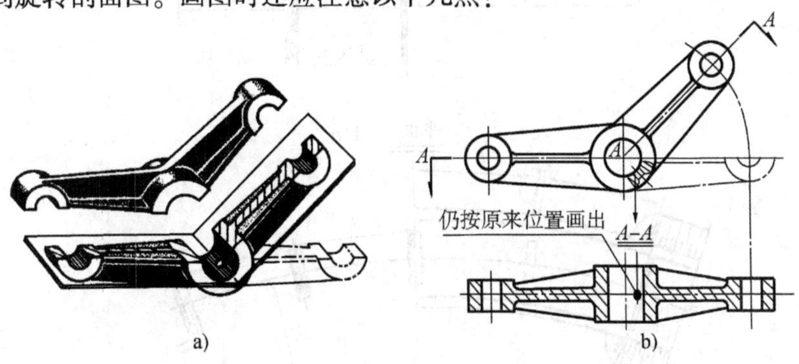

图 5-23　旋转剖面图

a）立体图　b）旋转剖面图

1）旋转剖面图适用于内形不在同一平面上，且具有回转轴的结构物。

2）在剖切平面后的结构仍按原来的位置投影，如图 5-23b 中的油孔。

3）两剖切平面交线一般与所剖切的结构物回转轴重合，并必须标注。

4）画图步骤，应当先剖切，后旋转，再投影。

（6）斜剖面图　采用斜剖切面所画的剖面图称为斜剖面图，其配置和标注方法通常如图 5-24 所示。必要时，允许将斜剖面旋转配置，但必须在剖面图上方标注出旋转符号（同斜视图），剖面图名称应靠近旋转符号的箭头端（图 5-24b）。

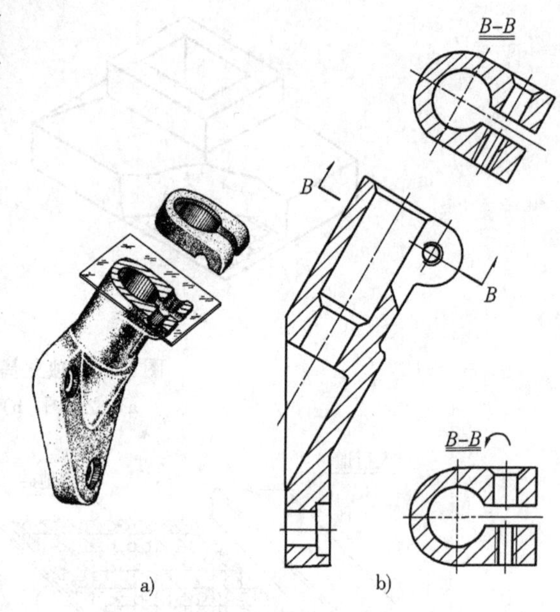

图 5-24　斜剖面图

a）立体图　b）斜剖面图配置和标注

（7）展开剖面图　剖切平面是用曲面或平面与曲面组合而成的铅垂面，沿结构物的中心线剖切，再将剖切平面展开（或拉直），使之与投影面平行，并进行投影所画出的剖面图称为展开剖面图。

展开剖面图适用于道路路线、纵断面带有弯曲结构的工程结构物。

如图 5-25 所示为弯梁桥的展开剖面图，其立面图以桥面中心线展开后进行绘制。由于弯梁桥为对称结构，采用了半剖画法。当全桥仅一部分在曲线范围内时，其立面或纵断面应平行于平面图中的直线部分，并以桥面中心线展开绘制。

在立面图和纵断面图中，可略去曲线超高投影线的绘制。

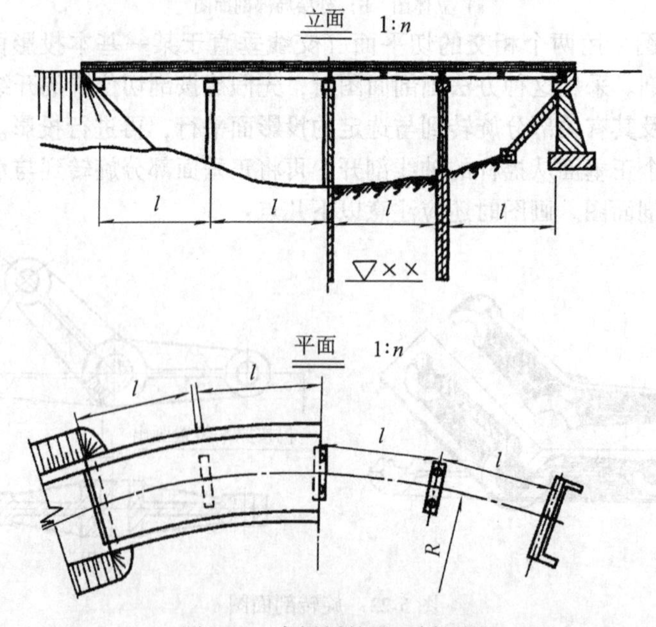

图 5-25　弯梁桥的展开剖面图

5.3.2 断面图的形成与画法

1. 断面图的形成

假想用剖切平面将结构物及其构件的某处切断，仅画出剖切断面的投影，所画出的断面投影图称为断面图。从上述剖面图的形成可见，剖面图内已包含着断面图。画剖面图除应画出断面图形外，还应画出沿投影方向看到的部分，如图 5-26b 所示。断面图则只要画出剖切面切到部分的图形，如图 5-26c 所示。

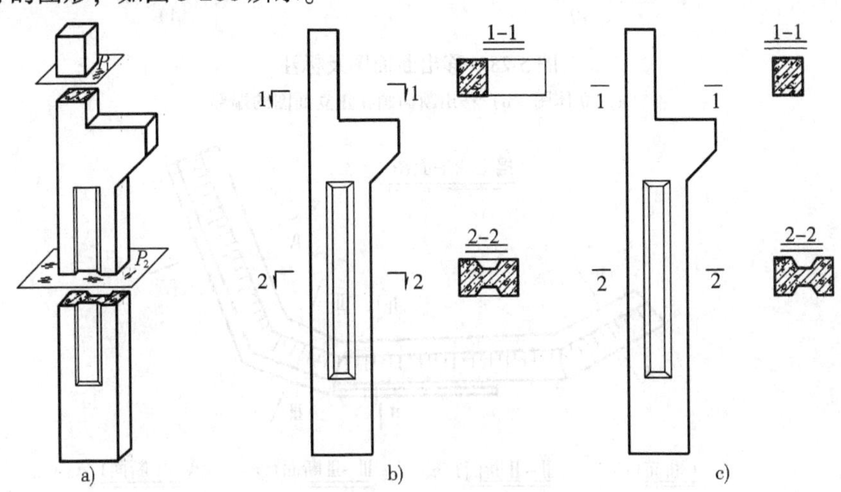

图 5-26　剖面图与断面图的区别
a）立体图　b）剖面图　c）断面图

2. 断面图的画法

（1）断面图画法有关规定

1）断面图的标注与剖面图的标注有所不同，断面图用粗实短线表示剖切位置，粗实短线长度宜为 5～10mm，如图 5-27 所示。

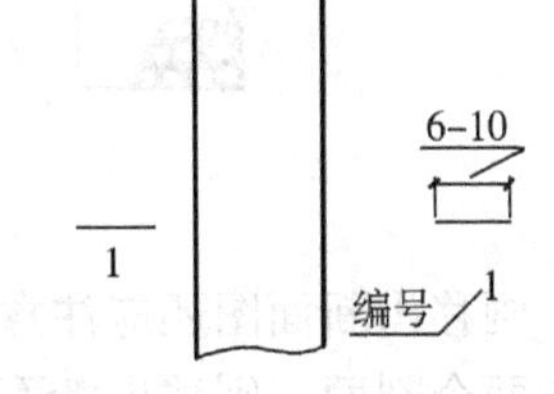

图 5-27　标注断面符号

2）剖切位置线的编号宜采用阿拉伯数字或字母，按顺序连续编排，并注写在剖切位置线的一侧；编号所在的一侧应为该断面的投影方向，如图 5-26c 中 1—1、2—2 断面图都是向下投影画出的。

3）为了重点突出断面的形状，移出断面和中断断面的轮廓线用粗实线画出；同时在断面上用细实线画出该结构物的材料符号，其材料图例见表 5-1。

（2）断面图的几种表达方式

1）移出断面图。把断面图形画在视图轮廓线外面的断面图称为移出断面。如图 5-28b 所示为移出断面图，图 5-28a 为钢筋混凝土梁被剖切平面 *P* 所切开的断面形状，图 5-28b 为移出断面画在正立面图的端部（*W* 基本投影面）。

移出断面图常来表示结构物不同断面形状或结构物内部有变化的内部结构。如图 5-29 所示为挡土墙的移出断面图，在挡土墙平面图上标出剖切位置及编号，将各断面图按编号顺序排列画出。为了使结构物表达清晰，各断面图可根据需要用较大比例画出，并在各断面图上方注写图名与比例。

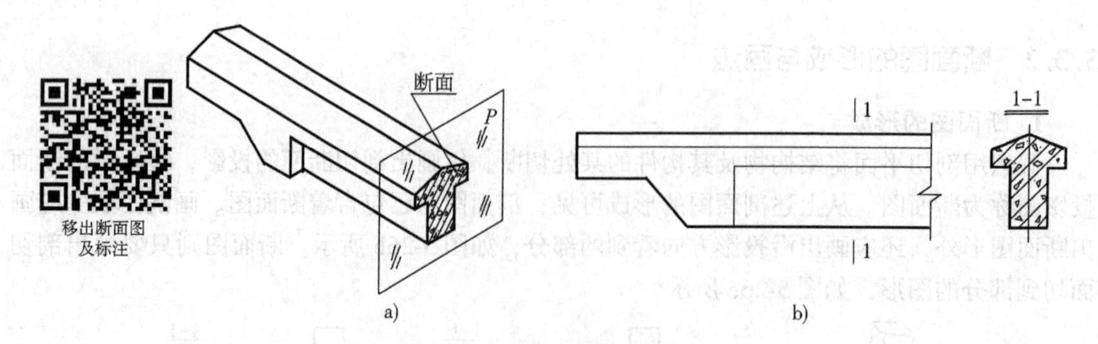

图 5-28　移出断面图及标注

a）立体图　b）移出断面画在正立面图的端部

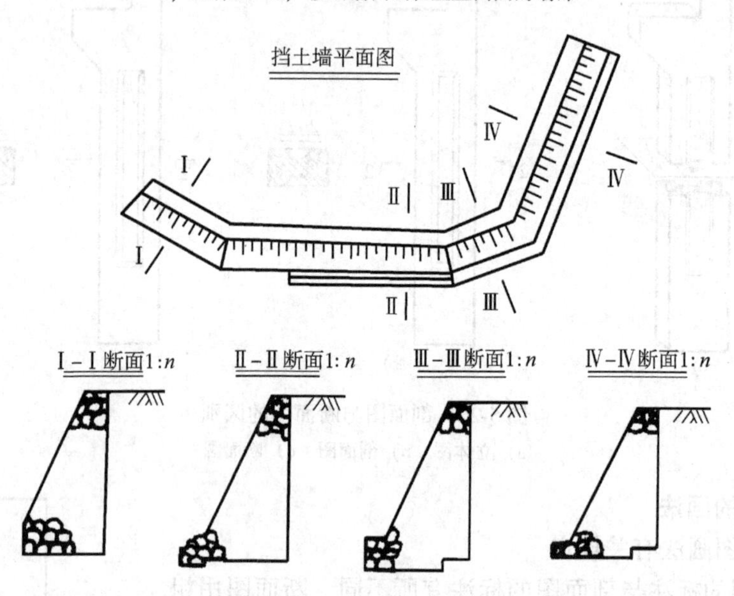

图 5-29　挡土墙的移出断面图

画移出断面图还应注意：当剖切面通过回转面上的孔或凹坑的轴线时，如果出现完全分离的两个剖面，则移出断面图应按剖面图绘制，如图 5-30 所示。

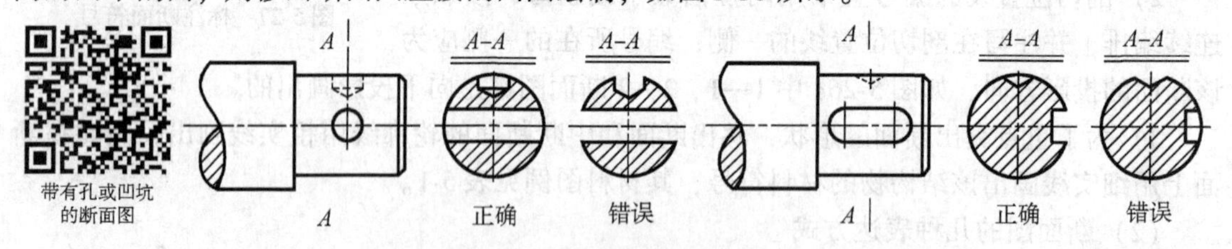

图 5-30　带有孔或凹坑的断面图

2）重合断面图。重合在基本视图之内的断面图，称为重合断面图。重合断面图的轮廓线用细实线绘制，当视图中的轮廓线与重合断面的图形重叠时，视图中的轮廓线仍应连续画出；重合断面图不加标注，其比例与基本视图一致，断面轮廓线内可直接画出材料图例。

重合断面图在土木工程中常用于表示路面结构坡度或构件等构造，如图 5-31 所示。

3）中断断面图。布置在视图的中断处的断面图称为中断断面图。如图 5-32 所示，槽钢的断面图画在槽钢中断处，均不用标注剖切位置线和编号，并用波浪线表示断开处。这种断面图常用来表示较长而只有单一断面的杆件及型钢，而且不加任何标注。

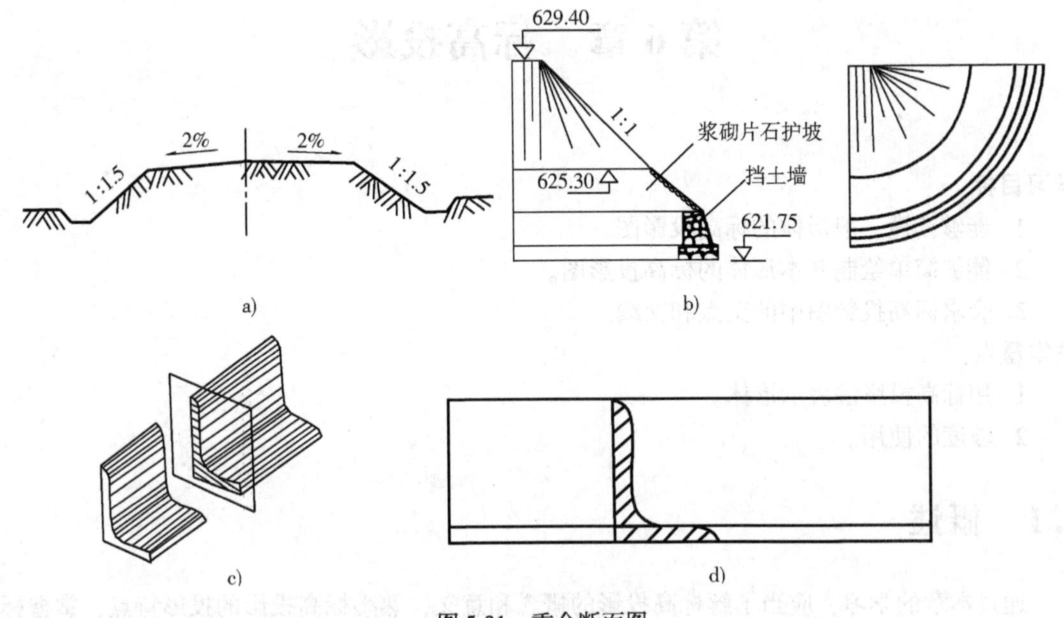

图 5-31　重合断面图

a）路面重合断面图　b）桥台锥坡重合断面图　c）、d）角钢重合断面图

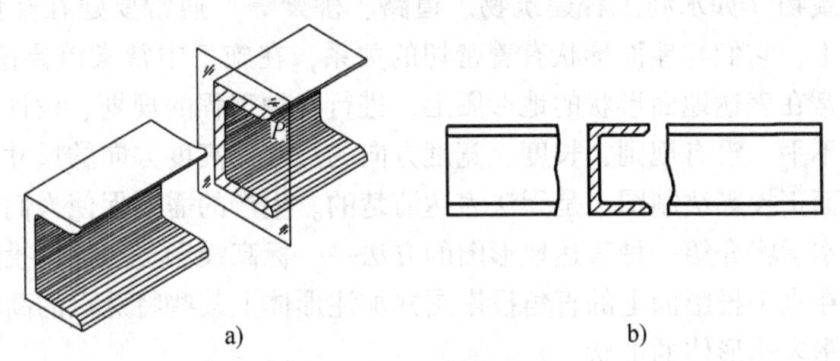

图 5-32　中断断面图

a）槽钢被切开的断面形状　b）槽钢的中断断面图

思考题与习题

5-1　基本投影面有几个？斜视图与局部视图有何区别？

5-2　视图数量选择的原则是什么？

5-3　组合体应标注哪几种尺寸？标注尺寸时有哪些要求？

5-4　如何识读组合体视图？

5-5　什么是剖面图？什么是断面图？它们之间有什么区别？

5-6　试述剖面图和断面图的剖切符号及标注要求。

5-7　什么是全剖面图？什么是局部剖面图？

5-8　画半剖面图、阶梯剖面图、局部剖面图时，各自有哪些规定？

5-9　断面图有哪几种表达方法？它们各适用于什么情况？

第6章　标高投影

学习目标：

1. 能够读懂一般形体的标高投影图。
2. 能够简单绘制基本形体的标高投影图。
3. 会求标高投影图中的交点和交线。

教学重点：

1. 用标高投影法表示形体。
2. 坡度的使用。

6.1　概述

通过本章的学习，应当了解标高投影的概念和意义，熟悉标高投影的投影特点，掌握标高投影图的画法。

各种工程建筑物（如水利工程建筑物、道路、桥梁等）通常要建在高低不平的或有山峦、河流的地面上，它们与地面形状有着密切的关系，在施工中常常需要挖掘或填筑土壤。因此，工程上常常在表达地面形状的地形图上，进行各种工程的规划、设计等工作。但地面形状复杂，起伏不平，没有规则，长度、宽度方向的尺寸比高度方向的尺寸大得多，如采用前面所讲过的多面正投影法制图，是无法表达清楚的。生产的需要促使人们提出解决的办法及其表达方法。本章将介绍一种表达地形图的方法——标高投影法。标高投影法是一种单面的直角投影，用在水平投影面上的直角投影图并加注形体上某些特殊点的高程，也就是用高程数字和水平投影表达形体的形状。

用两个投影表示形体时，当水平投影确定之后，正面投影只是起到提供形体各部分高度的作用，因此要知道形体上的有关点和线等的高度，只用一个平面投影即可确定，方法就是在点或直线的水平投影旁边标注高度数值。

（1）标高投影法　在物体的水平投影上加注某些特征面、线及控制点的高程数值和比例来表示空间物体的方法称为标高投影法。

（2）基准面　在标高投影中，水平投影面 H 被称为基准面。

（3）标高　标高就是空间点到基准面 H 的距离。一般规定：H 面的标高为零，H 面上方点的标高为正值；下方点的标高为负值，标高的单位以 m 计。

标高投影图是一种单面正投影图，如图中没有注明，其长度单位以 m 计。除了地形面以外，一些复杂曲面也常用标高投影法来表示。

在多面投影中，当物体的水平投影确定以后，其正面投影的作用是提供物体各特征点、线、面的高度。若能在物体的水平投影中表示它的特征点、线、面的高度，就可以完全确定物体的空间形状和位置。

6.2 点、直线和平面的标高投影

6.2.1 点的标高投影

作出点的基准面 H 上的正投影，并在正投影右下角用数字注明该点距离 H 面的高度，即为点的标高投影，如图 6-1 所示。

点的高度是以 H 面的高度为零而确定的，高于 H 面的标为正值，低于 H 面的标为负值，如图 6-1a 中，A、B、C 三点的标高图就为如图 6-1b 所示的 a_5、b_0、c_{-3}，A 点高于 H 面 5 个单位，标高为正值，B 点恰在 H 面上，标高为 0，C 点低于 H 面 3 个单位，标高为负值。

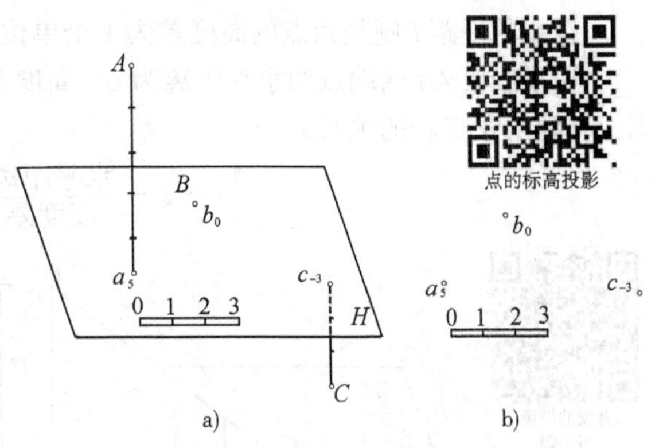

图 6-1　点的标高投影

a）空间状况　b）标高投影

在建筑工程中一般采用与测量相一致的基准面，即以我国黄海海面的平均高程为零点。高程以 m 为单位，在图上不需注出，但需注明平面的比例或画出比例尺。

在标高投影中，必须注明比例或画出比例尺，长度单位为 m，如图 6-1b 所示。

在标高投影中，有时还要在适当的位置作垂直于水平面的辅助投影面，画出辅助投影以便解决某些问题，如求解直线的实长和对 H 面的倾角 α。

6.2.2 直线的标高投影

1. 直线的标高投影介绍

直线的标高投影可由直线上任意两点的标高投影连接而成。在图 6-2a 的立体示意图中，线段 AB 的标高投影是由 A、B 两端点的标高投影连接而成的。图 6-2b 是线段 AB 的标高投影图。

如果要确定线段 AB 的实长及对 H 面的倾角 α，可经过 AB 作一铅垂面 V，然后将该面绕 a_3b_5 旋转与 H 面重合，在该投影面上就得到 AB 的实长和倾角 α，如图 6-2c 所示。

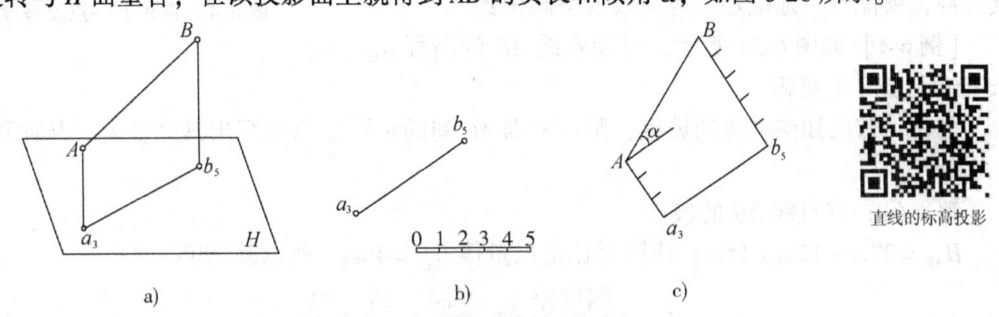

图 6-2　直线的标高投影

作图步骤：

1）分别自 a_3、b_5点作垂直于 a_3b_5的直线。

2）在过 a_3的垂线上自 a_3按比例量取三个单位得 A 点，同法作出 B 点。

3）AB 就是线段实长，AB 与 a_3b_5之间的夹角 α 就是 AB 对 H 面的倾角。

2. 直线的坡度和平距

直线的坡度 i 是指当直线上两点的水平距离为 1 个单位长度时两点的高度差，如图 6-3a 所示。

直线的平距 l 则是两点的高度差为 1 个单位长度时两点的水平距离，如图 6-3b 所示。

如果线段 AB 两端点的水平距离为 L，高度差为 H，AB 对 H 面的倾角为 α，则坡度 i、平距 l、倾角 α 三者的关系为

$$\frac{1}{i} = l = \frac{\text{水平距离}}{\text{高度差}} = \frac{L}{H} = \cot\alpha$$

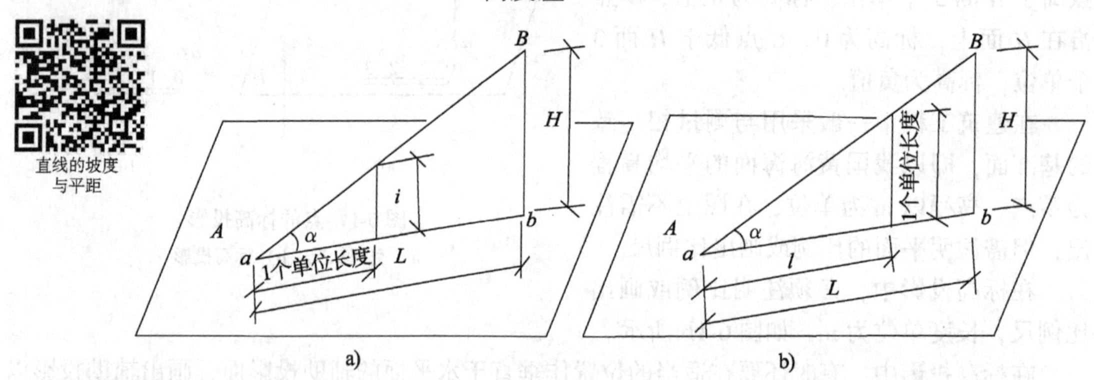

图 6-3　直线的坡度和平距

由此可知，坡度和平距互为倒数。坡度大则平距小，坡度小则平距大。

3. 直线的标高投影表示法

1）直线由它的水平投影并加注直线上两点的标高投影来表示。

2）一般位置直线也可用直线上一点的标高投影及该直线的坡度表示，并用箭头指向下坡方向，如图 6-4 所示。

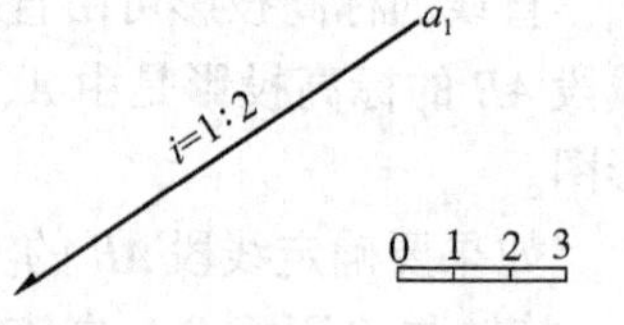

图 6-4　直线上一点及坡度表示

3）水平线因平行于 H 面，故直线上的诸点的高度皆相同，则称为等高线。等高线只要画出它的 H 面投影，并注明其标高，就能唯一地确定该等高线的空间位置。

[例 6-1] 如图 6-5a 所示，已知直线 AB 的高程 a_{12}、b_{27}，求直线上点 C 的高程。

分析：若已知该直线的坡度，则可根据 AC 间的水平距离计算出其高度差，从而得出点 C 的高程。

解：(1) 求直线 AB 的坡度

$H_{AB} = 27\text{m} - 12\text{m} = 15\text{m}$；用图示比例尺量得 $L_{AB} = 45\text{m}$，所以其坡度

$$i = \frac{\text{高度差}}{\text{水平距离}} = \frac{H_{AB}}{L_{AB}} = \frac{15}{45} = \frac{1}{3}\text{。}$$

(2) 求点 C 的高程

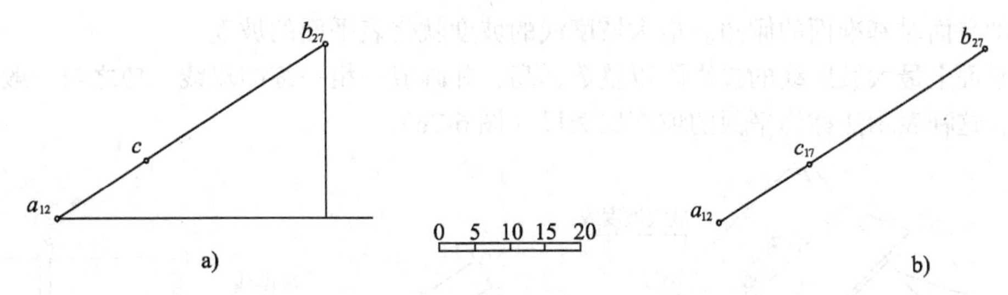

图 6-5 求直线上点 C 的高程

$$L_{AC}=15\text{m},\ H_{AC}=L_{AC}i=15\text{m}\times 1/3=5\text{m}。$$

点 C 的高程应为 12m + 5m = 17m，如图 6-5b 所示。

4. 直线的整数标高点

在实际工作中常遇见两点的标高数字并非整数，需要在直线的投影上定出各整数标高点（称为刻度）。求直线上的整数标高点如图 6-6 所示：在与 $a_{2.4}b_{7.2}$ 平行的辅助铅垂面 V 上，按图中比例尺作一组相应高程的水平线与 $a_{2.4}b_{7.2}$ 平行，最高一条为 8m、最低一条为 2m；根据 A、B 两点的高程在铅垂面上作出直线 AB 的投影 $a'b'$，它与各整数标高的水平线相交，自这些交点向 $a_{2.4}b_{7.2}$ 作垂线，即可得到该直线上的各整数标高点 c_3、d_4、e_5、f_6、g_7，即直线上各整数标高点的投影。如平行线的距离采用单位长度，还可同时求出 AB 的实长及其对 H 面的倾角 α。

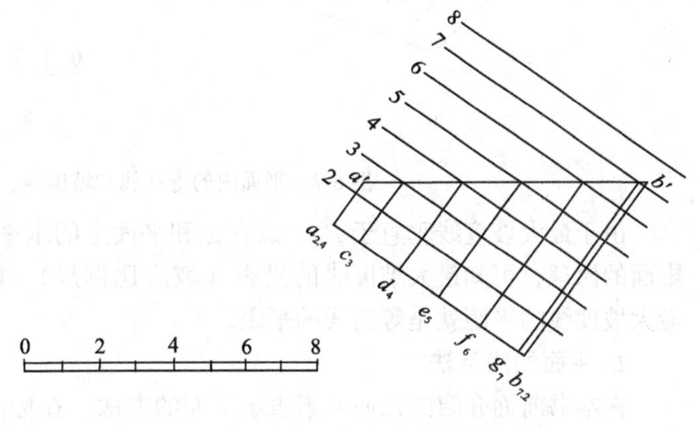

图 6-6 求直线上的整数标高点

6.2.3 平面的标高投影

1. 平面内的等高线和坡度线

（1）等高线 平面内的水平线就是平面内的等高线，也可看作是水平面与该平面的交线，如图 6-7a 所示，平面与基准面 H 的交线是平面内标高为零的等高线。图 6-7a 为 P 平面内等高线的标高投影，平面内的等高线有如下特点：

1）等高线是直线，且互相平行。

2）等高线的高度差相等时，其水平间距也相等。

（2）坡度线 平面内对水平面的最大斜度线就是平面内的坡度线，如图 6-7b 所示。平面内的坡度线有如下特点：

1）平面内的坡度线与等高线互相垂直，它们的水平投影也互相垂直。

2）平面内坡度线的坡度就代表该平面的坡度，坡度线的平距就是平面内等高线间的平距。

（3）坡度比例尺 平面上与 P_H 垂直的直线称为最大坡度线。最大坡度线对基准面 H 的倾角，即平面对基准面的倾角。最大坡度线的坡度就代表平面的坡度。

将平面上最大坡度线的投影附以整数标高，并画成一粗一细的双线，使之与一般直线有所区别，这种表示法称为平面的坡度比例尺（图 6-7c）。

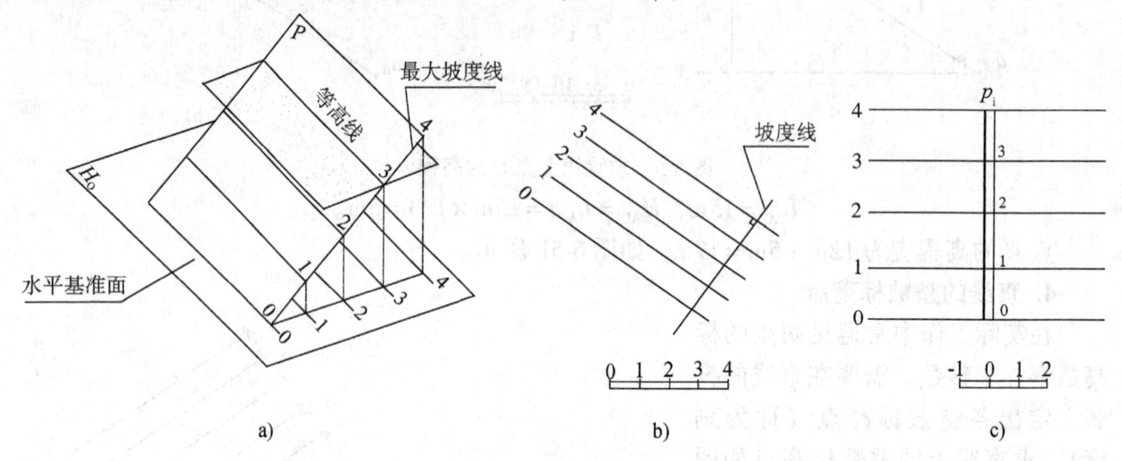

图 6-7 平面内的等高线和坡度线、坡度比例尺

由于最大坡度线垂直于 P_H，故它也和平面上的水平线相垂直。根据直角一边平行于投影面的原理，可知最大坡度线的投影（坡度比例尺）和平面上的等高线的投影互相垂直。最大坡度线的平距就是等高线的平距。

2. 平面的表示法

在本书前面介绍的几何元素表示平面的方法，在标高投影中仍然适用，在实际运用中，常用以下几种方式表示平面：

（1）平面几何元素表示法　如图 6-8 所示。

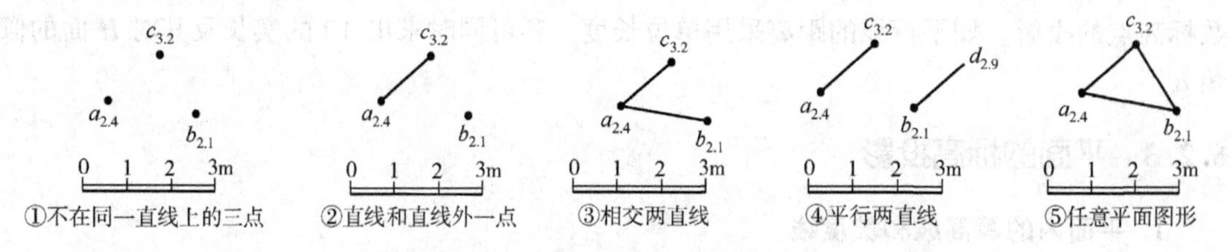

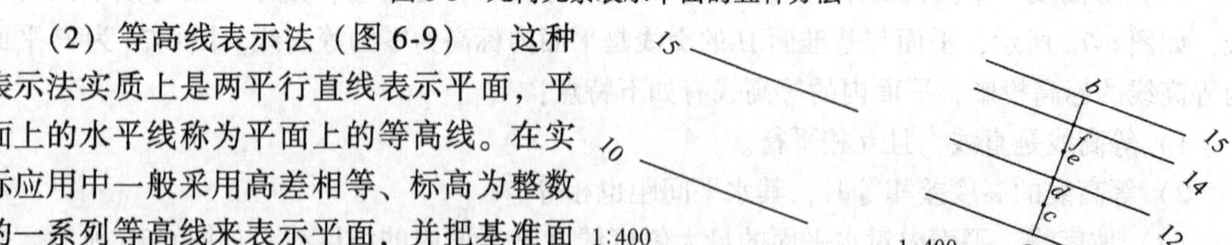

图 6-8 几何元素表示平面的五种方法

（2）等高线表示法（图 6-9）　这种表示法实质上是两平行直线表示平面，平面上的水平线称为平面上的等高线。在实际应用中一般采用高差相等、标高为整数的一系列等高线来表示平面，并把基准面 H 上的等高线，作为标高为零的等高线。

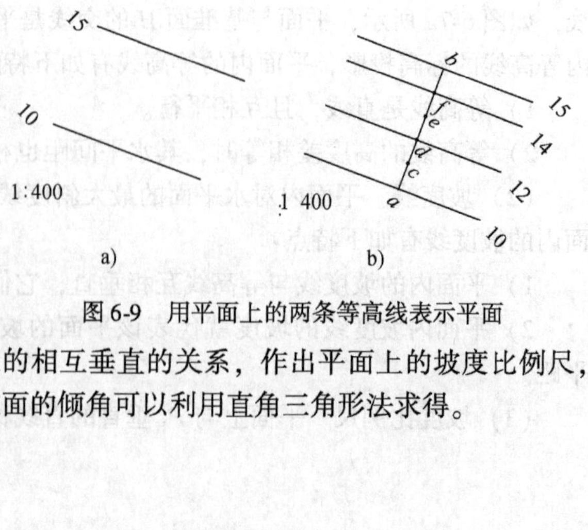

图 6-9 用平面上的两条等高线表示平面

（3）坡度比例尺表示法　这种表示法实质上就是最大坡度线表示法。已知平面的等高线组，可以利用等高线与坡度比例尺的相互垂直的关系，作出平面上的坡度比例尺，反之亦然。坡度比例尺已知，则平面对基准面的倾角可以利用直角三角形法求得。

(4) 用一条等高线和平面的坡度线表示平面（图 6-10） 图 6-11a 所示是一岸堤，堤顶标高为 6，坡面的坡度为 1∶2，这个坡面可以用它的一条等高线和坡度来表示，如图 6-11b 所示。

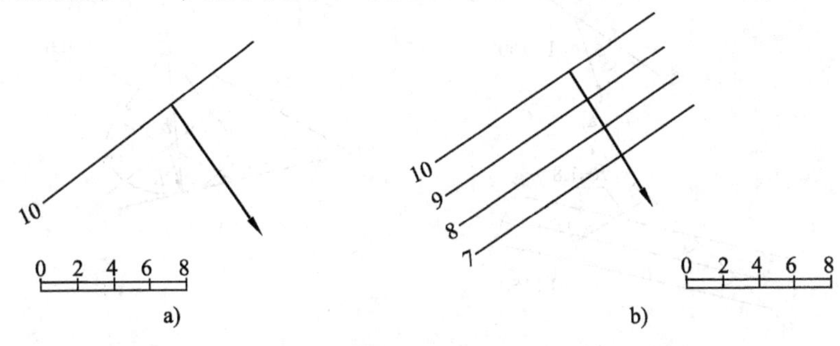

图 6-10 用一条等高线和平面的坡度线表示平面

已知平面内一条等高线为 6 和坡度 $i=1:2$，如图 6-11b 所示，作出该平面内其他等高线。

作图步骤：

1）根据坡度 $i=1:2$，求出平距 $l=2$。

2）作垂直于等高线 6 的坡度线，在坡度线上自等高线 6 顺着坡度线箭头方向按比例连续量取 3 个平距，得 3 个截点，如图 6-11c 所示。

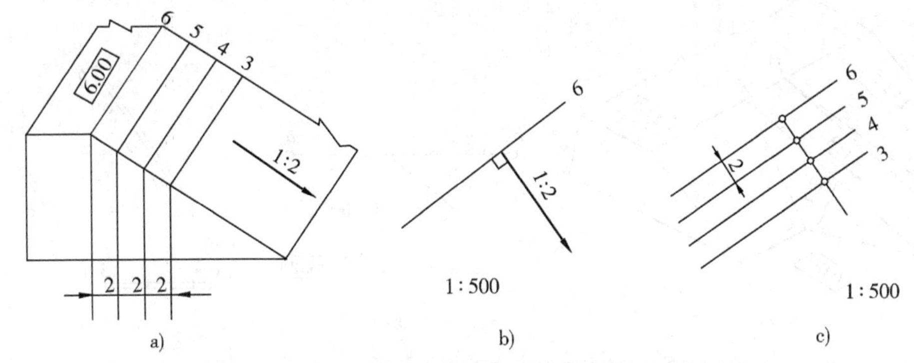

图 6-11 用平面内一条等高线和坡度表示平面实例

3）过截点作等高线 6 的平行线，即得标高为 5、4、3 的等高线。

(5) 用平面内一倾斜直线和平面的坡度线表示平面（即相交两直线） 如图 6-12a 所示，用平面上的一条倾斜线 a_3b_6 和平面上的坡度 $i=1:0.6$ 表示平面。图中的箭头只表示平面的倾斜方向并不表示坡度线的方向，故将它用带箭头的虚线表示。

图 6-12b 表示了该平面上等高线的做法，因为平面上高度差为 3m 的等高线必通过 a_3、b_6，与高程为 3m 的等高线之间的水平距离 $L_{AB}=lH_{AB}=0.6\times3\text{m}=1.8\text{m}$。因此，以 b_6 为圆心，以 $R=1.8\text{m}$ 为半径，向平面的倾斜方向画圆弧。过 a_3 点作圆弧的切线，即得等高线 3。再将 a_3b_6 三等分，等分点为直线上高程为 4m、5m 的点，过各等分点作直线与等高线 3 平行，就得到平面上高程为 4m、5m 的两条等高线。

例如图 6-13a 所示是一标高为 4 的水平场地，其斜坡引道两侧的斜面 ABC 和 DEF 的坡度为 2∶1，这种斜面可由面内一倾斜直线的标高投影和平面的坡度来表示，即斜面 ABC 可由倾斜直线 AB 的标高投影 a_4b_0 及侧坡坡度 2∶1 来表示，如图 6-13b 所示。图中 a_4b_0 旁边的箭头只是表明侧坡平面向直线的某一侧倾斜，并不确切地表示坡度的方向，因此将它画成带箭头的虚线。

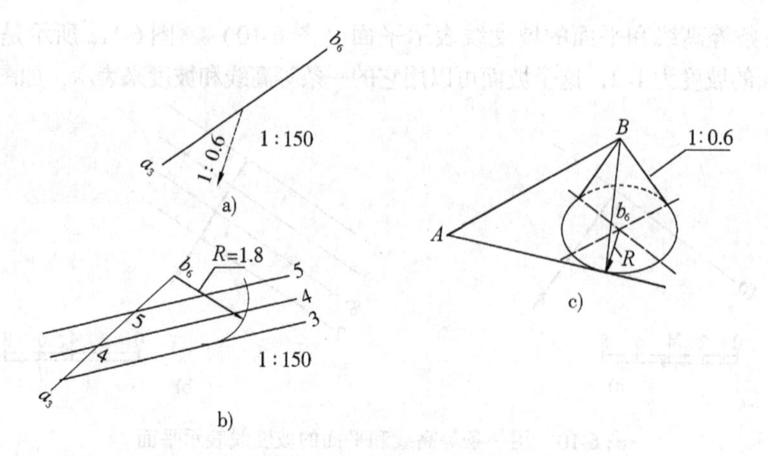

图 6-12　用一条倾斜的直线和坡度线表示平面

3. 两平面相对位置

两平面在空间的相对位置可分为平行与相交两种情况。

(1) 平行　如果两平面平行，则它们的坡度比例尺和等高线互相平行、平距相等，标高数字的增减方向一致（图 6-13c）。

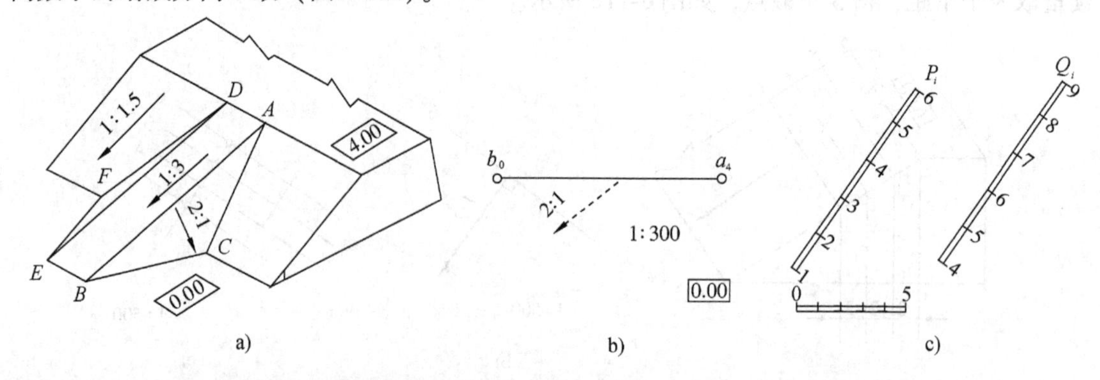

图 6-13　用一条倾斜的直线以及坡度线表示平面实例和两平面比例尺平行

(2) 相交　在标高投影中求两平面的交线，是利用辅助平面法在相交两平面上求得两个共有点，其连线即为两平面的交线。通常采用水平面作为辅助面。

在标高投影中，求两平面的交线与前面用辅助平面法求两平面的交线的原理和方法相同。在标高投影中一般采用水平面为辅助平面，如图 6-14a 所示，水平面 H_9 与平面 P、Q 交出一对标高均为 9 的水平线，这一对水平线的交点 A 就是相交两平面的一个共有点，也就是交线上的一个点 a_9，同理求出另一个共有点 b_6，两点的连线 a_9b_6 即为所求的交线的标高投影（图 6-14c）。

在工程中，把相邻两坡面的交线称为坡面交线，填方形成的坡面与地面的交线称为坡脚线，挖方形成的坡面与地面的交线称为开挖线。

[**例 6-2**] 在地面上修建一平台和一条自地面通到台顶面的斜坡引道。平台顶面高程为 5m，地面高程为 2m，它们的形状和各坡面坡度如图 6-15a 所示，求坡脚和坡面交线。

分析：因各坡面和地面都是平面，因此坡脚线和坡面交线都是直线。需作出平台上四个坡面的坡脚线和斜坡引道两侧两个坡面的坡脚线以及它们之间的坡面交线，如图 6-15c 所示。作图如图 6-15b 所示。

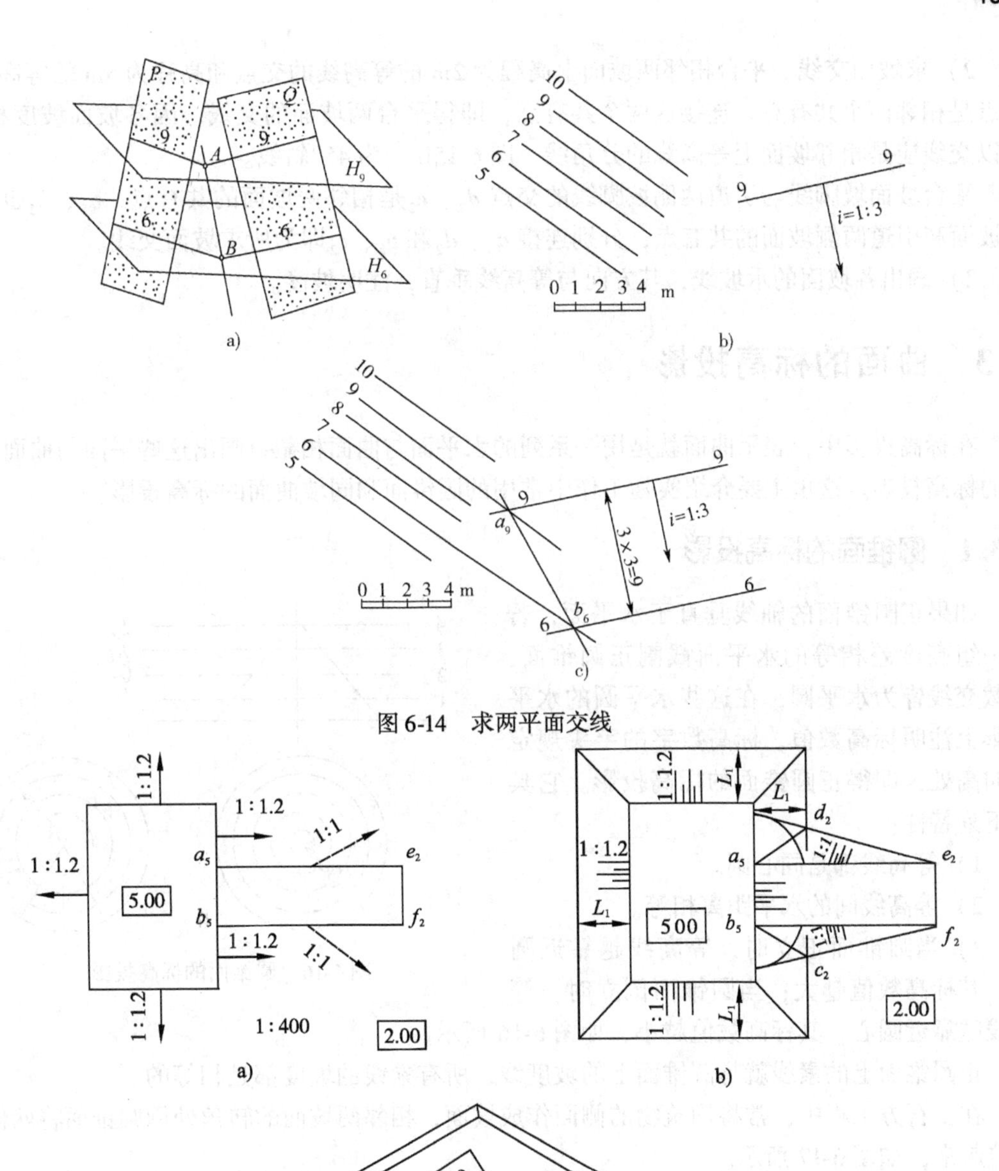

图 6-14　求两平面交线

图 6-15　作平台与斜坡引道的标高投影图

1）求坡脚线。因地面的高程为 2m，各坡面的坡脚线就是各坡面内高程为 2m 的等高线。平台坡面的坡度为 1∶1.2，坡脚线分别与相应的平台边线平行，其水平距离可由 $L=lH$ 确定，式中高度差 $H=(5-2)\,\mathrm{m}=3\mathrm{m}$，所以 $L_1=1.2\times3\mathrm{m}=3.6\mathrm{m}$。斜坡引道两侧坡面的坡度为 1∶1，以 a_5 为圆心，以 $L_2=1\times3\mathrm{m}=3\mathrm{m}$ 为半径画圆弧，再自 e_2 向圆弧作切线，即为所求坡脚线。另一侧坡脚线的求法相同。

2）求坡面交线。平台相邻两坡面上高程为2m的等高线的交点和高程为5m的等高线的交点是相邻两个共有点。连接这两个共有点，即得平台两坡面的交线。因各坡面坡度相等，所以交线应是相邻坡面上等高线的分角线，图6-15b中为45°斜线。

平台坡面坡脚线与引道两侧坡脚线的交点d_2、c_2是相邻两坡面的共有点，a_5、b_5也是平台坡面和引道两侧坡面的共有点，分别连接a_5、d_2和b_5、c_2即为所求坡面交线。

3）画出各坡面的示坡线，其方向与等高线垂直，注明坡度。

6.3 曲面的标高投影

在标高投影中，表示曲面就是用一系列的水平面与曲面相截，画出这些平面与曲面的交线的标高投影。这里主要介绍实际工作中常用的圆锥面和同坡曲面的标高投影。

6.3.1 圆锥面的标高投影

如果正圆锥面的轴线垂直于水平面，若用一组高度差相等的水平面截割正圆锥面，其截交线皆为水平圆，在这些水平圆的水平投影上注明标高数值，标高数字的字头规定朝向高处，即得正圆锥面的标高投影。它具有下列特性：

1）等高线都是同心圆。

2）等高线间的水平距离相等。

3）当圆锥面正立时，等高线越靠近圆心，其标高数值越大；当圆锥面倒立时，等高线越靠近圆心，其标高数值越小，如图6-16所示。

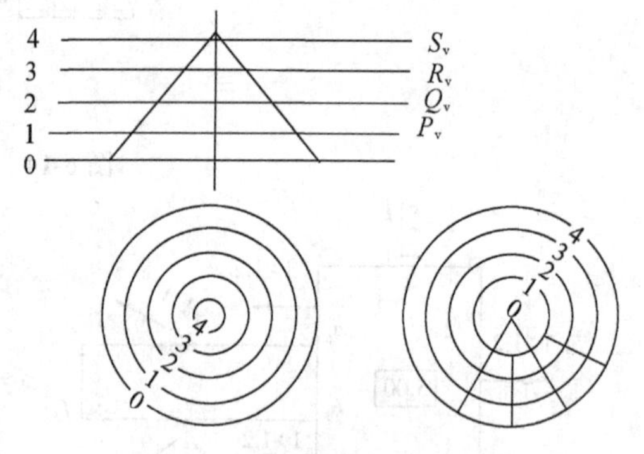

图6-16　圆锥面的标高投影

正圆锥面上的素线就是圆锥面上的坡度线，所有素线的坡度都是相等的。

在土石方工程中，常将构筑物的侧面作成坡面，相邻两坡面的转角处用圆锥面将两侧面连接起来，如图6-17所示。

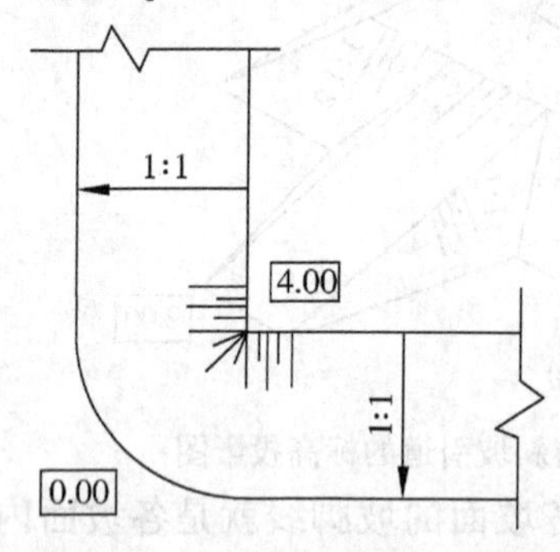

图6-17　用圆锥面连接两坡面

在土石方工程中，常在两坡面的转角处采用与坡面坡度相同的圆锥面过渡，如图6-18所示。

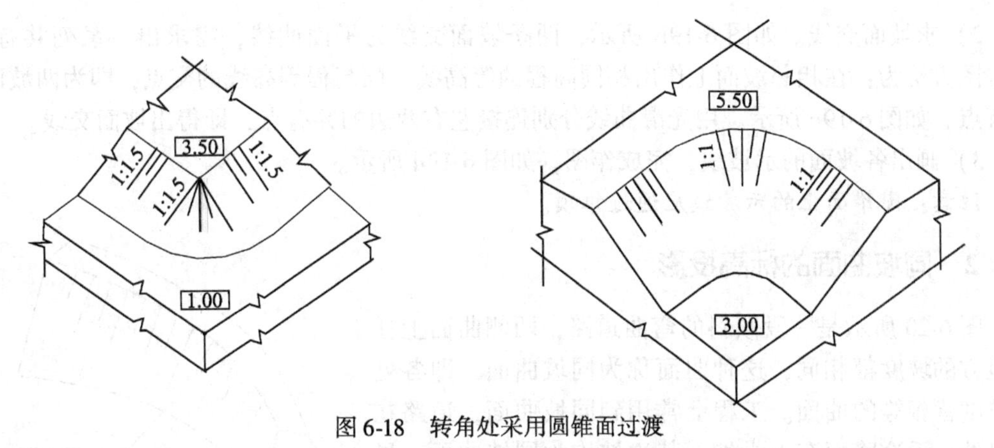

图 6-18　转角处采用圆锥面过渡

［**例 6-3**］如图 6-19a 所示，在土坝与河岸的连接处用圆锥面护坡，河底高程为 96.00m，土坝、河岸、圆锥台顶面高程为 106.00m，各坡面坡度如图 6-19a 所示，求坡脚线及各坡面交线。

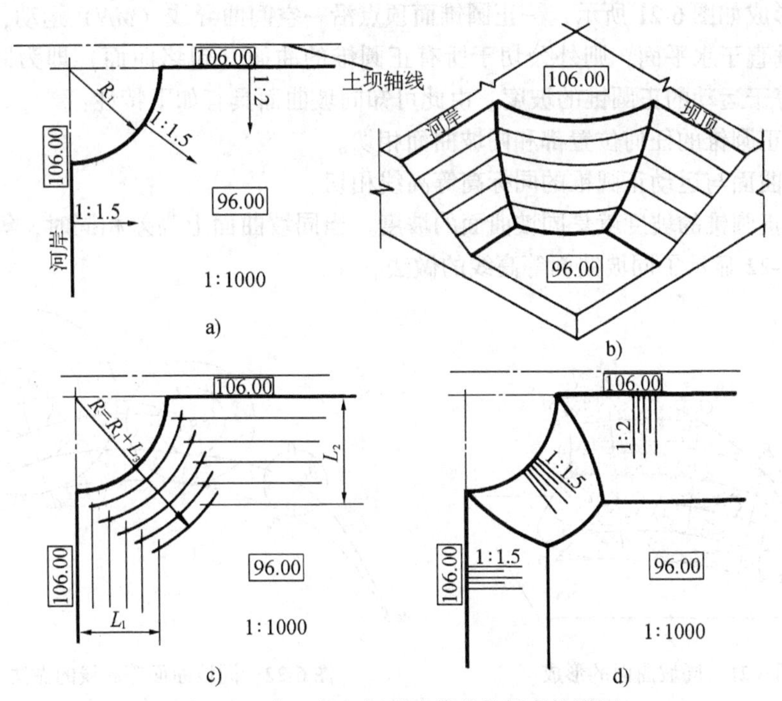

图 6-19　作土坝与河岸连接处的标高投影图

分析：河岸坡面和土坝坝面的坡脚线都是直线，圆锥面的坡脚线是圆弧线，河岸坡面与圆锥面的交线和土坝坡面与圆锥面的交线均为曲线（图 6-19b）。

作图：

1）求坡脚线。如图 6-19c 所示，河底高程为 96.00m，因此，土坝、河岸的坡脚线是高程为 96.00m 的等高线，且与同一坡面上的等高线平行。其水平距离分别为 $L_1=(106-96)\text{ m}\times1.5=15\text{m}$，$L_2=(106-96)\text{ m}\times2=20\text{m}$。圆锥护坡的坡脚线圆与圆锥台顶圆在同一圆锥面上，它们的投影是同心圆，其水平距离 $L_3=L_1=15\text{m}$。需要注意的是：圆锥面坡脚线的圆弧半径为圆锥台顶半径 R_1 与其水平面距离 L_3 之和，即 $R=R_1+L_3$。

2）求坡面交线。如图 6-19b 所示，两条坡面交线为平面曲线，需求出一系列共有点，其作图方法为：在相邻坡面上作出相同高程的等高线，同高程等高线的交点，即为两坡面的共有点，如图 6-19c 所示。用光滑曲线分别连接左右两边的共有点，即得出坡面交线。

3）画出各坡面的示坡线，完成作图，如图 6-19d 所示。

注意：圆锥面上的示坡线应通过锥顶。

6.3.2 同坡曲面的标高投影

图 6-20 所示是一段倾斜的弯曲道路，两侧曲面上任何地方的坡度都相同，这种曲面称为同坡曲面，即各处的坡度皆相等的曲面。工程上常用到同坡曲面，道路在弯道处，无论路面有无纵坡，其边坡均为同坡曲面。显然正圆锥面上的每一条素线的坡度均相等，所以正圆锥面是同坡曲面的特殊情况。

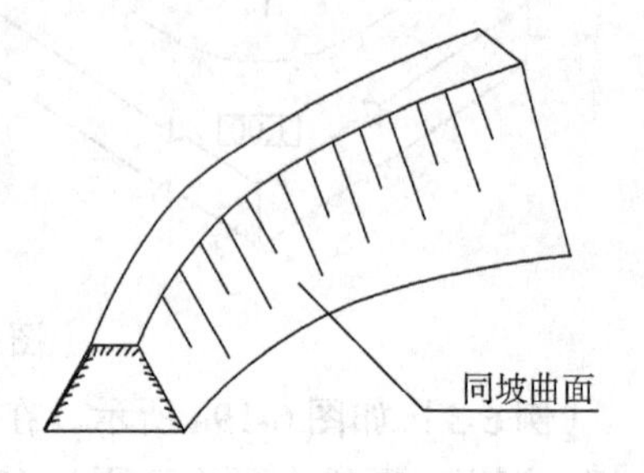

图 6-20　弯曲道路

同坡曲面的形成如图 6-21 所示，一正圆锥面顶点沿一空间曲导线（*MN*）运动，运动时圆锥的轴线始终垂直于水平面，则外公切于所有正圆锥的曲面（包络曲面）即为同坡曲面，曲面的坡度就等于运动的正圆锥的坡度。由此可知同坡曲面具有如下特性：

1）运动正圆锥的任何位置都和同坡曲面相切。

2）同坡曲面与运动正圆锥的同标高等高线相切。

3）运动正圆锥的坡度就是同坡曲面的坡度。当同坡曲面上高差相同时，等高线的间距也相等，图 6-22 显示了同坡曲面等高线的做法。

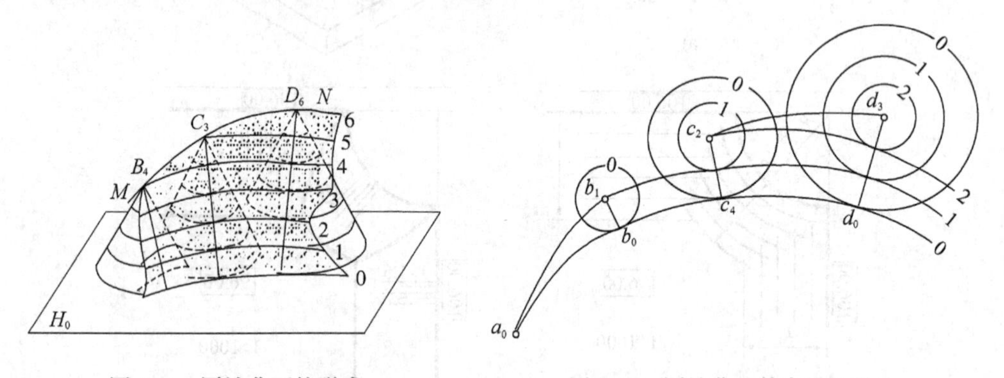

图 6-21　同坡曲面的形成　　　　图 6-22　同坡曲面等高线的做法

6.4 地形面

6.4.1 地形面的标高投影

地形面是用地形面上的等高线来表示的，假想用一组高差相等的水平面截割地面，便得到一组高程不同的等高线，如图 6-23a 所示。画出地面等高线的水平投影并标明它们的高程，即得地形面的标高投影，如图 6-23b 所示。

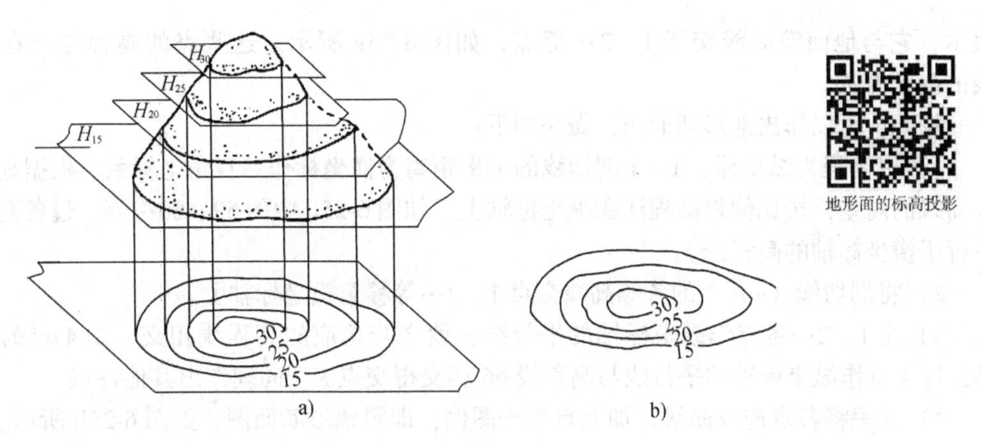

地形面的标高投影

图 6-23　地形面的标高投影

工程上把这种图形称为地形图，地形图等高线有如下特性：

1）等高线一般是封闭曲线。

2）等高线越密表明地势越陡，反之地势越平坦。

3）除悬崖绝壁的地方外，等高线不相交。

在一张完整的地形等高线图中，为了便于看图，一般每隔四条等高线有一条画成粗线，这样的粗等高线称为计曲线。不加粗的等高线称为首曲线。

为了便于看地形图，把典型地貌在地形图上的特征归纳如下（图 6-24）：

（1）山丘　等高线闭合圈由小到大高程依次递减，等高线也随之渐稀，则对应地形是山丘。

（2）盆地　等高线闭合圈由小到大依次递增，等高线也随之渐稀，则对应地形是盆地。

（3）山脊　等高线凸出方向指向低高程，则对应地形是山脊。

（4）山谷　等高线凸出方向指向高处，则对应地形是山谷。

（5）鞍部　相邻两峰之间，形状像马鞍的区域称为鞍部，在鞍部两侧的等高线形状接近对称。

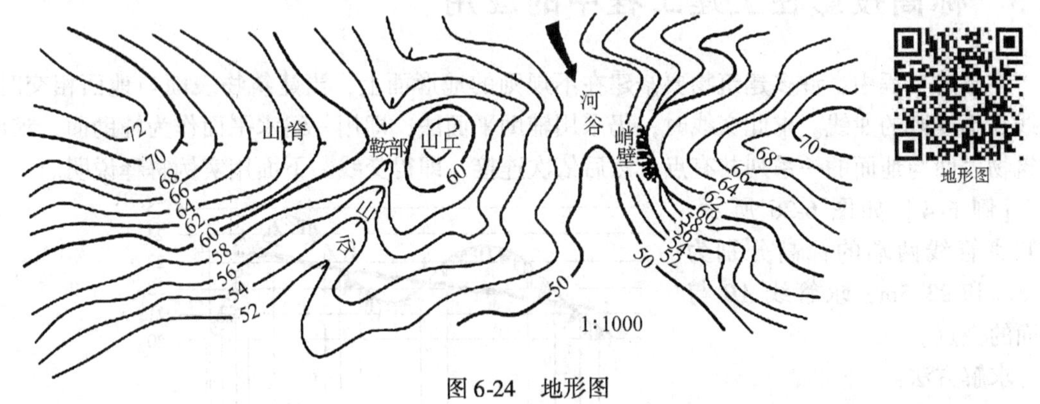

地形图

图 6-24　地形图

6.4.2　地形断面图

为了更清楚地表达地形情况及工程设计的需求，还常常对地形辅以地形断面图。它是用一铅垂平面剖切地形面，画出剖切平面与地形面的交线及材料图例，即为地形断面图，如图 6-25b 所示。铅垂平面与地面相交，在平面图上积聚成一直线，用剖切线 $A-A$

表示，它与地面等高线交于 1、2…等点，如图 6-25a 所示，这些点的高程与所在的等高线的高程相同。

据此，可以作出地形断面图，做法如下：

1）以高程为纵坐标，$A-A$ 剖切线的水平距离为横坐标作一直角坐标系。根据地形图上等高线的高差，按比例将高程注在纵坐标轴上，如图 6-25b 中的 59、60…等，过各高程点作平行于横坐标轴的高程线。

2）将剖切线 $A-A$ 上的各等高线交点 1、2…等移至横坐标轴上。

3）由 1、2…各点作纵坐标轴的平行线，使之与相应的高程线相交，如 4 点的高程为 66，过 4 点作纵坐标轴的平行线与高程线 66 相交得交点 K。同理作出其他各点。

4）徒手将各点连成曲线，加上自然土图例，即得地形断面图，如图 6-25b 所示。

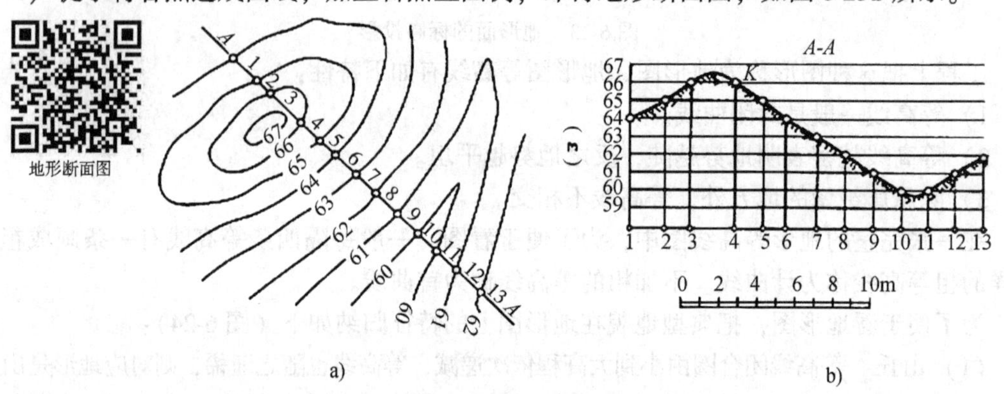

图 6-25　地形断面图

一般说来，地面的高差与水平距离数值相差很大，有时不需作剖面的实际形状，而只要了解断面处的地形变化，此时在地形断面图中，高度方向的比例可以不同于水平方向的比例。

6.5　标高投影在土建工程中的应用

在土建工程中，许多建筑物要修建在不规则的地形面上，当建筑物表面与地面相交时，交线是不规则的曲线。求此交线时，仍采用辅助平面法，即用一组水平面作为辅助面，求出建筑物表面与地面的一系列共有点，然后依次连接，即得交线。下面用实例解释说明。

［**例 6-4**］如图 6-26 所示，已知直管线两端的标高分别为 21.5m 和 23.5m，求管线 AB 与地面的交点。

求解方法：

1）画出直线 AB 对应的实际地面。

2）画出直线 AB 对应的实际管线。

3）标出管线与地面的交点。

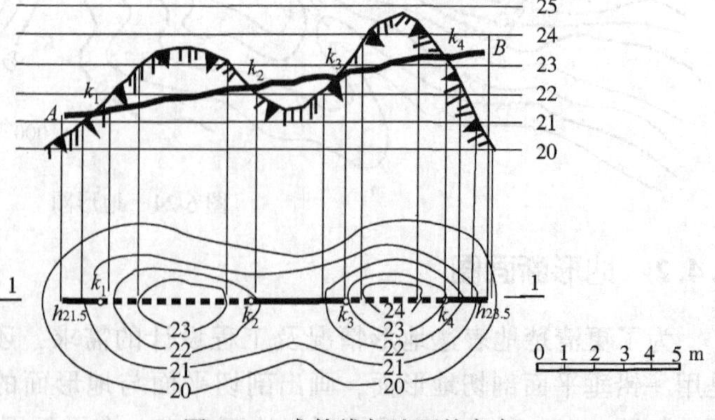

图 6-26　求管线与地面的交点

[**例6-5**] 在山坡上修建一水平场地，形状和高程如图6-27a所示，边坡的填方坡度为1:2，挖方坡度为1:1.5，求作填、挖方坡面的边界线及各坡面交线。

分析：如图6-27b所示，因为水平场地高程为25m，所以地面上高程为25m的等高线是挖方和填方的分界线，它与水平场地边线的交点C、D就是填、挖边界线的分界点。挖方部分在地面高程为25m的等高线北侧，其坡面包括一个倒圆锥面和两个与它相切的平面，因此，挖方部分没有坡面交线。填方部分在地面高程为25m的等高线南侧，其边坡为三个平面，因此有三段坡脚线和两段坡面交线。

作图（图6-27）：

1）求挖方边界线。地面上等高距为1m，坡面上的等高距也应为1m，等高线的平距$l=1/i=1.5$m。顺次作出倒圆锥面及两侧平面边坡的等高线，求得挖方坡面与地面相同高程等高线交点c，1，2，…，7，d，顺次光滑连接交点，即得挖方边界线，如图6-27c所示。

2）求填方边界线和坡面交线。由于填方相邻坡的坡度相同，因此坡面交线为45°斜线。根据填方坡度1:2，等高距1m，填方坡面上等高线的平距$l=2$m。分别求出各坡面的等高线与地面上相同高程等高线的交点，顺次连接交点$C-8-9-n$，$m-10-11-12-13-e$，$k-14-15-d$，可得填方的三段坡脚线。相邻坡脚线相交分别得交点a、b，该交点是相邻两坡面与地面的共有点，因此相邻的两段坡脚线与坡面交线必交于同一点。确定点a的方法也可

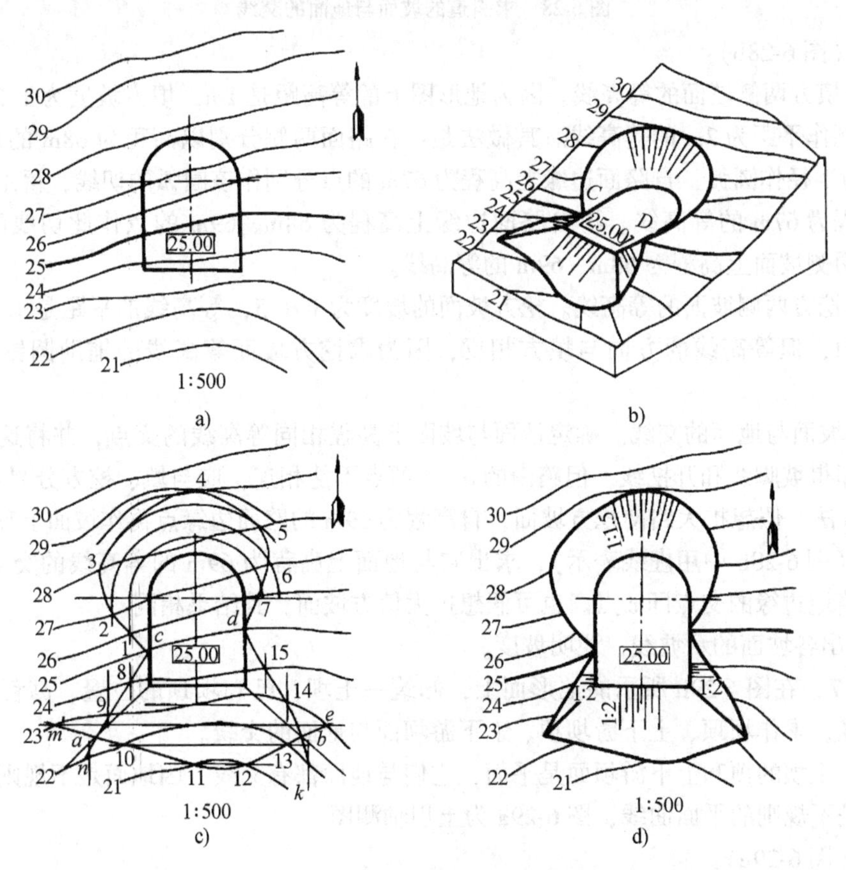

图6-27　作水平场地的标高投影图

先作 45°坡面交线，然后连接坡脚线上的点，使相邻两段坡脚线通过坡面交线上的同一点 a，即三线共点。确定点 b 的方法与其相同，如图 6-27c 所示。

3）画出各坡面的示坡线，并注明坡度，如图 6-27d 所示。

［**例 6-6**］在地形面上修筑一斜坡道，路面位置及路面上等高线的位置如图 6-28a 所示，其两侧的填方坡度为 1∶2，挖方坡度为 1∶1.5，求各边坡与地面的交线。

分析：从图 6-28a 中可以看出，路面西段比地面高，应为填方；东段比地面低，应为挖方。填、挖方的分界点在路北边缘高程 69m 处，在路南边缘高程 69m 和 70m 之间，准确位置需通过作图才能确定。

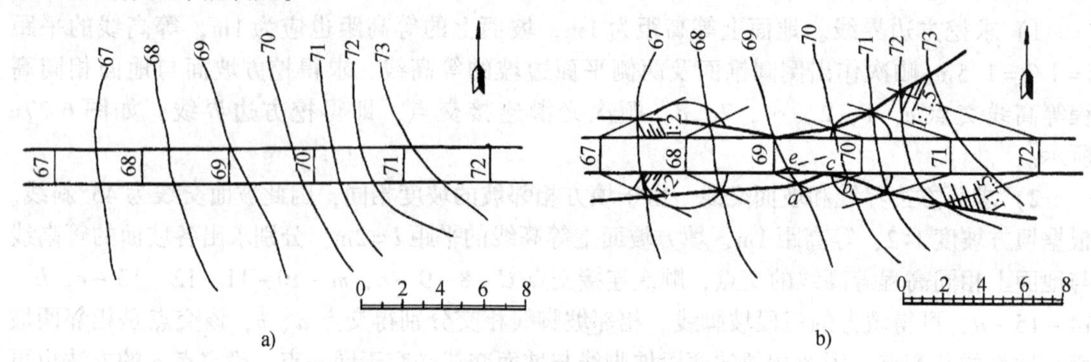

图 6-28　求斜道的坡面与地面的交线

作图（图 6-28b）：

1）作填方两侧坡面的等高线。因为地形图上的等高距是 1m，填方坡度为 1∶2，因此应在填方两侧作平距为 2m 的等高线。其做法是：在路面两侧分别以高程为 68m 的点为圆心，平距 2m 为半径作圆弧，自路面边缘上高程为 67m 的点分别作该圆弧的切线，得出填方两侧坡面上高程为 67m 的等高线。再自路面边缘上高程为 68m、69m 的点作此切线的平行线，即得填方两侧坡面上高程为 68m、69m 的等高线。

2）作挖方两侧坡面的等高线。挖方坡面的坡度为 1∶1.5，等高线的平距是 1.5m。求法同填方坡面，但等高线的方向与填方相反，因为求挖方坡面等高线的辅助圆锥面为倒圆锥面。

3）作坡面与地面的交线。确定地面与坡面上高程相同等高线的交点，并将这些交点依次连接，即得坡脚线和开挖线。但路南的 a、b 两点不能相连，应与填、挖方分界点 c 相连。求点 c 的方法：假想扩大路南挖方坡面，自高程为 69m 的路面边缘点再作坡面上高程为 69m 的等高线（图 6-28b 中用虚线表示），求出它与地面上高程为 69m 的等高线的交点 e，b、e 的连线与路地边缘的交点即 c 点。也可假想扩大填方坡面，其结果相同。

4）画出各坡面的示坡线，注明坡度。

［**例 6-7**］在图 6-29b 所示的地形面上，修筑一土坝，已知坝顶的位置、高程及上下游坝面的坡度，求作坝顶、上下游坝顶、上下游坝面与地面的交线。

分析：土坝的顶和上下游坝面是平面，它们与地面都有交线，因地面是不规则曲面，所以交线都是不规则的平面曲线，图 6-29a 为土坝轴测图。

作图（图 6-29c）：

1）求坝顶与地面的交线。坝顶面是高程为 47m 的水平面，它与地面的交线是地面上高

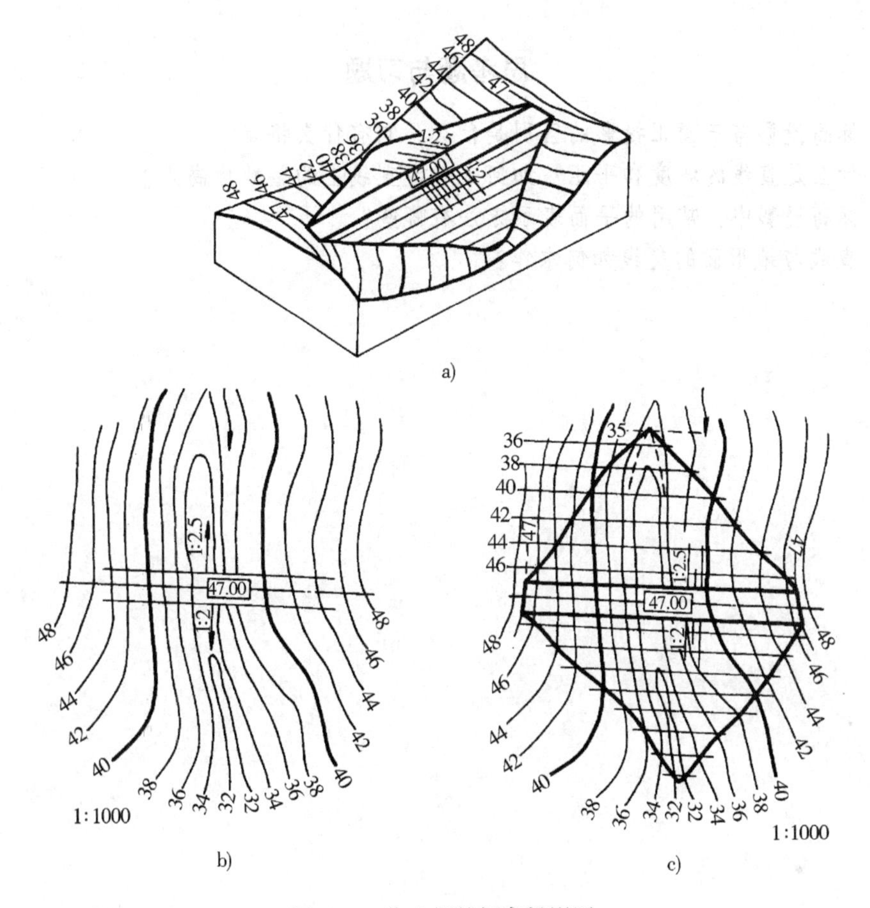

图 6-29 作土坝的标高投影图

程为 47m 的等高线。用内插法在地形图上用虚线画出 47m 等高线，将坝顶边线画到与 47m 等高线相交处。

2）求上游坝面的坡脚线。根据上游坡面的坡度 1∶2. 5m，因为地形面上的等高距是 2m，所以坡面上的等高距也应取 2m。故上游坝面上相邻等高线的水平距离 $L_1 = 2 \times 2.5\text{m} = 5\text{m}$。画出坝面上一系列等高线，求出它们与地面相同高程等高线的交点，顺次光滑连接各个交点，即得上游坝面的坡脚线。

注意：坝面上高程 46m 的等高线与坝顶高差为 1m，它与坝顶边线的水平距离应为平距 2. 5m。

在上述求坝脚线的过程中，坝面上高程为 36m 的等高线与地面有两个交点，但高程为 34m 的等高线与地面高程为 34m 的等高线没有交点，这时可用内插法各补作一根 35m 的等高线，再打交点。连点时应按交线趋势画曲线（内插法：分别对坡面和曲面上的等高线按间距加密，求出更多交点的方法）。

3）求下游坝面的坡脚线。下游坝面的坡脚线与上游坝面的坡脚线求法基本相同，应注意按下游坝面的坡度确定等高线间的水平距离。

4）画出坝面上的示坡线，注明坝面坡度。

思考题与习题

6-1　标高投影与三面正投影的区别是什么，它有什么特点？

6-2　什么是直线的坡度和平距？如何来确定直线上的整数标高点？

6-3　标高投影中，常用的平面表示方法有哪些？

6-4　直线与地形面的交线如何求作？

第7章 道路路线工程图

学习目标：

1. 路线工程图的组成及内容。
2. 路线工程图的图示特点及绘制要点。
3. 道路工程常用的各种图形的绘制方法和技巧。

教学重点：

路线工程图的阅读及绘制。

道路是一种供车辆行驶和行人步行的带状结构物，其基本组成包括路基、路面、桥梁、涵洞、隧道、防护工程和排水设施等。道路根据它们不同的组成和功能特点，可分为公路和城市道路两种。位于城市郊区和城市以外的道路称为公路，位于城市范围以内的道路称为城市道路。

道路工程具有组成复杂、长宽高三向尺寸相差大、形状受地形影响大和涉及学科广的特点，道路工程图的图示方法与一般工程图不同，它是以地形图作为平面图、以纵向展开断面图为立面图、以横断面作为侧面图，并且大都各自画在单独的图纸上。道路路线设计的最后结果是以平面图、纵断面图和横断面图来表达道路的空间位置、线型和尺寸。本章介绍道路工程的图示方法、画法特点及表达内容。绘制道路工程图时，应遵守《道路工程制图标准》（GB 50162—1992）中的有关规定。

7.1 公路路线工程图

道路是建筑在地面上的，供车辆行驶和人们步行的窄而长的线性工程构筑物，道路路线是指道路沿长度方向的行车道中心线。道路的位置和形状与所在地区的地形、地貌、地物以及地质有很密切的关系。由于道路路线有竖向高度变化（上坡、下坡、竖曲线）和平面弯曲（左向、右向、平曲线）变化，所以实质上从整体来看道路路线是一条空间曲线。道路路线工程图的图示方法与一般的工程图不完全相同，公路工程图由表达线路整体状况的路线工程图和表达各工程实体构造的桥梁、隧道、涵洞等工程图组合而成。路线工程图主要是用路线平面图、路线纵断面图和路基横断面图来表达的。

7.1.1 路线平面图

路线平面图的作用是表达路线的方向、平面线型（直线和左、右弯道）以及沿线两侧一定范围内的地形、地物情况。

道路平面

1. 图示方法

路线平面图是从上向下投影所得到的水平投影图，也就是用标高投影法所绘制的道路沿线周围区域的地形图。

2. 画法特点和表达内容

路线平面图主要是表示路线的走向和平面线型状况，以及沿线两侧一定范围内的地形、地物等情况。

如图7-1所示，为某公路从K3+300至K5+200段的路线平面图。下面分地形和路线两部分来介绍平面图的画法特点和表达内容。

（1）地形部分

1）比例。道路路线平面图所用比例一般较小，通常在城镇区为1:500或1:1000，山岭区为1:2000，丘陵区和平原区为1:5000或1:10000。

2）方向。在路线平面图上应画出指北针或测量坐标网，用来指明道路在该地区的方位与走向。图7-1指北针的箭头所指为正北方向，指北针宜用细实线绘制。方位的坐标网*X*轴向为南北方向（上为北），*Y*轴向为东西方向。坐标值的标注应靠近被标注点，书写方向应平行网格或在网格延长线上；数值前应标注坐标轴线代号。如点“*X*3000，*Y*2000”表示两垂直线的交点坐标为距坐标网原点北3000、东2000单位（m）。

3）地形。平面图中地形起伏情况主要是用等高线表示，图7-1中每两根等高线之间的高差为2m，每隔四条等高线画出一条粗的计曲线，并标有相应的高程数字。根据图中等高线的疏密可以看出，该地区西南和西北地势较高，东北方有一山峰，高约45m，沿河流两侧地势低洼且平坦。

4）地貌地物。在平面图中地形面上的地貌地物如河流、房屋、道路、桥梁、电力线、植被等，都是按规定图例绘制的。道路工程常用地物图例和常用结构物图例见表7-1和表7-2。对照图例可知，该地区中部有一条白沙河自北向南流过，河岸两边是水稻田，山坡为旱地，并栽有果树。河西中部有一居民点，名为竹坪村。原有的乡间路和电力线沿河西岸而行，并通过本村。

5）水准点。沿路线附近每隔一段距离，就在图中标有水准点的位置，用于路线的高程测量。如$\otimes\frac{\text{BM8}}{7.563}$，表示路线的第8个水准点，该点高程为7.563m。

（2）路线部分

1）设计路线。用加粗实线表示路线，由于道路的宽度相对于长度来说尺寸小得多，公路的宽度只有在较大比例的平面图中才能画清楚，因此通常是沿道路中心线画出一条加粗的实线（2*b*）来表示新设计的路线。

2）里程桩。道路路线的总长度和各段之间的长度用里程桩号表示。里程桩号应从路线点依次顺序编号，在平面图中路线的前进方向总是从左向右的。里程桩分为公里桩和百米桩两种，公里桩宜注在路线前进方向的左侧，用符号“◑”表示桩位，公里数注写在符号的上方，如“K6”表示离起点6km。百米桩宜标注在路线前进方向的右侧，用垂直于路线的细短线表示桩位，用字头朝向前进方向的阿拉伯数字表示百米数，注写在短线的端部，例如在K6公里桩的前方注写的“4”，表示桩号为K6+400，说明该点距路线起点为6400m。

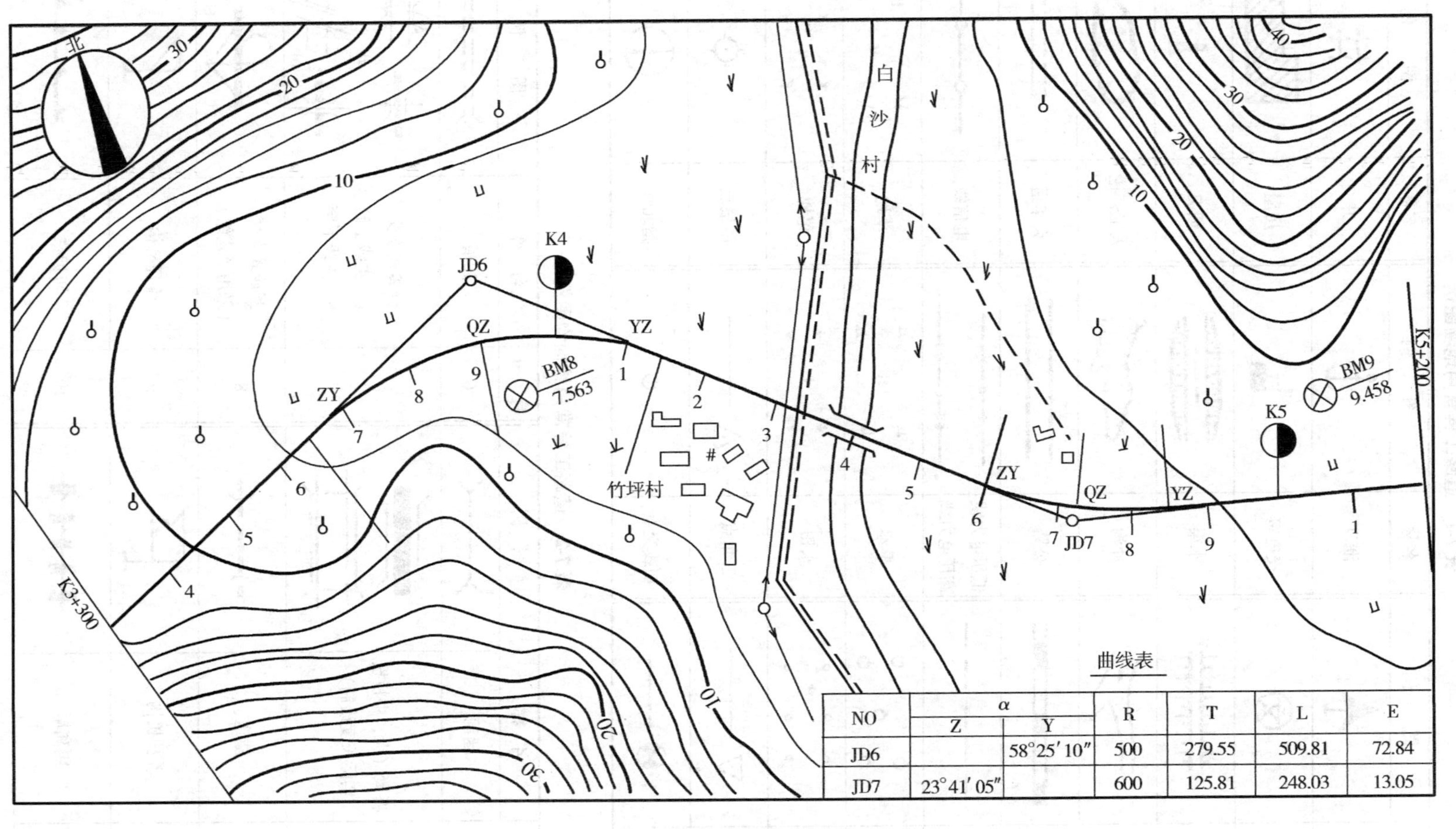

NO	α		R	T	L	E
	Z	Y				
JD6		58°25′10″	500	279.55	509.81	72.84
JD7	23°41′05″		600	125.81	248.03	13.05

图7-1　路线平面图

表 7-1　道路工程常用地物图例

名称	图　例	名称	图　例	名称	图　例
机场		港口		井	
学校	文	交电室		房屋	
土堤		水渠		烟囱	
河流		冲沟		人工开挖	
铁路		公路		大车道	
小路		低压电力线 高压电力线		电信线	
果园		旱地		草地	
林地		水田		菜地	
导线点		三角点		图根点	
水准点		切线交点		指北针	

表 7-2　道路工程常用结构物图例

	序号	名　称	图　例	序　号	名　称	图　例
平面	1	涵洞		6	通道	
	2	桥梁（大、中桥按实际长度绘制）		7	分离式立交 a）主线上跨 b）主线下穿	a) b)
	3	隧道		8	互通式立交（采用形式绘）	
	4	养护机构		9	管理机构	
	5	隔离墩		10	防护栏	

（续）

	序号	名称	图例	序号	名称	图例
纵面	1	箱涵		5	桥梁	
	2	盖板涵		6	箱形通道	
	3	拱涵		7	管涵	
	4	分离式立交 a）主线上跨 b）主线下穿	a)　b)	8	互通式立交 a）主线上跨 b）主线下穿	a)　b)

3）平曲面。道路路线在平面上是由直线段和曲线段组成的，在路线的转折处应设平曲线。最常见的较简单的平曲线为圆弧，其基本的几何要素如图 7-2 所示：*JD* 为交角点是路线的两直线段的理论交点；α 为转折角，是路线前进时向左（α_Z）或向右（α_Y）偏转的角度；*R* 为圆曲线半径，是连接圆弧的半径长度；*T* 为切线长，是切点与交角点之间的长度；*E* 为外距，是曲线中点到交角点的距离；*L* 为曲线长，是圆曲线两切点之间的弧长；由左向右为路线的前进方向，*ZY*（直圆）表示圆曲线的起点即由直线段进入圆曲线段，*QZ*（曲中）表示圆曲线的中点，*YZ*（圆直）表示圆曲线的终点即由圆曲线段转入直线段。

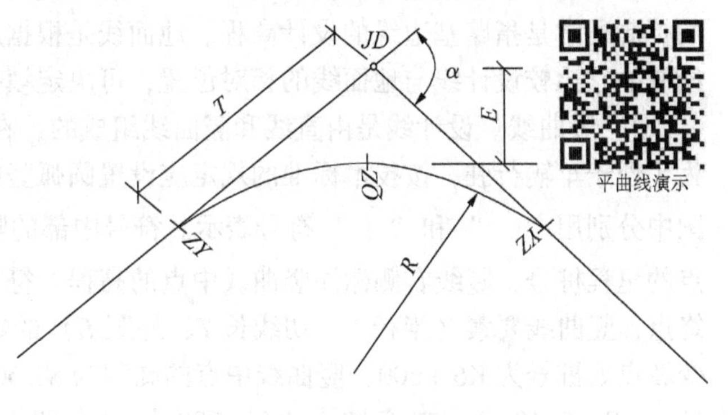

图 7-2　平曲线示意图

平曲线演示

7.1.2　路线纵断面图

1. 图示方法

路线纵断面图是通过公路中心线用假想的铅垂剖切面纵向剖切，然后展开绘制后获得的，如图 7-3 所示。由于道路路线是由直线和曲线组合而成的，所以纵向剖切面既有平面又有曲面，为了清楚地表达路线的纵断面情况，需要将此纵断面拉直展开，并绘制在图纸上，这就形成了路线纵断面图。

图 7-3　道路路线纵断面图形成示意图

纵断面设计要点

2. 画法特点和表达内容

路线纵断面图主要表达道路的纵向设计线形以及沿线地面的高低起伏状况、地质和沿线设置构造物的概况。

路线纵断面图包括图样和资料表两部分，一般图样画在图纸的上部，资料表布置在图纸的下部。图7-4所示为某公路从K6至K7+600段的纵断面图。

（1）图样部分

1）比例。纵断面图的水平方向表示路线的长度（前进方向），竖直方向表示设计线和地面的高程。由于路线的高差比路线的长度尺寸小得多，如果竖向高度与水平长度用同一种比例绘制，很难把高差明显地表示出来，所以绘制时一般竖向比例要比水平比例放大10倍，例如图7-4的水平比例为1:2000，而竖向比例为1:200，这样画出的路线坡度就比实际大，看上去也较为明显。为了便于画图和读图，一般还应在纵断面图的左侧按竖向比例画出高程标尺。

2）设计线和地面线。在纵断面图中，道路的设计线用粗实线表示，原地面线用细实线表示，设计线是根据地形起伏和公路等级，按相应的工程技术标准而确定的，设计线上各点的标高通常是指路基边缘的设计高程。地面线是根据原地面上沿线各点的实测中心桩高程而绘制的。比较设计线与地面线的相对位置，可决定填挖高度。

3）竖曲线。设计线是由直线和竖曲线组成的，在设计线的纵向坡度变更处（变坡点），为了便于车辆行驶，按技术标准的规定应设置圆弧竖曲线。竖曲线分为凸形和凹形两种，在图中分别用“┌┬┐”和“└┴┘”符号表示。符号中部的竖线应对准变坡点，竖线左侧标注变坡点的里程桩号，竖线右侧标注竖曲线中点的高程。符号的水平线两端应对准竖曲线的始点和终点，竖曲线要素（半径R、切线长T、外距E）的数值标注在水平线上方。在图7-4中的变坡点处桩号为K6+600，竖曲线中点的高程为80.50m，设有凸形竖曲线（$R=2000$m，$T=40$m，$E=0.40$m）；在变坡点K6+980处设有凹形竖曲线（$R=3000$m，$T=50$m，$E=0.42$m），在变坡点K7+300处由于坡度变化较小，可注明不设竖曲线。

4）工程构筑物。道路沿线的工程构筑物如桥梁、涵洞等，应在设计线的上方或下方用竖直引出线标注，竖直引出线应对准构筑物的中心位置，并注出构筑物的名称、规格和里程桩号。例如图7-4中在涵洞中心位置用“O”表示，并进行标注，表示在里程桩K6+080处设有一座直径为100cm的单孔圆管涵洞。例如$\frac{4-20\text{ 预应力连续混凝土 T 梁}}{\text{K128}+600}$表示在里程桩K128+600处设有一座桥，该桥为预应力混凝土T形连续梁桥，共四跨，每跨20m。

5）水准点。沿线设置的测量水准点也应标注，竖直引出线对准水准点，左侧注写里程桩号，右侧写明其位置，水平线上方注出其编号和高程。如水准点BM15设置在里程K6+240处的右侧距离为6m的岩石上，高程为63.14m。

（2）资料表部分　路线纵断面图的测设数据表与图样上下对齐布置，以便阅读。这种表示方法，较好地反映出纵向设计在各桩号处的高程、填挖方量、地质条件和坡度以及平曲线与竖曲线的配合关系。资料表主要包括以下项目和内容：

1）地质概况。根据实测资料，在图中注出沿线各段的地质情况。

2）坡度/距离。标注设计线各段的纵向坡度和水平长度距离。表格中的对角线表示坡度方向，左下至右上表示上坡，左上至右下表示下坡，坡度和距离分注在对角线的上下两侧。如图7-4中第一格的标注“3.0/600”，表示此段路线是上坡，坡度为3.0%，路线长度

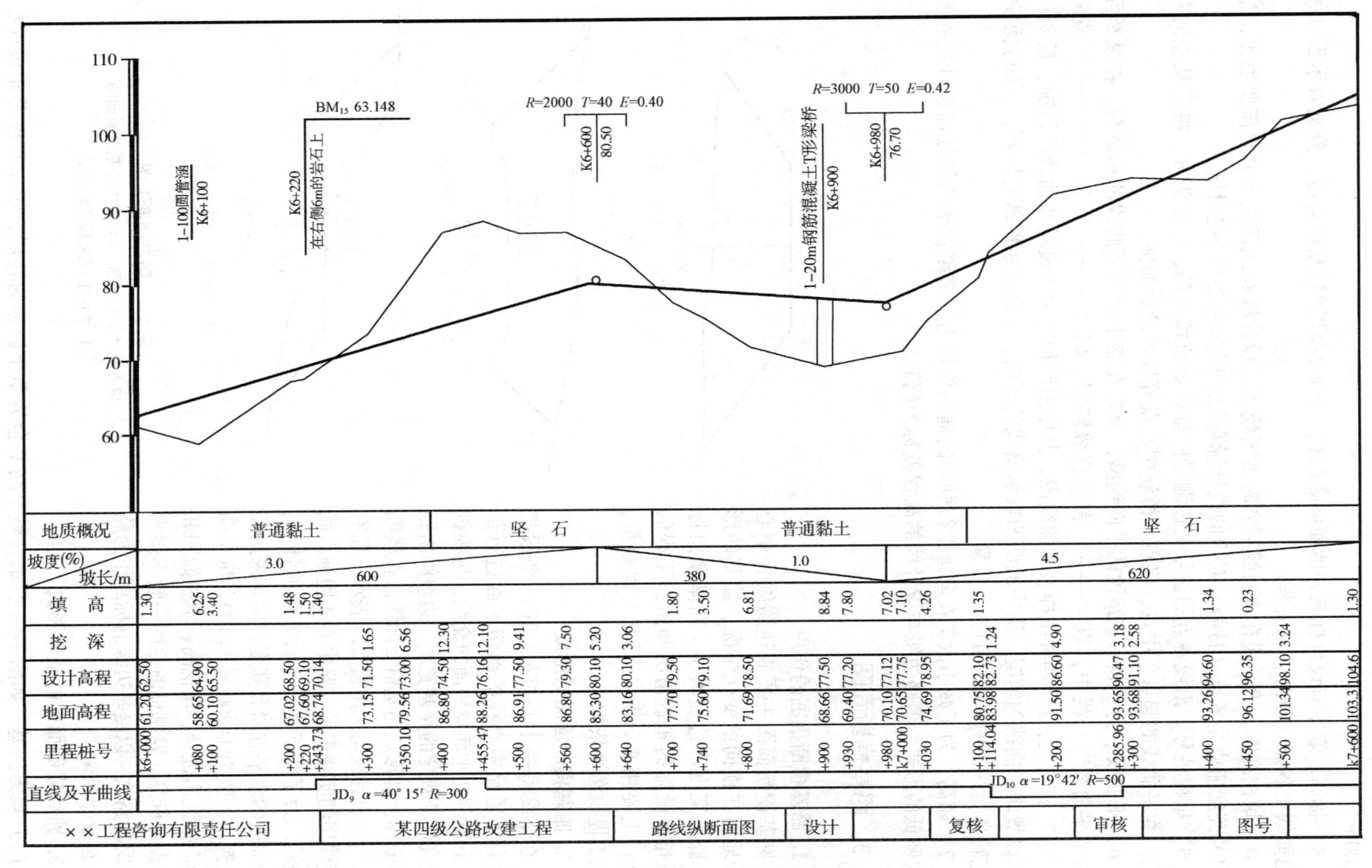

里程桩号	地面高程	设计高程	填高	挖深
k6+000	61.20	62.50	1.30	
+080	58.65	64.90	6.25	
+100	60.10	65.50	3.40	
+200	67.02	68.50	1.48	
+220	67.60	69.10	1.50	
+243.73	68.74	70.14	1.40	
+300	73.15	71.50		1.65
+350.10	79.56	73.00		6.56
+400	86.80	74.50		12.30
+455.47	88.26	76.16		12.10
+500	86.91	77.50		9.41
+560	86.80	79.30		7.50
+600	85.30	80.10		5.20
+640	83.16	80.10		3.06
+700	77.70	79.50	1.80	
+740	75.60	79.10	3.50	
+800	71.69	78.50	6.81	
+900	68.66	77.50	8.84	
+930	69.40	77.20	7.80	
+980	70.10	77.12	7.02	
k7+000	70.65	77.75	7.10	
+030	74.69	78.95	4.26	
+100	80.75	82.10	1.35	
+114.04	83.98	82.73		1.24
+200	91.50	86.60		4.90
+285.96	93.65	90.47		3.18
+300	93.68	91.10		2.58
+400	93.26	94.60	1.34	
+450	96.12	96.35	0.23	
+500	101.34	98.10		3.24
k7+600	103.3	104.6	1.30	

图7-4 某工程路线纵断面图

为 600m。

3）标高。表中有设计标高和地面标高两栏，它们应和图样互相对应，分别表示设计线和地面线上各点（桩号）的高程。

4）填挖高度。设计线在地面线下方时需要挖土，设计线在地面线上方时需要填土，挖或填的高度值应是各点（桩号）对应的设计标高与地面标高之差的绝对值。

5）里程桩号。沿线各点的桩号是按测量的里程数值填入的，单位为 m，桩号从左向右排列。在平曲线的起点、中点、终点和桥涵中心点等处可设置加桩。

6）平曲线。为了表示该路段的平面线型，通常在表中画出平曲线的示意图。在纵断面图的“平曲线”一栏中，以“——”表示直线路线，以“┌──┐”和“└──┘”或者“╱‾‾╲”和“╲__╱”四种图样表示曲线段，其中前两种表示不设缓和曲线的情况，后两种表示设置缓和曲线的情况。图中的凸凹表示路线的转向，上凸表示路线右转弯，下凹表示路线左转弯，并注明平曲线的各个要素。

7）超高。为了减小汽车在弯道上行驶时的横向作用力，道路在平曲线处需设计成外侧高内侧低的形式，道路边缘与设计线的高程差称为超高。

7.1.3 路基横断面图

1. 路基横断面图的作用

路基横断面图主要表达路线各中心桩处地面在横向的变化情况、路基的形式、路基宽度和边坡大小、路基顶面标高及排水设施的布置情况和防护工程的设计；主要用来计算土石方工程数量，为施工提供参考依据。

2. 路基横断面图的形成

在路线每一中心桩处，用一个假想的垂直于道路中心线的剖切平面进行剖切，画出剖切平面与地面的交线，再根据填挖高度及规定的路基宽度、边坡画出路基横断面，即形成路基横断面图。在横断面图中，设计线均采用粗实线表示，原有地面线用细实线表示，路中心线用细点画线表示。为了便于进行土石方量的计算，横断面图的水平方向和高度方向宜采用相同比例，一般为 1∶200 或 1∶100。每个断面均应标注出桩号、填挖高、填挖面积和顶面设计标高。路基横断面图一般不画出路面层和路拱，以路基边缘的标高作为路中心的设计标高。

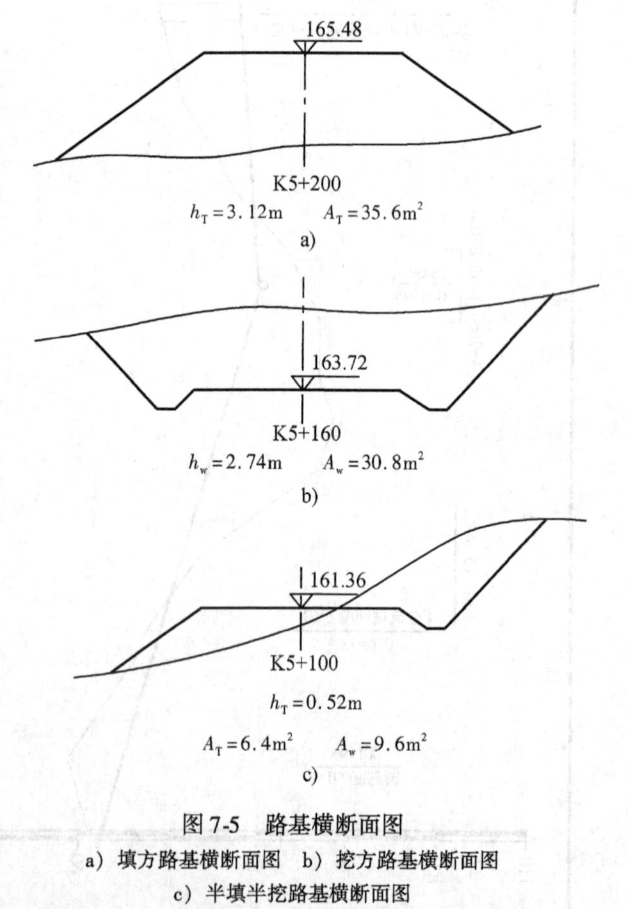

图 7-5　路基横断面图
a）填方路基横断面图　b）挖方路基横断面图
c）半填半挖路基横断面图

3. 路线横断面图的基本形式

（1）填方路基　如图 7-5a 所示，整个路基全为填土区称为路堤，填土高度等于设计标高减去地面标高。填方边坡一般为1∶1.5。在图下注有该断面的里程桩号、中心线处的填方高度 h_T（m），以及该断面的填方面积 A_T（m^2）。

（2）挖方路基　如图7-5b所示，整个路基全为挖土区称为路堑，挖土深度等于地面标高减去设计标高，挖方边坡根据土质情况确定，图下注有该断面的里程桩号、中心线处挖方高度 h_w（m）以及该断面的挖方面积 A_w（m^2）。

（3）半填半挖路基　如图7-5c所示，路基断面一部分为填土区，一部分为挖土区，是前两种路基的综合，在图下仍注有该断面的里程桩号、中心线处的填（或挖）高度 h_T 以及该断面的填方面积 A_T 和挖方面积 A_w。

4. 高速公路横断面图

高速公路是高标准的现代化公路，它的特点是：车速高，通行能力大，有四条以上车道并设中央分隔带，采用全封闭立体交叉，全部控制出入，有完备的交通管理设施等。高速公路路基横断面主要由中央分隔带、行车道、硬路肩、土路肩等组成，常见的高速公路横断面形式如图7-6所示。

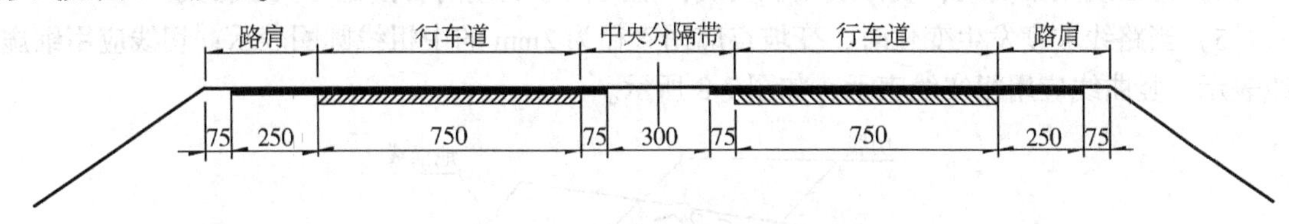

图7-6　常见的高速公路横断面形式

7.1.4　道路路线工程图的绘制

要想设计好道路工程图，就必须先对道路工程图进行总体布局，然后再根据各路线设计图的要求进行组织。道路工程制图主要包括图纸的大小、比例尺、线条粗细、文字高度的选择和尺寸标注等。

道路路线图包括路线平面图，纵断面图和横断面图。

1. 道路路线平面图的绘制与注意事项

1）先依据路线走向展绘控制导线，再画地形图，地形等高线应按先粗后细步骤徒手画出，要求线条顺滑，同类型等高线粗细均匀。

2）路线中心线用绘图仪器按先曲线后直线的顺序画出，要求连接光滑，粗细均匀。

3）路线平面图应从左向右绘制，桩号为左小右大。

4）平面图的植物图例，应朝上或向北绘制；每张图纸的右上角应有角标，注明本张图纸的序号及总张数。

5）由于公路路线具有狭长曲折的特点，不可能将整条路线的平面图画在同一张图纸内，通常需分段绘制在若干张图纸上，使用时再将各张图纸拼接起来，如图7-7所示。平面图中路线的分段宜在直线部分整桩号处，断开的两端均应画出垂直于路线的细点画线作为接图线。相邻图纸拼接时，路线中心线应对齐，接图线重合，并以正北方向为准来检查绘制和拼接的正确性。

2. 绘制路线纵断面图应注意的几个问题

1）比例：纵断面图的比例，竖向比例比横向比例扩大10倍，如竖向比例1∶200，则横向比例为1∶2000，纵横比例一般在第一张图的注释中说明。

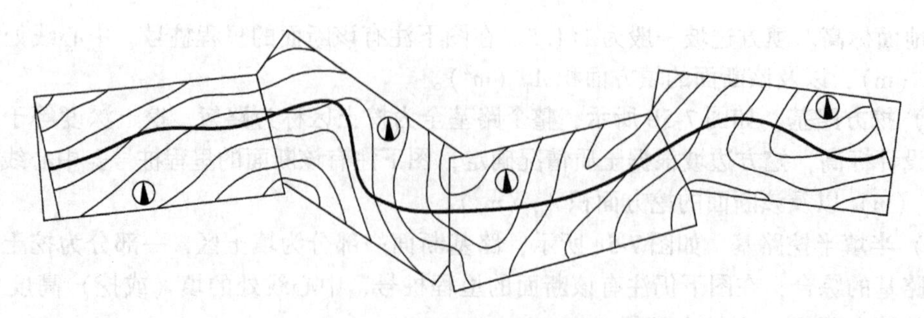

图 7-7　路线平面图的拼接

2）地面线是剖切面与原地面的交线，点绘时将各里程桩处的地面高程点到图样坐标中，用细折线连接各点即为地面线。

3）设计线是剖切面与设计道路的交线，绘制时先确定各变坡点的位置并连接，再根据竖曲线的切线长、外距绘制竖曲线，用粗实线拉坡即为设计线。

4）地面线用细实线，设计线用粗实线，里程桩号从左向右按桩号大小排列。

5）当路线坡度发生变化时，变坡点应用直径为 2mm 的中粗线圆圈表示；切线应用细虚线表示，竖曲线应用粗实线表示，如图 7-8 所示。

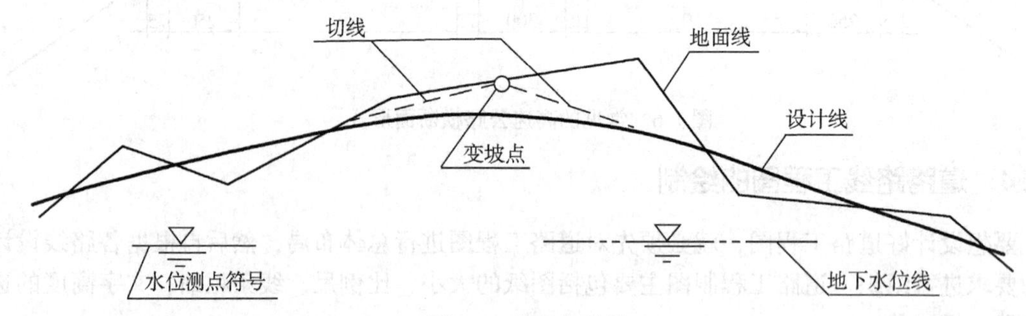

图 7-8　道路设计线

3. 路线横断面图的绘制与注意事项

1）横断面图的地面线一律用细实线，设计线用粗实线，道路的超高、加宽也应在图中表示出。

2）当采用徒手绘制实物外形时，其轮廓应与实物外形相近。当采用计算机绘制此类实物时，可用数条间距相等的细实线组成与实物外形相近的图样（图 7-9）。

3）在同一张图纸内绘制的路基横断面图，应按桩号的顺序排列，并从图纸的左下方开始，先由下而上，再由左向右排列（图 7-10）。

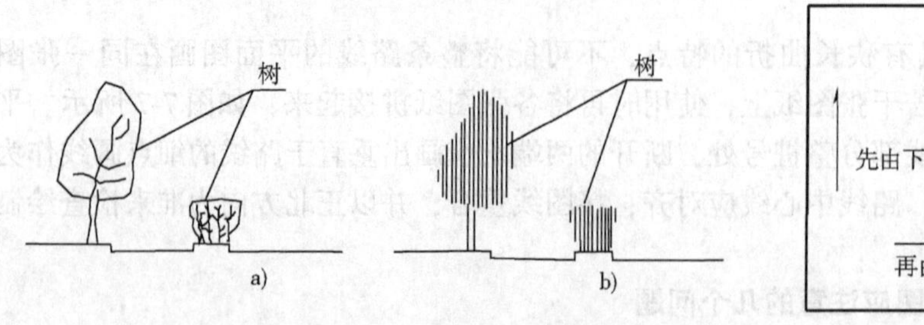

图　7-9

a）徒手绘图　b）计算机绘图

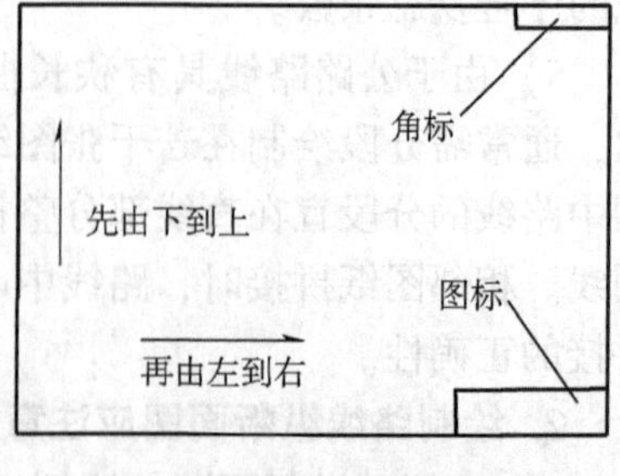

图　7-10

4）在每张路基横断面图的右上角应写明图纸序号及总张数，在最后一张图的右下角绘制图标。

7.2 城市道路路线工程图

凡位于城市范围以内，供车辆及行人通行的具备一定技术条件和设施的道路，称为城市道路。与公路相比，它具有组成复杂，功能多样，行人，车辆交通量大，交叉点多等特点，因此首先需要在横断面的布置设计中综合解决。横断面图设计是矛盾的主要方面，所以城市道路先作横断面图，再作平面图和纵断面图。

7.2.1 横断面图

道路的横断面图在直线段是垂直于道路中心线方向的断面图，而在平曲线上则是法线方向的断面图。道路的横断面是由车行道、人行道、绿化带和分车带等几部分组成。

1. 横断面的基本形式

根据机动车道和非机动车道不同的布置形式，城市道路横断面的布置有以下四种基本形式：

（1）“一块板”断面　把所有车辆都组织在同一个车行道上混合行驶，车行道布置在道路中央，如图 7-11a 所示。

（2）“两块板”断面　利用分隔带把一块板形式的车行道一分为二，分向行驶，如图 7-11b所示。

（3）“三块板”断面　利用分隔带把车行道分隔为三块，中间的为双向行驶的机动车车行道，两侧的为单向行驶的非机动车车行道，如图 7-11c 所示。

（4）“四块板”断面　在三块板断面形式的基础上，再用分隔带把中间的机动车车行道一分为二，分向行驶，如图 7-11d 所示。

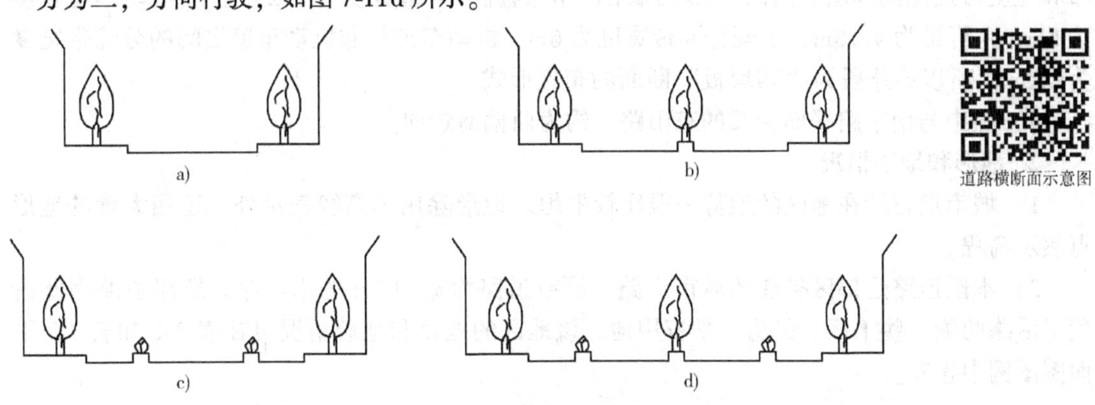

图 7-11　道路横断面示意图

2. 横断面图的内容

当道路分期修建、改建时，应在同一张图纸中表示出规划、设计和原有道路横断面，并注明各道路中线之间的位置关系。规划道路中线应采用双点画线表示，在图中还应绘出车行道、人行道、绿带、照明、新建或改建的地下管道等各组成部分的位置和宽度，以及排水方向、横坡等。

图 7-12 表示了该路段采用了四块板断面形式，使机动车与非机动车分道单向行驶。两侧为人行道，中间有隔离带。图中还表示了各组成部分的宽度以及结构设计要求。

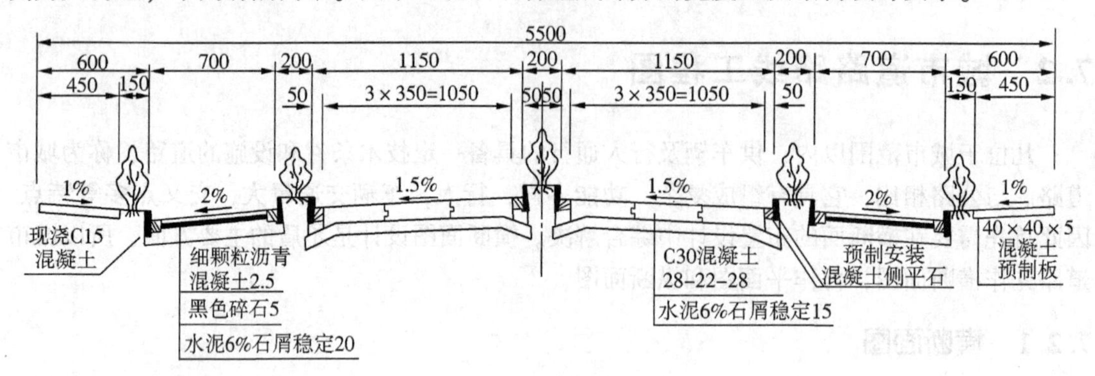

图7-12 标准横断面设计图

7.2.2 平面图

道路平面图的内容可分为道路和地形、地物两部分。

1. 道路情况

1）道路中心线用点画线表示。为了表示道路的长度，在道路中心线上标有里程。如图 7-13 所示的平面图表示从 K6＋520～K6＋730 一段道路的平面图。

2）道路的走向，用坐标网来确定（或画出指北针）。JD5 的坐标 $X=2892727.505$，$Y=431963.005$，JD6 的坐标 $X=2892903.000$，$Y=431223.000$，读图时可几张图拼接起来阅读。从指北针方向可知，道路的走向为北偏东方向。

3）城市道路平面图所采用的绘图比例较公路路线平面图大，因此车行道、人行道的分布和宽度可按比例画出。由图 7-13 可看出：两侧机动车道宽度为 8.25m，非机动车道宽度为 5m，人行道为 4.75m，中间分隔带宽度为 6m。机动车道与非机动车道之间的分隔带宽度为 0.5m，所以该路段为“四块板”断面的布置形式。

4）图中与南平路平面交叉的东山路，约为西偏南走向。

2. 地形和地物情况

1）城市道路所在地区的地势一般比较平坦。地形除用等高线表示外，还用大量的地形点表示高程。

2）本段道路是郊区扩建的城市道路，原有道路为宽约 5m 的水泥路。新建道路因此占用了沿路两侧一些工厂、民房、学校用地。该地区的地物和地貌情况可在表 7-1 和表 7-2 平面图图例中查知。

7.2.3 纵断面图

城市道路纵断面图也是沿道路中心线剖切并展开的断面图。其作用与公路路线纵断面图相同，其内容也是由图样和资料表两部分组成，如图 7-14 所示。

1. 图样部分

城市道路纵断面图的图样部分完全与公路路线纵断面图的图示方法相同。如绘图比例竖直方向较水平方向放大十倍表示（图 7-14 水平方向采用 1∶500，则竖直方向采用 1∶50）等。

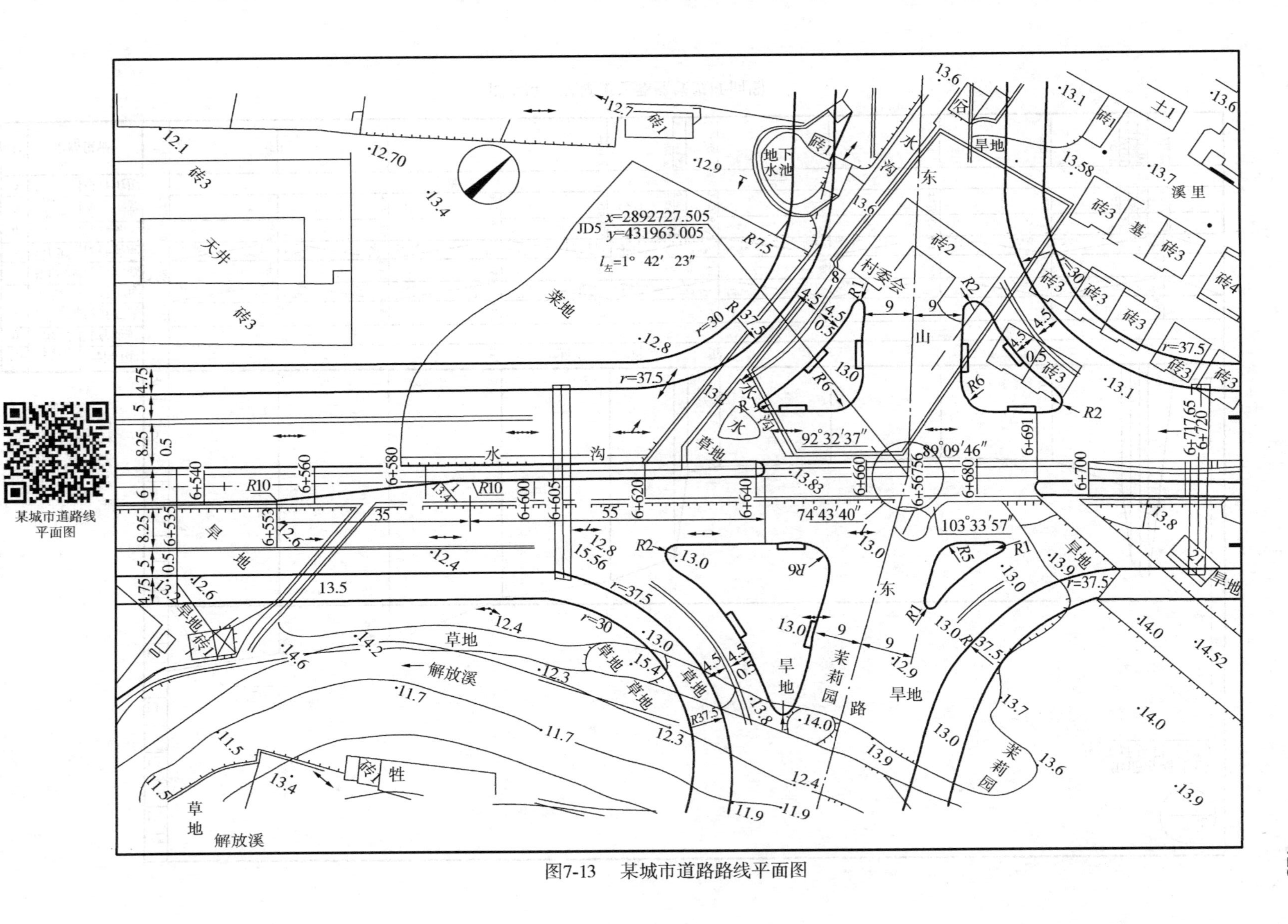

图7-13　某城市道路路线平面图

某城市道路线
平面图

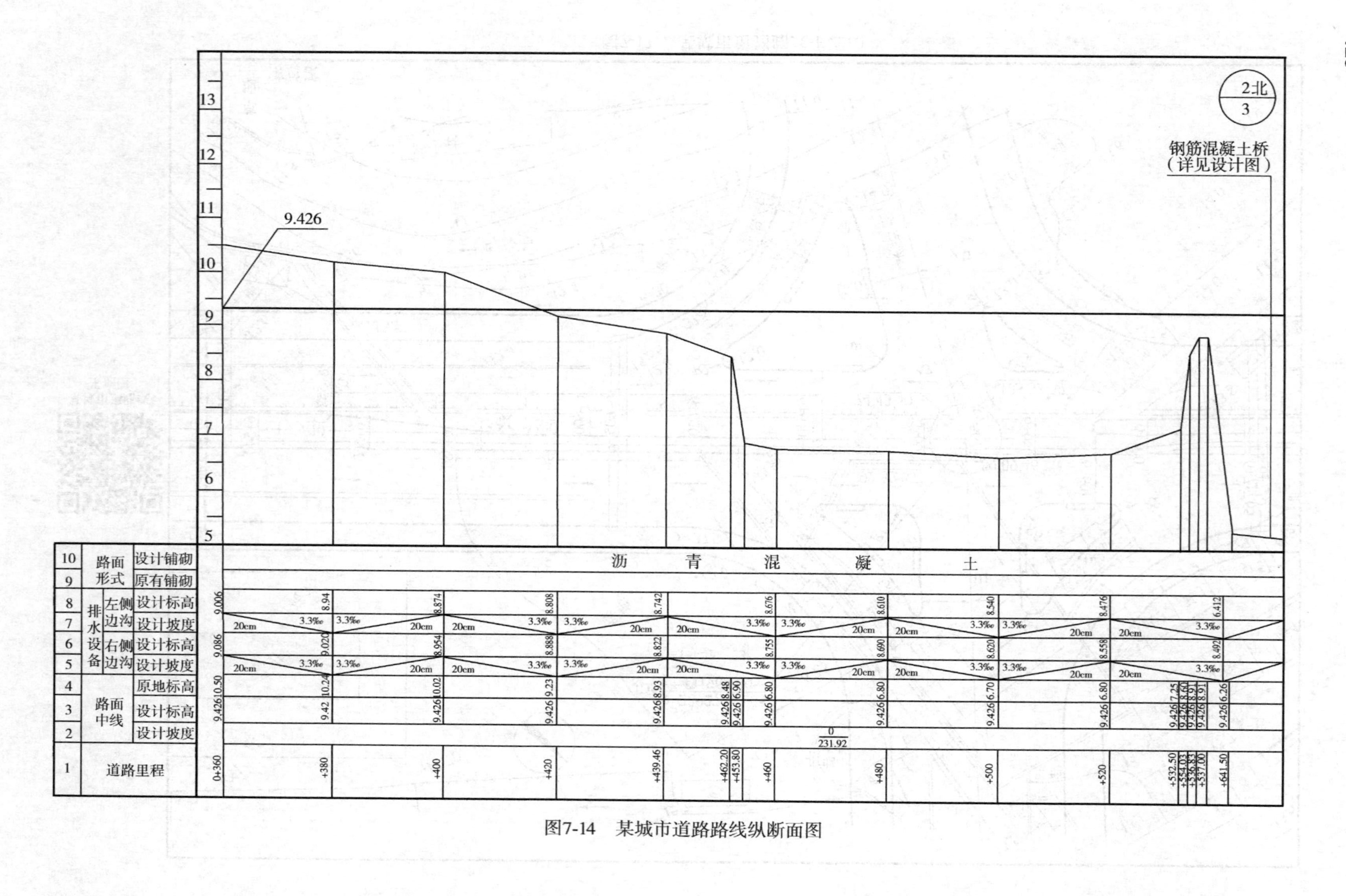

图7-14 某城市道路路线纵断面图

2. 资料表部分

城市道路纵断面图的资料表部分基本上与公路路线纵断面图相同，不仅与图样部分上下对应，而且还标注有关的设计内容。城市道路除作出道路中心线的纵断面图之外，当纵向排水有困难时，还需作出街沟纵断面图。对于排水系统的设计，可在纵断面图中表示，也可单独设计绘图。

7.3 公路路面结构图

路面是用硬质材料铺筑在路基顶面的层状结构；路基是按照路线位置和一定技术要求修筑的作为路面基础的带状结构物。路面根据其使用的材料和性能不同，可分为柔性路面和刚性路面两类。柔性路面如沥青混凝土路面、沥青碎石路面、沥青表面处治路面等；刚性路面如水泥混凝土路面。

7.3.1 公路路面结构

路面横向主要由中央分隔带、行车道、路肩、路拱等组成，路面纵向结构层由面层、基层、垫层、联结层等组成，如图 7-15 所示。

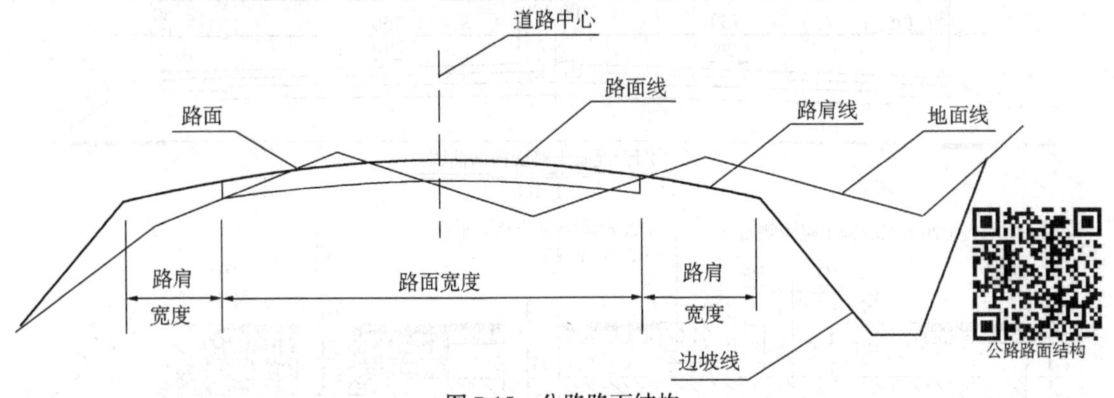

图 7-15　公路路面结构

1. 面层

直接承受车轮荷载反复作用和自然因素影响的结构层称为面层，可由 1 ~ 3 层组成。因此，面层应具备较高的力学强度和稳定性，同时还应具备耐磨性和不透水性。

2. 基层

基层是设置在面层之下，并与面层一起将车轮荷载的反复作用传递到底基层、垫层和土基中。因此，对基层材料的要求是应具有足够的抗压强度、密度、耐久性和扩散应力（即应有良好的板性）。

3. 垫层

它是底基层和土基之间的层次，它的主要作用是加强土基、改善基层的工作条件。垫层往往是为蓄水、排水、隔热、防冻等目的而设置的，所以通常设在路基潮湿以及有冰冻翻浆现象的路段。

4. 联结层

联结层是在面层和基层之间设置的一个层次，它的主要作用是加强面层与基层的共同作用，减少基层的反射裂缝。

7.3.2 沥青混凝土路面结构图

沥青混凝土路面结构图如图 7-16 所示。

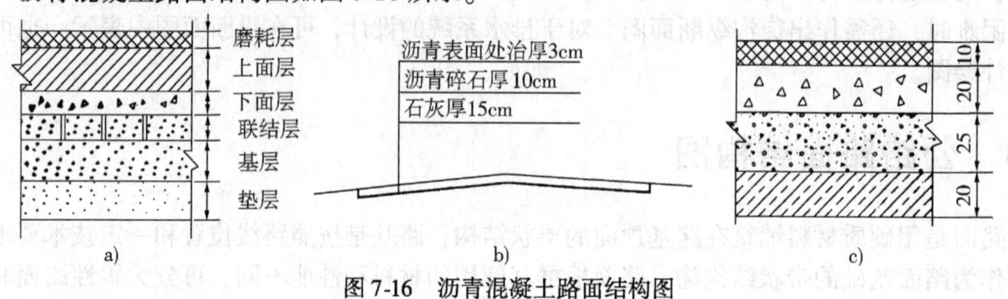

图 7-16 沥青混凝土路面结构图

1. 路面横断面图

表示行车道、路肩、中央分隔带的尺寸，路拱的坡度等。

2. 路面结构图

用示意图的方式画出并附图例表示路面结构中的各种材料，各层厚度用尺寸数字表示，如图 7-17 中沥青混凝土的厚度为 5cm，沥青碎石的厚度为 7cm，石灰稳定碎石土的厚度为 20cm。

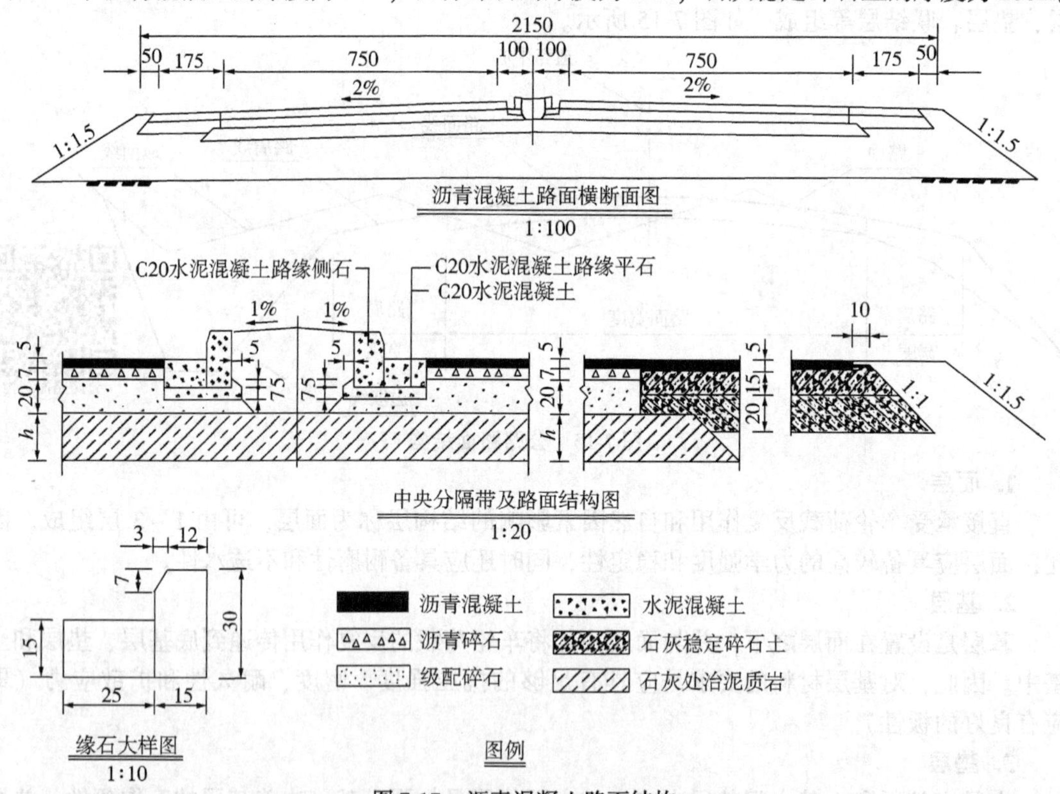

图 7-17 沥青混凝土路面结构

行车道路面底基层与路肩的分界处，其宽度超出基层 25cm 之后以 1∶1 的坡度向下延伸。硬路肩的面层、基层和底基层的厚度分别为 5cm、15cm、20cm，硬路肩与土路肩的分界处，基层的宽度超出面层 10cm 之后以 1∶1 的坡度延伸至底基层的底部。

3. 中央分隔带和缘石大样图

中央分隔带处的尺寸标注及图示，说明两缘石中间需要填土，填土顶部从路基中线向两缘石倾斜，其坡度为1%。路缘石和底座的混凝土强度等级、缘石的各部尺寸标出，以便按图施工。

4. 路拱大样图

路拱的形式有抛物线、双曲线和双曲线中插入圆曲线等类型，以满足路面横向排水的要求。路拱大样图（图7-18）的任务就是清楚地表达路面横向的形状，一般垂直方向比例大于水平方向比例。

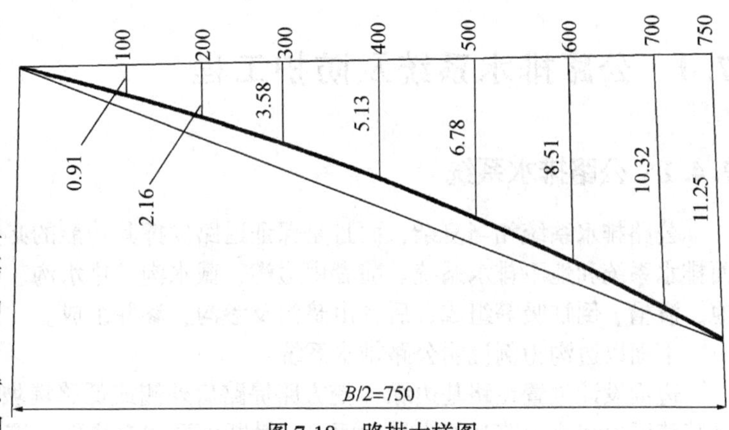

图7-18　路拱大样图

7.3.3　水泥混凝土路面结构图

如图7-19所示，当采用路面结构A图时，图中标注尺寸为30cm，则表示路面基层的顶面靠近硬路肩处比路面宽出30cm，并以1:1的坡度向下分布。标注尺寸为10cm，则表示硬路肩面层下的基层比顶面面层宽出10cm。中央分隔带和路缘石的尺寸、构件位置、材料等用图示表示出来，以便按图施工。

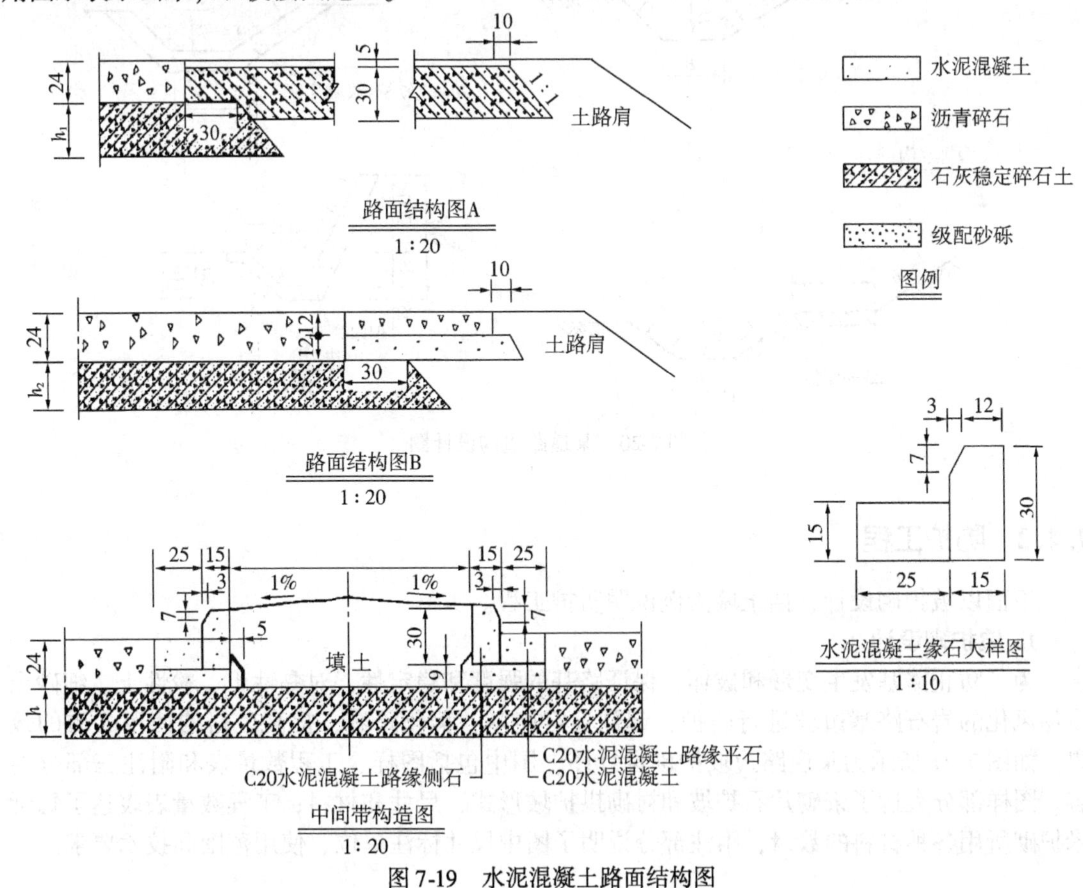

图7-19　水泥混凝土路面结构图

7.4 公路排水系统及防护工程

7.4.1 公路排水系统

公路排水系统相当复杂，而且是保证道路发挥其功能的必要设施。公路排水系统包括地面排水系统和地下排水系统。前者由边沟、截水沟、排水沟、跌水及急流槽、拦水带、蒸发池、渡槽、倒虹吸等组成；后者由暗沟及渗沟、渗井组成。

下面以边沟为例说明公路排水系统：

边沟设计位置在路基边缘（挖方路堤路肩外侧或低路堤坡脚外侧），其作用是汇集排除路基范围内和流向路基的少量地面水，横断面形式有梯形、流线、三角形、矩形。一般情况下，土质边沟宜采用梯形；边沟断面尺寸：底宽≥0.4m，深度≥0.4m，流量大时可采用0.6m；沟底设大于0.5%的纵坡以防淤积。图7-20是某道路边沟设计图。图中给出*A*、*B*、*C*三种排水沟的截面形式、尺寸和衬砌要求。

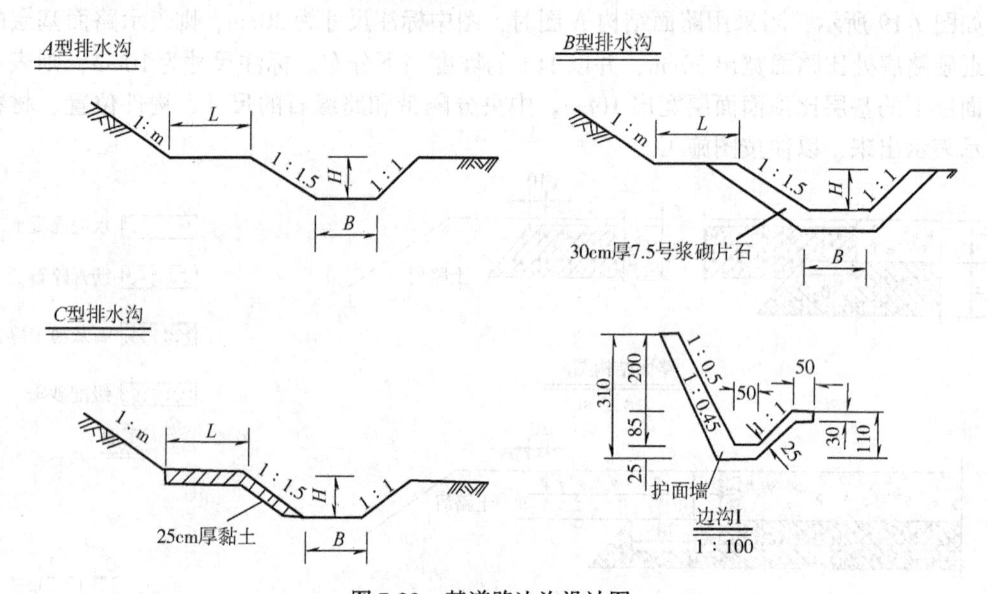

图7-20 某道路边沟设计图

7.4.2 防护工程

下面以坡护砌设计、挡土墙为例说明防护工程。

1. 坡护砌设计

为了防止路基发生变形和破坏，保证路基的强度和稳定性，对黏性土、粉性土、细砂土及易风化的岩石路基边坡进行防护，起到稳定路基，美化路容，提高公路的使用品质的效果。如图7-21所示为某道路边坡护砌设计图，图中包括图样、工程数量表和附注三部分内容。图样部分表达了浆砌片石护坡和衬砌拱护坡形式、尺寸和材料；工程数量表表达了每延米护砌所用各种材料的数量，附注部分说明了图中尺寸标注单位、使用范围和技术要求。

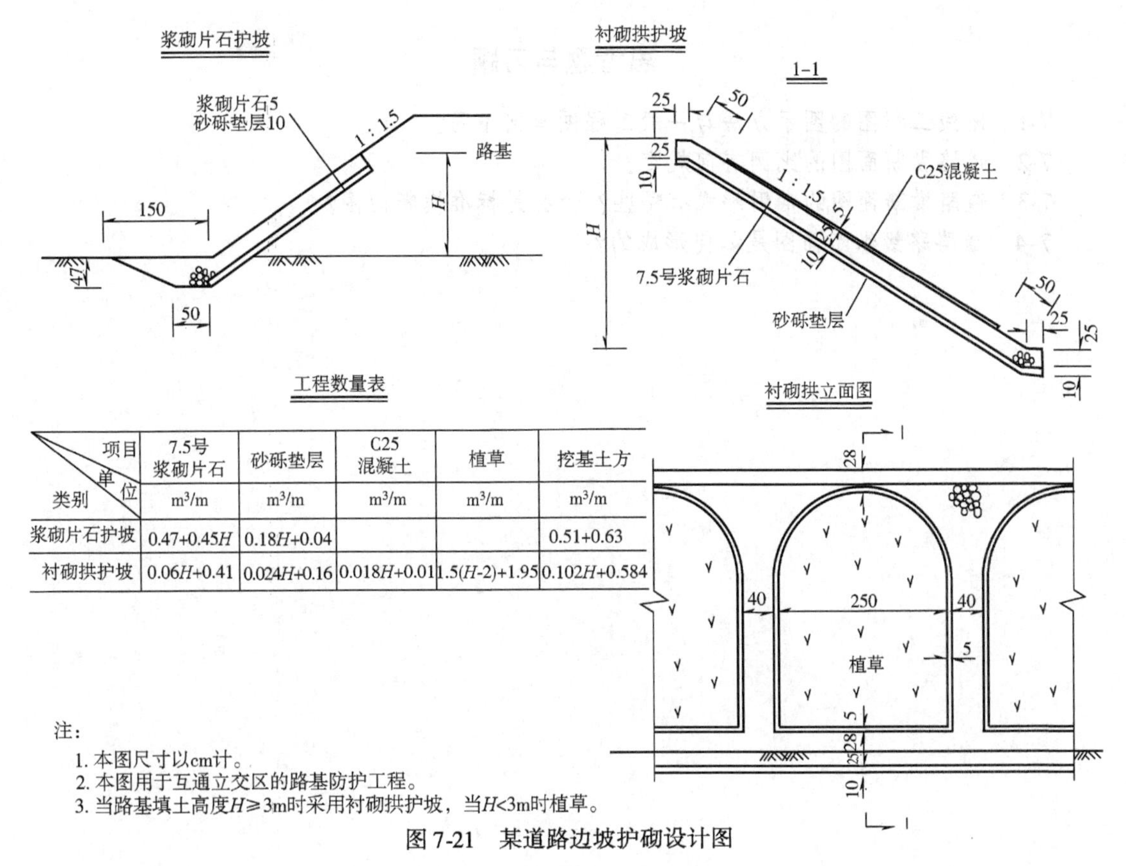

工程数量表

项目 / 单位 / 类别	7.5号浆砌片石	砂砾垫层	C25混凝土	植草	挖基土方
	m^3/m	m^3/m	m^3/m	m^3/m	m^3/m
浆砌片石护坡	$0.47+0.45H$	$0.18H+0.04$			0.51+0.63
衬砌拱护坡	$0.06H+0.41$	$0.024H+0.16$	$0.018H+0.01$	$1.5(H-2)+1.95$	$0.102H+0.584$

注：
1. 本图尺寸以cm计。
2. 本图用于互通立交区的路基防护工程。
3. 当路基填土高度$H\geqslant 3$m时采用衬砌拱护坡，当$H<3$m时植草。

图 7-21　某道路边坡护砌设计图

2. 挡土墙

挡土墙一般由墙身、基础、排水设施和沉降伸缩缝组成，是一种能够抵抗侧向土压力，防止墙后土体坍塌的构筑物。能够稳定路堤和路堑边坡，减少土石方工程量，防止水流冲刷路基，同时也常用于治理滑坡崩坍等基础病害。挡土墙的类型有悬臂式挡土墙、扶壁式挡土墙、锚杆式挡土墙、重力式挡土墙、锚定板式挡土墙、薄壁式挡土墙、加筋土挡土墙等。挡土墙按设置位置分类如图 7-22 所示。

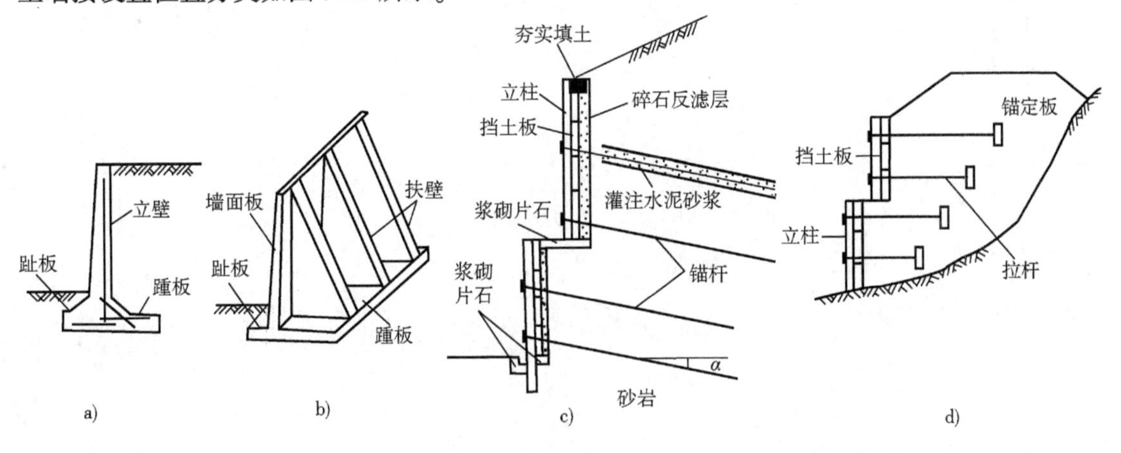

图 7-22　挡土墙的类型

a）悬臂式挡土墙　b）扶壁式挡土墙　c）锚杆式挡土墙　d）锚定板式挡土墙

思考题与习题

7-1 路线工程图的图示方法与一般工程图有何不同？

7-2 道路纵断面图的比例有何规定？

7-3 道路横断面图的常用形式有哪些？什么是标准横断面图？

7-4 道路路线纵断面图是如何形成的？

第8章 涵洞与通道工程图

学习目标：

1. 涵洞的分类与组成。
2. 涵洞工程图的图示内容及阅读方法。
3. 通道工程图的图示内容及阅读方法。

教学重点：

涵洞工程图和通道工程图的阅读方法。

涵洞是公路或铁路与沟渠相交的地方使水从路下流过的通道，作用与桥相同，但一般孔径较小，形状有管形、箱形及拱形等。此外，涵洞还是一种洞穴式水利设施，以调节水量。涵洞对保证道路运输畅通、节省投资起着很大的作用。涵洞是渲泄少量流水的工程构筑物，它与桥梁的区别在于跨径的大小。根据《公路工程技术标准》（JTG B01—2003）的规定，凡单孔跨径小于5m，多孔跨径总长小于8m，以及圆管涵和箱涵不论管径或跨径大小、孔数多少，均称为涵洞。如果不是为宣泄流水而专供行人车辆通行、跨径不大的结构物则称为通道，涵洞与通道在图样表达和图示特点上有许多类似或相同之处，所以在一起叙述。

8.1 涵洞的分类与组成

8.1.1 涵洞的分类

涵洞的种类很多，按建筑材料可分为砖涵、石涵、混凝土涵、钢筋混凝土涵、木涵、陶瓷管涵、瓦管涵等；按其顶上填土情况可分为有填土的暗涵和无填土的明涵；按其受力性能可分为无压力式涵洞（水面低于洞顶）、半压力式涵洞（水面淹没入口）、压力式涵洞（流水充满整个洞身）；按构造形式可分为圆管涵、盖板涵、拱涵、箱涵等，公路工程常采用这种分类方法。

1. 拱涵

洞身由拱圈、边墙和基础组成，一般用砖、石和混凝土建造，填土高度为1～20m，如图8-1a所示。通常先用砌石或混凝土修筑基础和边墙，而后砌筑拱圈形成拱涵。拱涵需有较高的路基和坚实的地基。在石料丰富、地质良好和流量较大的地区，应优先选用拱涵。我国拱涵采用较广，如宝成铁路有832座铁路涵洞，其中732座为拱涵。

2. 盖板涵

洞身由钢筋混凝土盖板、石料或混凝土边墙、基础组成，填土高度为1～8m，甚至可达12m，如图8-1b所示。通常都先用砌石或混凝土修筑基础和边墙；而后在边墙上铺设预制钢

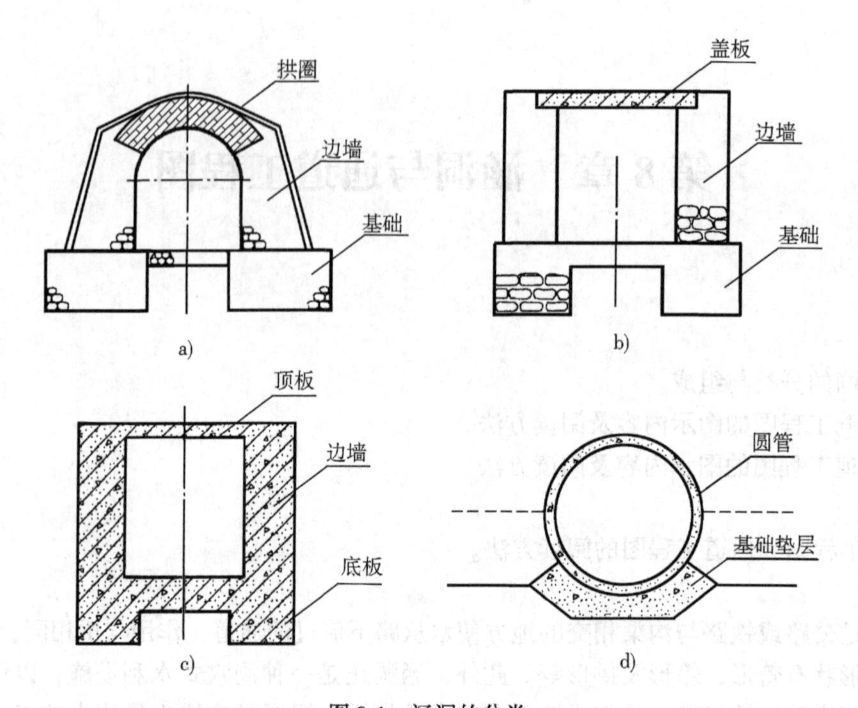

图 8-1 涵洞的分类

a）拱涵 b）盖板涵 c）箱涵 d）圆管涵

筋混凝土盖板称为盖板涵。在孔径较大和路堤较高时，盖板涵比拱涵造价高，但施工技术较简单，排洪能力较大，盖板可以集中制造。

3. 箱涵

箱涵又称矩形涵或方涵，与盖板涵相似。建造材料一般采用混凝土或钢筋混凝土等。矩形涵的顶板、边墙、底板连成整体，如图 8-1c 所示。对特软地基采用箱涵较为有利，但施工困难、造价较高。

4. 圆管涵

圆管涵又称圆形涵，简称圆涵，填土高度为 1 ~ 15m，如图 8-1d 所示。常用材料有波纹管、钢管、钢筋混凝土等。圆管涵受力性能好，工程量小，施工方便，但它的过水能力差。因此，公路工程中孔径较小（一般为 2m 以下）的涵洞采用圆管涵居多。

8.1.2 涵洞的组成

涵洞是路基下的排水孔道，一般由进口段、洞身段和出口段三部分组成，如图 8-2 所示。

1. 洞身

洞身是涵洞的主要组成部分，由若干管节组成。洞身的主要作用一方面保证设计流量的水流通过，另一方面也直接承受荷载压力和填土压力，并将其传递给地基。拱涵、盖板涵的洞身通常由承重结构（如拱圈、盖板等）、边墙、基础以及防水层、伸缩缝等部分组成。钢筋混凝土箱涵及圆管涵为封闭结构，边墙、盖板、基础连成整体，其涵身断面由箱节或管节组成。洞身的常见断面形式有圆形、拱形、箱形等。为了便于排水，涵洞洞身还应有适当的纵坡，最小坡度为 0.5%。

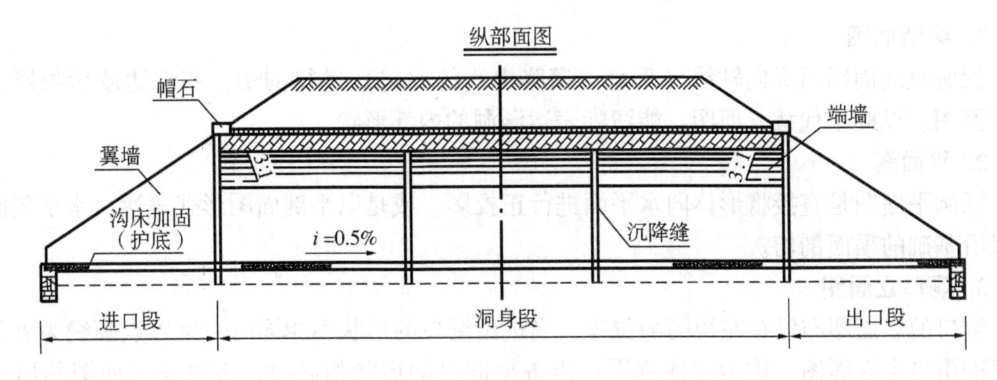

图 8-2　涵洞的组成

2. 进出口段

进出口段的作用一方面是使涵洞与河道顺接，使水流进出口通畅；另一方面是确保路基边坡稳定，使之免受水流冲刷。进出口段包括端墙和翼墙、沟床加固等部分。端墙位于入口或出口的上方，翼墙位于入口或出口的两侧，它们起挡土和导流作用，是保证涵洞处路基或路堤稳定的构筑物。端墙和翼墙的形式，常用八字翼墙式和一字墙式，如图 8-3 所示。八字翼墙式对水流阻力小，工程量也小，采用较普遍。一字墙式又称端墙式，构造简单，适用于小孔径涵洞，一般在洞口两侧砌筑锥体护坡，以保护路堤伸出端墙外的填土不受冲刷。出入口沟床铺砌既能对涵洞前后沟底进行加固，保护路堤和涵洞基础不受水流冲刷，还能降低出口流速，起到保护下游农田和建筑物的作用。

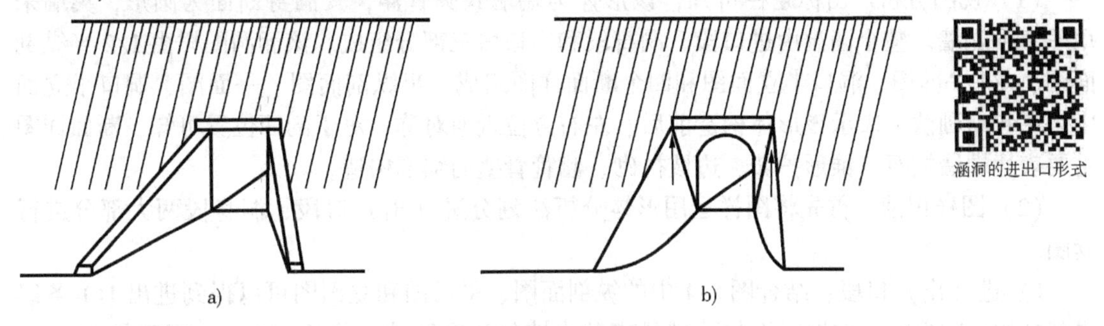

图 8-3　涵洞的进出口形式

a）八字翼墙式　b）一字墙式

8.2　涵洞工程图

8.2.1　涵洞的图示方法

涵洞是狭而长的工程结构物，一般以水流方向为纵向，与路线前进方向垂直布置，并以纵剖面图代替立面图。涵洞工程的平面图与立面图对应布置，为了使平面图表达清楚，画图时不考虑洞顶的覆土，但应画出路基边缘线位置及相应的示坡线，其余按投影规律画出。一般洞口正面布置在侧视图位置作为侧面视图，当进出水洞口形状不一样时，则需分别画出其进出水洞口的布置图。有时平面图与立面图以半剖形式表达，水平剖面图一般沿基础顶面剖切，横剖面图则垂直于纵向剖切。

1. 纵断面图

涵洞纵断面图沿纵向轴线（垂直于道路中线的方向）进行剖切，移走边墙后投影得到纵断面图，以此来代替立面图，能清晰表达涵洞的内部形状。

2. 平面图

涵洞平面图是直接将形体向水平面进行正投影，或是以半剖面图形式表达，水平剖面图一般沿基础的顶面剖切。

3. 洞口立面图

洞口的立面图布置在左视图的位置，当进出洞口的形状不相同时，则以点画线为界分别绘制进出口半立面图，称为合成视图；当进出洞口的形状相同时，多以半剖面图的形式表达，剖切面垂直于洞身纵向。

4. 构造详图

翼墙结构复杂、洞身沿程变化或钢筋混凝土结构的涵洞，为了清楚反映各部分形状，增加了垂直于涵洞纵向的横断面图或配筋详图。

8.2.2 涵洞工程图的识读

本节将以常见的圆管涵、石拱涵、钢筋混凝土盖板涵为例介绍涵洞工程图的识读方法与步骤。

1. 识读图 8-4 所示圆管涵洞的工程图

（1）视图分析　由标题栏可知，该形体为端墙式圆管涵，其洞身断面为圆形，翼墙采用一字形端墙。整个涵洞由进口段、洞身段和出口段三部分组成。该涵洞图样由 1/2 半纵剖面图、1/4 平面图、洞口半立面图和四个断面详图组成。半纵剖面图、平面图、洞口半立面中采用省略画法，表示该形体构造前后、左右方位近似对称；对于剖面位置可知，断面详图主要表达端墙帽石、锥形护坡、边坡衬砌、涵管管壁的细部构造。

（2）图样识读　首先将图样运用形体分析法划分进（出）口段、洞身段两大部分进行读图。

1）进（出）口段：结合图 8-4 中的纵剖面图、平面图和立面图可以得到进出 1∶1 各组成部分的空间形状。在纵断面的下部是带截水墙的沟底防护，总长 220cm，宽度是 404cm。上面是椭圆形护坡，锥坡两侧为 1∶1.5 的路基边坡防护，对照 2-2、3-3 断面分别确定了路基护坡、锥形护坡的断面形状和尺寸；锥形护坡右侧为直立式端墙，墙身厚 40cm，长度 304cm，材料为浆砌片石，基础采用混凝土，端墙凸出护坡的外部采用 1∶3 的水泥砂浆抹面。各部分形状如图 8-5 所示。

2）洞身段：在图 8-4 的右侧即为洞身段投影，结合 4-4 断面可以看出洞身段空间形状是壁厚为 8cm 的钢筋混凝土管道，管道底部的基础和外侧的防水层，管道断面形状沿程不变，如图 8-6 所示，纵剖面图中还画出管道底部的设计流水坡度为 1%，以便于排水；在管道上面的厚度为 100cm 的覆土，形成宽度为 800cm 的路基，路基两侧的是 1∶1.5 的边坡。

（3）空间想象　将各组成部分的形状按照空间相对位置组合想象，得到涵洞整体形状，如图 8-7 所示。注：钢筋混凝土涵管中钢筋的布置还应补充相应的配筋详图，配筋图的识读方法与步骤见桥梁工程图部分，本章节中略。

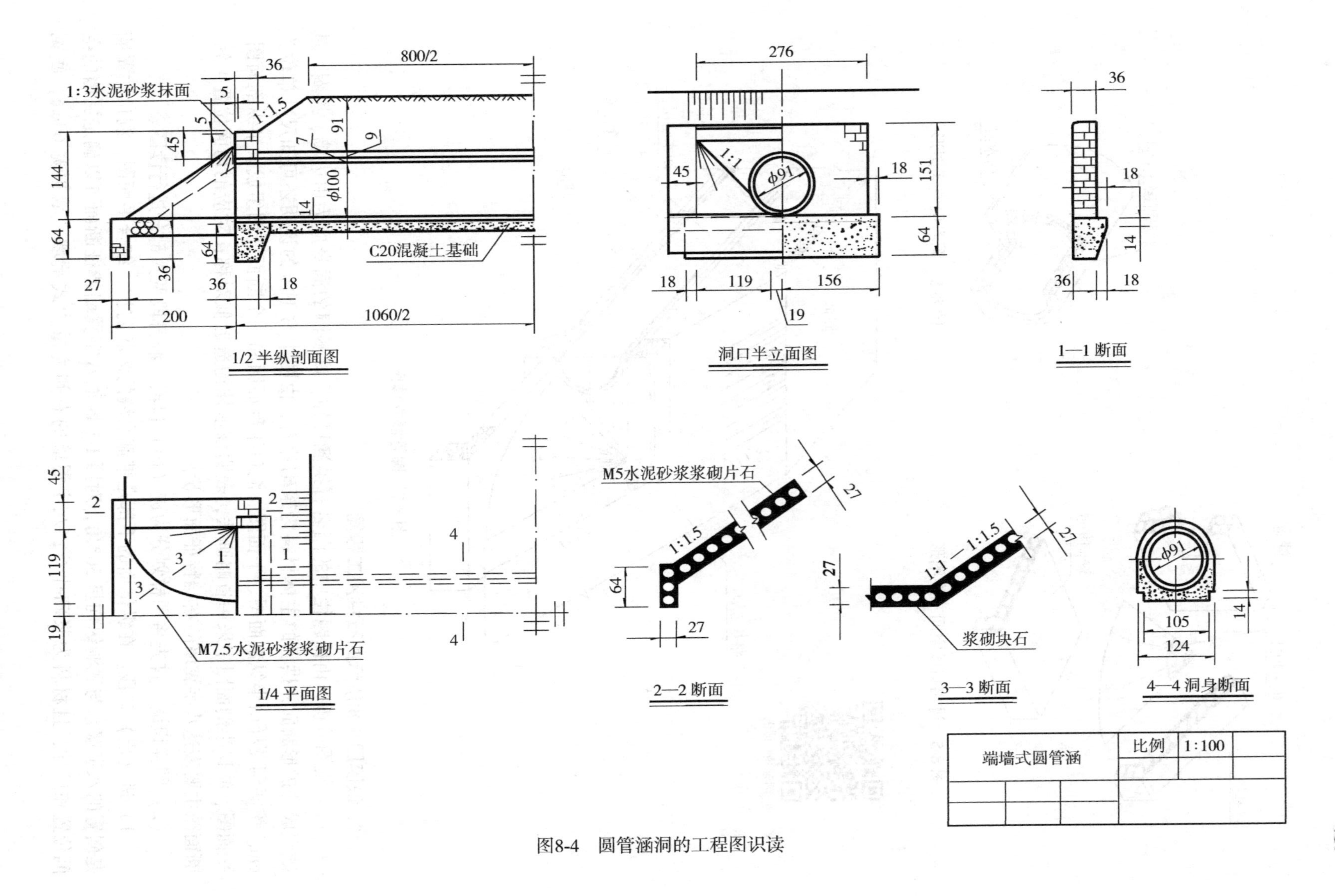

图8-4 圆管涵洞的工程图识读

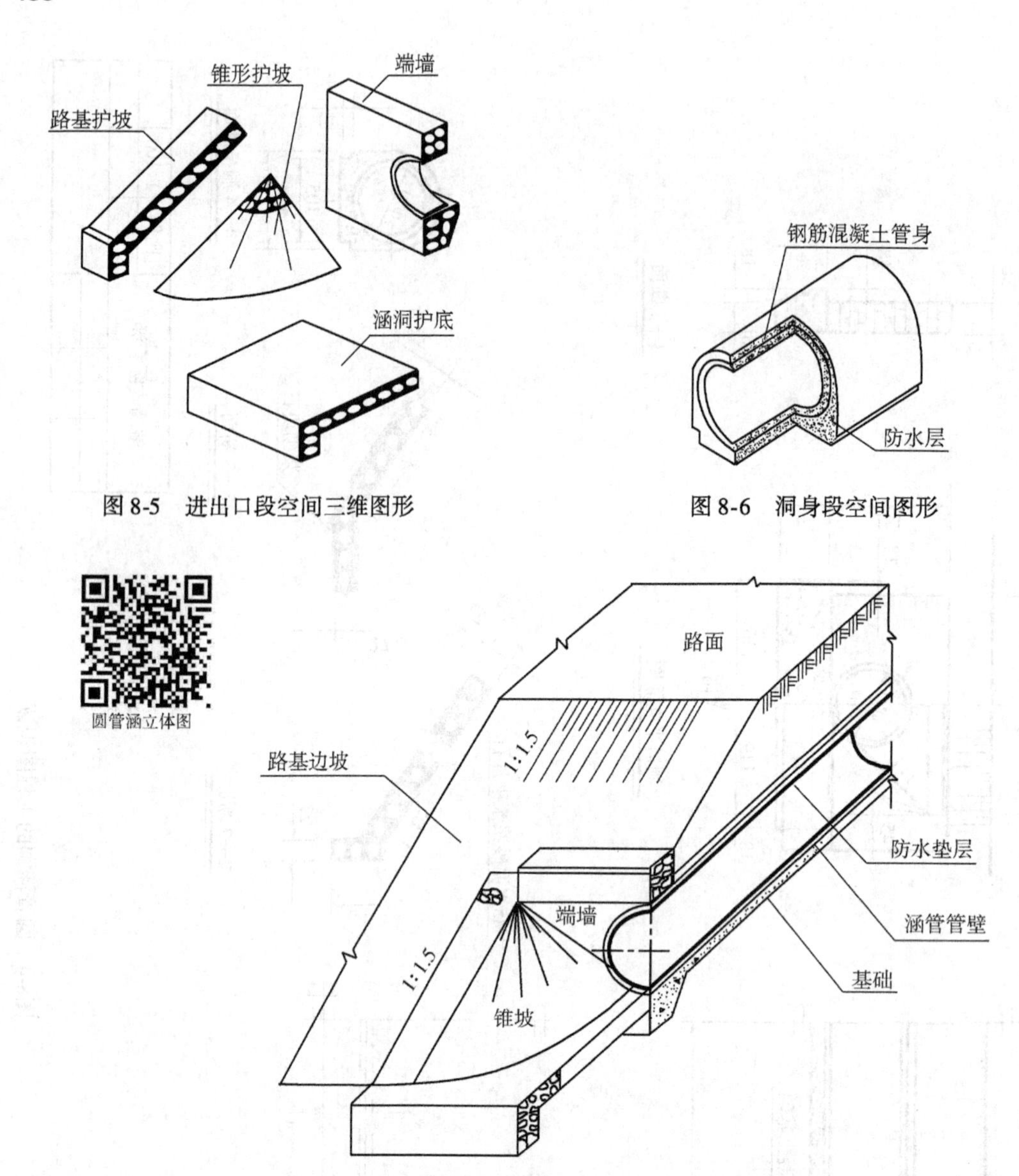

图 8-5　进出口段空间三维图形

图 8-6　洞身段空间图形

图 8-7　圆管涵立体图

2. 识读图 8-8 所示的石拱涵工程图

（1）视图分析　由标题栏中的图名石拱涵可知，该涵洞的洞身应为由边墙、拱圈、基础组成的拱形断面，拱涵的主体材料为浆砌片石；由图中右下方的说明还可知尺寸单位为 cm。该涵洞图样由半纵剖面图、平面图、洞口半剖面图和一个断面详图组成。半纵剖面图、平面图、洞口半剖面图中采用省略画法，表明该形体构造近似对称；对应剖切面位置可知，断面图主要表达八字翼墙的右端特征面形状。

（2）图样识读　首先将图样划分为进（出）口段、洞身段两大部分进行读图。

1）进（出）口段：在纵剖面的下部是带截水墙的沟底防护；结合平面图，洞口的翼墙是斜置的八字墙，与涵洞纵向呈 30°角，对照 1-1 断面八字翼墙特征断面可以确定翼墙的空间位置和尺寸，且材料为浆砌片石；八字翼墙的右侧为重力式端墙，墙顶宽 60cm，底宽

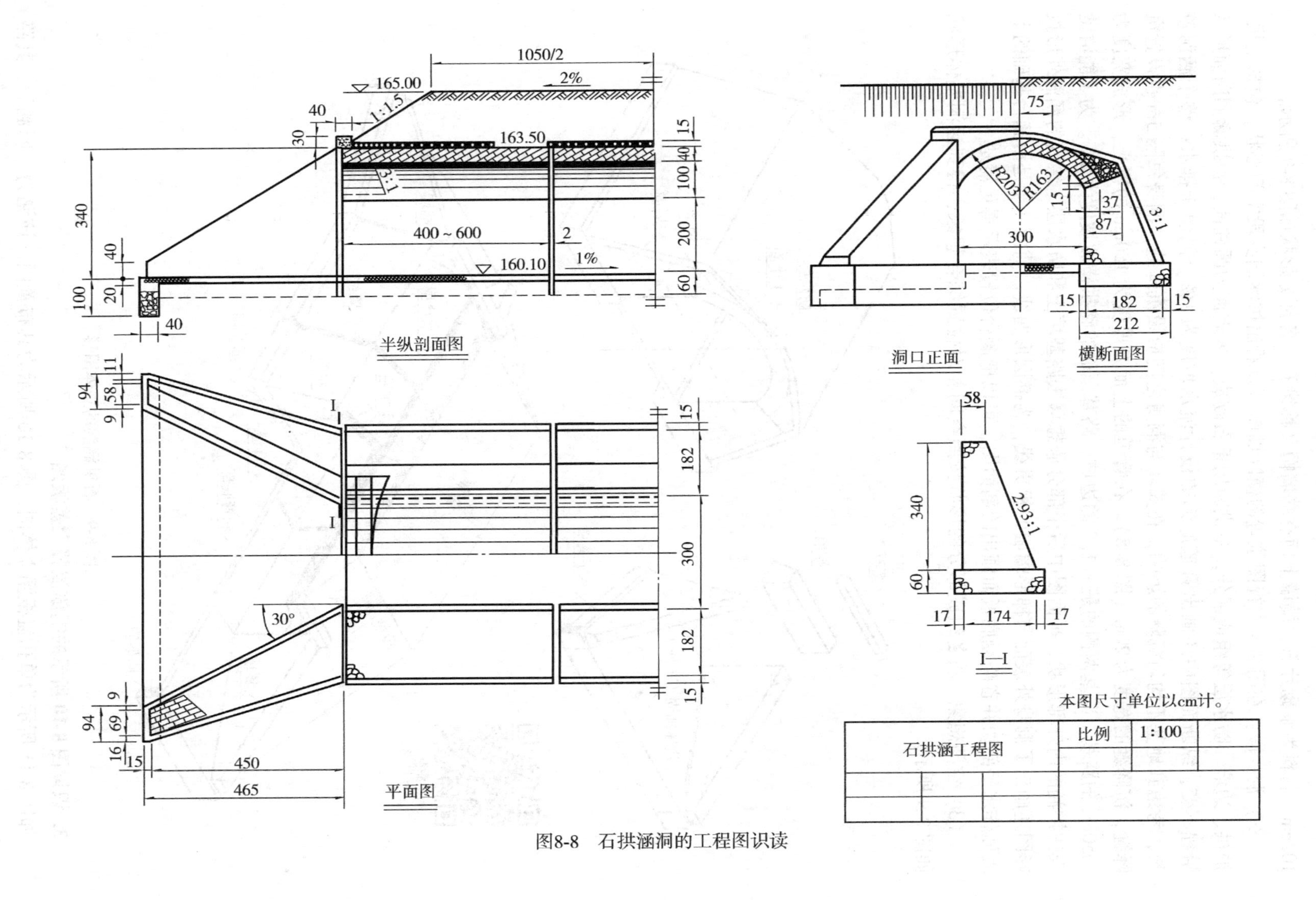

图8-8　石拱涵洞的工程图识读

102cm，材料为浆砌片石，端墙上面有端墙帽又称缘石。各部分形状如图 8-9 所示。

2）洞身段：在图 8-8 左视图位置的横断面图可以看出拱涵洞身段空间形状，包括主拱、护拱、边墙、防水层等组成部分，主拱圈用条石砌成，内表面为圆柱面，护拱涵洞断面形状沿程不变；纵断面图中还画出管道底部的设计流水坡度为 1%，以便于排水；整个涵洞较长，考虑到地基不均匀沉降的影响，在翼墙与洞身之间应设沉降缝，洞身每隔 5m 也设置沉降缝，沉降缝的宽度为 2cm（图 8-8）。在管道的上面是厚度为 150cm 的覆土，形成宽度为 1050cm 的路基，路基两侧的是 1∶1.5 的边坡，路基顶面的路拱横坡坡度为 2%。为了能清楚表达拱涵的内外部形状，平面图中后半部分假想移去路基填土和防水层，绘制的涵洞外形投影图还画出了洞身外表面与梯形端墙的相贯线，为椭圆形曲线。前面一半是沿涵台基础的上表面作水平剖切并省略涵底板而画出的剖面图，可以把涵台位置表示得更清楚。

（3）空间想象　将各组成部分的形状按照空间相对位置综合想象，得到涵洞整体形状如图 8-9 所示。

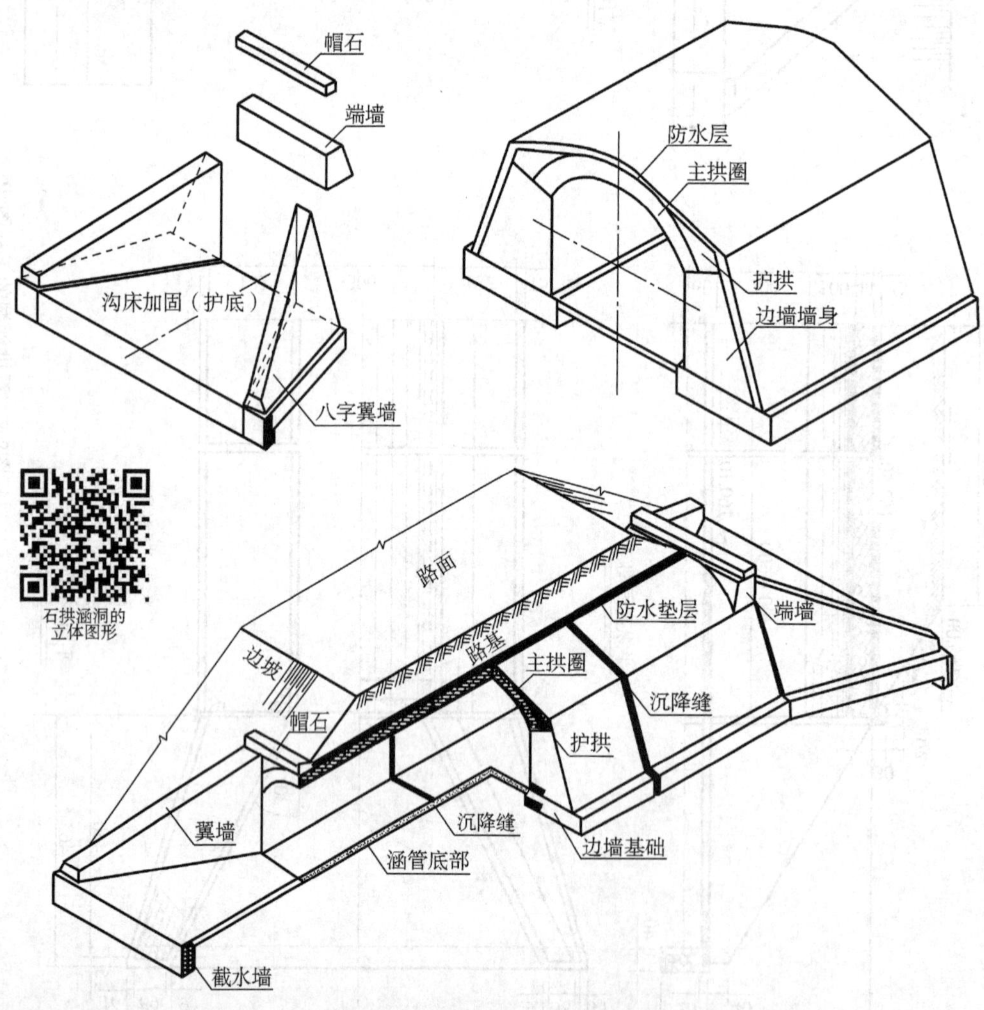

图 8-9　石拱涵洞的立体图形

3. 识读图 8-10 所示的钢筋混凝土盖板涵

如图 8-11 所示为单孔盖板涵立体图，图 8-10 所示为其布置图。该涵为一明涵洞，其路

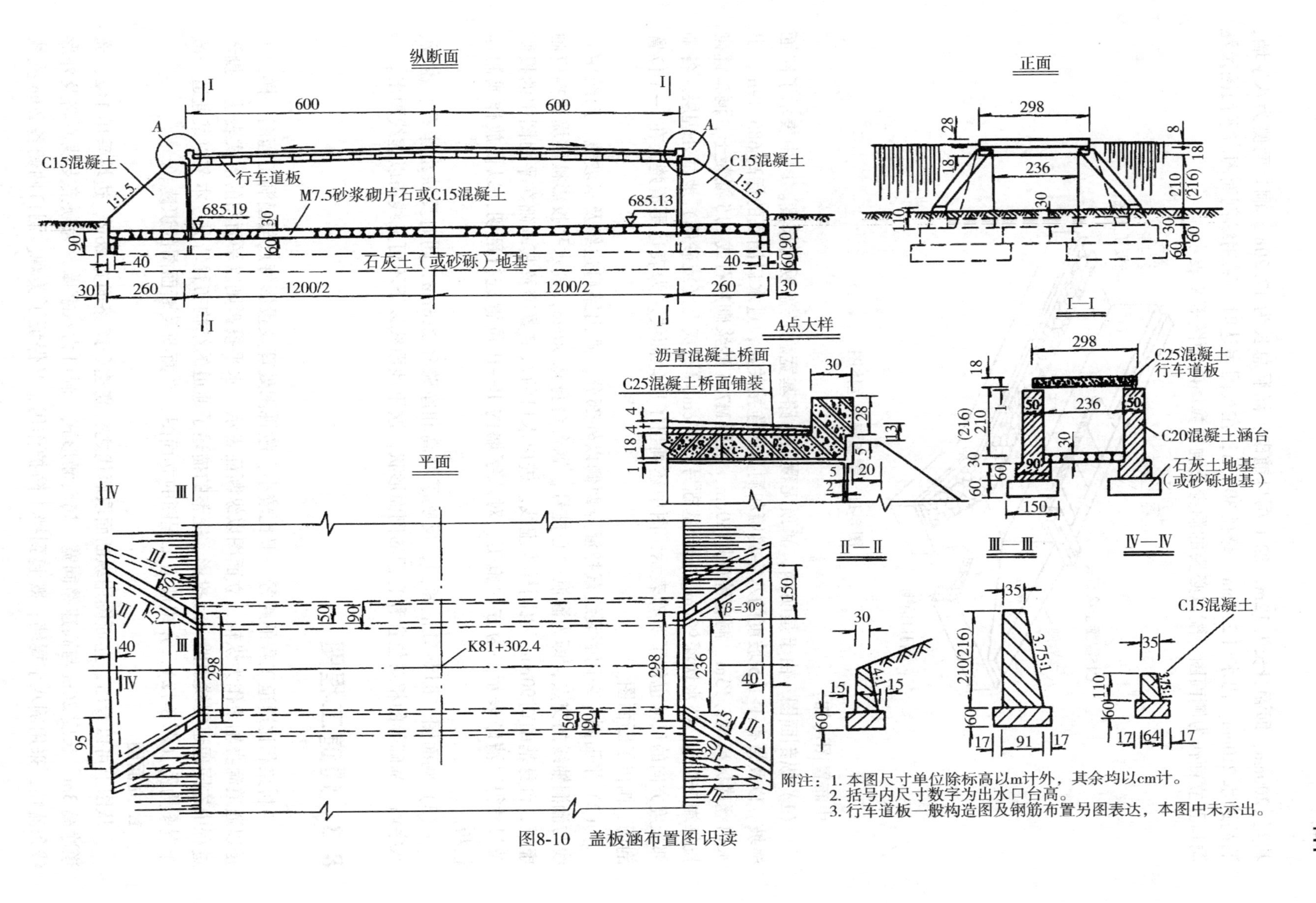

图8-10 盖板涵布置图识读

基宽1200cm，即涵身长为12m，加上洞口铺砌，涵洞总长为17.20m，洞口两侧为八字墙，洞高进水210cm，出水口216cm，跨径300cm，在视图表达时，采用纵剖面图、平面图及涵洞口正立面作为侧面图，配以必要的洞身及洞口翼墙断面图等来表示。

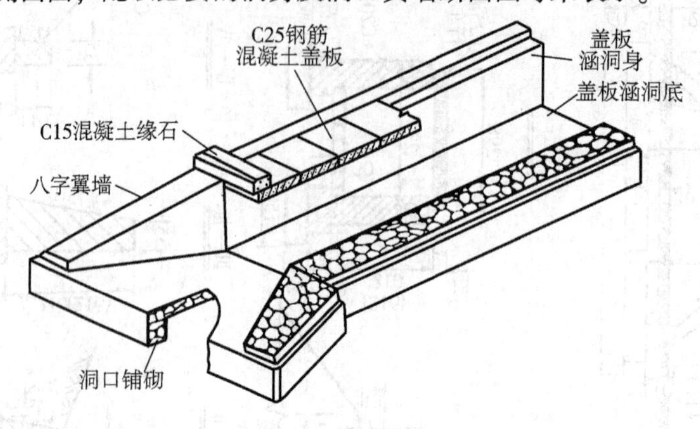

图8-11　盖板涵洞立体图

由布置图可知：

（1）纵剖面图　由于是明涵，涵顶无覆土，路基宽就是盖板的长度。图中表示了路面横坡，以及带有1:1.5坡度的八字翼墙和洞身的连接关系，进水口涵底的标高685.19m，出水口涵底标高685.13m，洞底铺砌厚30cm，采用M7.5砂浆砌片石或C15混凝土，洞口铺砌长每端260cm，挡水坎深90cm。涵台基础另有60cm厚石灰土（或砂砾）地基处理层。各细部长度方向的尺寸也作了明确表示，图中还画出了原地面线。为表达更清楚，在I—I位置剖切，画出了断面图。

（2）平面图　采用断裂线截掉涵身两侧以外部分，画出路肩边缘及示坡线，路线中心线与涵洞轴线的交点，即为涵洞中心桩号，涵台台身宽50cm，其水平投影被路堤遮挡应画虚线，台身基础宽90cm，也同样为虚线。进出水口的八字翼墙及其基础在平面图中的投影及尺寸得以清晰表示。为方便施工，对八字墙的II—II位置进行剖切，以便放样或制作模板。

（3）侧面图　即洞口正面图，反映了洞高和净跨径236cm，同时反映出缘石、盖板、八字墙、基础等的相对位置和它们的侧面形状，这里地面线以下不可见线条以虚线画出。

8.3　通道工程图

与桥梁相比通道工程的跨径一般比较小，故视图处理及投影特点与涵洞工程图一样，也是以通道洞身轴线作为纵轴，立面图以纵断面表示；水平投影则以平面图的形式表达，投影过程中连同通道支线道路一起投影，完整的描述了通道的结构布置情况。本节以某通道一般布置图为例（图8-12），介绍通道工程图的立面图、平面图及断面图的识读。

1. 立面图

从图上可以看出，立面图用纵断面取而代之，高速公路路面宽26m，边坡采用1:2，通道净高3m、长度26m与高速路同宽，属明涵形式。洞口为八字墙，为顺接支线原路及外形线条流畅，采用倒八字翼墙，既起到挡土防护作用，又保证了美观。洞口两侧各20m支线

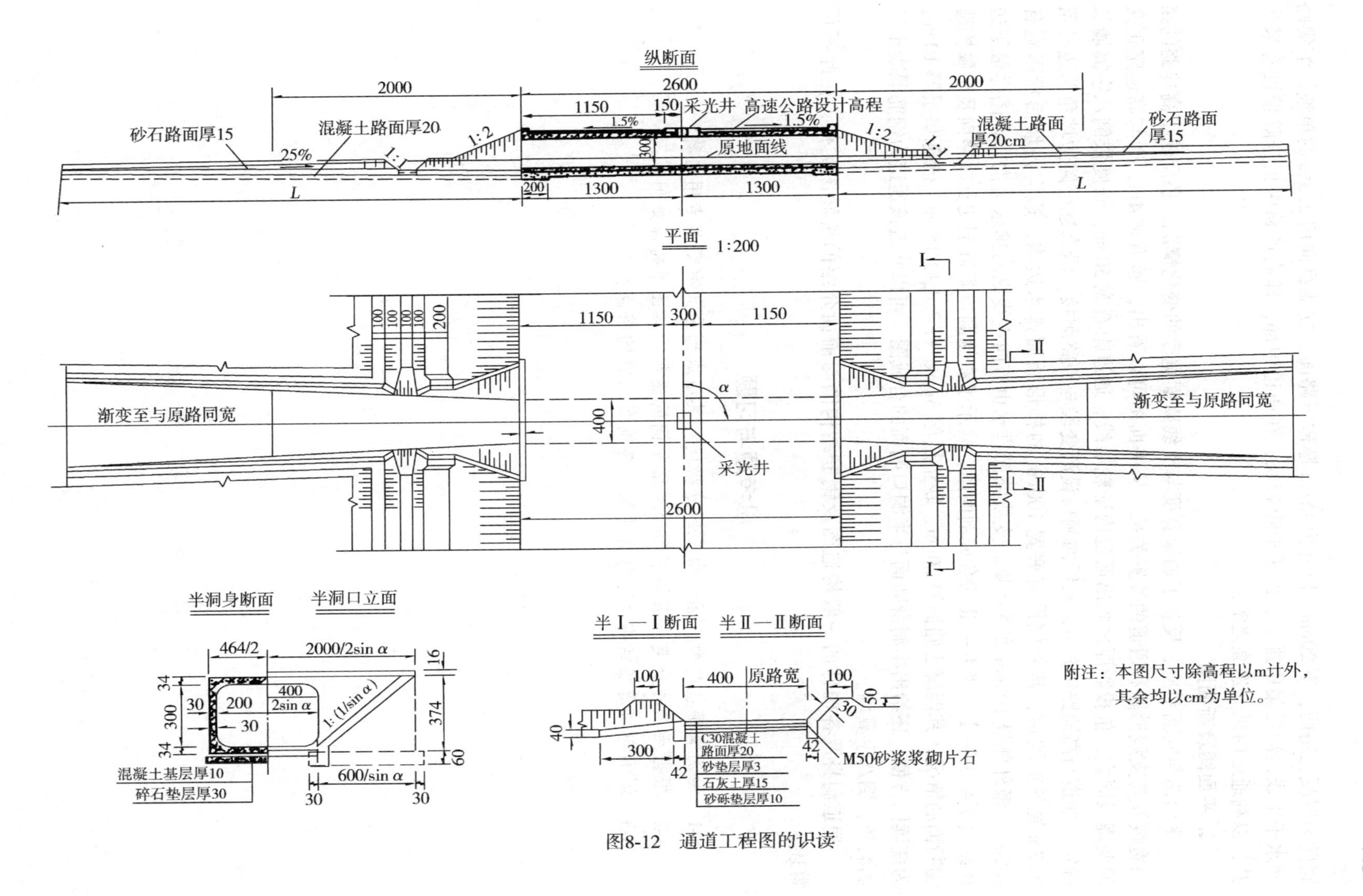

图8-12 通道工程图的识读

路面为混凝土路面，厚 20cm，以外为 15cm 厚砂石路面，支线纵向用 2.5% 的单坡，汇集路面水于主线边沟处集中排走，由于通道较长，在通道中部，即高速路中央分隔带设有采光井，以利通道内采光透亮之需。

2. 平面图及断面图

平面图与立面对应，反映了通道宽度与支线路面宽度的变化情况，还反映了高速路的路面宽度及与支线道路和通道的位置关系。从平面图可以看出，通道宽 4m，即与高速路正交的两虚线同宽，依投影原理画出通道内壁轮廓线。通道帽石宽 50cm，长度依倒八字翼墙长确定。通道与高速路夹角 α，支线两洞口设渐变段与原路顺接，沿高速公路边坡角两边各留出 2m 宽的护坡道，其外侧设有底宽 100cm 的梯形断面排水边沟，边沟内坡面投影宽各 100cm，最外侧设 100cm 宽的挡堤，支线路面排水也流向主线纵向排水边沟。在图样最下边还给出了半Ⅰ—Ⅰ、半Ⅱ—Ⅱ的合成剖面图，显示了右侧洞口附近剖切支线路面及附属构造物断面的情况。其混凝土路面厚 20cm、砂垫层厚 3cm、石灰土厚 15cm、砂砾垫层厚 10cm。为使读图方便，还给出半洞身断面与半洞口断面的合成图，可以知道该通道为钢筋混凝土箱涵洞身，倒八字翼墙。

通道洞身及各构件的一般构造图及钢筋结构图与前面介绍的桥涵图类似，在此不再赘述。

思考题与习题

8-1 涵洞有哪些类型？涵洞由几部分组成？其组成部分又有哪些专用名称？

8-2 根据涵洞的分类，实际中怎样选用不同的涵洞，其图示特点如何？

8-3 涵洞与通道在结构上有什么不同？各有什么样的特点？

第 9 章　桥隧工程图

学习目标：

1. 桥隧的基本组成。
2. 钢筋混凝土空心板梁桥的形成、图示内容及识图方法。
3. 隧道工程图的识读。

教学重点：

钢筋混凝土桥梁工程图的识读。

9.1　桥隧概述

9.1.1　桥梁的基本组成

由图 9-1 可知，桥梁由上部结构（主梁或主拱圈和桥面系）、下部结构（桥台、桥墩和基础）及附属结构（栏杆、灯柱、护岸和导流结构物等）三部分构成。

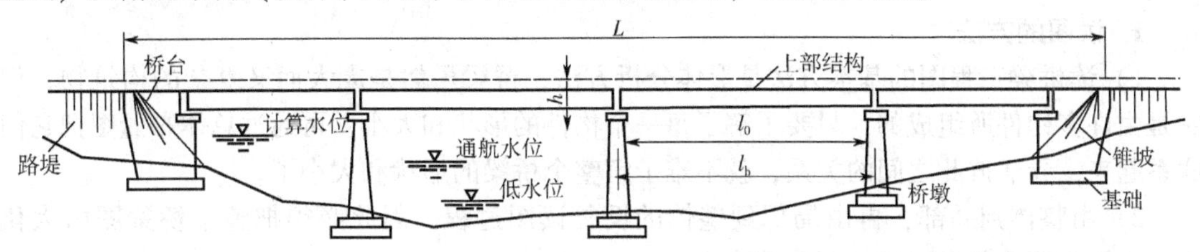

图 9-1　桥梁的基本组成

上部结构又称桥跨结构，主要包括承重结构（主梁或主拱圈）、桥面系，是路线遇到障碍中断时跨越障碍的构筑物，它的作用是承受车辆荷载，并通过支座传给桥墩和桥台。

下部结构是支承桥跨结构并将永久荷载和车辆等荷载传至地基的结构物。主要包括桥台、桥墩和基础。桥台设在桥梁两端，除支承桥跨结构外还承受路基填土的水平推力；桥墩则在两桥台之间，主要支承桥跨结构；桥墩和桥台底部的部分称为基础，承担从桥墩和桥台传来的全部荷载。

支座是设在桥墩和桥台顶面，用来支承上部结构的传力装置。

附属设施主要包括栏杆、灯柱、伸缩缝、护岸、导流结构物等。

在路堤和桥台的衔接处，一般还在桥台两侧设置石砌的锥形护坡，以保证迎水部分路堤边坡的稳定。

河流中的水位是变动的，枯水季节河流中的最低水位称为低水位；洪峰季节河流中的最高水位称为高水位。桥梁设计中按规定的设计洪水频率计算所得的高水位称为设计洪水位。

净跨径（l_0）是设计洪水位上相邻两个桥墩（桥台）之间的净距。

总跨径（l）是多孔桥梁中各孔净跨径的总和，它反映了桥下宣泄洪水的能力。

桥梁全长（桥长 L）是桥梁两端两个桥台的侧墙或八字墙后端点之间的距离。对于无桥台的桥梁为桥面行车道的全长。

9.1.2 隧道的基本组成

隧道是公路和铁路穿越山岭时修筑的构筑物，隧道工程由洞身及衬砌、洞口和附属工程等部分组成。

1）洞口是指洞门所在位置边仰坡刷坡范围及洞口衬砌（或非正常衬砌地段）和洞外附属工程地段的统称。它是在隧道洞口利用圬工材料等建筑用以保护洞口稳定、引离地表水，并对周围环境起到装饰作用的支挡结构物。隧道洞门按地质情况和结构要求，有端墙式洞门、翼墙式洞门、柱式洞门、削竹式洞门、环框式洞门等形式。

2）洞身衬砌结构类型为整体式衬砌（直墙式和曲墙式）、装配式衬砌、喷锚支护和复合式衬砌等几种。

3）附属工程主要包括隧道排水设施、通风设施、照明设施等。

9.2 桥梁工程图

9.2.1 桥梁图读图和画图步骤

1. 读图的方法

1）读桥梁工程图的基本方法是形体分析方法，桥梁虽然是庞大而又复杂的构筑物，但它是由许多构件所组成的，只要了解了每一个构件的形状和大小，再通过总体布置图把它们联系起来，弄清彼此之间的关系，就不难了解整个桥梁的形状和大小了。

2）由整体到局部，再由局部到整体的反复读图过程。因此必须把整个桥梁图由大化小、由繁化简，各个击破、解决整体。

3）运用投影规律，互相对照，弄清整体。看图的时候，决不能单看一个投影图，而是同其他投影图包括总体图或详图、钢筋明细表、说明等联系起来。

2. 读图的步骤

（1）总体布置图

1）看图纸的设计说明即标题栏和附注，了解桥梁名称、种类、主要技术指标，例如荷载等级、施工措施及注意事项、比例、尺寸单位等。读桥位平面图、桥位地质图了解所建桥梁的位置、水文、地质状况等。

2）弄清楚各视图之间的关系，如有剖面图、断面图，则要找到剖切位置和观察方向。看图时应先看立面图（包括纵剖面图），了解桥形、孔数、跨径大小、墩台数目、总长、河床断面等情况。再对照平面图、侧面图和横剖面图等，了解桥的宽度、人行道的尺寸和主梁的断面形式等，同时要阅读图中的技术说明，这样才能对桥梁的全貌有了一个初步的了解。

（2）构件结构图

在看懂总体布置图的基础上，再分别读懂每个构件的构件图。构造图的读图方法与

"组合体"相同，不再重复，结构图可按下列步骤进行读图：

1）先看图名，了解是什么构件，再对照图中画出的主要轮廓线，了解构件的外形。

2）看基本视图（立面图、断面图等），了解钢筋的布置情况，各种钢筋的相互位置等，找出每种钢筋的编号。

3）看钢筋详图，了解每种钢筋的尺寸、完整形状，这在基本视图中是不能完全表达清楚的，要与详图一起对照来读。

4）再将钢筋详图与钢筋数量表等联系起来看，搞清钢筋的数量、直径、长度等。

5）结构图中常出现专业符号：C20 表示混凝土的抗压强度，如 $20N/mm^2$ 的混凝土称为混凝土强度等级为 C20。规范规定的混凝土强度等级有：C7.5、C10、C15、C20、C25……C55、C60 共 12 个等级。SBS 表示改性沥青防水卷材的一种类型。N_1 表示钢筋的编号等。

3. 画图方法

绘制桥梁工程图，基本上与其他工程图的绘制方法类似，都有共同的规律。首先是布置和画出各个投影图的基线；其次是画出各构件主要轮廓线；再画构件的细部；最后加深或上墨，并注写字符和检查全图。在绘制桥梁工程图时，要确定视图数目（包括剖面图、断面图）、比例和图幅大小。各类图样由于要求不一样，采用的比例也不同。表 9-1 为桥梁工程图常用比例参考表。

表 9-1　桥梁工程图常用比例参考表

图名	说明	比例	
		常用比例	分类
桥位图	表示桥位、路线的位置及附近的地形、地物情况。对于桥梁、房屋及农作物等只画出示意性符号	1:500～1:2000	小比例
桥位地质断面图	表示桥位处的河床地质断面及水文情况，为了突出河床的起伏情况，高度比例较水平方向比例放大数倍画出	1:100～1:500（高度方向比例） 1:500～1:2000（水平方向比例）	普通比例
桥梁总体布置图	表示桥梁的全貌、长度、高度尺寸，通航及桥梁各构件的相互位置。横剖面图可较立面图放大 1～2 倍画出	1:50～1:500	
构件构造图	表示梁、桥台、人行道和栏杆等构件的构造	1:10～1:50	大比例
大样图（详图）	钢筋的弯曲和焊接、栏杆的雕刻花纹、细部等	1:3～1:10	大比例

现以图 9-2 为例来说明总体布置图的绘制方法和步骤。本图是采用 1:100 的比例绘制。

4. 画图的步骤

1）布置和画出各投影图的基线，根据所选定的比例及各投影图的相对位置把它们匀称地分布在图框内，布置时要注意空出图标、说明、投影图名称和标注尺寸的地方。当投影图位置确定之后，便可以画出各投影图的基线或构件的中心线。如图 9-2a 所示，首先画出三个图形的中心线，其次画出墩台的中心线，立面图中的水平线是以梁顶作为水平基线。

2）画出构件的主要轮廓线，如图 9-2b 所示，以基线或中心线作为量度的起点，根据标高及各构件的尺寸，画构件的主要轮廓线。

3）画各构件的细部，如图 9-2c 所示，根据主要轮廓从大到小画全各构件的投影，注意各投影图的对应线条要对齐，并把剖面、栏杆、坡度符号线的位置、标高符号及尺寸线等画出来。

4）加深或上墨，如图 9-2d 所示，各细部线条画完，经检查无误即可加深或上墨，最后画出断面符号、标注尺寸和书写文字等。

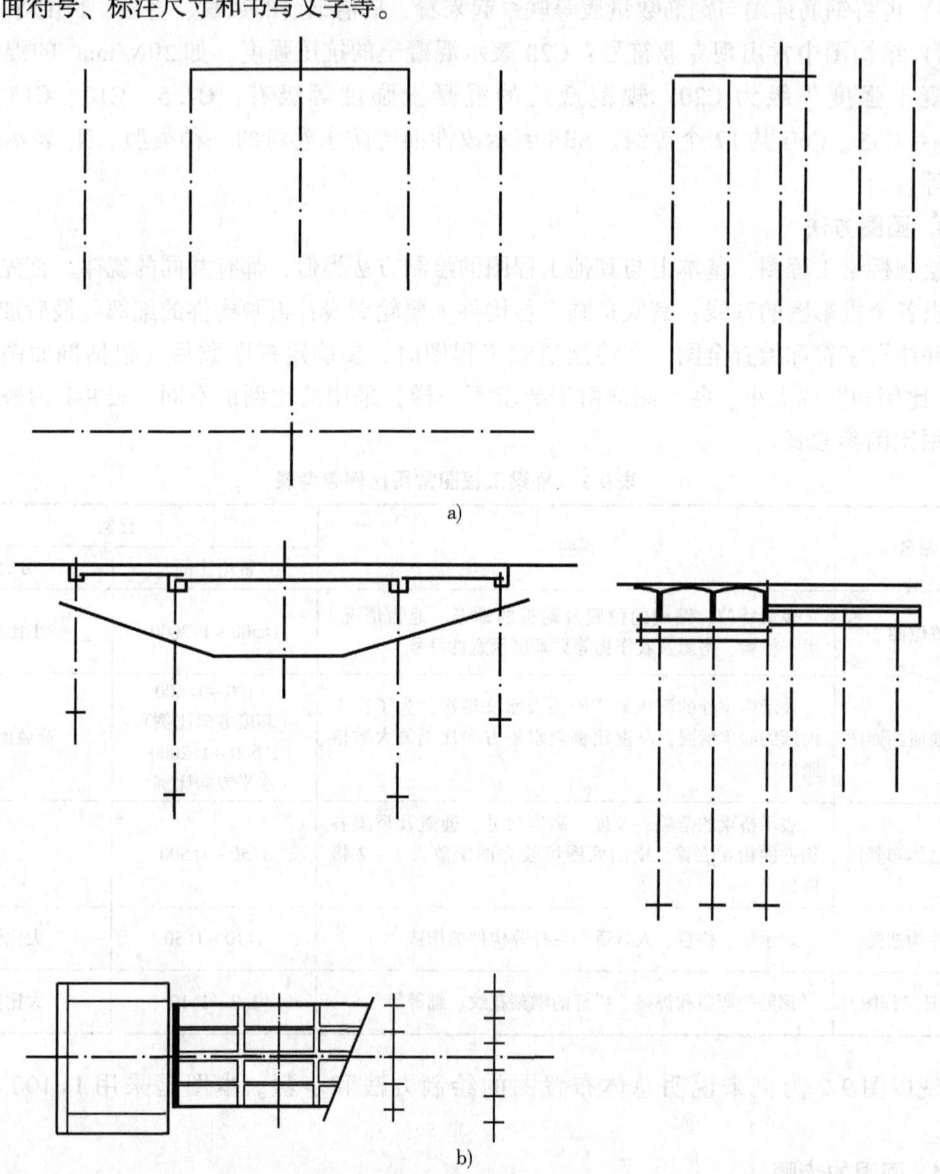

图 9-2　桥梁总体布置图的作图步骤

a）画出各构件的细部　b）画出构件的主要轮廓线

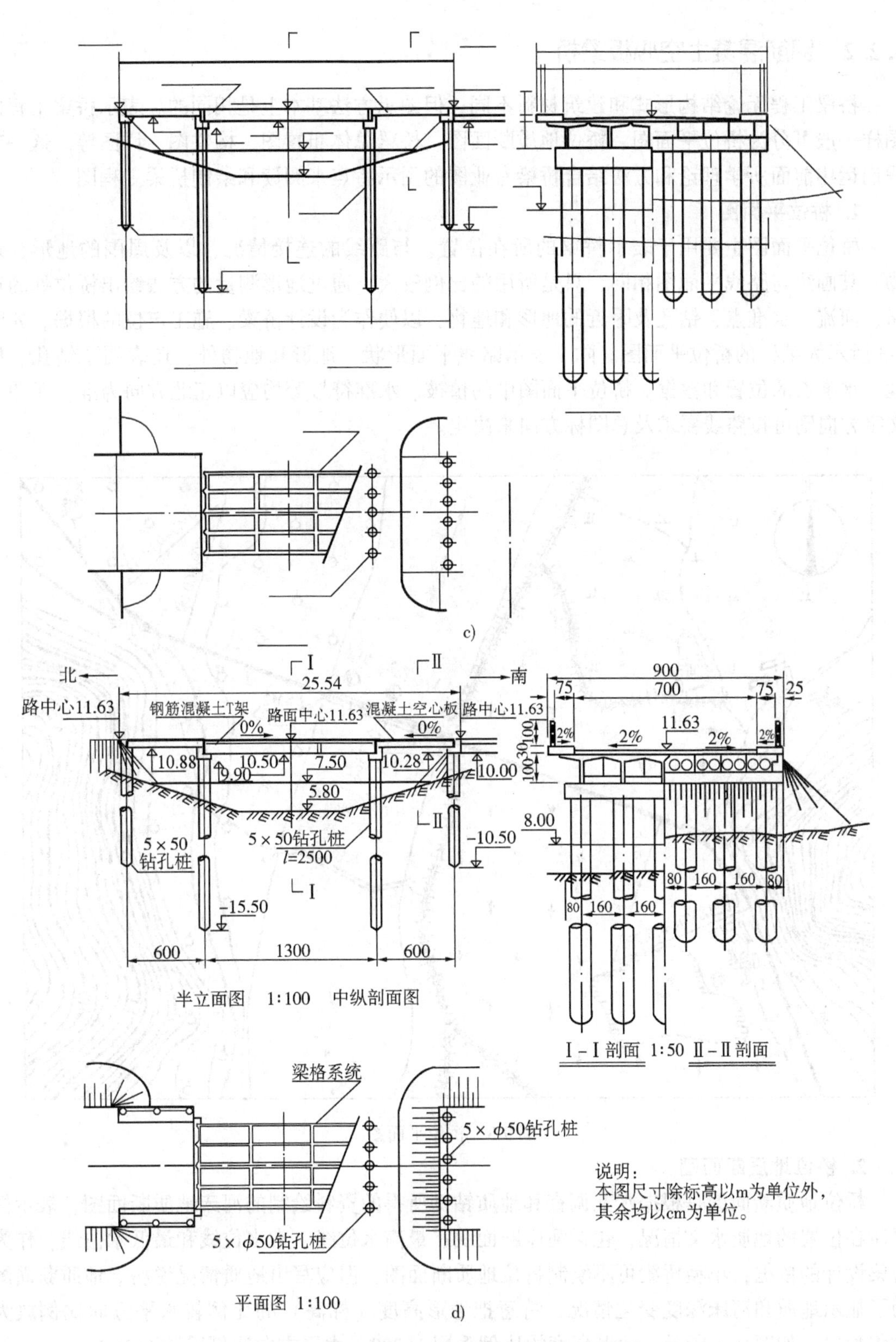

图9-2 桥梁总体布置图的作图步骤（续）

c）布置和画出各投影图基线 d）加深或上墨

9.2.2 钢筋混凝土空心板梁桥

桥梁工程无论结构形式和建筑材料不同，但图示方法基本上是相同的。表示桥梁工程的图样一般可分为桥位平面图、桥位地质断面图、桥梁总体布置图、构件图、详图等。这一节我们运用前面所学理论和方法结合桥梁专业图的图示特点来阅读和绘制桥梁工程图。

1. 桥位平面图

桥位平面图主要用于表示桥梁的所在位置，与路线的连接情况，以及周围的地形、地物。其画法与路线平面图相同，只是所用的比例较大。通过地形测量的方法绘出桥位处的道路、河流、水准点、钻孔及附近的地形和地物，以便作为设计桥梁、施工定位的根据。如图9-3所示为某桥的桥位平面图。除了表示路线平面形状、地形和地物外，还表明了钻孔、里程、水准点的位置和数据。桥位平面图中的植被、水准符号等均应以正北方向为准，而图中文字方向则可按路线要求及总图标方向来决定。

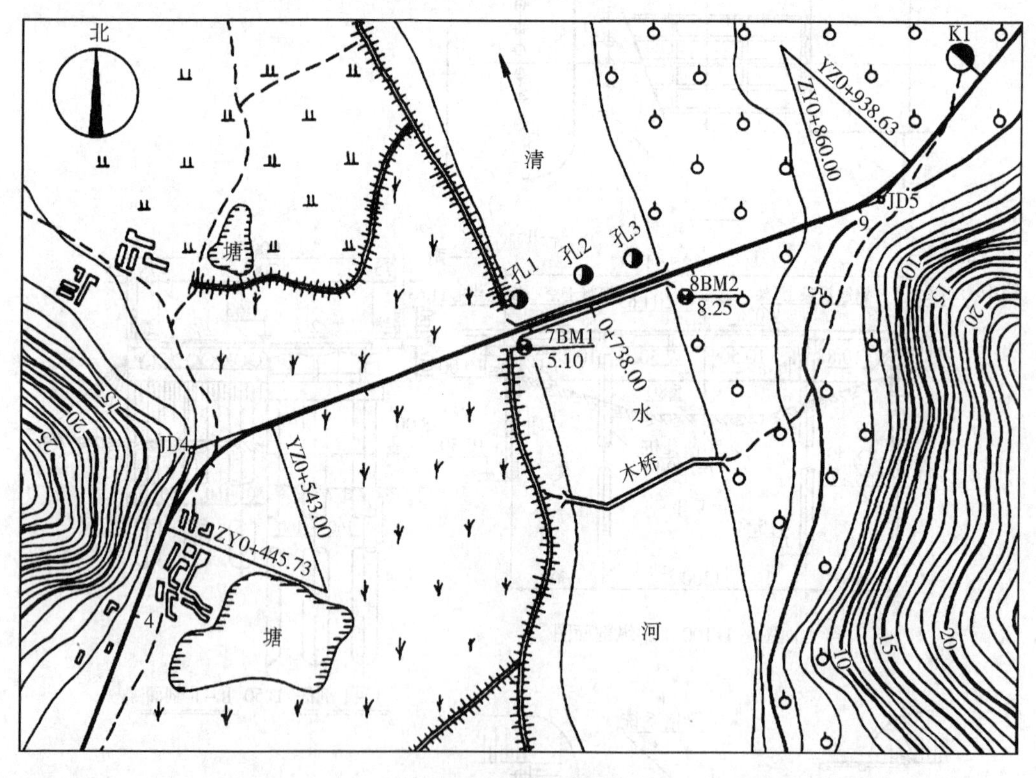

图9-3 桥位平面图

2. 桥位地质断面图

桥位地质断面图是根据水文调查和地质钻探所得的资料绘制的河床地质断面图，表示桥梁所在位置的地质水文情况，包括河床断面线、最高水位线、常水位线和最低水位线，作为桥梁设计的依据，小型桥梁可不绘制桥位地质断面图，但应写出地质情况说明。地质断面图为了显示地质和河床深度变化情况，特意把地形高度（标高）的比例较水平方向比例放大数倍画出。如图9-4所示，地形高度的比例采用1∶200，水平方向比例采用1∶500。

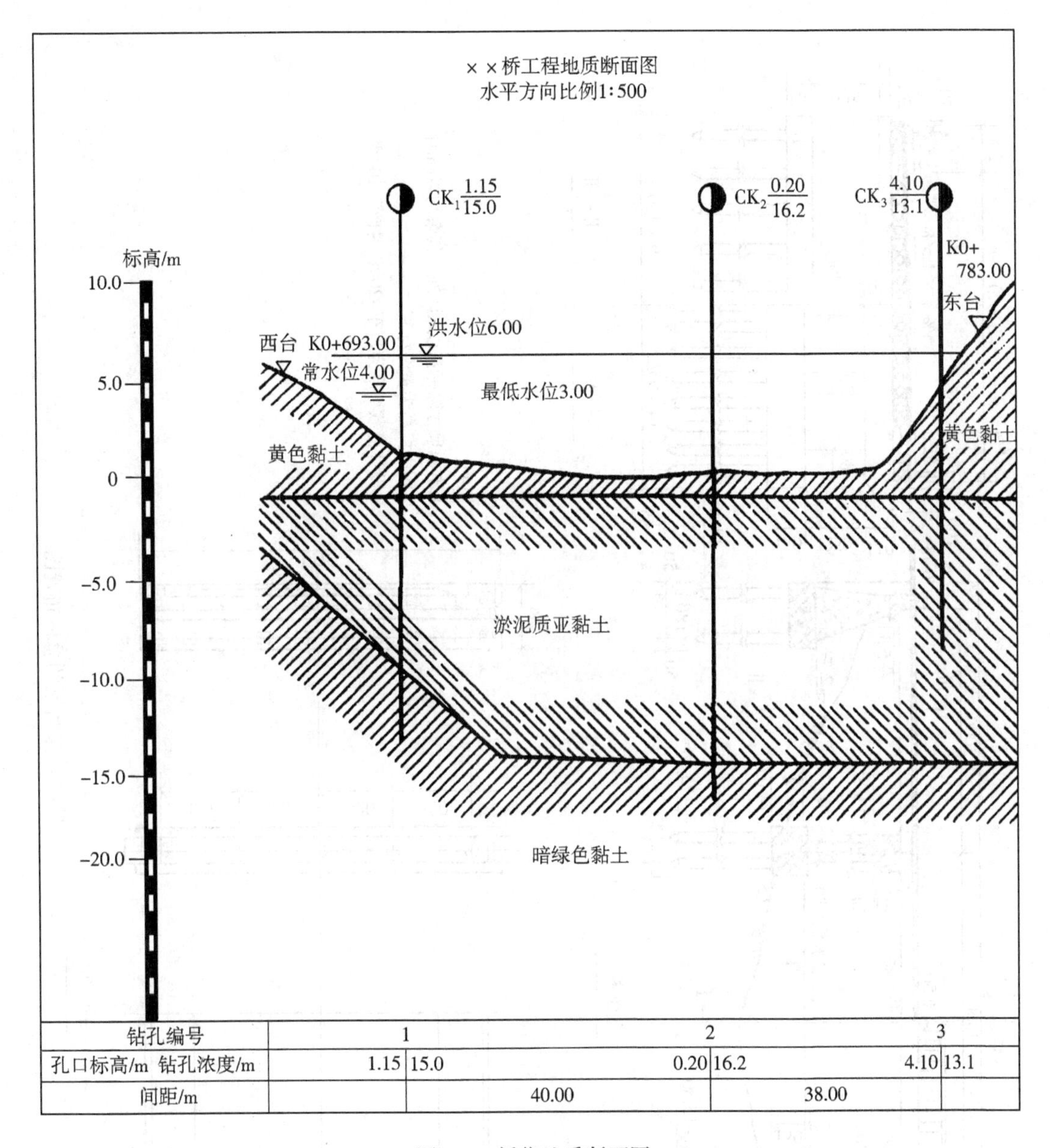

图 9-4　桥位地质断面图

3. 桥梁总体布置图

桥梁总体布置图和构件图是指导桥梁施工的最主要图样，它主要表明桥梁的形式、跨径、孔数、总体尺寸、桥道标高、桥面宽度、各主要构件的相互位置关系，桥梁各部分的标高、材料数量以及总的技术说明等，作为施工时确定墩台位置、安装构件和控制标高的依据。一般由立面图、平面图和剖面图组成。

图 9-5 为某桥梁的总体布置图，绘图比例采用 1∶200，该桥为三孔钢筋混凝土空心板简支梁桥，总长度 34. 90m，总宽度 14m，中孔跨径 13m，两边孔跨径 10m。桥中设有两个柱式桥墩，两端为重力式混凝土桥台，桥台和桥墩的基础均采用钢筋混凝土预制打入桩。桥上部承重构件为钢筋混凝土空心板梁。

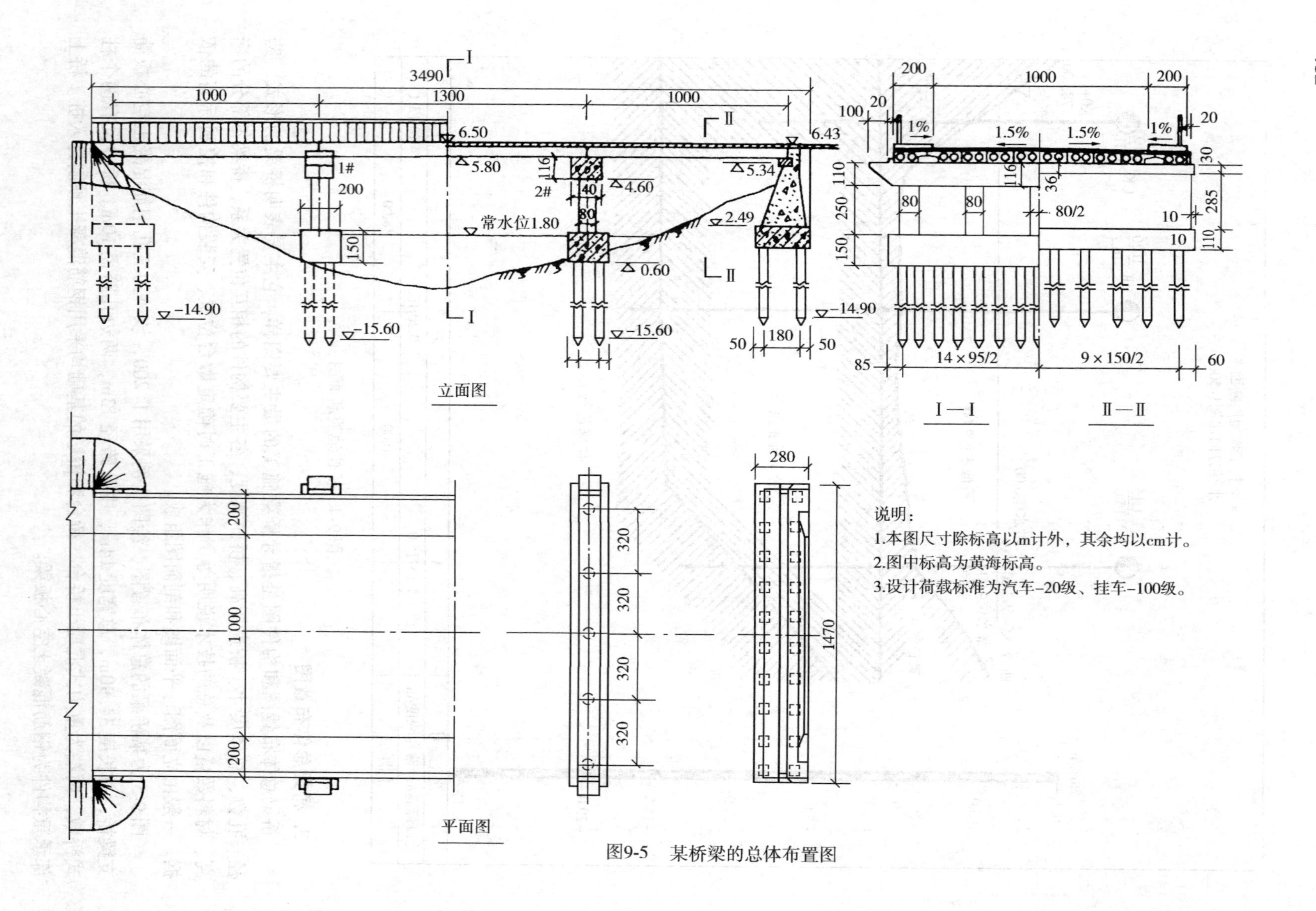

图9-5　某桥梁的总体布置图

（1）立面图　桥梁一般是左右对称的，所以立面图常常是由半立面和半纵剖面合成的。左半立面图为左侧桥台、1号桥墩、板梁、人行道栏杆等主要部分的外形视图。右半纵剖面图是沿桥梁中心线纵向剖开而得到的，2号桥墩、右侧桥台、板梁和桥面均应按剖开绘制。图中还画出了河床的断面形状，在半立面图中，河床断面线以下的结构如桥台、桩等用虚线绘制，在半剖面图中地下的结构均画为实线。由于预制桩打入到地下较深的位置，不必全部画出，为了节省图幅，采用了断开画法。图中还注出了桥梁各重要部位如桥面、梁底、桥墩、桥台、桩尖等处的高程，以及常水位（即常年平均水位）。

（2）平面图　桥梁的平面图也常采用半剖的形式。左半平面图是从上向下投影得到的桥面俯视图，主要画出了车行道、人行道、栏杆等的位置。由所注尺寸可知，桥面车行道净宽为10m，两边人行道各2m。右半部采用的是剖切画法（或分层切开画法），假想把上部结构移去后，画出了2号桥墩和右侧桥台的平面形状和位置。桥墩中的虚线圆是立柱的投影，桥台中的虚线正方形是下面方桩的投影。

（3）横剖面图　根据立面图中所标注的剖切位置可以看出，Ⅰ-Ⅰ剖面是在中跨位置剖切的，Ⅱ-Ⅱ剖面是在边跨位置剖切的，桥梁的横剖面图是左半部Ⅰ-Ⅰ剖面和Ⅱ-Ⅱ剖面拼成的。桥梁中跨和边跨部分的上部结构相同，桥面总宽度为14m，是由10块钢筋混凝土空心板拼接而成，图中由于板的断面形状太小，没有画出其材料符号。在Ⅰ-Ⅰ剖面图中画出了桥墩各部分，包括墩帽、立柱、承台、桩等的投影。在Ⅱ-Ⅱ剖面图中画出了桥台各部分，包括台帽、台身、承台、桩等的投影。

4. 构件图

图9-6为该桥梁各主要构件的立体示意图。

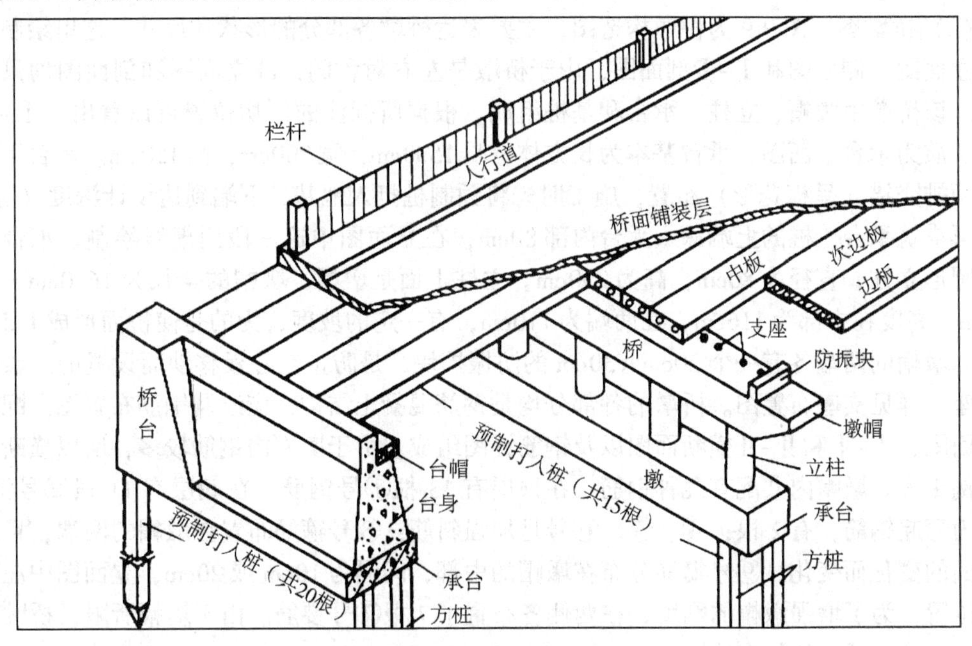

图9-6　桥梁各部分组成示意图

在总体布置图中，由于比例较小，不可能将桥梁各种构件都详细地表示清楚。为了实际施工和制作的需要，还必须用较大的比例画出各构件的形状大小和钢筋构造，构件图常用的比例为1:10~1:50，某些局部详图可采用更大的比例，如1:2~1:5。下面介绍桥梁中几种常见构件图的画法特点。

（1）钢筋混凝土空心板图　钢筋混凝土空心板是该桥梁上部结构中最主要的受力构件，它两端搁置在桥墩和桥台上，中跨为13m，边跨为10m。图9-7为边跨10m空心板构造图，由立面图、平面图和断面图组成，主要表达空心板的形状、构造和尺寸。整个桥宽由10块板拼成，按不同位置分为三种：中板（中间共6块）、次边板（两侧各1块）、边板（两边各1块）。三种板的厚度相同，均为55cm，故只画出了中板立面图。由于三种板的宽度和构造不同，故分别绘制了中板、次边板和边板的平面图，中板宽124cm，次边板宽162cm，纵向是对称的，所以立面图和平面图均只画出了一半，边跨板长名义尺寸为10m，但减去板接头缝后实际上板长为996cm。三种板均分别绘制了跨中断面图，可以看出它们不同的断面形状和详细尺寸。另外还画出了板与板之间拼接的铰缝大样图，具体施工做法详见说明。

桥梁板按截面形式分类

每种钢筋混凝土板都必须绘制钢筋布置图，现以边板为例介绍，图9-8为配筋图。立面图是用Ⅰ-Ⅰ纵剖面表示的（既然假定混凝土是透明的，立面图和剖面图已无多大区别，这里主要是为了避免钢筋过多的重叠，才这样处理）。由于板中有弯起钢筋，所以绘制图中横断面Ⅱ-Ⅱ和跨端横断面Ⅲ-Ⅲ，可以看出2号钢筋在中部时是位于板的底部，在端部时则位于板的顶部。为了更清楚地表示钢筋的布置情况，还画出了板的顶层钢筋平面图。

整块板共有十种钢筋，每种钢筋都绘出了钢筋详图。这样几种图互相配合，对照阅读，再结合列出的钢筋明细表，就可以清楚地了解该板中所有钢筋的位置、形状、尺寸、规格、直径、数量等内容，以及几种弯筋、斜筋与整个钢筋骨架的焊接位置和长度。

（2）桥墩图　图9-9为桥墩构造图，主要表达桥墩各部分的形状和尺寸。这里绘制了桥墩的立面图、侧面图和Ⅰ-Ⅰ剖面图，由于桥墩是左右对称的，故立面图和剖面图均只画出一半。该桥墩由墩帽、立柱、承台和基桩组成。根据所标注的剖切位置可以看出，Ⅰ-Ⅰ剖面图实质为承台平面图，承台基本为长方体，长1500cm，宽200cm，高150cm。承台下的基桩分两排交错（呈梅花形）布置，施工时先将预制桩打入地基，下端到达设计深度（标高）后，再浇筑承台，桩的上端深入承台内部80cm，在立面图中这一段用虚线绘制。承台上有五根圆形立柱，直径为80cm，高为250cm。立柱上面是墩帽，墩帽的全长为1650cm，宽为140cm，高度在中部为116cm，在两端为110cm，有一定的坡度，为的是使桥面形成1.5%的横坡。墩帽的两端各有一个20cm×30cm的防振挡块，是防止空心板移动而设置的。墩帽上的支座，详见支座布置图。桥墩的各部分均是钢筋混凝土结构，应绘制钢筋布置图。配筋图由立面图、Ⅰ-Ⅰ和Ⅱ-Ⅱ横断面图以及钢筋详图组成。由于墩帽内钢筋较多，所以横断面图的比例更大。墩帽内共配有九种钢筋：在顶层有13根①号钢筋；在底层有11根②号钢筋，③号为弯起钢筋，有2根；④、⑤、⑥号是加强斜筋；⑧号箍筋布置在墩帽的两端，且尺寸依截面的变化而变化；⑨号箍筋分布在墩帽的中部，间隔为10cm或20cm，立面图中注出了具体位置；为了增强墩帽的刚度，在两侧各布置了7根⑦号腰筋。由于篇幅所限，桥墩其他部分如立柱、承台等的配筋图略。

（3）桥台图　桥台属于桥梁的下部结构，主要是支承上部的板梁，并承受路堤填土的水平推力。我国公路桥梁桥台的形式主要有实体式桥台（又称重力式桥台）、埋置式桥台、轻型桥台、组合式桥台等。下面举例说明桥台构造。

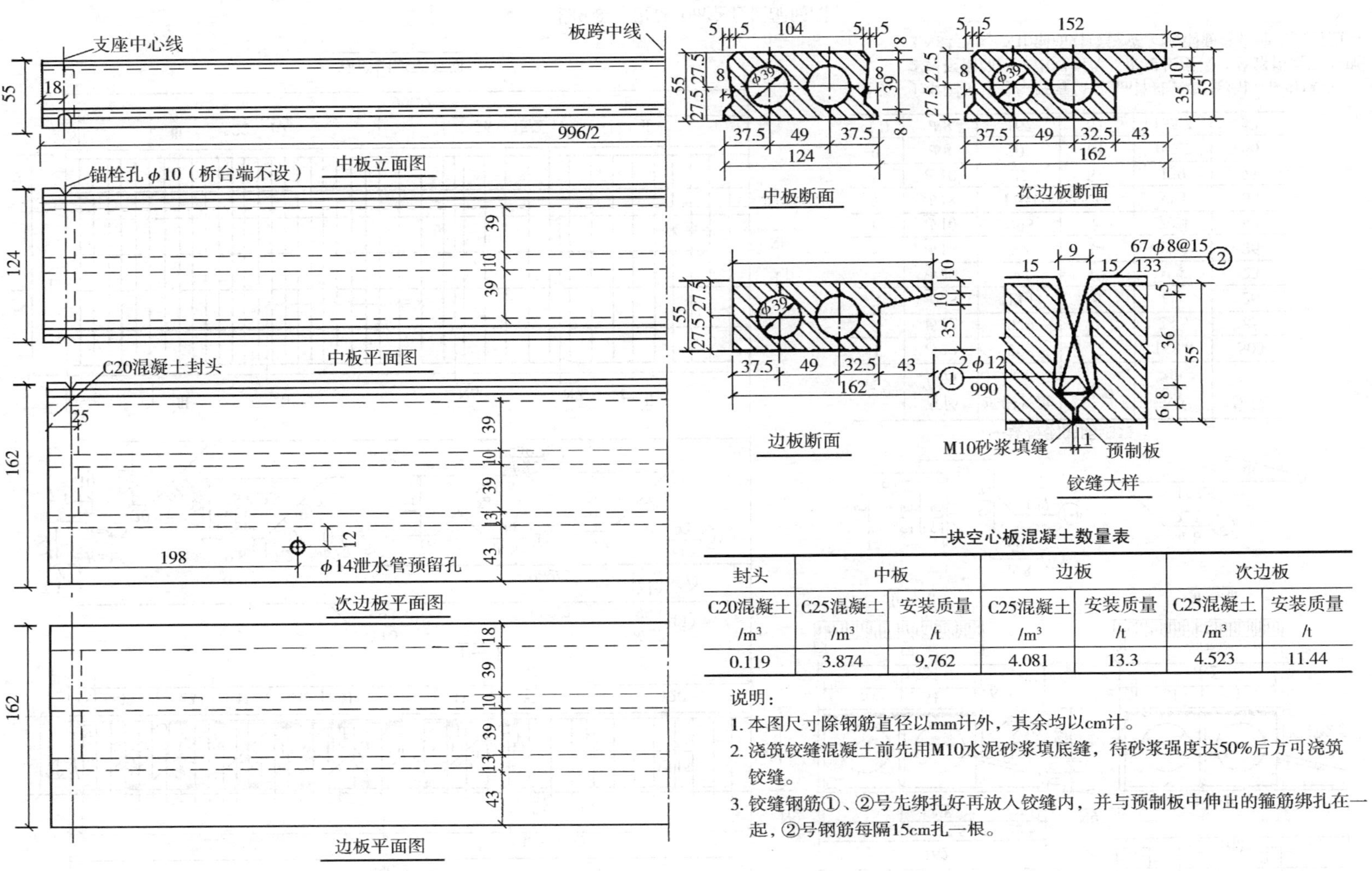

一块空心板混凝土数量表

封头	中板		边板		次边板	
C20混凝土/m³	C25混凝土/m³	安装质量/t	C25混凝土/m³	安装质量/t	C25混凝土/m³	安装质量/t
0.119	3.874	9.762	4.081	13.3	4.523	11.44

说明：

1. 本图尺寸除钢筋直径以mm计外，其余均以cm计。
2. 浇筑铰缝混凝土前先用M10水泥砂浆填底缝，待砂浆强度达50%后方可浇筑铰缝。
3. 铰缝钢筋①、②号先绑扎好再放入铰缝内，并与预制板中伸出的箍筋绑扎在一起，②号钢筋每隔15cm扎一根。

图9-7　边跨10m空心板构造图

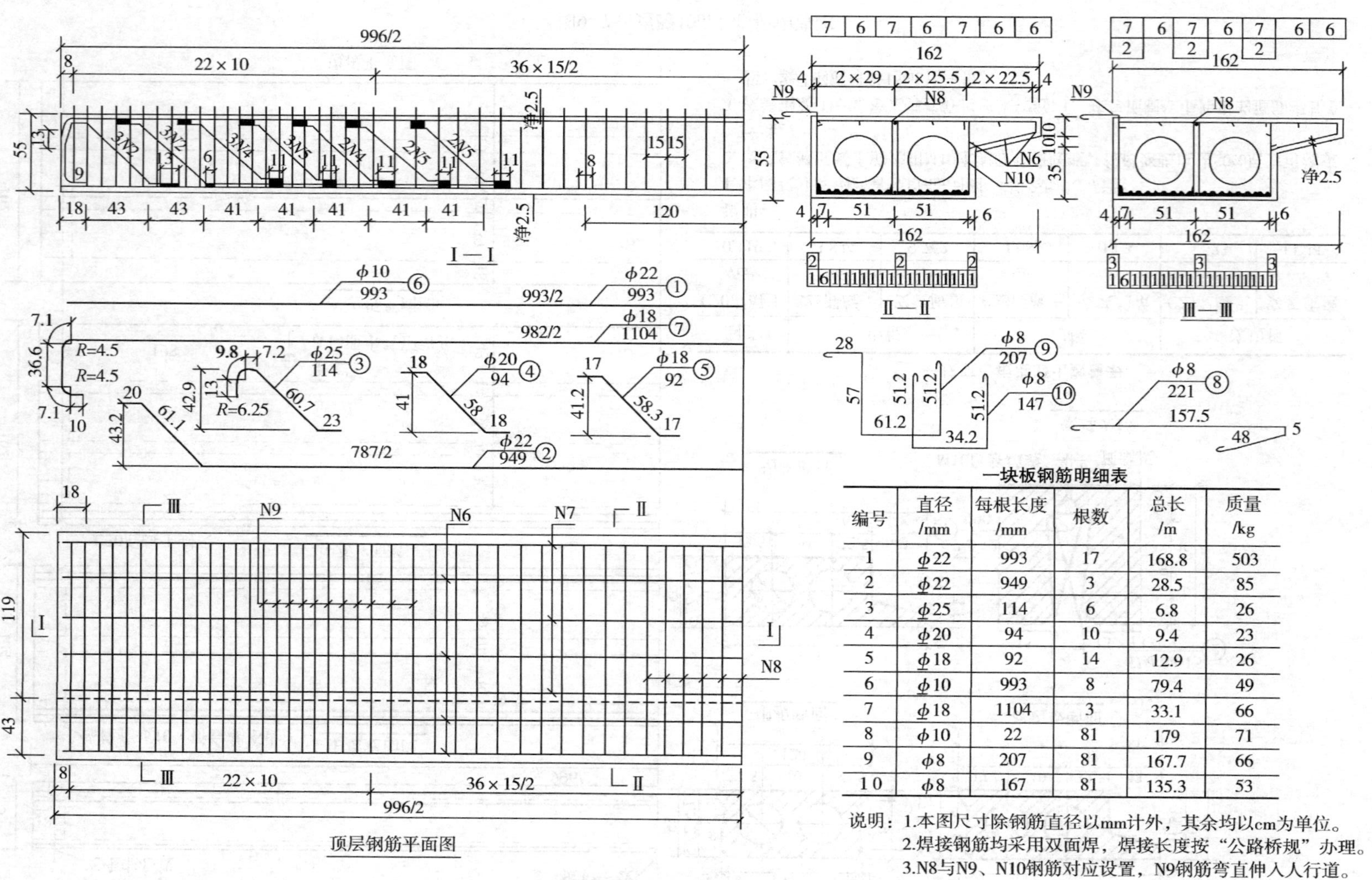

一块板钢筋明细表

编号	直径/mm	每根长度/mm	根数	总长/m	质量/kg
1	ϕ22	993	17	168.8	503
2	ϕ22	949	3	28.5	85
3	ϕ25	114	6	6.8	26
4	ϕ20	94	10	9.4	23
5	ϕ18	92	14	12.9	26
6	ϕ10	993	8	79.4	49
7	ϕ18	1104	3	33.1	66
8	ϕ10	22	81	179	71
9	ϕ8	207	81	167.7	66
10	ϕ8	167	81	135.3	53

说明：1.本图尺寸除钢筋直径以mm计外，其余均以cm为单位。
2.焊接钢筋均采用双面焊，焊接长度按“公路桥规”办理。
3.N8与N9、N10钢筋对应设置，N9钢筋弯直伸入人行道。

图9-8　边跨10m空心板配筋图

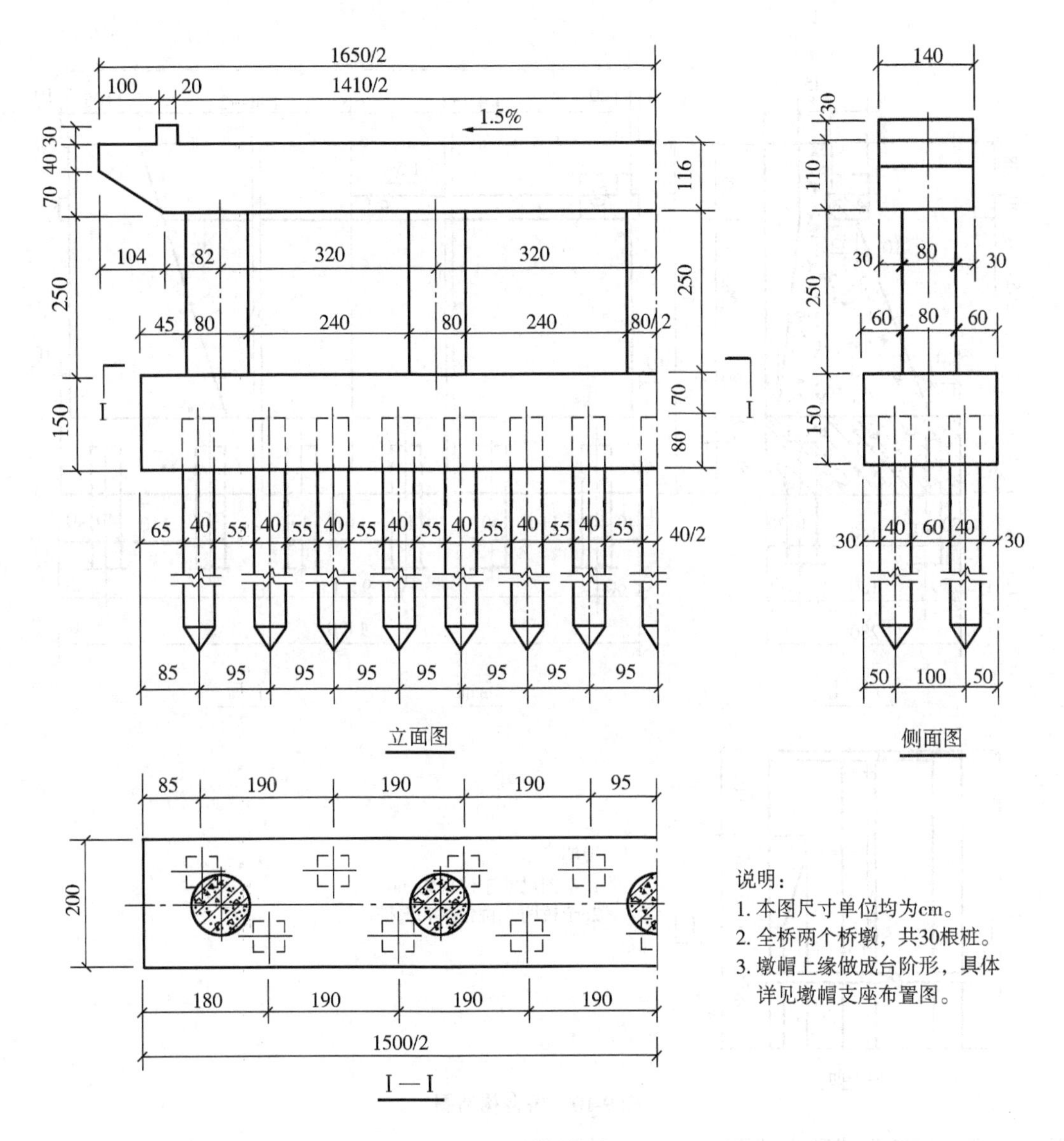

图 9-9　桥墩构造图

图 9-10 为重力式混凝土桥台构造图，用剖面图、平面图和侧面图表示。该桥台由台帽、台身、侧墙、承台和基桩组成。这里桥台的立面图用Ⅰ-Ⅰ剖面图代替，既可表示出桥台的内部构造，又可画出材料符号。该桥台的台身和侧墙均用 C30 混凝土浇筑而成，台帽和承台的材料为钢筋混凝土。桥台的长为285cm，高为493cm，宽为1470cm。由于宽度尺寸较大且对称，所以平面图只画出了一半。侧面图由台前和台后两个方向视图各取一半拼成，所谓台前是指桥台面对河流的一侧，台后则是桥台面对路堤填土的一侧。为了节省图幅，平面图和侧面图都采用了断开画法。桥台下的基桩分两排对齐布置，排距为 180cm，桩距为150cm，每个桥台有 20 根桩。桥台的承台等处的配筋图略。

（4）钢筋混凝土桩配筋图　该桥梁的桥墩和桥台的基础均为钢筋混凝土预制桩，桩的布置形式及数量已在上述图样中表达清楚。图 9-11a 为预制桩的配筋图，主要用立面图和断面图以及钢筋详图来表达。由于桩的长度尺寸较大，为了布图的方便常将桩水平放置，断面

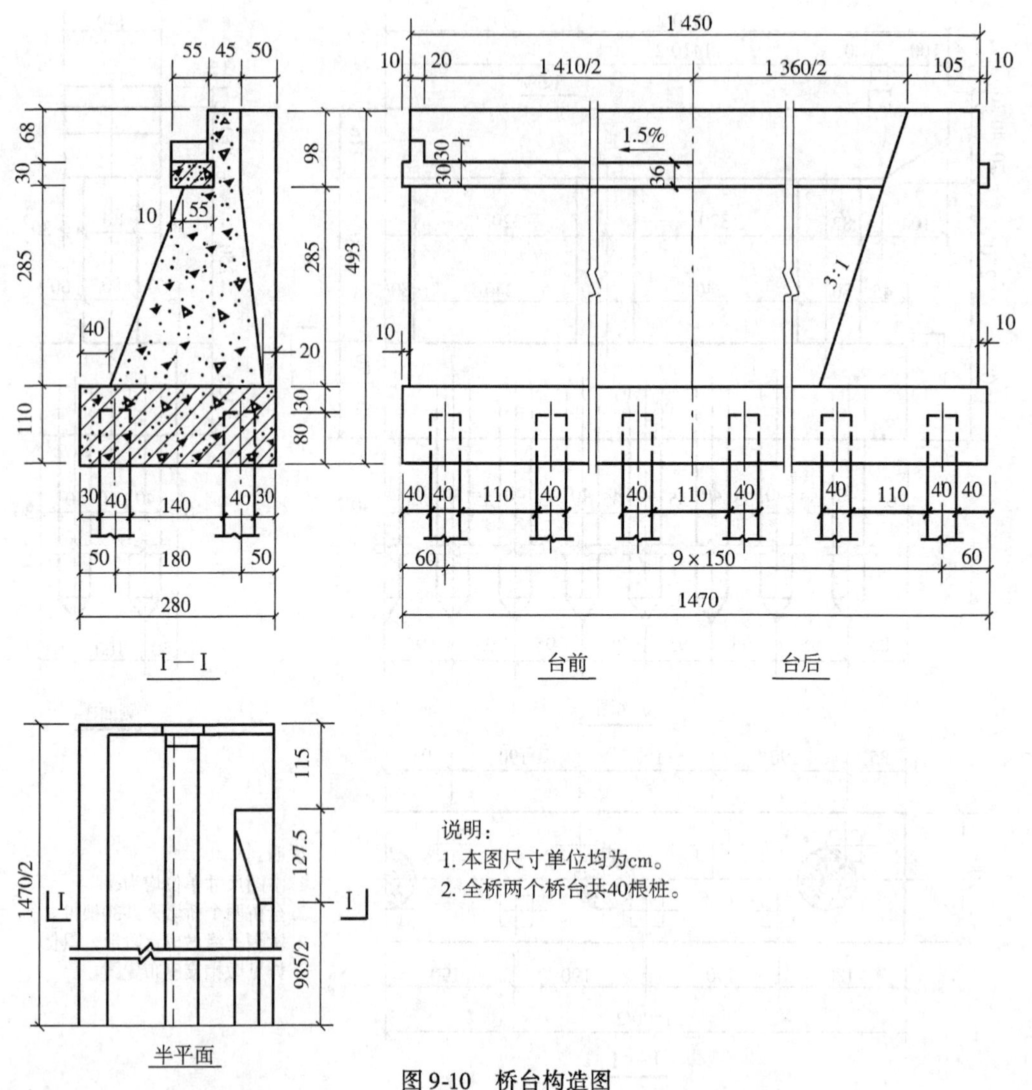

图 9-10 桥台构造图

图可画成中断断面或移出断面。

由图可以看出该桩的截面为正方形（40cm×40cm），桩的总长为17m，分上下两节，上节桩长为8m，下节桩长为9m。上节桩内布置的主筋为8根①号钢筋，桩顶端有钢筋网1和钢筋网2共三层，在接头端预埋4根⑩号钢筋。下节桩内的主筋为4根②号钢筋和4根③号钢筋，一直通过桩尖部位，⑥号钢筋为桩尖部位的螺旋形钢筋。④和⑤号为大小两种方形箍筋，套叠在一起放置，每种箍筋沿桩长度方向有三种间距，④号箍筋从两端到中央的间距依次为5cm、10cm、20cm，⑤号箍筋从两端到中央的间距分别为10cm、20cm、40cm，具体位置详见标注。画出的Ⅰ-Ⅰ剖面图实际上是桩尖视图，主要表示桩尖部的形状及⑦号钢筋与②号钢筋的位置。桩接头处的构造另有详图，这里未示出。

以上介绍了钢筋混凝土预制桩，工程上还常采用钻孔灌注桩。下面以图9-11b为例介绍其桥墩基桩钢筋构造图。桥墩柱、桩的钢筋布置图中①、②分别为柱、桩的主筋，③、④为柱、桩的定位箍筋，⑤、⑥为柱、桩的螺旋分布筋，⑦为钢筋骨架定位筋。

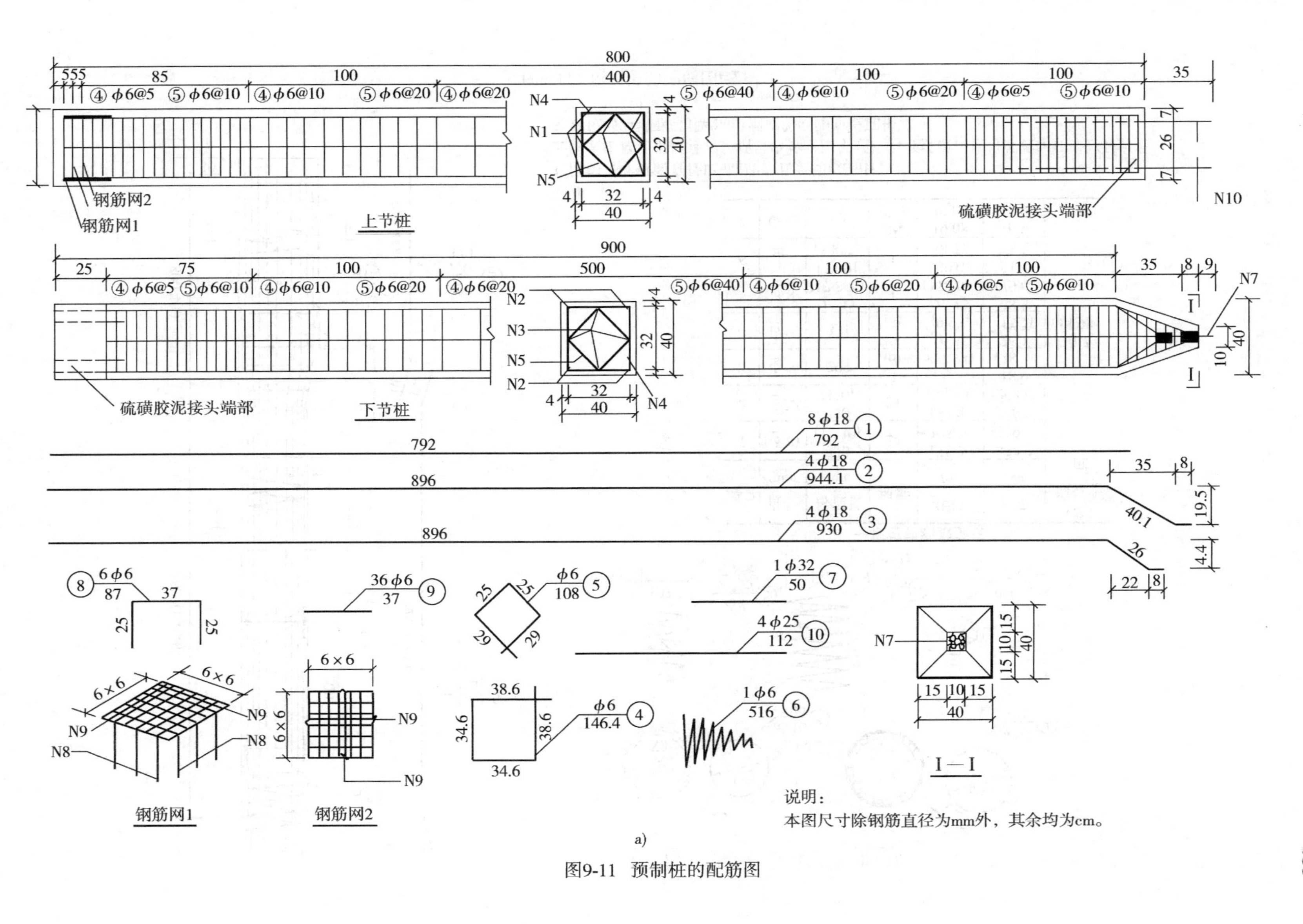

说明：
本图尺寸除钢筋直径为mm外，其余均为cm。

a)

图9-11 预制桩的配筋图

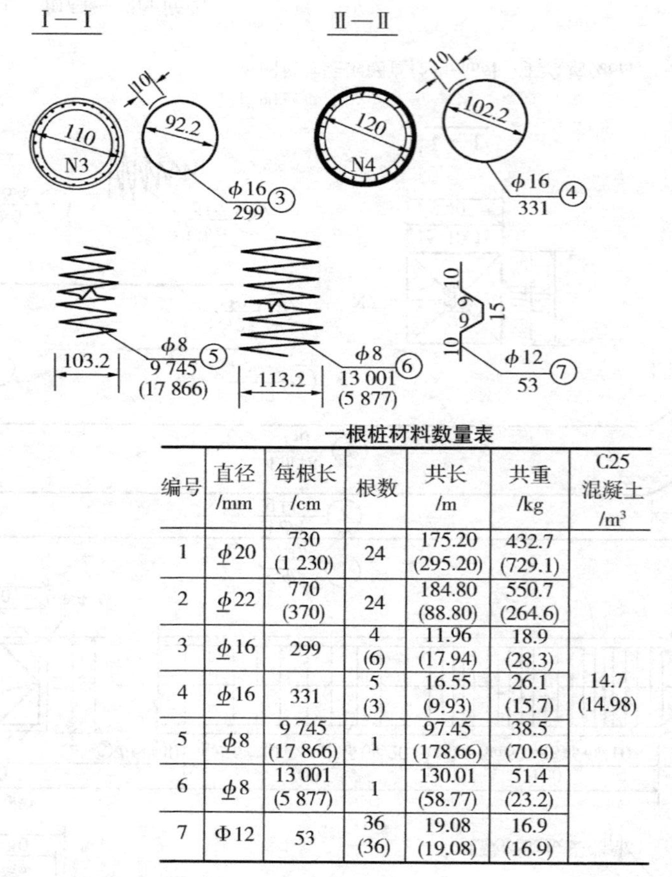

一根桩材料数量表

编号	直径/mm	每根长/cm	根数	共长/m	共重/kg	C25混凝土/m³
1	ϕ20	730 (1 230)	24	175.20 (295.20)	432.7 (729.1)	14.7 (14.98)
2	ϕ22	770 (370)	24	184.80 (88.80)	550.7 (264.6)	
3	ϕ16	299	4 (6)	11.96 (17.94)	18.9 (28.3)	
4	ϕ16	331	5 (3)	16.55 (9.93)	26.1 (15.7)	
5	ϕ8	9 745 (17 866)	1	97.45 (178.66)	38.5 (70.6)	
6	ϕ8	13 001 (5 877)	1	130.01 (58.77)	51.4 (23.2)	
7	Φ12	53	36 (36)	19.08 (19.08)	16.9 (16.9)	

附注：

1. 图中尺寸钢筋直径以mm计，其余均以cm计。
2. 图表中尺寸带括号者，括号内数字用于3号、4号桥墩，括号外数字用于2号桥墩。
3. 定位筋7号钢筋每隔2m沿圆周等间距布设四根。

b)

图9-11 预制桩的配筋图(续)

该图用一个立面图和Ⅰ-Ⅰ、Ⅱ-Ⅱ两个断面图即已表达清楚。断面图中钢筋采用了夸张的画法，即 N3 与 N5、N4 与 N6 间距适当拉大画出。

（5）支座布置图　支座位于桥梁上部结构与下部结构的连接处，桥墩的墩帽和桥台的台帽上均设有支座梁搁置在支座上。上部荷载由板梁传给支座，再由支座传给桥墩或桥台，可见支座虽小但很重要。图 9-12 为桥墩支座布置图，用立面图、平面图及详图表示。在立面图上详细绘制了预制板的拼接情况，为了使桥面形成 1.5% 的横坡，墩帽上缘做成台阶形，以安放支座。立面图画得不是很清楚，故用更大比例画出了局部放大详图，即 A 大样图，图中注出台阶宽 1.88cm。

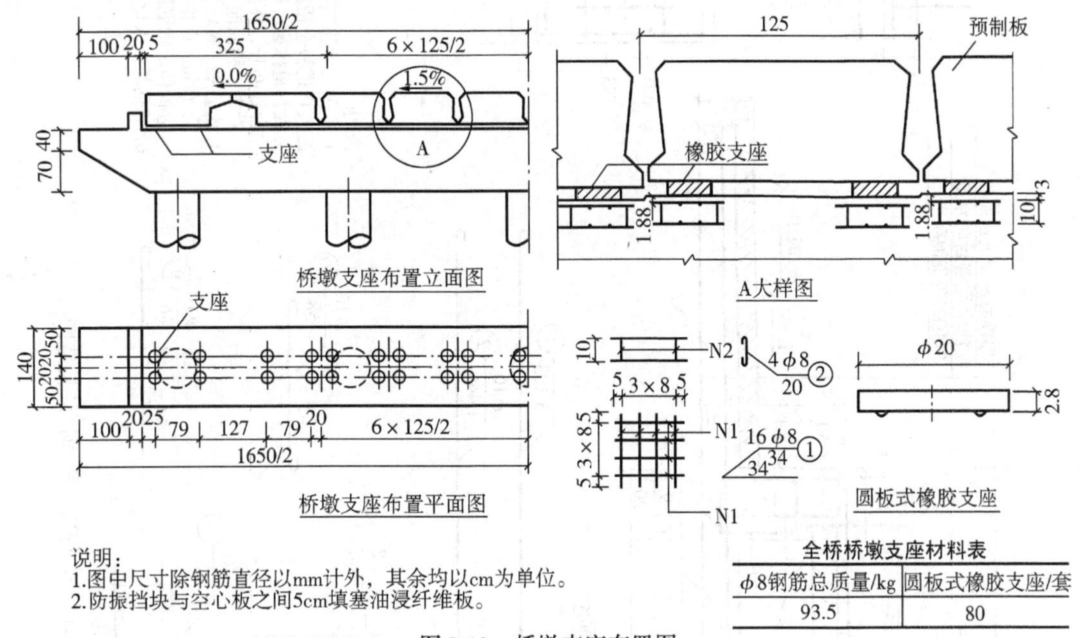

全桥桥墩支座材料表

ϕ8钢筋总质量/kg	圆板式橡胶支座/套
93.5	80

图 9-12　桥墩支座布置图

在墩帽的支座处受压较大，为此在支座下增设有钢筋垫，由①号和②号钢筋焊接而成，以加强混凝土的局部承压能力。平面图是将上部预制板移去后画出的，可以看出支座在墩帽上是对称布置的，并注有详细的定位尺寸。安装时，预制板端部的地支座中心线应与桥墩的支座中心线对准。支座是工业制成品，本桥采用的是圆板式橡胶支座，直径为 20cm，厚度为 2.8cm。

（6）人行道及桥面铺装构造图　图 9-13 为人行道及桥面铺装构造图，这里绘出的人行道立面图，是沿桥的横向剖切而得到的，实质上是人行道的横剖面图。桥面铺装层主要是由纵向①号钢筋和横向②号钢筋形成的钢筋网，现浇 C25 混凝土，厚度为 10cm。车行道部分的面层为 5cm 厚沥青混凝土。人行道部分是在路缘石、撑梁、栏杆垫梁上铺设人行道板后构成架空层，面层为地砖贴面。人行道板长 74cm，宽为 49cm，厚为 8cm，用 C25 混凝土预制而成，另画有人行道板的钢筋布置图。

9.3　隧道工程图

隧道洞身衬砌

隧道工程无论结构形式和采用的材料如何，其表示方法是基本相同的，描述一座隧道的工程图很多，一般可分为隧道平面图、隧道纵断面图、隧道洞身衬砌断面构造

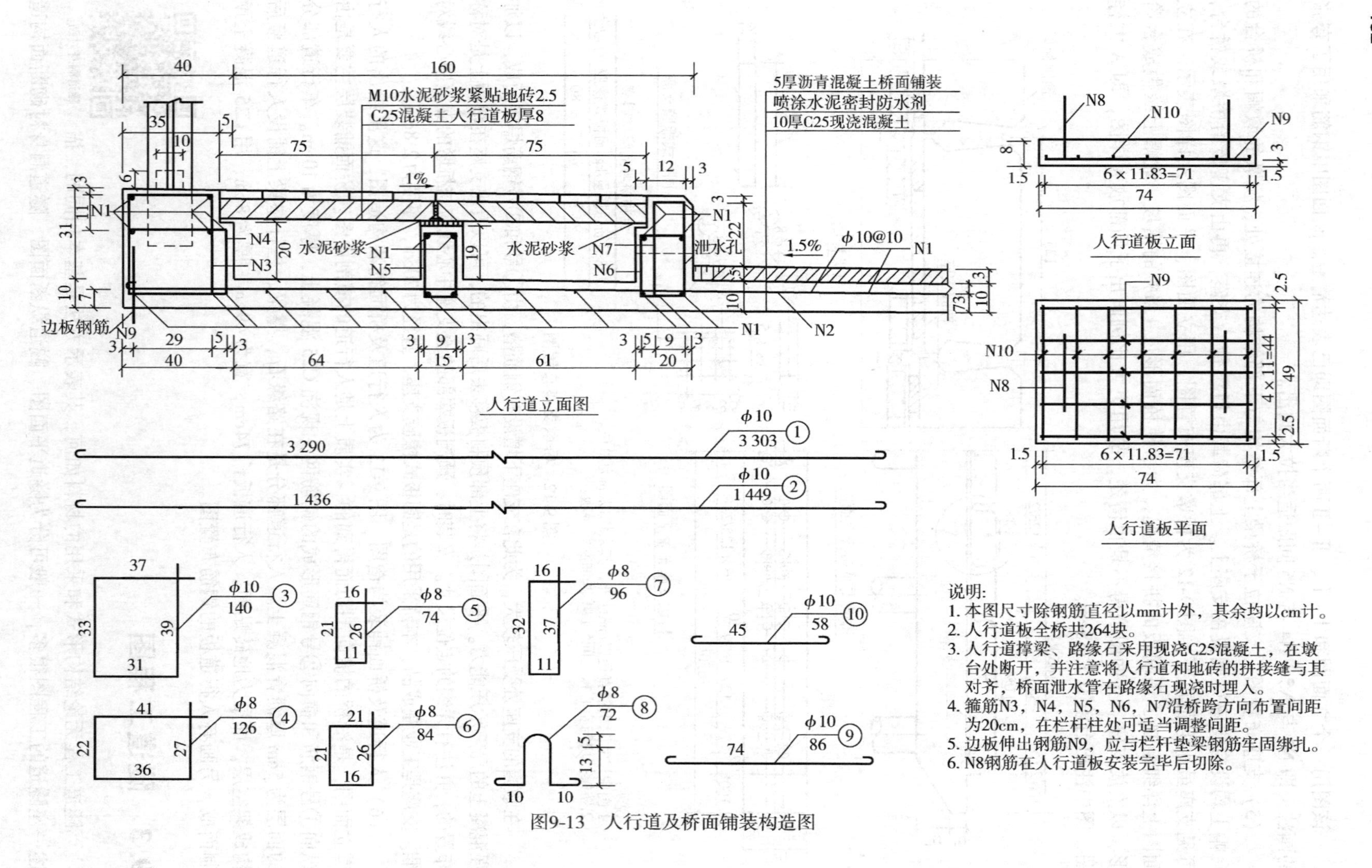

图9-13　人行道及桥面铺装构造图

说明:

1. 本图尺寸除钢筋直径以mm计外，其余均以cm计。
2. 人行道板全桥共264块。
3. 人行道撑梁、路缘石采用现浇C25混凝土，在墩台处断开，并注意将人行道和地砖的拼接缝与其对齐，桥面泄水管在路缘石现浇时埋入。
4. 箍筋N3，N4，N5，N6，N7沿桥跨方向布置间距为20cm，在栏杆柱处可适当调整间距。
5. 边板伸出钢筋N9，应与栏杆垫梁钢筋牢固绑扎。
6. N8钢筋在人行道板安装完毕后切除。

图、隧道进出口设计图、隧道路面结构图、避车洞结构图、附属工程结构图和结构大样图等几种，下面针对主要图样进行详细说明：

1. 隧道横断面总体布置图

如图 9-14 所示，隧道横断面采用复合式衬砌，初期支护采用锚喷支护，二次衬砌采用模筑混凝土衬砌，内夹防排水层。路面采用双向横坡，坡度为 2%，本隧道内无超高及加宽。路面设双侧排水沟，路基中心设中心排水沟。隧道内营运清洗水、消防水和其他废水，通过预留泄水孔排入两侧水沟，将污水排出洞外并与洞门外路基两侧边沟槽相通。虚线表示建筑限界，在建筑限界内不能设置任何设备和交通工程设施，如照明、供电线路和消防设备等，都应该安装在建筑限界外。

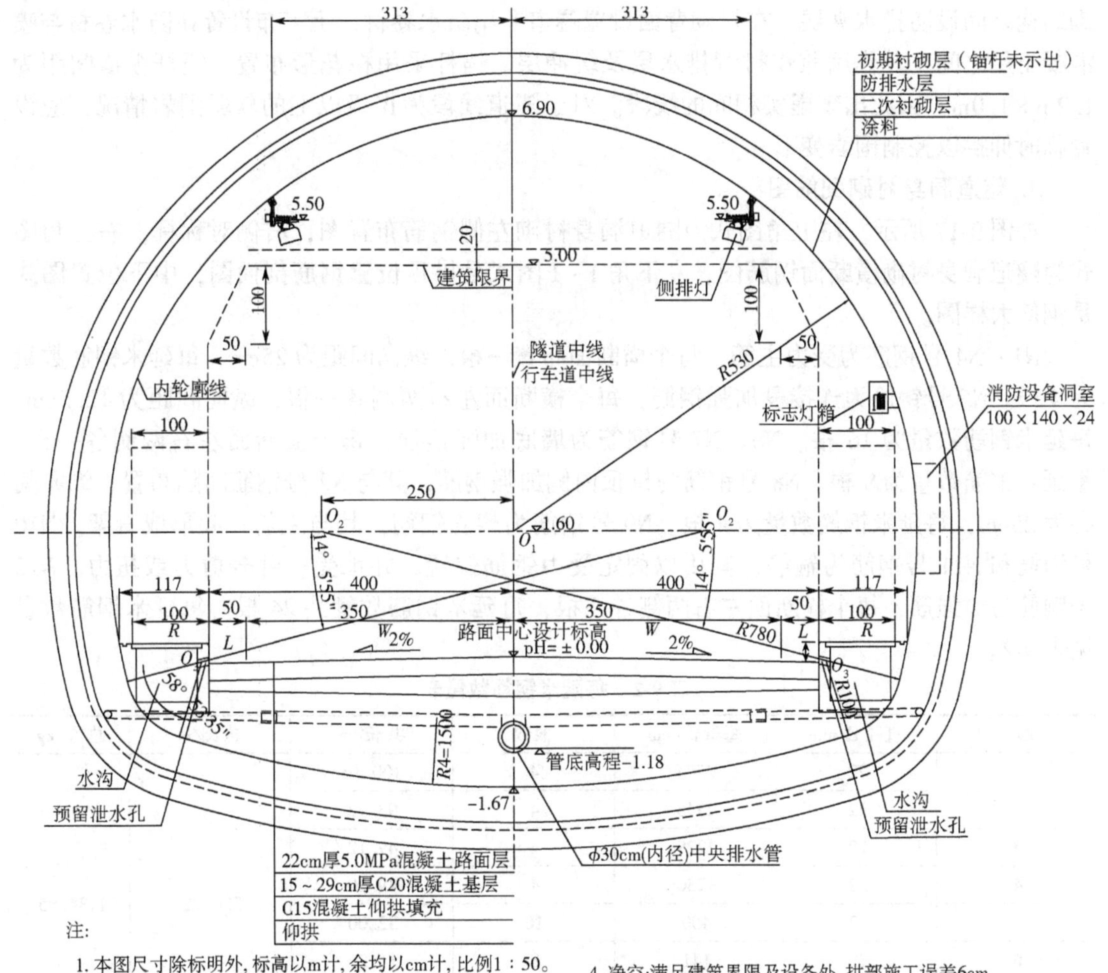

注:

1. 本图尺寸除标明外，标高以m计，余均以cm计，比例1：50。
2. 本隧道几何线形设计速度40km/h。
3. 建筑界限。
   行车道宽度(w):2m × 3.5m
   侧向宽度(L):2m × 0.5m
   人行道宽(R):2m × 1.0m
4. 净空:满足建筑界限及设备外，拱部施工误差6cm。
5. 断面净空面积 60.81m²。
6. 隧道按新奥法(NATM)施工。
7. 本图适用于Ⅳ级围岩设仰拱地段。

图 9-14　隧道标准横断面总体布置图

2. 隧道洞身衬砌断面结构图

隧道洞身衬砌断面结构图是采用垂直于路中心线的平面剖切洞身及基础得到的断面图。

主要表示隧道洞身衬砌结构形式、洞身断面形状和路面结构形式等，

如洞身衬砌结构形式有变化，则每种形式均需要相应的断面图表达清楚，这类图样包括图、表和文字说明三部分。

如图 9-15 所示，明洞结构为现浇钢筋混凝土衬砌结构，明洞背部防水层采用 2.5mm 厚的 SBS 型改性沥青防水卷材，防水层外部应做 2～3cm 水泥砂浆保护层再做填土。隧道路面采用混凝土路面结构，面层 22cm 混凝土和 15cm 厚 C20 混凝土垫层。在非仰拱区段，路面下应先 C20 素混凝土找平。

如图 9-16 所示，暗洞衬砌结构采用复合式支护结构形式，初期支护以锚杆、喷射混凝土、钢筋网及钢支撑组成联合支护体系。二次衬砌采用模筑混凝土结构，初期支护与二次衬砌结构之间设防排水夹层，在衬砌背面设置隧道专用防水卷材，土工布设置在防水卷材与喷混凝土层之间，其作用兼作衬背排水层及缓冲层。锚杆采用梅花形布置，锚杆纵横间距为 1.2m×1.0m，因此出现虚实相间的线段。对于隧道线段为Ⅳ级以上的软弱围岩情况，应设置临时仰拱以控制围岩变形。

3. 隧道洞身衬砌配筋图

如图 9-17 所示，左上角图式为隧道洞身衬砌左侧钢筋布置图，右侧对称标。右上角图式为隧道洞身衬砌横断面钢筋图，左下角 I－I 图式是拱顶位置钢筋剖面图，中下位置图式是钢筋大样图。

N1～N4 号钢筋为受力主筋，每个横断面布置一根，纵向间距为 25cm，每延米钢筋数量为 4 根。N5 号钢筋为连接段加强钢筋，每个横断面左右两侧各一根，纵向间距为 12.5cm，每延米钢筋数量为 16 根。N6、N7 号钢筋为墙底加强钢筋，每个横断面左右两侧各一根，每延米钢筋数量为 8 根。N8 号钢筋为拱顶内侧加强钢筋，其与 N2 号钢筋间隔布置，纵向间距为 25cm，每延米钢筋数量为 4 根。N9 号钢筋为架立钢筋，其与主筋一起形成骨架。N10 号钢筋和 N11 号钢筋为箍筋，其用以固定受力钢筋位置，并承受一部分剪力或扭力。N12 号钢筋为加强筋，每个横断面左右两侧各三根，每延米钢筋数量共 24 根。每延米钢筋数量见表 9-2。

表 9-2　每延米钢筋数量表

编号	直径 d/mm	每根长/cm	根数	共长/m	总长/m	总重/kg
1	22	2504	4	100.16	380.72	1134.55
2	22	2348	4	93.92		
3	22	1228	4	49.12		
4	22	1230	4	49.20		
5	22	400	16	32.00		
6	22	141	8	11.28		
7	22	272	8	21.76		
8	22	582	4	23.28		
9	12	100	238	238.00	573.06	508.88
10	12	73	338	246.74		
11	12	91.5	64	58.56		
12	12	124	24	29.76		

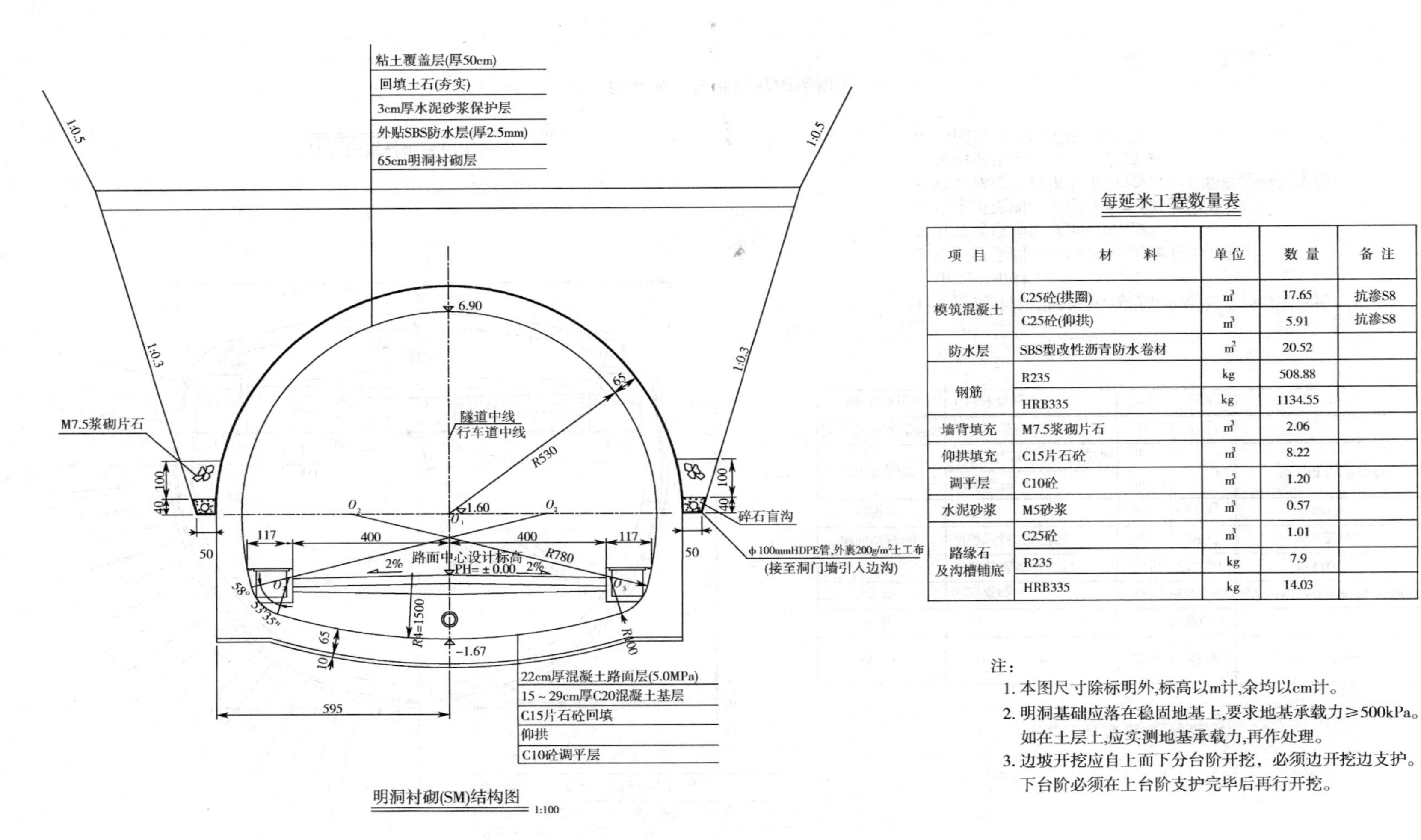

每延米工程数量表

项 目	材 料	单位	数 量	备 注
模筑混凝土	C25砼(拱圈)	m^3	17.65	抗渗S8
	C25砼(仰拱)	m^3	5.91	抗渗S8
防水层	SBS型改性沥青防水卷材	m^2	20.52	
钢筋	R235	kg	508.88	
	HRB335	kg	1134.55	
墙背填充	M7.5浆砌片石	m^3	2.06	
仰拱填充	C15片石砼	m^3	8.22	
调平层	C10砼	m^3	1.20	
水泥砂浆	M5砂浆	m^3	0.57	
路缘石及沟槽铺底	C25砼	m^3	1.01	
	R235	kg	7.9	
	HRB335	kg	14.03	

注：
1. 本图尺寸除标明外,标高以m计,余均以cm计。
2. 明洞基础应落在稳固地基上,要求地基承载力≥500kPa。如在土层上,应实测地基承载力,再作处理。
3. 边坡开挖应自上而下分台阶开挖，必须边开挖边支护。下台阶必须在上台阶支护完毕后再行开挖。

图9-15　明洞衬砌结构方案图

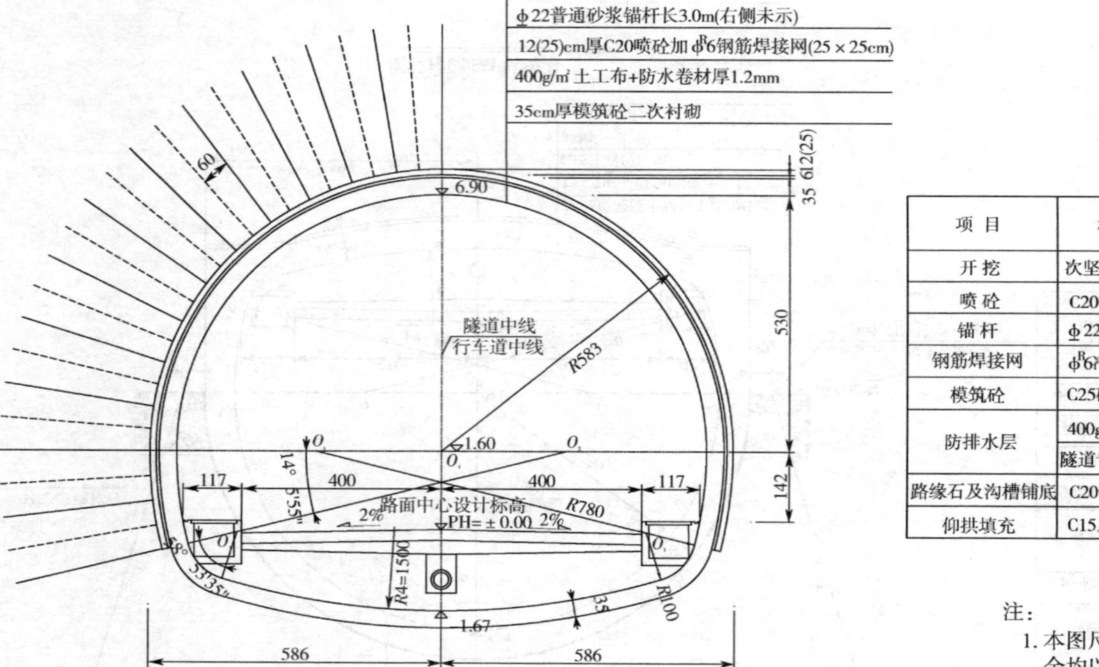

IV级围岩衬砌结构图(S4a) 1:100

主要工程数量表(每延米)

项 目	材 料	单位	数量	备 注
开 挖	次坚石	m^3	80.10	
喷 砼	C20喷砼	m^3	2.66(5.54)	括号内数值适用于需设钢拱架路段
锚 杆	ф22普通砂浆锚杆	m/根	73.5/24.5	长3.0m
钢筋焊接网	ф^R6冷轧带肋钢筋	kg	39.12	25×25cm
模筑砼	C25砼	m^3	11.39	含仰拱
防排水层	400g/m^2土工布	m^2	21.68	复合式防水卷材
	隧道专用防水卷材1.2mm	m^2		
路缘石及沟槽铺底	C20钢筋砼	m^3	0.73	
仰拱填充	C15片石砼	m^3	8.22	

注：

1. 本图尺寸除标明外,标高以m计,钢筋直径以mm计,余均以cm计。
2. 锚杆纵横间距1.2×1.0m,呈梅花形布置。
3. 开挖考虑预留变形量6cm。
4. 排水系统图中未示,具体设置见详图。
5. 喷砼厚度正常情况下取12cm。需要设置钢拱架时,按图中括号内取值，为25cm。
6. 本图适用于IV级围岩区段。

图9-16　IV围岩衬砌结构图

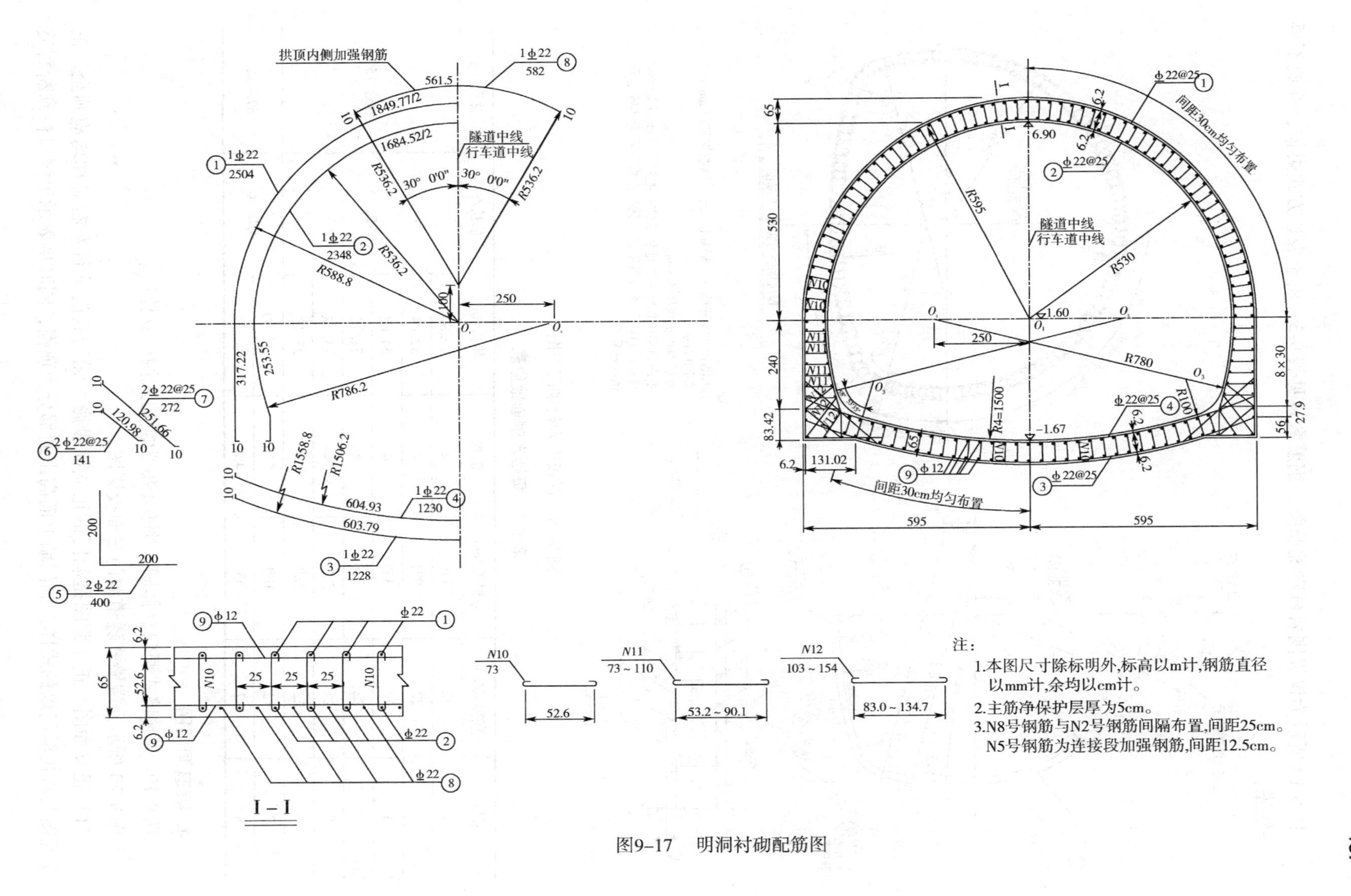

图9-17　明洞衬砌配筋图

图 9-18 所示为Ⅳ级围岩衬砌配筋图，钢筋数量见表 9-3，由于表达方式类似，在此不再一一叙述。

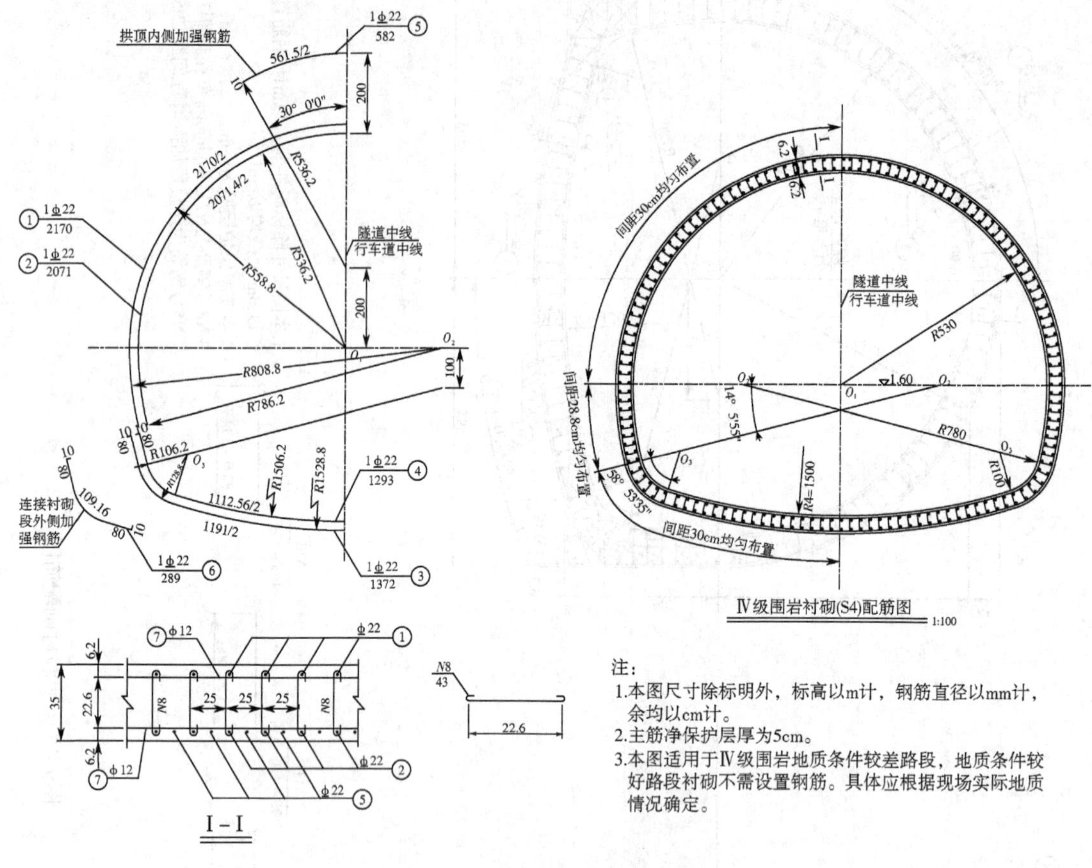

图 9-18　Ⅳ级围岩衬砌配筋图

表 9-3　每延米钢筋数量表

编号	直径 d/mm	每根长/cm	根数	共长/m	总长/m	总重/kg
1	22	2170	4	86. 80	322. 70	963. 15
2	22	2071	4	82. 84		
3	22	1372	4	54. 88		
4	22	1293	4	51. 72		
5	22	582	4	23. 28		
6	22	289	8	23. 18		
7	12	100	226	226. 00	420. 36	373. 28
8	12	43	452	194. 36		

4. 隧道洞门图

图 9-19a 为端墙式洞门立体图，图 9-19b 为翼墙式洞门立体图。

图 9-20 所示为端墙式隧道洞门三面投影图。

(1) 正立面图　正立面图是洞门的正立面投影，无论洞门是否左右对称均应画全。正立面图反映出洞门墙的式样，洞门墙上面高出的部分为顶帽，同时也表示出洞口衬砌断面类

图 9-19 隧道洞门立体图

a) 端墙式 b) 翼墙式

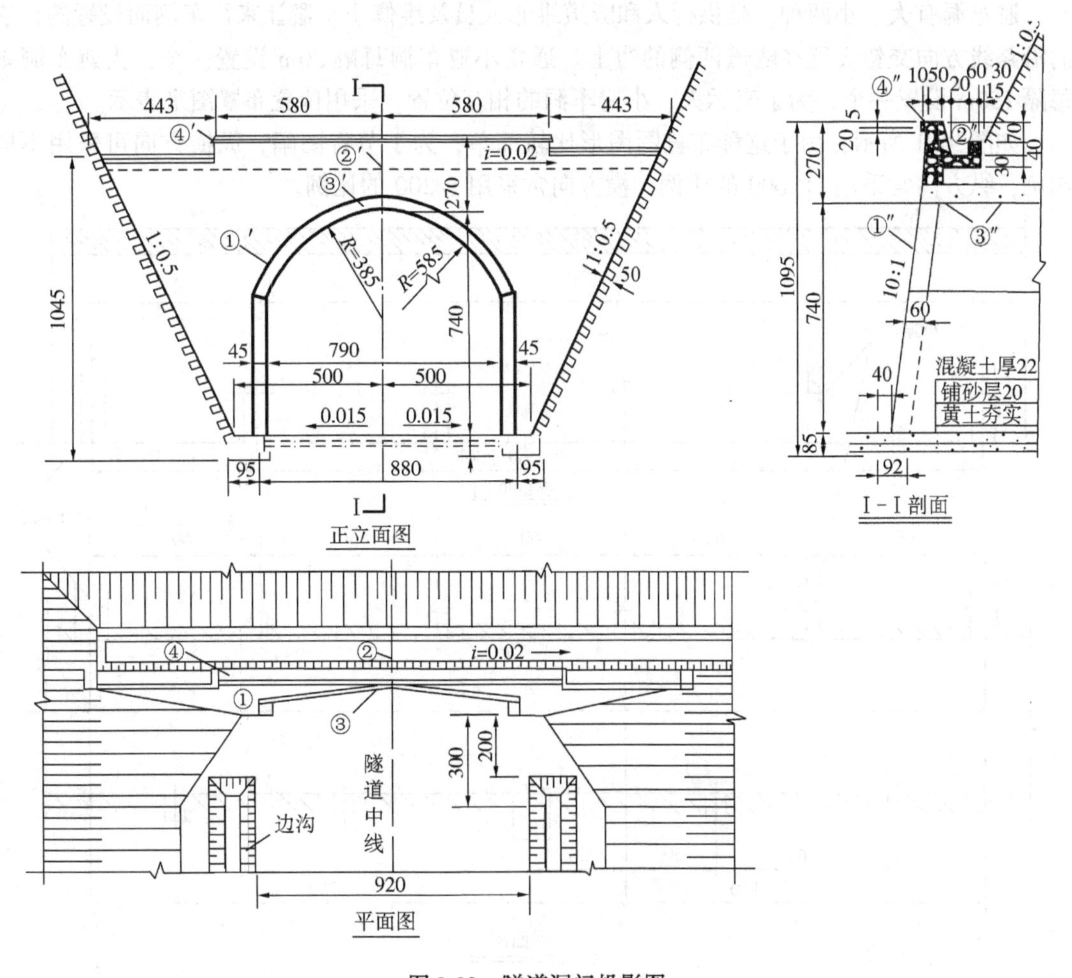

图 9-20 隧道洞门投影图

型，它是由两个不同半径（$R=385\text{cm}$ 和 $R=585\text{cm}$）的三段圆弧和两直线边墙组成的。拱圈厚度为 45cm。洞口净空尺寸高为 740cm，宽为 790cm；洞门墙的上面有一条从左往右方向倾斜的虚线，并注有 $i=0.02$ 的箭头，这表明洞门顶部有坡度为 2% 的排水沟，用箭头表示流水方向。其他虚线反映了洞门墙和隧道底面的不可见轮廓线，它们被洞门前面两侧路堑边坡和公路路面遮住，所以用虚线表示。

（2）平面图　平面图仅画出洞门外露部分的投影，平面图表示了洞门墙顶帽的宽度、洞顶排水沟的构造及洞门口外两边沟的位置（边沟断面未示出）。

（3）Ⅰ-Ⅰ剖面图　根据Ⅰ-Ⅰ剖切方向，Ⅰ-Ⅰ剖面图是剖切洞门后向左投影并平移到右侧立面上的剖面图。仅画出靠近洞口的一小段用折断符号折断，图中可以看到洞门墙倾斜坡度为 10∶1，洞门墙厚度为 60cm，还可以看到排水沟的剖面形状、拱圈厚度以及材料剖面符号等。

为了读图方便，图 9-20 还在三个投影图上对不同的构件分别用数字注出。如洞门墙为①'、①′、①″，洞顶排水沟为②'、②、②″，拱圈为③'、③、③″，顶帽为④'、④、④″等。

5. 避车洞图

避车洞有大、小两种，是供行人和隧道维修人员及维修小车避让来往车辆而设置的，它们沿路线方向交错设置在隧道两侧的边上。通常小避车洞每隔 30m 设置一个，大避车洞则每隔 150m 设置一个，为了表示大、小避车洞的相互位置，采用位置布置图来表示。

如图 9-21 所示，由于这种布置图图形比较简单，为了节省图幅，纵横方向可采用不同比例，纵方向常采用 1∶2000 的比例，横方向常采用 1∶200 的比例。

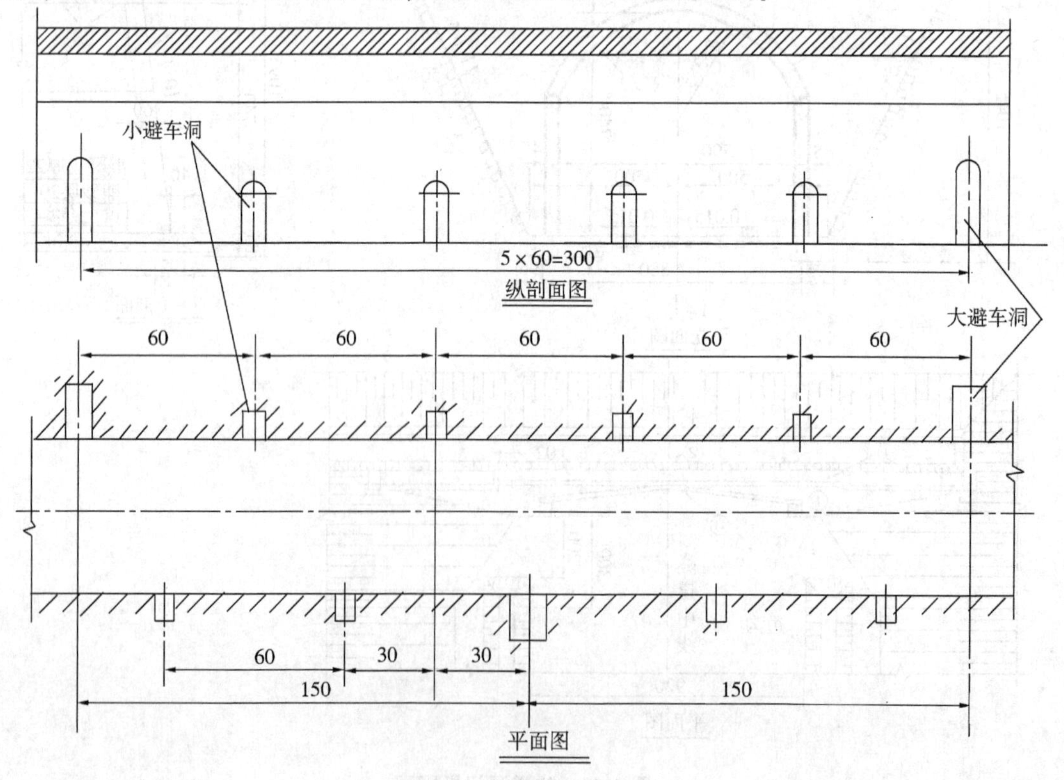

图 9-21　避车洞布置图

图 9-22a 所示为大避车洞立体图，图 9-22b 所示为大避车洞详图，洞内底面两边做成斜坡以供排水之用。

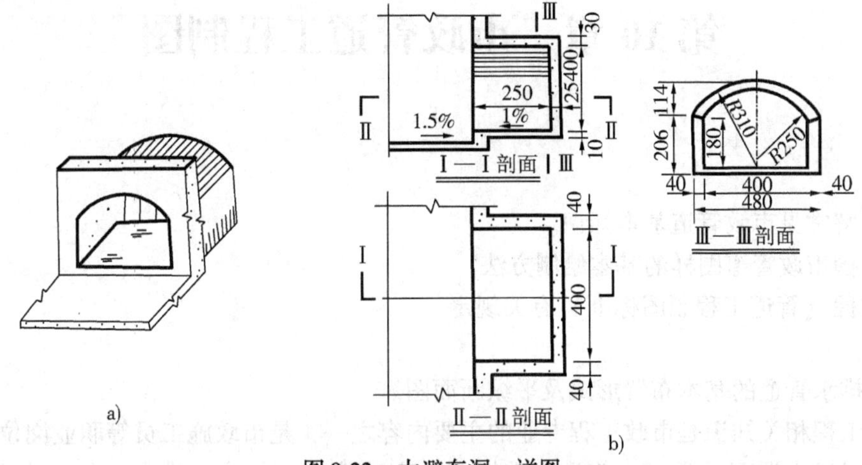

图 9-22　大避车洞、详图

a）大避车洞立体图　b）大避车洞详图

思考题与习题

9-1　桥梁工程图包括的主要图样有哪些？图示特点有哪些？

9-2　桥梁的主要结构由几部分组成？

9-3　钢筋结构图的图示特点是什么？

9-4　隧道工程图的主要内容有哪些？

第10章　市政管道工程制图

学习目标：

1. 了解常见市政管道基本知识。
2. 掌握市政管道图样的基本绘制方法。
3. 掌握《管道工程制图标准》有关规定。

教学重点：

给水排水管道的基本布置形式及平纵断面图。

管道工程相关知识是市政工程专业的主要内容之一，是市政施工员等职业岗位必备的专业技能。通过本课程的学习，使学生掌握室外市政管道（给水，排水）的基本布置形式，能进行中小型城镇管网工程施工图的识读和绘制；具有解决生产实际问题的初步能力，为从事市政管网工程的工作奠定基础。

10.1　给水排水管道制图基本知识

10.1.1　给水管道系统组成及其布置形式

给水系统是指由取水、输水、水质处理、配水等设施以一定的方式组合而成的总体。通常由取水构筑物、水处理构筑物、泵站、输水管道、配水管网和调节构筑物六部分组成，如图10-1所示，其中输水管道和配水管网构成给水管道工程。根据水源的不同，一般有地表水源给水系统和地下水源给水系统两种形式。在一个城市中，可以单独采用地表水源给水系统或地下水源给水系统，也可以两种系统并存。

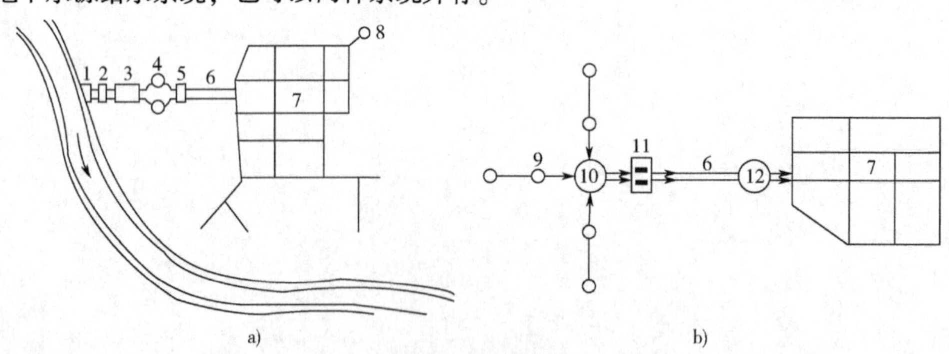

图10-1　给水系统

a）地表水源给水系统　b）地下水源给水系统

1—取水构筑物　2——级泵站　3—水处理构筑物　4—清水池　5—二级泵站

6—输水管　7—配水管网　8—调节构筑物　9—井群　10—集水池　11—泵站　12—水塔

给水管道工程的主要任务是将符合用户要求的水（成品水）输送和分配到各用户，一般通过泵站、输水管道、配水管网和调节构筑物等设施共同工作来完成。

输水管道是从水源向给水厂或从给水厂向配水管网输水的管道，其主要特征是不向沿线两侧配水。输水管道发生事故将对城市供水产生巨大影响，因此输水管道一般都采用两条平行的管线，并在中间适当的地点设置连通管，安装切换阀门，以便其中一条输水管道发生故障时由另一条平行管段替代工作，保证安全输水，其供水保证率一般为70%。阀门间距视管道长度而定，一般在1～4km范围内。当有储水池或其他安全供水措施时，也可修建一条。

配水管网是用来向用户配水的管道系统。它分布在整个供水区域范围内，接受输水管道输送来的水量，并将其分配到各用户的接管点上。一般配水管网由配水干管、连接管、配水支管、分配管、附属构筑物和调节构筑物组成。

城市给水管网的布置主要受水源地地形、城市地形、城市道路、用户位置及分布情况、水源及调节构筑物的位置、城市障碍物情况、用户对给水的要求等因素的影响。一般给水管道尽量布置在地形高处，沿道路平行敷设，尽量不穿障碍物，以节省投资和减少供水成本。

配水管网一般敷设在城市道路下，就近为两侧的用户配水。因此，配水管网的形状应随城市路网的形状而定。随着城市路网规划的不同，配水管网可以有多种布置形式，但一般可归结为枝状管网和环状管网两种布置形式。

1. 枝状管网

枝状管网是因从二级泵站或水塔到用户的管线布置类似树枝状而得名，其干管和支管分明。管径由泵站或水塔到用户逐渐减小，如图10-2所示。由此可见，枝状管网管线短、管网布置简单、投资少；但供水可靠性差，当管网中任一管段损坏时，其后的所有管线均会断水。在管网末端，因用水量小，水流速度缓慢，甚至停滞不动，容易使水质变坏。

2. 环状管网

管网中的管道纵横相互接通，形成环状。当管网中某一管段损坏时，可以关闭附近的阀门使其与其他的管段隔开，然后进行检修，水可以从另外的管线绕过该管段继续向下游用户供水，使断水的范围减至最小，从而提高了管网供水的可靠性；同时还可大大减轻因水锤作用而产生的危害。但环状管网管线长、布置复杂、投资多，如图10-3所示。

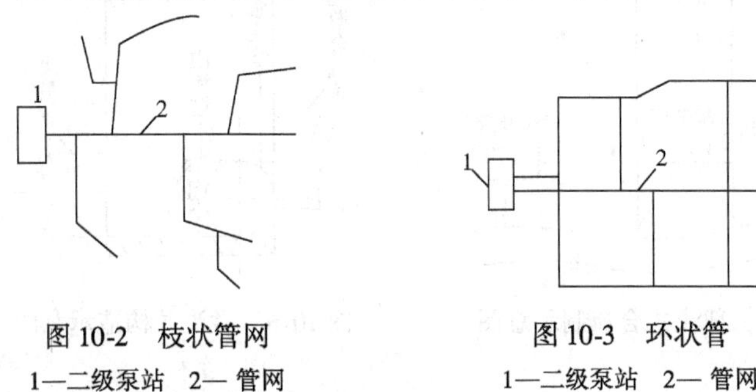

图10-2　枝状管网

1—二级泵站　2—管网

图10-3　环状管

1—二级泵站　2—管网

10.1.2　排水管道系统的组成及布置形式

排水管道系统一般由废水收集设施、排水管道、水量调节池、提升泵站、废水输水管（渠）和排放口等组成，如图10-4所示。

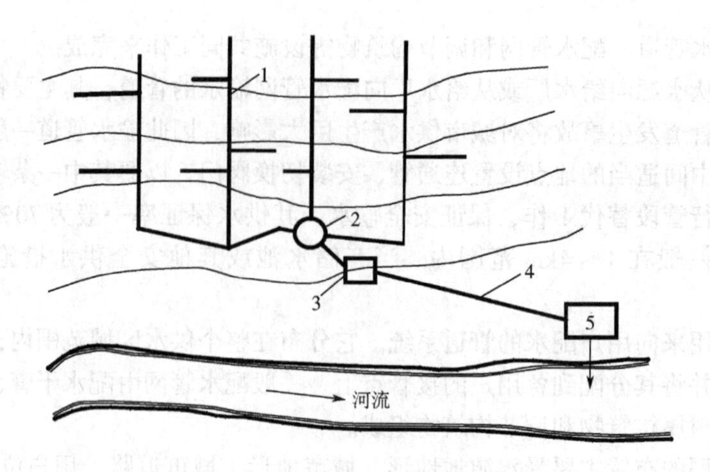

图 10-4　排水系统组成示意图

1—排水管道　2—水量调节池　3—提升泵站　4—废水输水管道（渠）　5—污水处理厂

排水系统的体制是指在一个地区内收集和输送废水的方式，简称排水体制（制度）。它有合流制和分流制两种基本方式。

1. 合流制

所谓合流制是指用同一种管渠收集和输送生活污水、工业废水和雨水的排水方式。根据污水汇集后的处置方式不同，又可把合流制分为下列三种情况：

（1）直排式合流制　管道系统的布置就近坡向水体，分若干排出口，混合的污水未经处理直接排入水体，我国许多老城市的旧城区大多采用的是这种排水体制。

特点：对水体污染严重，系统简单。这种直排式合流制系统目前不宜采用。

（2）截流式合流制　这种系统是在沿河的岸边铺设一条截流干管，同时在截流干管上设置溢流井，并在下游设置污水处理厂，如图 10-5 所示。

混合污水的流量大于截流干管的输水能力，溢流井开始溢流，如图 10-6 所示。

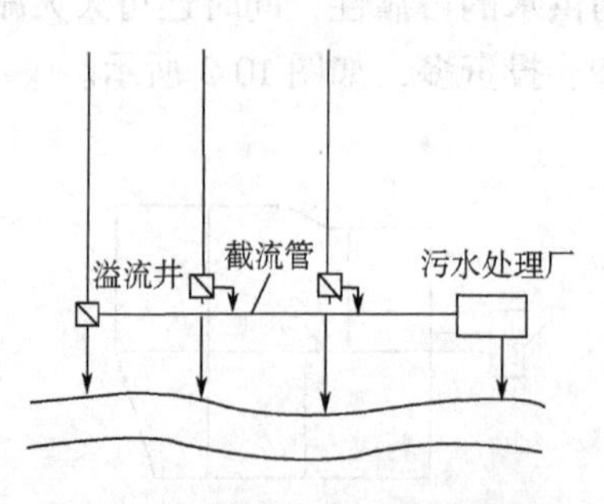

图 10-5　截流式合流制示意图

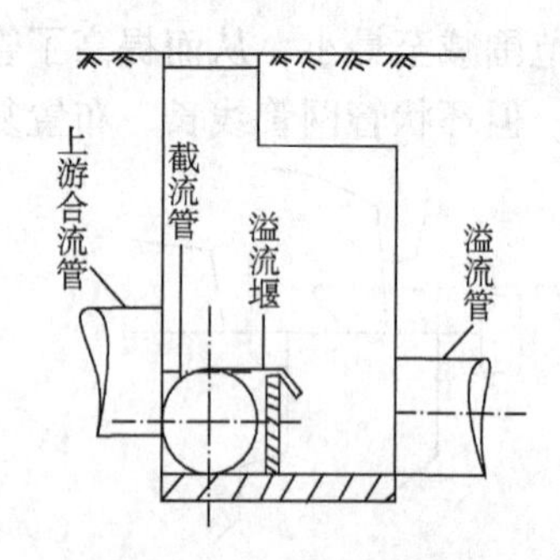

图 10-6　溢流井构造示意图

特点：比直排式有了较大的改进，但在雨天时，仍有部分混合污水未经处理而直接排放，成为水体的污染源而使水体遭受污染。适用于对老城市的旧合流制的改造。

（3）完全合流制　是将污水和雨水合流于一条管渠，全部送往污水处理厂进行处理。特点：卫生条件较好，在街道下，管道综合也比较方便，但工程量较大，初期投资大，污水处理厂的运行管理不便。因此，采用者不多。

2. 分流制

所谓分流制是指用不同管渠分别收集和输送生活污水、工业废水和雨水的排水方式。排除生活污水、工业废水的系统称为污水排水系统。排除雨水的系统称为雨水排水系统。

根据雨水的排除方式不同，分流制又分为下列两种情况：

（1）完全分流制　既有污水管道系统，又有雨水管渠系统。

污水排水系统如图 10-7 所示。

特点：比较符合环境保护的要求，但对城市管渠的一次性投资较大，适用于新建城市。

（2）不完全分流制　这种体制只有污水排水系统，没有完整的雨水排水系统。各种污水通过污水排水系统送至污水处理厂，经过处理后排入水体；雨水沿道路边沟，地面明渠和小河，然后进入较大的水体。

如城镇的地势适宜，不易积水时或初建城镇和小区可采用不完全分流制，先解决污水的排放问题，待城镇进一步发展后，再建雨水排水系统，完成完全分流制的排水系统。这样可以节省初期投资，有利于城镇的逐步发展。

（3）半分流制　既有污水排水系统，又有雨水排水系统，如图 10-8 所示。

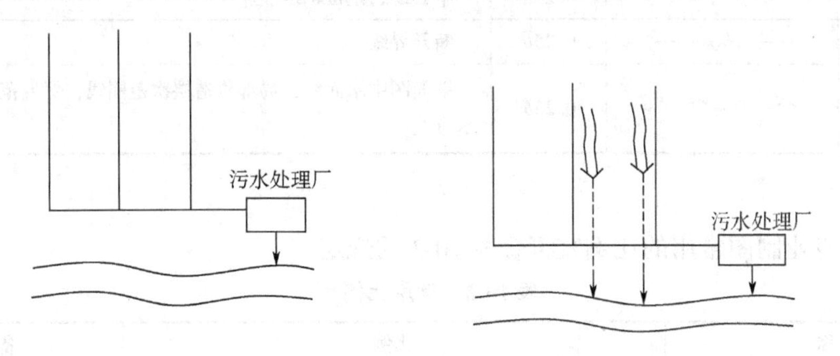

图 10-7　污水排水系统示意图　　图 10-8　半分流制污水排水系统示意图

特点：可以更好地保护水环境，但工程费用较大，目前使用不多。适用于污染较严重地区。

当前我国正在推进城市地下综合管廊建设。

10.1.3　给水排水管道工程制图的一般规定

1. 图线

图线的宽度 b，应根据图样的类型、比例和复杂程度，按现行国家标准《房屋建筑制图统一标准》GB/T 50001 中的规定选用。线宽 b 宜为 0.7mm 或 1.0mm。

建筑给水排水专业制图常用的各种线型宜符合表 10-1 的规定。

表 10-1　线型

名称	线型	线宽	用途
粗实线	————	b	新设计的各种排水和其他重力流管线
粗虚线	------------	b	新设计的各种排水和其他重力流管线的不可见轮廓线
中粗实线	————	$0.75b$	新设计的各种给水和其他压力流管线；原有的各种排水和其他重力流管线

（续）

名称	线型	线宽	用途
中粗虚线		0.75*b*	新设计的各种给水和其他压力流管线及原有的各种排水和其他重力流管线不可见轮廓线
中实线		0.50*b*	给水排水设备、零（附）件的可见轮廓线，总图中新建的建筑物和构筑物的可见轮廓线，原有的各种给水和其他压力流管线
中虚线		0.50*b*	给水排水设备、零（附）件的不可见轮廓；总图中新建的建筑物和构筑物的不可见轮廓线；原有的各种给水和其他压力流管线的不可见轮廓线
细实线		0.25*b*	建筑的可见轮廓；总图中原有的建筑物和构筑物的可见轮廓线；制图中的各种标注线
细虚线		0.25*b*	建筑的不可见轮廓线；总图中原有建筑物和构筑物的不可见轮廓线
单点长画线		0.25*b*	中心线、定位轴线
折断线		0.25*b*	断开界线
波浪线		0.25*b*	平面图中水面线；局部构造层次范围线；保温范围示意线

2. 比例

给水排水专业制图常用的比例宜符合表10-2的规定

表10-2 常用比例

名称	比例	备注
区域规划图 区域位置图	1:50000、1:250000、1:10000、1:5000、1:2000	宜与总图专业一致
总平面图	1:1000、1:500、1:300	宜与总图专业一致
管道纵断面图	竖向 1:200、1:100、1:50 纵向 1:1000、1:500、1:300	
水处理厂（站）平面图	1:500、1:200、1:100	
水处理构筑物、设备间、卫生间，泵房平、剖面图	1:100、1:50、1:40、1:30	
建筑给水排水平面图	1:200、1:150、1:100	宜与建筑专业一致
建筑给水排水轴测图	1:150、1:100、1:50	宜与相应图样一致
详图	1:50、1:30、1:20、1:10、1:5、1:2、1:1、2:1	

3. 标高

压力管道应标注管中心标高；重力流管道和沟渠宜标注管（沟）内底标高。标高单位以m计时，可注写到小数点后第二位。室内工程应标注相对标高；室外工程宜标注绝对标高，当无绝对标高资料时，可标注相对标高，但应与总图专业一致。标高符号及一般标注方法应符合现行国家标准《房屋建筑制图统一标准》GB/T 50001的规定。标高的标注方法应符合下列规定：

1）标高符号的画法如图 10-9 所示。

2）平面图中，管道标高应按图 10-10 的方式标注。

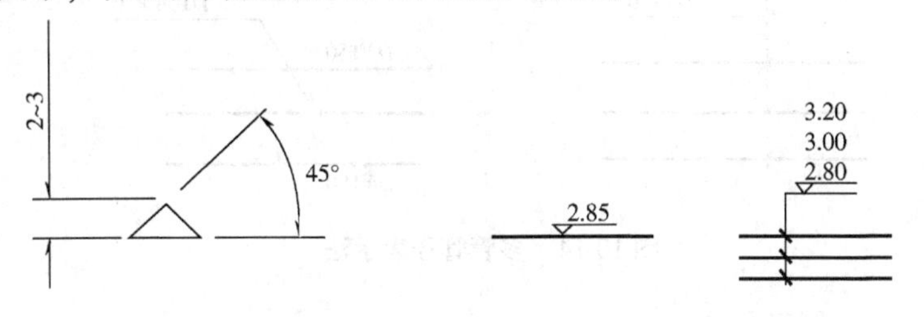

图 10-9　标高符号的画法　　　图 10-10　平面图中管道标高标注法

3）平面图中，沟渠标高应按图 10-11 的方式标注。

4）剖面图中，管道及水位的标高应按图 10-12 的方式标注。

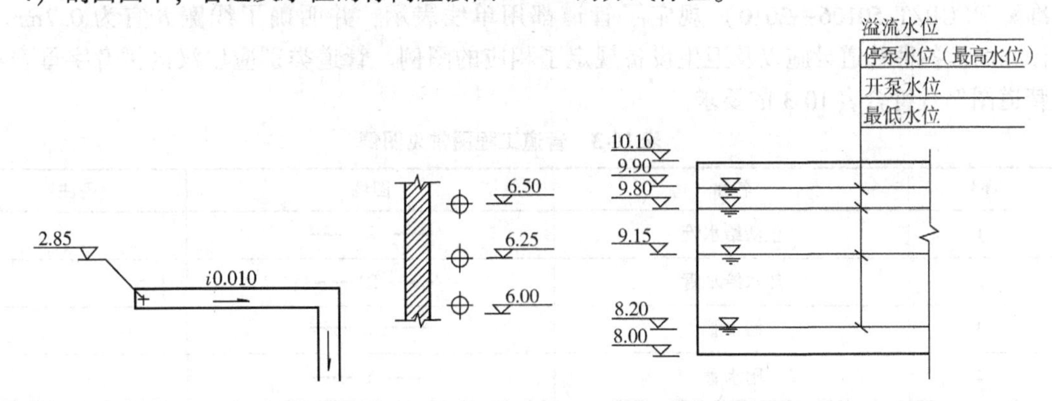

图 10-11　平面图中沟渠标高标注法　　　图 10-12　剖面图中管道及水位标高标注法

4. 管径

管径应以 mm 为单位。管径的表达方式应符合下列规定：

1）水煤气输送钢管（镀锌或非镀锌）、铸铁管等管材，管径宜以公称直径 *DN* 表示，如 *DN*15、*DN*50。

2）无缝钢管、焊接钢管（直缝或螺旋缝）等管材，管径宜以外径 *D* × 壁厚表示，如 *D*108 ×4mm、*D*159 ×4. 5mm 等。

3）铜管、薄壁不锈钢管等管材，管径宜以公称外径 D_{ω}表示，如 $D_{\omega}18$、$D_{\omega}67$ 等。

4）钢筋混凝土（或混凝土）管、管径宜以内径 *d* 表示，如 *d*230、*d*380 等。

5）建筑给水排水塑料管材，管径宜以公称外径 *dn* 表示，如 *dn* 63、*dn*110 等。

6）复合管、结构壁塑料管等管材，管径应按产品标准的方法表示。

7）当设计均采用公称直径 *DN* 表示管径时，应有公称直径 *DN* 与相应产品规格对照表。

管径的标注方法应符合下列规定：

1）单根管道时，管径应按图 10-13 的方式标注。

DN 20

图 10-13　单管管径表示法

2）多根管道时，管径应按图 10-14 的方式标注。

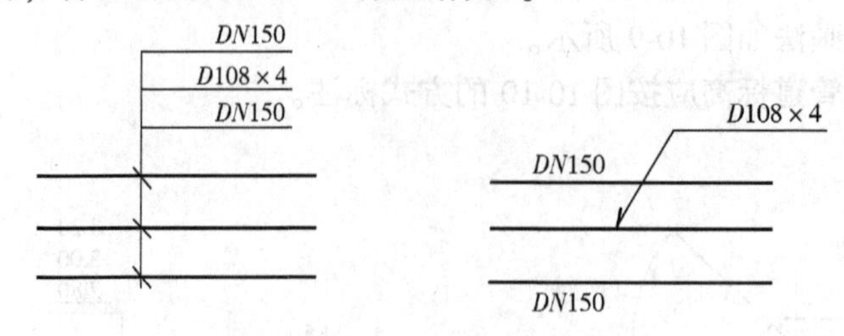

图 10-14　多管管径表示法

5. 图例

由于给水排水管道断面与长度之比以及各种管道设备等构配件尺寸偏小，当采用较小比例（如 1∶100、1∶200 等比例）绘图时，很难把管道以及各种卫生设备表达清楚，故一般用图形符号及图例来表示各种管道设施以及卫生设备。由国家颁布的《建筑给水排水制图标准》（GB/T 50106—2010）规定了管道都用单线表示，并明确了线宽 b 宜为 0.7mm 或 1.0mm，各种管道设施以及卫生设备规定了相应的图例。管道类别应以汉语拼音字母表示，管道图例宜符合表 10-3 的要求。

表 10-3　管道工程图常见图例

序号	名称	图例	备注
1	生活给水管	—— J ——	
2	热水给水管	—— RJ ——	
3	污水管	—— W ——	
4	雨水管	—— Y ——	
5	法兰连接		
6	承插接口		
7	活接头		
8	管堵		
9	闸阀		
10	蝶阀		
11	室外消火栓		
12	雨水口（单箅）		
13	雨水口（双箅）		
14	阀门井及检查井	J-×× W-×× Y-××　J-×× W-×× Y-××	以代号区别管道

（续）

序号	名称	图例	备注
15	矩形化粪池	HC	HC 为化粪池
16	沉淀池	CC	CC 为沉淀池代号

10.2 管道工程图的识读

管道工程施工图是保证工程施工质量的前提，一般管道施工图包括平面图、纵断面图、大样图和节点详图等图样。

1. 识读管道平面布置图

管道平面图主要体现的是管道在平面上的相对位置以及管道敷设地带一定范围内的地形、地物和地貌的情况。平面图是重要的施工图之一，它是在区域内各建筑物的平面位置基础上，画出给水管道、排水管道以及雨水管道的平面布置图。图中标注有管径、距建筑物外墙距离、各种井类位置之间的间距及编号、管段间距离、排水检查井的井顶标高，进出井中的管道管底标高和给水管道埋设深度等内容。图样上的文字说明主要反映管材性质、基础管座类型、阀门型号、各种井类的井径标注及防腐做法；有特殊施工要求或依照验收规范、试压要求等均可在编制说明中确定。

读图时还应注意以下几点：

1）图样上要注明比例、文字说明和构件图例。

2）管道施工地带应注明道路的宽度、长度、中心线坐标、折点坐标及路面上的障碍物情况。

3）图上画出的管道应注明管径、长度、节点号、桩号、转弯处坐标、中心线的方位角、管道与道路中心线或永久性地物间的相对距离以及管道穿越障碍物的坐标等。

4）与本管道相交、相近或平行的其他管道的位置及相互关系。

5）附属构筑物的平面位置。

6 ）绘制主要材料明细表。

图 10-15 是某小城镇管道平面布置图。下面分别识读平面布置图中所包括的给水、排水和雨水管平面系统布置图。图中标注的“A、B”代号，分别表示建筑坐标轴，它相当于测量坐标“x、y”轴。A 坐标为南北方向，B 坐标为东西方向。

（1）给水管平面系统布置图的识读　从图 10-15 上可以看出，给水管道设有 6 个节点，6 条管道。6 个节点是：J_1为水表井；J_2为消火栓井；J_3 ~ J_6为阀门井。6 条管道是：第 1 条是干管: 由 J_1向西至 J_6止，其中 J_1 ~ J_3管径为 *DN*100，J_3 ~ J_6管径为 *DN*75。第 2 条是支管 1：由 J_2向北至 XH 止，管径为 *DN*100。第 3 条是支管 2：由 J_3向北至 J/4 止，管径为 *DN*50。第 4 条是支管 3：由 J_4向北至 J/3 止，管径为 *DN*50。第 5 条是支管 4：由 J_5向北至 J/2 止，管径为 *DN*50。第 6 条是支管 5：由 J_6向北至 J/1 止，管径为 *DN*50。

（2）排水管平面系统布置图的识读　从图上可以看出，污水排水管道设有 4 个污水检查井，1 个化粪池，4 条排出管，1 条排水干管。4 个污水检查井，由东向西分别是 P_1，P_2，P_3，P_4；化粪池为 HC。4 条排出管由东向西分别是：第一条排出管：由 P/1 向北至 P_1止，

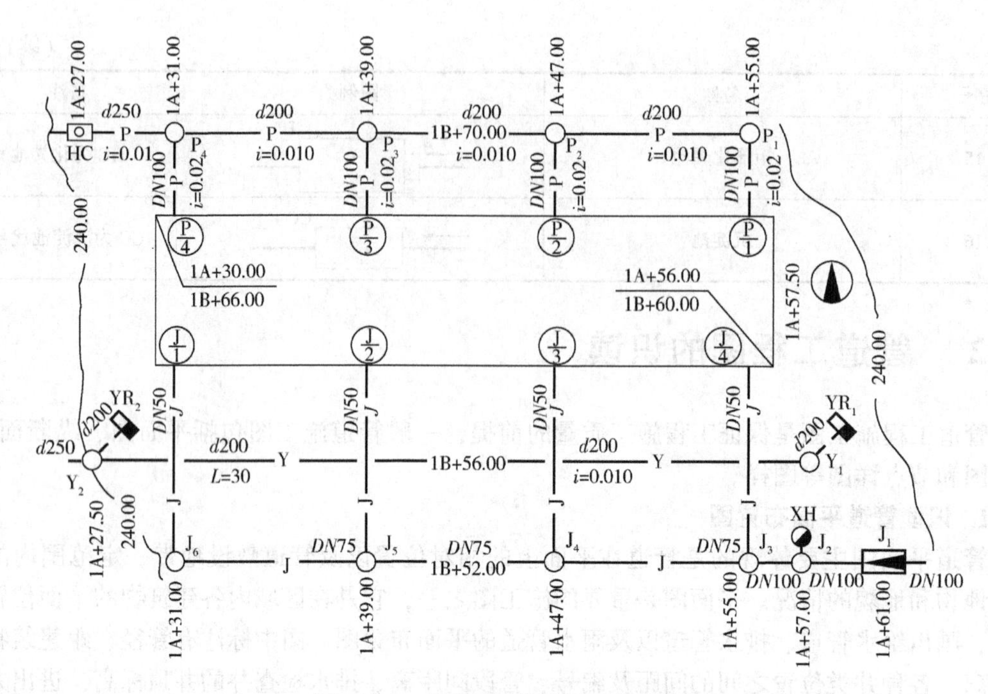

图 10-15 某小城镇管道平面布置图

管径为 $DN100$，$L=4.00$，$i=0.02$。第二条排出管：由 P/2 向北至 P_2 止，管径为 $DN100$，$L=4.00$，$i=0.02$。第三条排出管：由 P/3 向北至 P_3 止，管径为 $DN100$，$L=4.00$，$i=0.02$。第四条排出管：由 P/4 向北至 P_4 止，管径为 $DN100$，$L=4.00$，$i=0.02$。排水干管：由 P_1 向西经 P_2，P_3，P_4 至 HC，$i=0.010$，其中 P_1 至 P_4 管径为 $d200$，$L=24.00$；P_4 至 HC，管径为 $d250$，$L=4.00$。

（3）雨水管平面系统布置图的识读　从图上可以看出，雨水管道设有两个雨水口，两个雨水检查井，两条雨水支管和一条雨水干管。两个雨水口是 YR_1 和 YR_2；两个雨水检查井是 Y_1 和 Y_2。两条雨水支管是雨水支管 1：由 YR_1 向西南 45°方向至 Y_1 止，管径为 $d200$。雨水支管 2：由 YR_2 向西南 45°方向至 Y_2 止，管径为 $d200$。雨水干管：由 Y_1 向西至 Y_2，管径为 $d200$，$L=30.00$，$i=0.010$。

2. 识读管道埋设纵断面图

纵断面图主要体现管道的埋设情况，就是沿着管道的纵向剖切后，将地下互相交叉穿行的管道、电力通信沟、热力管沟、燃气等各类地下设施表示在纵断面图中。一般在施工较为复杂、地下管道较多、地形变化较大或在已施工完毕的地下工程后新增加给水排水管道时，多借用纵断面图以确定土方开挖方案和施工顺序。纵断面图中主要标出设计地面标高、井类编号、间距、管径、坡度、埋设深度、管底（或管中心）标高、管道转弯处的角度及横穿交叉的各类管道管沟的位置与标高。

读图时还应注意以下几点：

1）图样横向比例、纵向比例、说明和图例。

2）管道沿线的原地面标高和设计地面标高。

3）管道的管中心标高和埋设深度。

4）管道的敷设坡度、水平距离和桩号。

5）管径、管材和基础。

6）附属构筑物的位置、其他管线的位置及交叉处的管底标高。

7）施工地段名称。

图 10-16 是某小城镇给水管道纵断面图。该图把给水管道纵断面图的测设数据表与图样上下对齐布置，以便读阅读。这种表示方法，较好地反映出纵向设计在各编号处的标高、填挖方量、管径、平面距离等参数的一种配合关系。

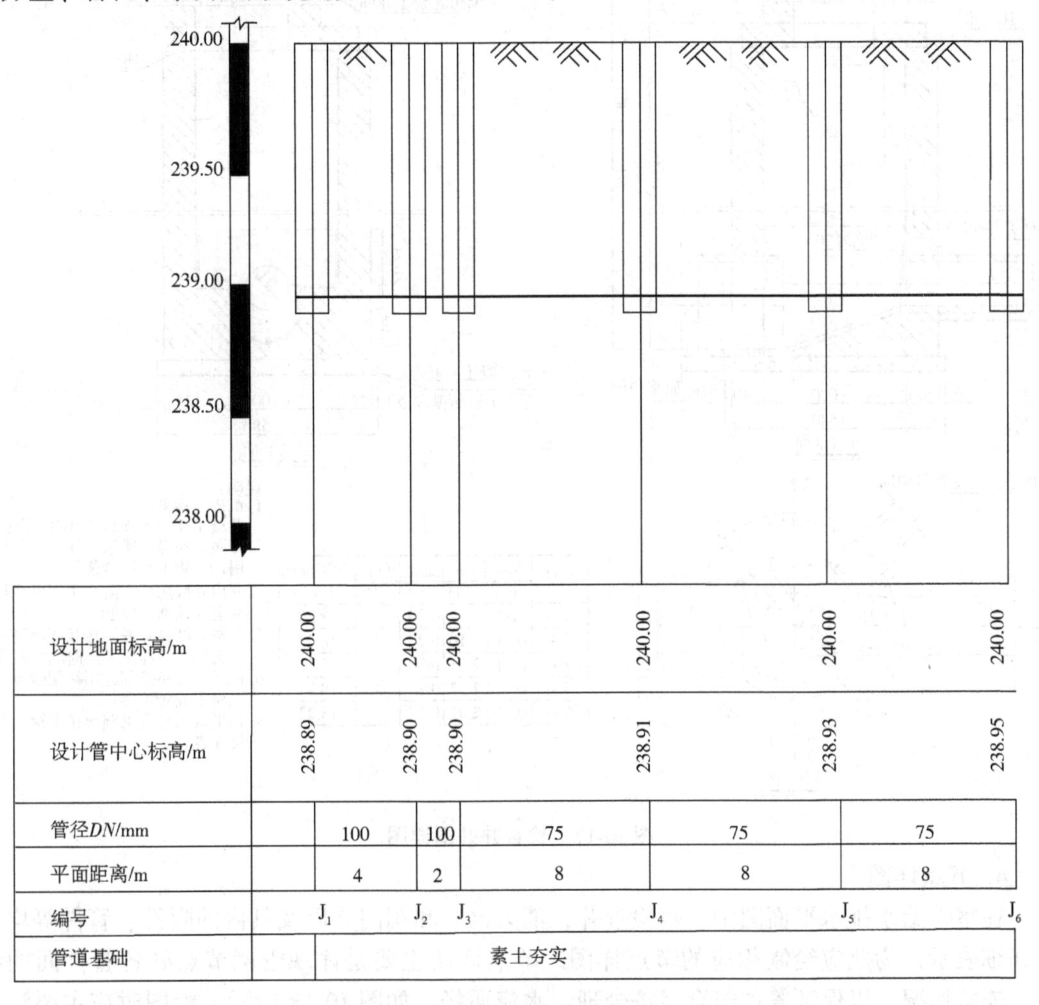

编号	J_1	J_2	J_3	J_4	J_5	J_6
设计地面标高/m	240.00	240.00	240.00	240.00	240.00	240.00
设计管中心标高/m	238.89	238.90	238.90	238.91	238.93	238.95

管段	J_1—J_2	J_2—J_3	J_3—J_4	J_4—J_5	J_5—J_6
管径*DN*/mm	100	100	75	75	75
平面距离/m	4	2	8	8	8
管道基础	素土夯实				

图 10-16　某小城镇给水管道纵断面图

该图从节点 J_1 至 J_6 共 6 个节点，其中节点 J_1 的设计地面标高为 240.00m，设计管中心标高为 238.810 m，管径为 *DN*100，节点 J_6 的设计地面标高为 240.00 m，设计管中心标高为 238.105 m，管径为 *DN*75。另外，从图中可以看出各段的平面距离和该段管道基础为素土夯实。

3. 检查井井圈详图

图样所画出的详图有时称为大样图。主要是指阀门井、消火栓井、排气阀井、泄水井、支墩等的施工图，图 10-17 为检查井井圈安装大详图。读图时应主要思考以下一些内容：

1）图样大样图的比例、说明和图例。

2）井的平面尺寸、竖向尺寸、井壁厚度。

3）井的组砌材料、水泥或砖的强度等级、基础做法、井盖材料及大小。

4）管件的名称、规格、数量及其连接方式。

5）管道穿越井壁的位置及穿越处的构造。

6）支墩的大小、形状及组砌材料。

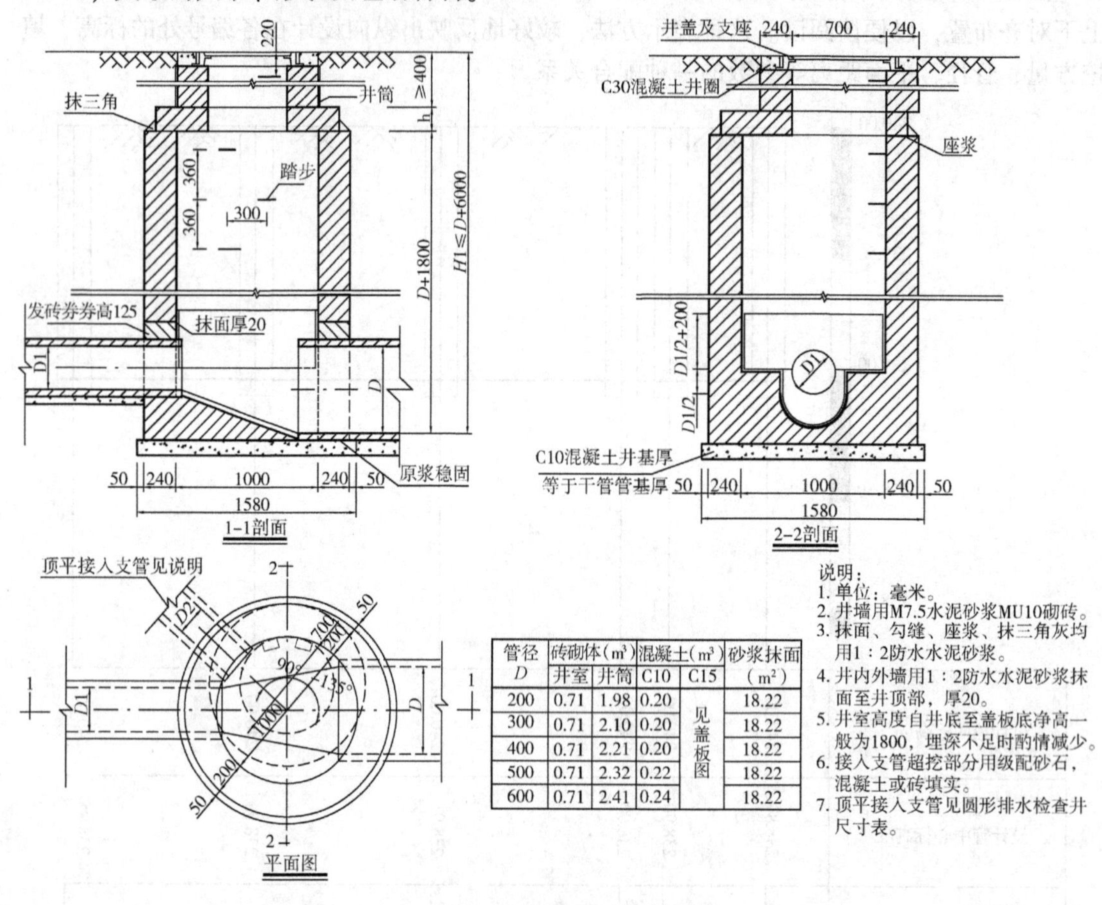

管径 D	砖砌体（m³）		混凝土（m³）		砂浆抹面（m²）
	井室	井筒	C10	C15	
200	0.71	1.98	0.20	见盖板图	18.22
300	0.71	2.10	0.20		18.22
400	0.71	2.21	0.20		18.22
500	0.71	2.32	0.22		18.22
600	0.71	2.41	0.24		18.22

图 10-17　检查井井圈详图

4. 节点详图

在室外给水排水平面图中，对检查井，消火栓井和阀门井以及其内的附件、管件等均不作详细表示，为此应绘制相应的节点详图。节点详图主要是体现管网节点处各管件间的组合、连接情况，以保证管件组合经济合理，水流通畅，如图 10-18 所示。绘图时应主要注意以下一些内容：管网节点处所需的各种管件的名称、规格、数量、管件连接方式。

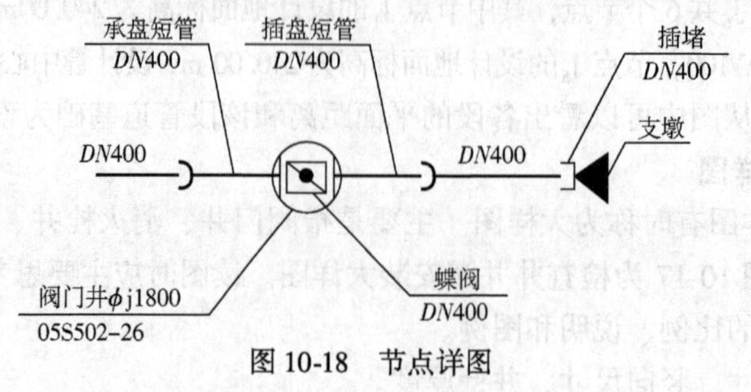

图 10-18　节点详图

思考题与习题

10-1 给水管道系统由哪几部分组成？

10-2 常见的排水体制有哪些？

10-3 管道平面图的主要内容有哪些？

10-4 管道纵断面图的主要内容有哪些？

第 11 章　城市轨道交通工程制图

学习目标：

1. 了解城市轨道交通线路平面、纵断面、横断面构造。
2. 掌握城市轨道交通不同类型轨道构造图。
3. 理解地铁车站构造。

教学重点：

不同类型轨道构造图。

城市轨道交通定义为“通常以电能为动力，采取轮轨运转方式的快速大运量公共交通之总称”。目前国际轨道交通有地铁、轻轨、市郊铁路、有轨电车以及磁悬浮列车等多种类型，号称“城市交通的主动脉”。一般地，城市轨道交通是指城市中使用车辆在固定导轨上运行，且主要用于城市客运的交通系统。

11.1　轨道交通路线工程图

轨道交通工程线路是一条三维空间带状构造物，它是由路基轨道、桥梁、隧道和沿线设施所组成。轨道交通工程线路是指轨道交通中线的空间位置，轨道交通中线是以路基横断面上距外轨半个轨距的铅垂线 AB 与路肩水平线 CD 的交点 O 在纵向上的连线表示，如图 11-1 所示。

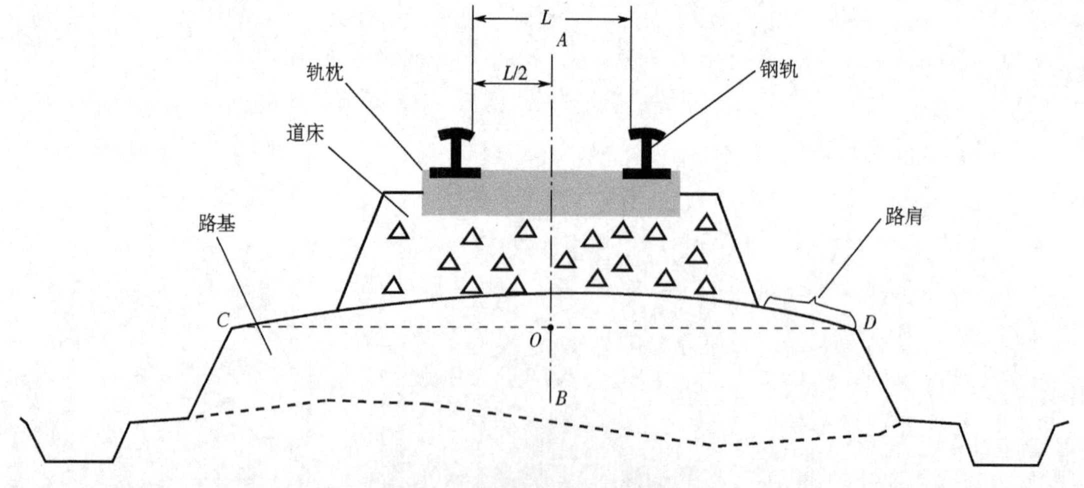

图 11-1　轨道交通中线示意图

轨道交通工程线路在水平面上的投影线形是线路平面，表示线路在平面上的具体位置；沿着线路中心线竖直剖切再行展开后是线路纵断面，显示了线路的高低起伏情况；线路中线上任意一点处的法向切面称为轨道交通工程线路在该点的横断面图，如图 11-2 所示。

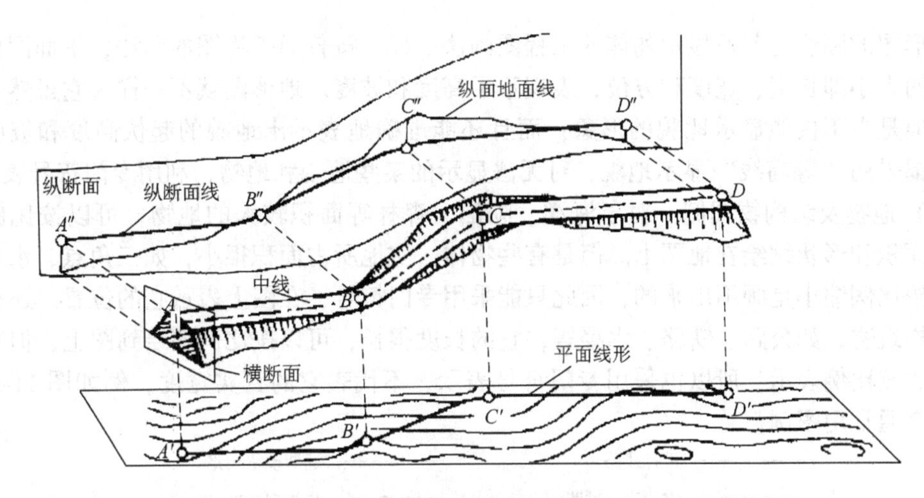

图 11-2　线路位置示意图

11.1.1　轨道交通线路平面图

1. 城市轨道交通线路分类

（1）正线　贯穿所有车站、区间供列车日常运行的线路；城市轨道交通系统的正线均采用上下行分行，一般实施右侧行车惯例，以便与城市地面交通的行车规划相吻合。

（2）折返线　在线路两端终点站（对于环线，也需要两个“终点站”），或者准备开行折返列车的区间站，设置的专供列车折返调头的线路。

（3）联络线　轨道交通线路之间为调动列车等作业方便而设置的连接线路。联络线因连接的轨道交通线往往不在一个平面上，因此，有较大的坡道与较小的半径，列车运行速度不可能很高。如果在地下建设，施工难度较大，投资也随之加大。

（4）渡线　在上下行正线之间（或其他平行线路之间）设置的连接线，通过一组联动道岔达到目的，如前述的站前、后折返用渡线以及车库内线路之间的渡线。

（5）停车线　一般设置在端点站，专门用于停车，进行少量检修作业的尽端线。在车辆基地，则拥有众多的专用停车线，提供夜间停止运营后列车停放。需要进行检修作业的停车线设有地沟。

（6）检修线　设在车辆基地检修库内，专门用于检修轨道交通车辆的作业线，设有地沟，配有架车设备、检修设备（如行车等）。

（7）试验线　设在车辆基地，用于对检修完毕的轨道交通车辆进行运行状态检测的线路，为达到必要的运行速度，试验线需有一定长度标准和平纵断面特点。

（8）出入库线　车辆基地与正线车站联系线路，专供列车进出车辆基地。一般分为入库线和出库线。

2. 平面图构成及识读

路线平面图是设计文件中主要的内容之一，通过路线平面图可以体现出路线平面的位置、走向和高程，还可以反映沿线人工构造物和工程设施的布置以及它们与地形、地物的关系。

（1）地形图　地貌是地面的各种起伏、曲折形态的总称，也可以称为地形，如高山、洼地、山岭等。地物是指地上的自然物和构筑物，如河流、湖泊、道路、桥梁等。

地形图的画法与普通显示物体的工程图画法一样。按普通工程图的画法，平面图仅能表现物体的大小即长度、宽度和方位，表现不了高度和坡度。地形图就不一样，它虽然也是平面图，但是它不仅能显示地貌的形象；而且还能准确地表示出地貌的起伏高度和坡度。目前，大都采用“等高线”显示地貌，对无法显示的某些地貌和地物，利用专门符号表示。

（2）地物及结构物图例　对于海洋、湖泊、森林等面积较大的地物，可以按比例把它的实际面积和形状缩绘在地图上。但是有些物体，实地所占面积很小，如三角点、水井、桥梁等，按比例缩小是画不出来的，因此只能采用专门符号，在图上表示它的位置。还有一类狭长的构筑物，如公路、铁路、水渠等，它的长度很长，可以按比例缩绘到图上，但宽度很小，无法按比例表示，所以也采用专门符号表示，不代表它的真实宽度。例如图 11-3 所示为轨道交通常用图例。

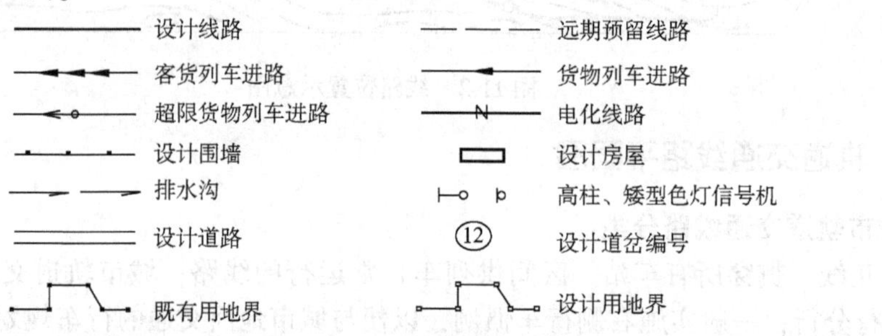

图 11-3　轨道交通常用图例

（3）地铁路线图　路线平面图是直线、曲线、转角的形象化和具体化。从路线平面图上可以更清楚地全面地分析路线设计方案的优缺点，从而提出路线改善方案或意见。路线平面图（图 11-4）是平面设计的重要成果之一。

11.1.2　轨道交通线路纵断面图

线路纵断面图是用一定的比例尺和规定的符号，把平面图上的线路中心线展直后投影到铅垂面上，并标有线路平面和纵断面有关资料的图。线路的纵断面图显示了线路坡度的变化，主要由上下两部分组成，上部分主要是线路图部分，表示线路纵断面概貌和沿线主要建筑物特征。下部分主要是纵断面栏目部分，显示了纵断面图中的主要数据。

1. 纵断面线路图

在纵断面图的上半部分主要有两条线：

一条是地面线，它是根据中线上各桩点的高程而点绘的一条不规则的折线，反映了沿着中线地面的起伏变化情况，一般用细实线表示。

一条是设计线，它是经过技术上、经济上以及美学上等多方面比较后设计人员定出一条具有规则形状的几何线，反映了轨道交通线路的高低起伏变化情况。纵断面设计线是由直线和竖曲线组成的。直线（即均匀坡度线）有上坡和下坡，是用坡度和水平长度表示的。直线的坡度和长度影响着列车的行驶速度和运输的经济性以及行车的安全，一般用粗实线显示。

在坡段的坡度转折处为平顺过渡要设置竖曲线，按坡度转折形式的不同，竖曲线有凹有凸，其大小用半径和水平长度表示。

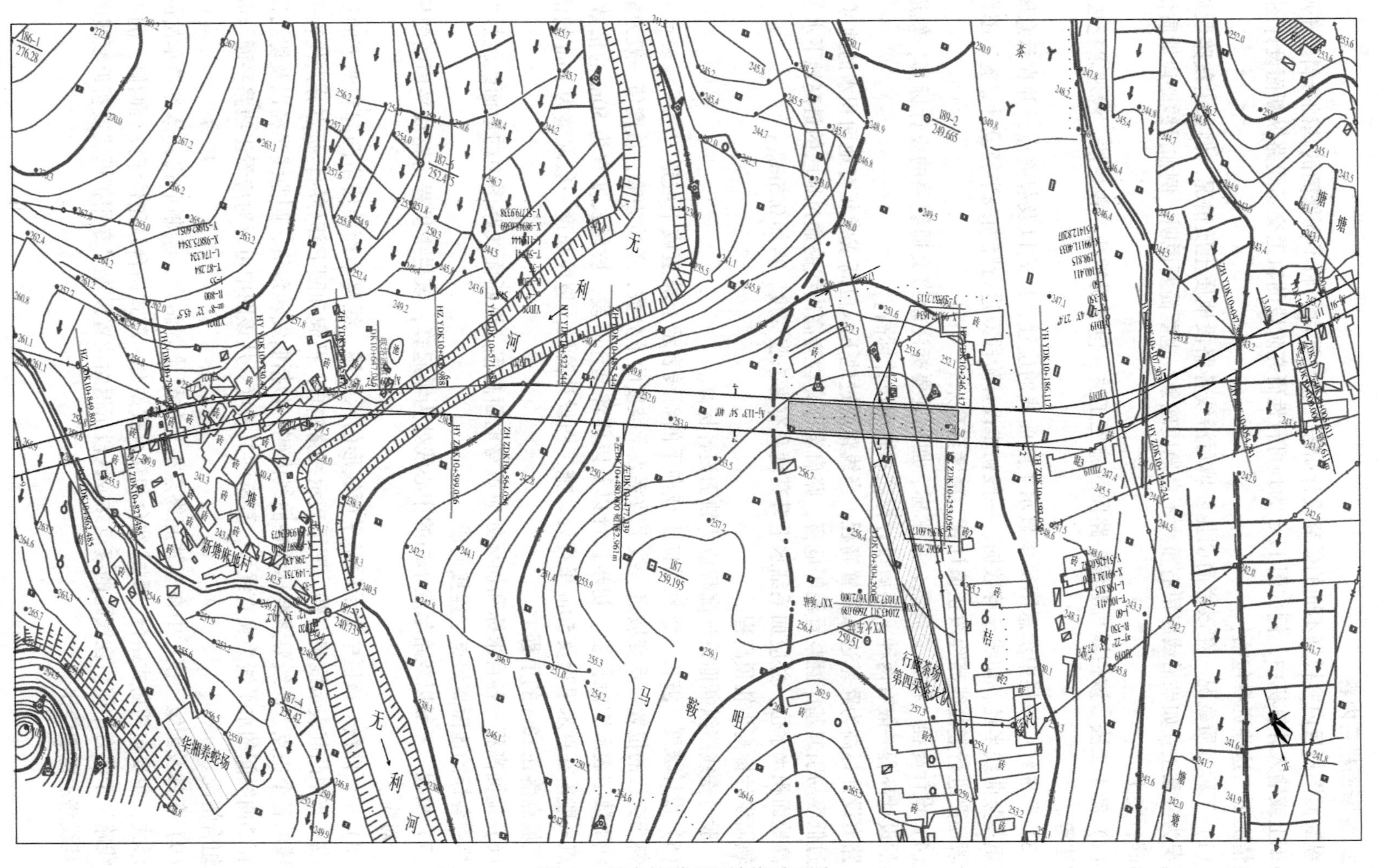

图11-4　城市轨道交通路线平面图

2. 纵断面栏目内容

纵断面图栏目内容根据不同的研究设计阶段、设计深度，将不同繁简的基础资料绘于厘米格纸上或输入计算机中，例如图 11-5 为预可行性研究阶段的轨道交通线路纵断面设计图。一般情况下，这些资料包括：

（1）工程地质概况　在该栏简明扼要填写沿线各路段地质土质情况，例如沿线路段地质情况为砂黏土；如果沿线路段有重大不良地质现象，也要简要说明，例如沿线路段地质情况为碎石夹土。

（2）施工工法　该栏填写沿线各路段的施工工法，包括明挖法、盖挖法、浅埋暗挖法、盾构法等。

（3）竖曲线　该栏中示意图简单显示了竖曲线的位置、形式以及起终点，并在示意图位置填写竖曲线半径、切线长等数据。一般初步设计阶段只进行竖曲线半径设计，施工图设计阶段还要进行竖曲线高程改正值计算，精度至毫米。

（4）设计高程　在各变坡点、百米标、加标处要标注轨道交通线路的设计标高，轨道交通的设计高程一般有两种，路肩设计标高和轨面设计标高。

路肩设计标高为路基边缘位置高程。当线路通过地下水位高或常年有地面积水的地区，路堤过低容易引起基床翻浆冒泥等危害，路肩设计高程应高出线路通过地段的最高地下水位和最高地面积水水位，并应加毛细水上升高度和有害冻胀深度，再加 0.5m。

轨面设计标高为轨顶高程。

一般地铁线路纵断面设计高程应为轨面设计标高。

（5）设计坡度、坡长　该栏目向上或向下的斜线表示上坡道或下坡道，水平线表示平道，斜线交接的位置表示变坡点。线上数字表示坡度的千分数，单位为‰，坡度值一般为整数。线下数字表示坡段长度。初步设计以及以前各设计阶段，坡段长度宜为 50m 的倍数，变坡点一般落在百米里程及 50m 里程处。施工图设计阶段，坡段长度一般取整为 10m 的倍数，变坡点落在 10m 的里程上。

（6）地面高程　各百米标和加标处应填写地面高程。纵断面线路图中的地面线就是根据该栏中各标的地面高程点绘连接而成。

（7）里程　一般以线路起点车站的中心线处为零起算，该栏中里程与路线平面图的里程一一对应。

（8）平面曲线　该栏中显示的是平面线形的示意图，线路平面曲线由凸起和凹下的折线组成，其中凸起表示线路右转，凹下表示线路左转。凸起和凹下部分的转折点分别代表平面曲线的各个主点。曲线要素要标注在曲线内侧，包括曲线转角值、圆曲线半径以及切线长等。相邻曲线间的水平线为夹直线段，要标注其长度。从该图中可以对应看出线路平面与纵断面组合情况。

（9）车站及配线　该栏中在车站起终点桩号位置绘制站台，绘制形式具体参考车站的设置形式，主要包括岛式站台、侧式站台和混合式站台。岛式站台线路位于站台两侧，侧式站台线路位于站台中间。在线路的终点站或区段折返站位置设置了专用折返线或折返渡线的要将其线路示意图绘出。

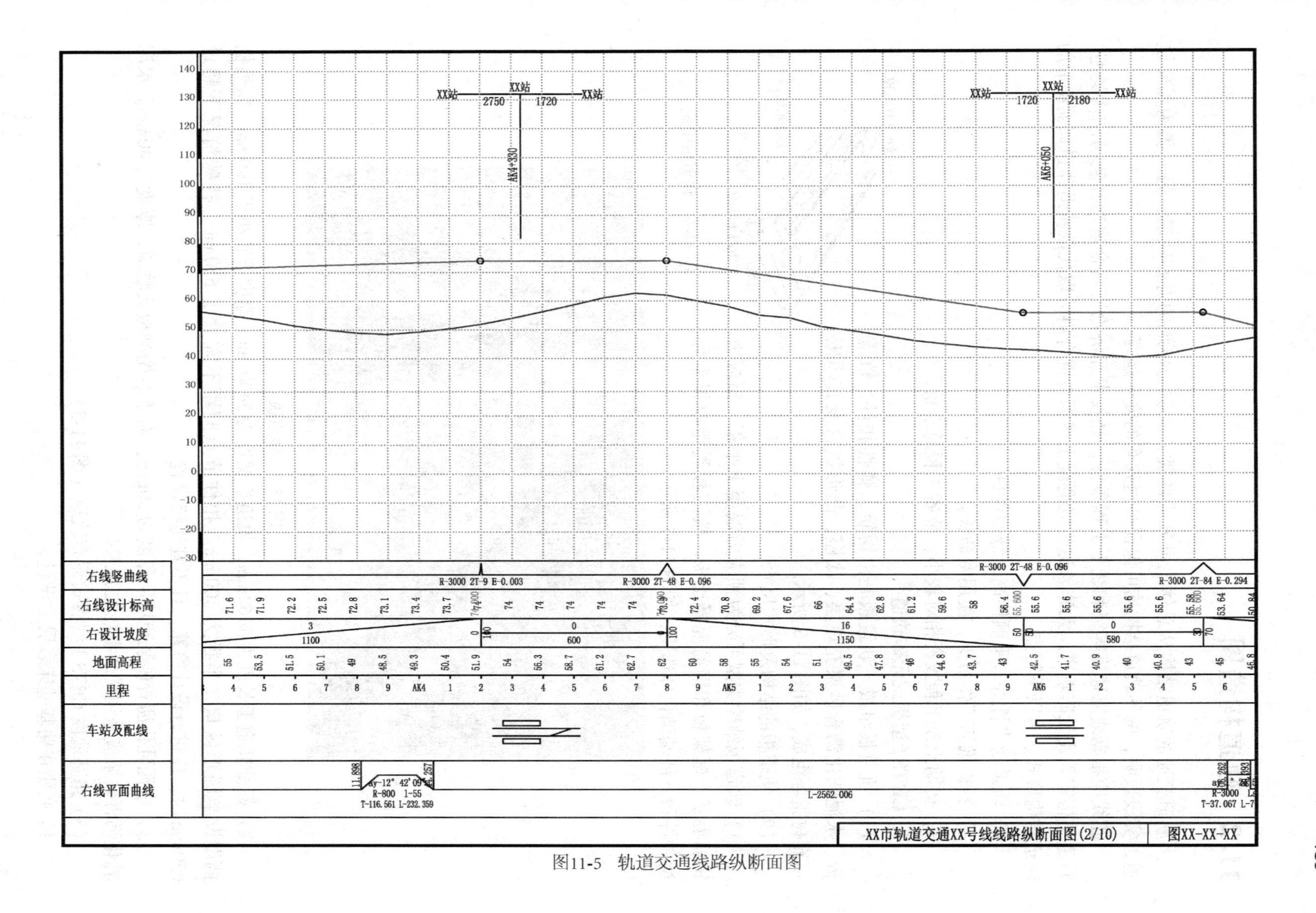

图11-5 轨道交通线路纵断面图

11.2 轨道构造图

轨道交通的轨道结构从总体上可分为两类：一类为传统的有砟轨道；另一类为无砟轨道，实践表明，两种轨道结构均可保证高速列车的安全运营。

正线应根据线路速度等级和线下工程条件，经技术经济论证后合理选择轨道结构类型，轨道结构宜采用无砟轨道。无砟轨道是以混凝土或沥青混合料等取代散粒道砟道床而组成的轨道结构形式。有以下特点：

1）轨道稳定性好、平顺性高、舒适性好。

2）养护维修工作量少，使用寿命长。

3）初期土建工程投资相对较小，节省工程总造价。

1. CRTS I 型板式无砟轨道

（1）轨道板组成　轨道板是由钢轨、弹性扣件、轨道板、水泥乳化沥青砂浆充填层、底座、凸形挡台及其周围填充树脂等组成，如图 11-6 所示。

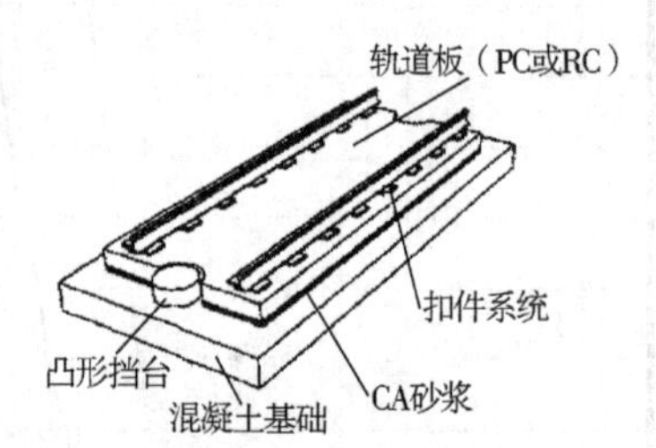

图 11-6　轨道板组成

（2）轨道板的结构及形式尺寸

1）轨道板结构类型可分为预应力混凝土平板、预应力钢筋混凝土框架板和钢筋混凝土板。轨道板类型应根据环境条件和下部基础合理选用，如图 11-7 所示。

图 11-7　轨道板

2）标准轨道板长度为 4962mm，轨道板宽度为 2400mm，厚度不宜小于 190mm。轨道板两端设半圆形缺口，半径为 300mm。扣件节点间距不宜大于 650mm，特殊情况下超过 650mm 时，应进行设计检算，且不宜连续设置。

3）水泥乳化沥青砂浆充填层厚度为 50mm；对于减振型板式轨道，厚度为 40mm。水泥乳化沥青砂浆应采用袋装灌注法施工。

（3）路基地段 CRTS Ⅰ型板式无砟轨道（图 11-8）

1）底座在路基基床表层上设置。

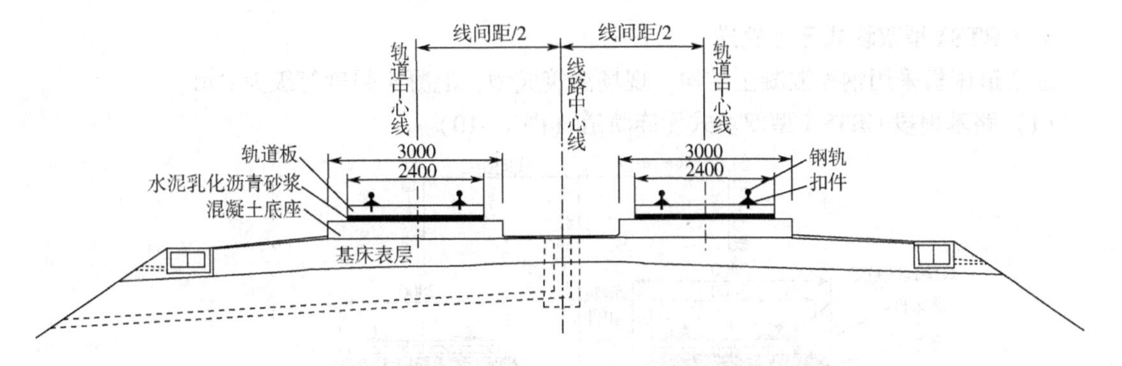

图 11-8　路基地段 CRTS Ⅰ型板式无砟轨道标准横断面示意图（单位：mm）

2）底座每隔一定长度，对应凸形挡台中心位置，设置横向伸缩缝。

3）线间排水应结合线路纵坡、桥涵等线路条件和环境具体设计。采用集水井方式时，集水井设置间隔根据汇水面积和当地气象条件设计确定。严寒地区线间排水设计应考虑防冻措施。

4）线路两侧及线间路基面应进行防水处理。

（4）桥梁地段 CRTS Ⅰ型板式无砟轨道（图 11-9）

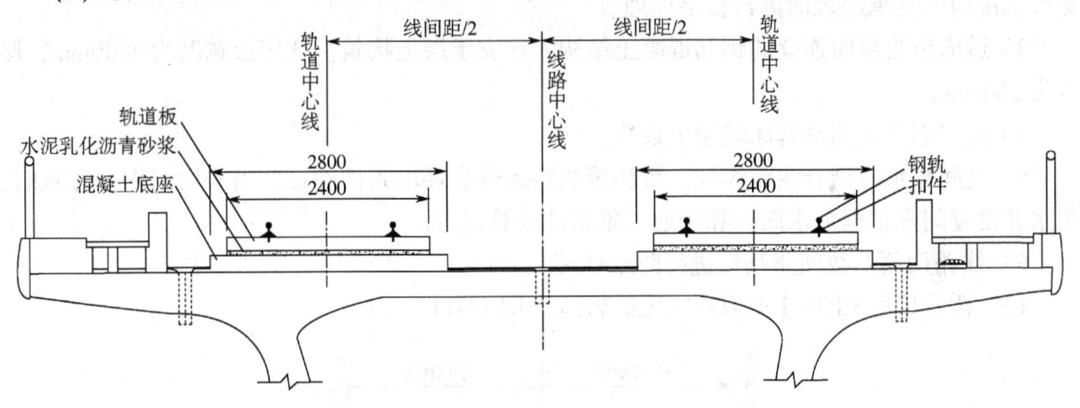

图 11-9　桥梁地段 CRTS Ⅰ型板式无砟轨道标准横断面示意图（单位：mm）

1）底座板在桥梁上设置，通过梁体预埋套筒植筋或预埋钢筋方式与桥梁连接。轨道中心线 2.6m 范围内，梁面应进行拉毛处理。

2）底座板对应每块轨道板，在凸形挡台中心位置设置横向伸缩缝。

3）底座范围内，梁面不设防水层和保护层。

4）桥上扣件纵向阻力及梁端扣件结构形式根据计算确定。

（5）隧道地段 CRTS Ⅰ型板式无砟轨道

1）有仰拱隧道内，底座在仰拱回填层上方构筑。沿线路纵向，底座每隔一定长度，对应凸形挡台中心位置，设置横向伸缩缝。底座在隧道沉降缝位置，设置伸缩缝。底座宽度范围内，仰拱回填层表面进行拉毛处理。

2）无仰拱隧道内，底座与隧道底板合并设置并连续铺设。当位于曲线地段时，超高一般在底座面上设置。

3）距隧道洞口 100m 范围内，仰拱回填层设置钢筋与底座连接。

2. CRTSⅠ型双块式无砟轨道

通常道床板采用钢筋混凝土结构，现场浇筑成型，混凝土强度等级为C40。

（1）路基地段CRTSⅠ型双块式无砟轨道（图11-10）

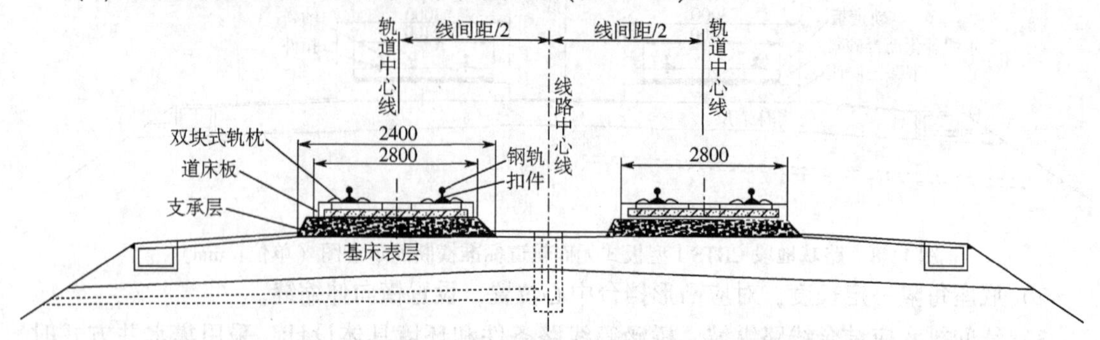

图11-10 路基地段CRTSⅠ型双块式无砟轨道标准横断面示意图（单位mm）

1）由钢轨、弹性扣件、双块式轨枕、道床板、支承层等组成。

2）支承层在路基基床表层上设置，支承层表面宽度为3200mm，底面宽度为3400mm，厚度为300mm。沿线路纵向，每隔不大于5m设一横向预裂缝，缝深为厚度的1/3。道床板宽度范围内的支承层表面进行拉毛处理。

3）道床板为纵向连续的钢筋混凝土结构，在支承层上构筑。道床板宽度为2800mm，厚度为260mm。

4）曲线超高在路基基床表层上设置。

5）线间排水应结合线路纵坡、桥涵等线路条件和环境条件确定。当采用集水井方式时，集水井设置间隔根据汇水面积和当地气象条件计算确定。

6）线路两侧及线间路基面进行防水处理。

（2）桥梁地段CRTSⅠ型双块式无砟轨道（图11-11）

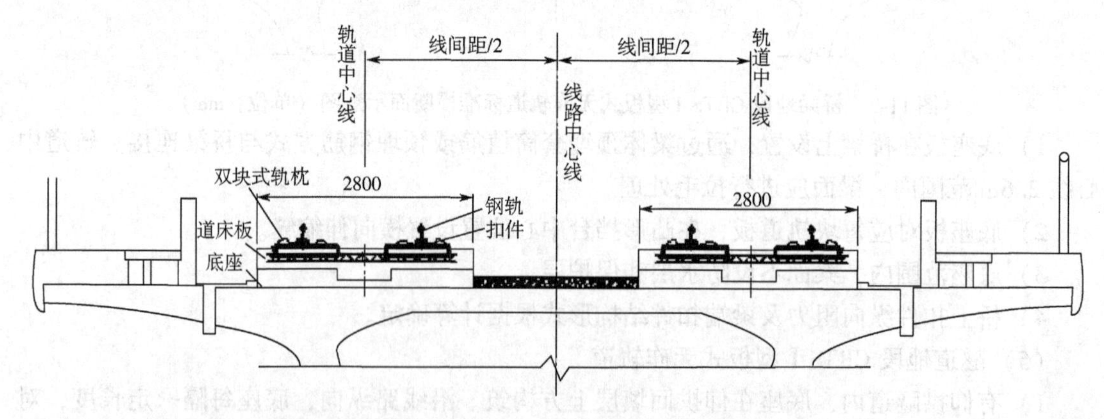

图11-11 桥梁地段CRTSⅠ型双块式无砟轨道标准横断面示意图（单位：mm）

1）轨道板组成：由钢轨、弹性扣件、双块式轨枕、道床板、隔离层、底座及凹槽周围弹性垫层等组成。

2）道床板、底座沿线路纵向在梁面上分块构筑，分块长度在5.0~7.0m范围，相邻道床板及底座的间隔缝为100mm，道床板宽度为2800mm，厚度为260mm，底座宽度为2800mm，直线地段底座厚度不宜小于210mm，曲线地段底座内侧厚度不应小于100mm。

3）底座通过梁体预埋套筒植筋或预埋钢筋与桥梁连接，轨道中心线 2.6m 范围内，梁面进行拉毛处理。

4）曲线超高在底座上设置。

5）底座顶面设置隔离层。对应每块道床板，底座设置限位凹槽，凹槽的形式尺寸根据设计荷载计算确定，凹槽侧面设弹性垫层。

6）底座范围内，梁面不设防水层和保护层。

7）桥上扣件纵向阻力及梁端扣件结构形式根据计算确定。

（3）隧道地段 CRTS Ⅰ型双块式无砟轨道（图 11-12）

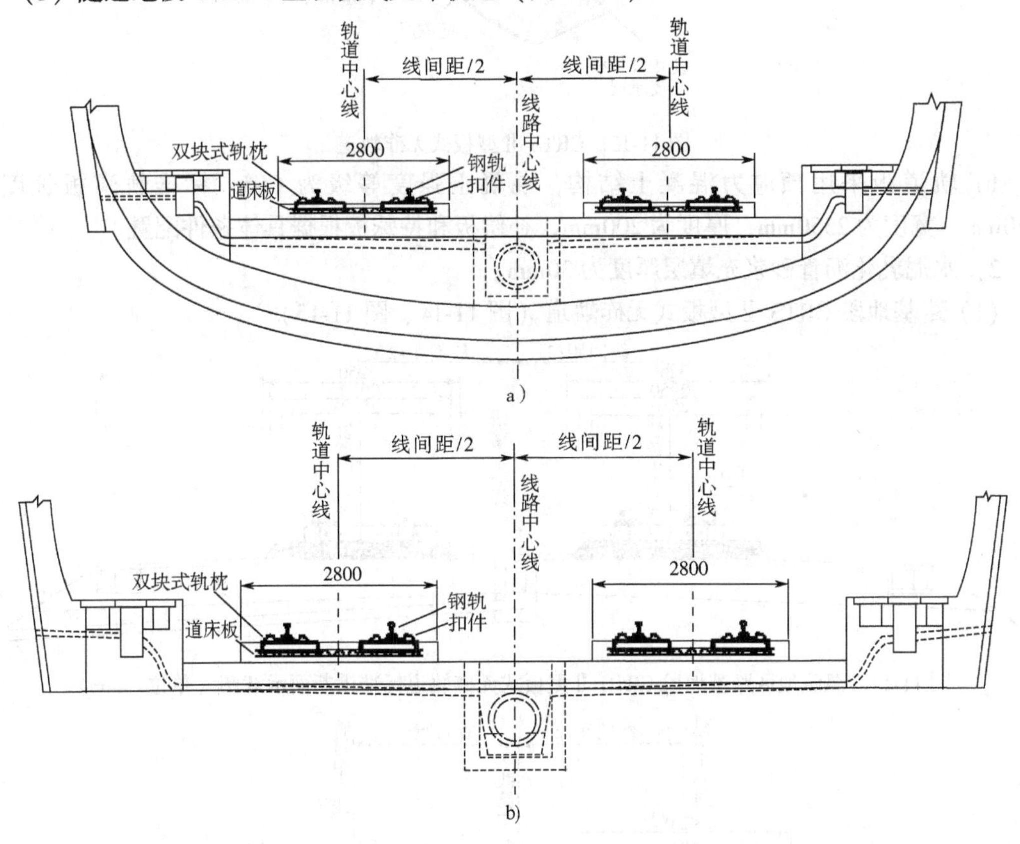

图 11-12 隧道地段 CRTS Ⅰ型双块式无砟轨道标准横断面示意图（单位：mm）

a）有仰拱隧道 b）无仰拱隧道

1）轨道板组成：由钢轨、弹性扣件、双块式轨枕、道床板等组成。

2）道床板为纵向连续的钢筋混凝土结构，直接在隧道仰拱回填层（有仰拱隧道）或底板（无仰拱隧道）上构筑：道床板宽度为 2800mm，厚度为 260mm，其宽度范围内，仰拱回填层或底板表面进行拉毛处理。

3）曲线超高在道床板上设置。

4）距洞口 200mm，隧道内道床板结构与路基地段相同。其余地段的道床板结构根据相应的设计荷载确定。

3. CRTS Ⅱ型板式无砟轨道

CRTS Ⅱ型板式无砟轨道如图 11-13 所示。

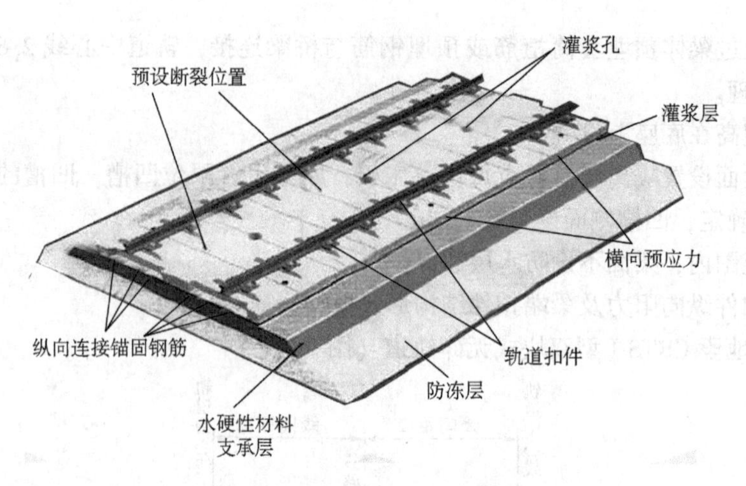

图 11-13　CRTS Ⅱ型板式无砟轨道

1）轨道板采用预应力混凝土结构，混凝土强度等级为 C55。标准轨道板长度为 6450mm，宽度为 2550mm，厚度为 200mm，补偿板和特殊板根据具体条件配置。

2）水泥乳化沥青砂浆充填层厚度为 30mm。

（1）路基地段 CRTS Ⅱ型板式无砟轨道（图 11-14、图 11-15）

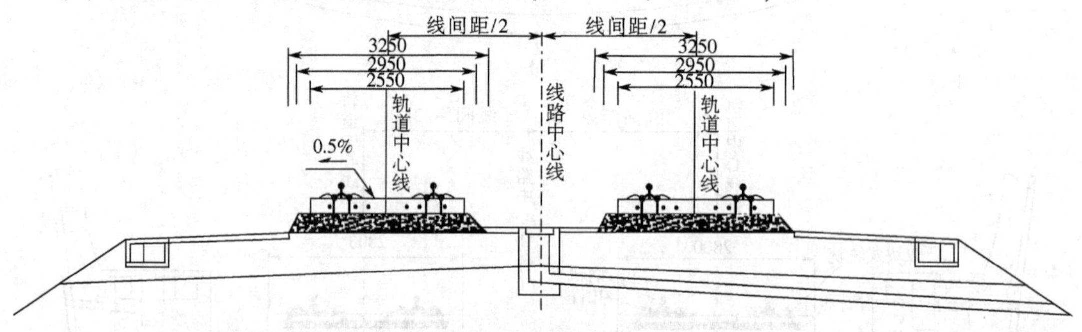

图 11-14　温暖地区路基地段 CRTS Ⅱ型板式无砟轨道标准横断面示意图（单位：mm）

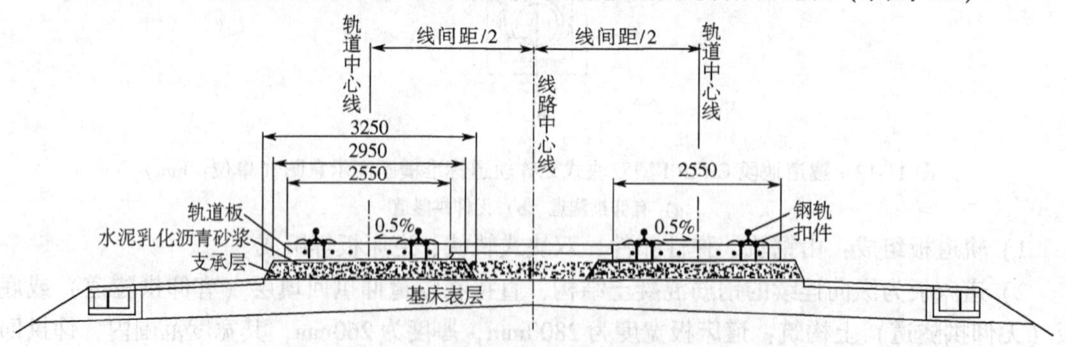

图 11-15　寒冷地区路基地段 CRTS Ⅱ型板式无砟轨道标准横断面示意图（单位：mm）

1）轨道板组成：由钢轨、弹性扣件、轨道板、水泥乳化沥青砂浆充填层、支承层等组成。

2）支承层在路基基床表层上设置，其性能应符合相关规定。支承层顶面宽度为 2950mm，底面宽度为 3250mm，厚度为 300mm。沿线路纵向，每隔不大于 5m 切一横向预裂缝，缝深为厚度的 1/3，轨道板宽度范围内的支承层表面进行拉毛处理。

3）曲线超高在路基基床表层上设置。

4）线间排水应结合线路纵坡、桥涵等线路条件和环境条件具体设计，当采用集水井方式时，集水井设置间隔根据汇水面积和当地气象条件计算确定。

5）线路两侧及线间路基面进行防水处理。

（2）桥梁地段 CRTS Ⅱ型板式无砟轨道（图 11-16）

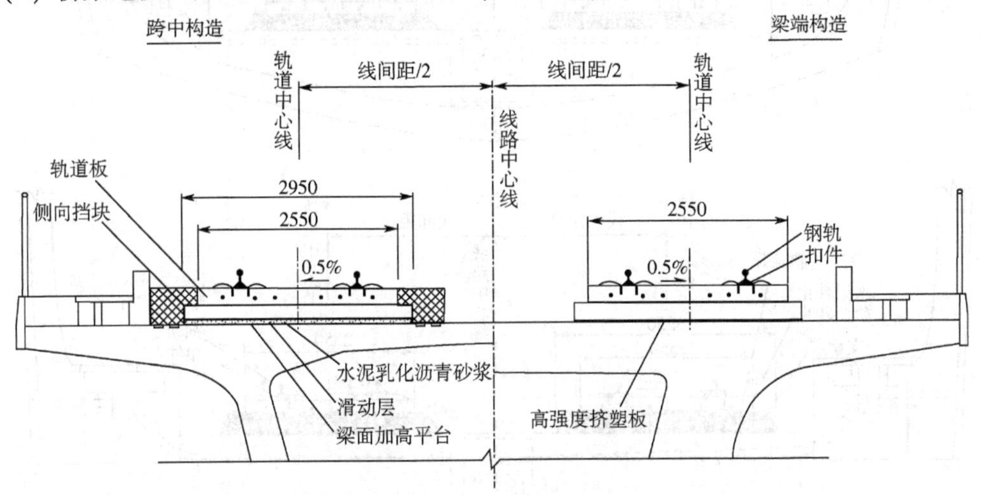

图 11-16　桥梁地段 CRTS Ⅱ型板式无砟轨道标准横断面示意图（单位：mm）

1）轨道板组成：由钢轨、弹性扣件、轨道板、水泥乳化沥青砂浆充填层、底座板、滑动层、高强度挤塑板、侧向挡块、台后锚固结构等组成。

2）底座板采用纵向连续的钢筋混凝土结构，混凝土强度等级为 C30。底座板宽度为 2950mm；直线曲段的底座板厚度不宜小于 190mm；曲线超高在底座板上设置，曲线内侧的底座板厚度不应小于 175mm。

3）底座板结构中可根据施工组织安排设置一定数量的混凝土后浇带及钢板连接器。

4）底座板宽度范围内，梁面设置滑动层，滑动层结构及性能应符合相关规定。

5）在桥梁固定支座上方，梁体设置底座板纵向限位机构，相应位置设置抗剪齿槽及锚固筋连接套筒，形式尺寸及数量应根据计算确定。

6）底座板两侧隔一定距离设置侧向挡块，梁体相应位置设置钢筋连接套筒。侧向挡块与底座板间设置弹性限位板。

7）距梁端一定范围，梁面设置高强度挤塑板，厚度为 50mm。

8）轨道板外侧的底座板顶面设置横向排水坡。

9）台后路基应设置锚固结构及过渡板。

（3）隧道地段 CRTS Ⅱ型板式无砟轨道（图 11-17）

1）轨道板组成：由钢轨、弹性扣件、轨道板、水泥乳化沥青砂浆充填层、支承层等组成。

2）当支承层采用低塑性水泥混凝土，曲线超高在支承层设置。当支承层采用水硬性混合料时，曲线超高在仰拱回填层（有仰拱隧道）或底板（无仰拱隧道）上设置。

3）其他规定与路基地段相同。

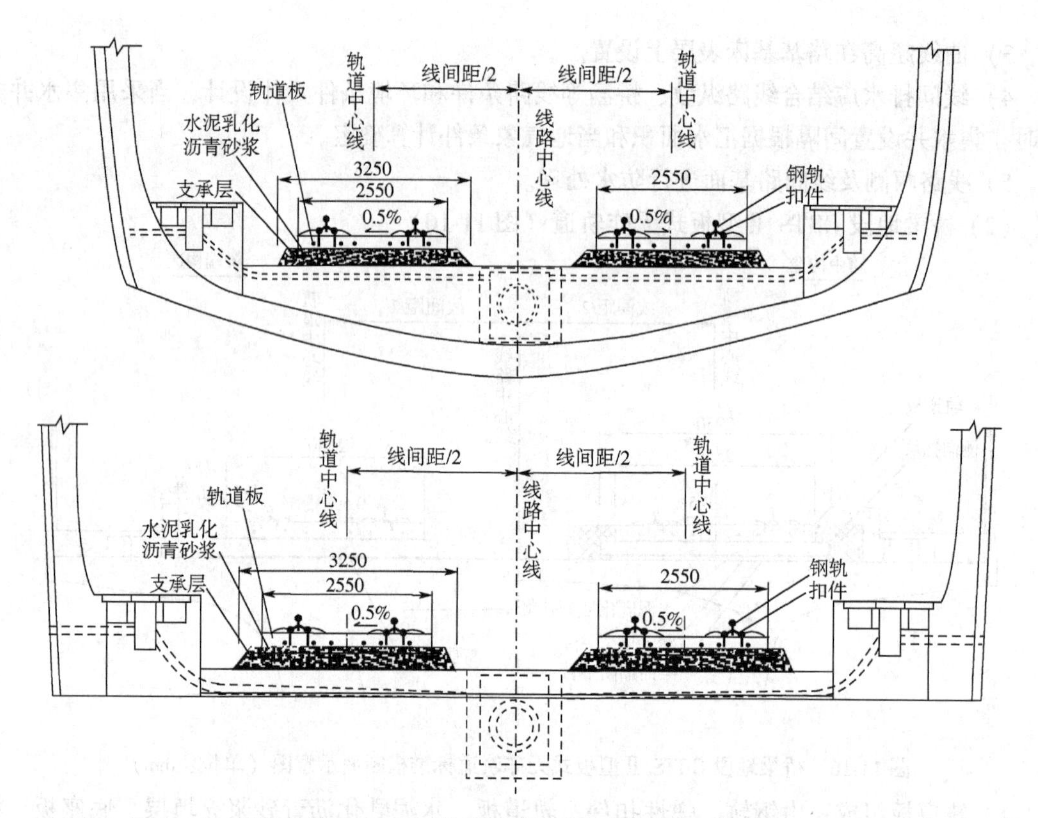

图 11-17　隧道地段 CRTs Ⅱ型板式无砟轨道标准横断面示意图（单位：mm）

11.3　地铁车站构造图

1. 地铁车站组成

地铁车站主要由车站主体建筑和车站附属建筑两大部分组成。

车站主体的组成基本上分为两部分。一是乘客使用空间，乘客使用空间是直接为乘客服务的场所，主要包括站厅层公共区、站台层公共区、售票处、检票口、问讯处、楼梯、自动扶梯及垂直电梯、公共卫生间、无障碍通道等。车站公共区应划分为付费区与非付费区。站厅层要有足够的公共区域面积，满足高峰时段客流的集散，要有足够数量的售检票设备和其他为公共服务的设施。站台层要有足够的站台宽度，要有分布均匀的楼梯、自动扶梯和满足列车编组停靠的有效站台长度。二是设计车站运营的技术设备用房及管理用房，它们是为了保证车站具有正常运营条件和营业秩序而设置的办公用房，一般分设于站厅层和站台层的两端部。车站附属建筑的地面站房、出入口以及风亭，均需结合所在地区城市规划。其地面部分的设计要做到与周围环境相协调。

2. 车站平面布置

建筑总平面图是表明一项建设工程总体布置情况的图样。它是在建设基地的地形图上，把已有的、新建的和拟建的建筑物、构筑物以及道路、绿化等按与地形图同样比例绘制出来的平面图。地铁车站建筑总平面图主要表明新建车站平面形状及周边道路、绿化、场地排水和管线的布置情况，并表明原有建筑、道路、绿化等和新建筑的相互关系以及环境保护方面的要求等。

对于不同设计阶段，地铁车站的平面布置图显示的内容和图例的详细程度也不尽相同。同时大多数地铁车站是多层结构（站厅层、站台层），故对于不同的层数其平面布置图也不同。

图 11-18 为某地铁车站主体结构总平面布置图。车站主体结构总平面图显示了该车站的站位选址的平面位置以及周边建筑情况，详细显示了车站起点和终点桩号，图中也可以看出车站各主要部位尺寸和风亭、出入口位置布置。同时在图中还会标出主体结构施工中采用的围护结构类型。除此以外，车站总平面图应该表达以下内容：车站的总图轮廓线和设计范围；指北针、车站线路方位角和控制轴线；车站线路中心线控制坐标，车站端部与线路中心线交点坐标；出入口出入方向、标高、场地标高等内容。

影响站位平面布置的因素主要包括客流方向、道路交通、地下管线以及周边建筑等，在进行总平面图设计时，需注意车站红线范围要与规划设计资料一致，保证车站与相邻建筑物之间的防火间距满足防火规范要求，车站出入口前部集散场地满足规范安全要求。施工单位在开工前，必须对车站施工现场的建筑、地下管线、构筑物等进行仔细的踏勘，核实位置、标高后方可动土开挖。

图 11-19 为某地铁车站地下一层（站厅层）部分轴线的平面布置图。通常站厅层布置在地下一层，主要功能是集散乘客、引导乘客分流和售检票服务。站厅层平面布置图会详细显示各功能区的分布与位置，一般站厅层中部为付费区，付费区与非付费区之间采用栏杆、进出站闸机以及临补票亭分隔。非付费区设有自动售票机、验票机、公用电话等。大部分付费区内分别设有两组扶梯和一部无障碍垂直电梯连接站台层公共区。设计中需要注意站厅层公共区乘客流线是否顺畅，售、检票设施与相关楼梯、出入口间距是否符合规范要求，尽量避免客流交叉。有时在设计中也会将设备管理用房布置在站厅层。

图 11-20 为某地铁车站地下二层（站台层）部分轴线的平面布置图。站台层一般布置在地下二层，站台层可以划分为三个区域，即两端的设备用房区和中部站台层公共区。通常一边的设备用房可以用来布置空调机房、牵引降压混合变电所、蓄电池室、通信设备室、信号设备室、屏蔽门控制室、警务室等。另外一边的设备用房主要布置了维修、车站备品库、工务用房等。在设计中需要各专业之间进行互审确定车站设备用房的位置、面积是否满足相关专业技术要求及总体设计技术要求；还要注意车站设备用房区通道出入口、长度、安全疏散楼梯是否符合消防要求。

一般对于设备用房布置可以遵循以下原则：

1）将设备及管理用房集中布置，便于管理。

2）强、弱电用房分开布置，避免干扰。

3）设备用房紧邻负荷中心，缩短管线距离。

4）弱电房间围绕车站综合控制室布置，缩短管线距离。

5）有防静电地板的房间尽可能相邻布置，方便施工管线敷设。

3. 车站竖向布置

车站竖向布置应根据线路敷设方式、周边环境及城市景观等因素，可选取地下多层、地下一层、路堑式、地面、高架一层、高架多层等形式。地下车站埋设应该尽量采用浅埋，高架车站层数宜少，有条件的地下或高架车站宜将站厅及设备、管理用房设于地面。图 11-21 为某车站部分轴线纵剖面图。

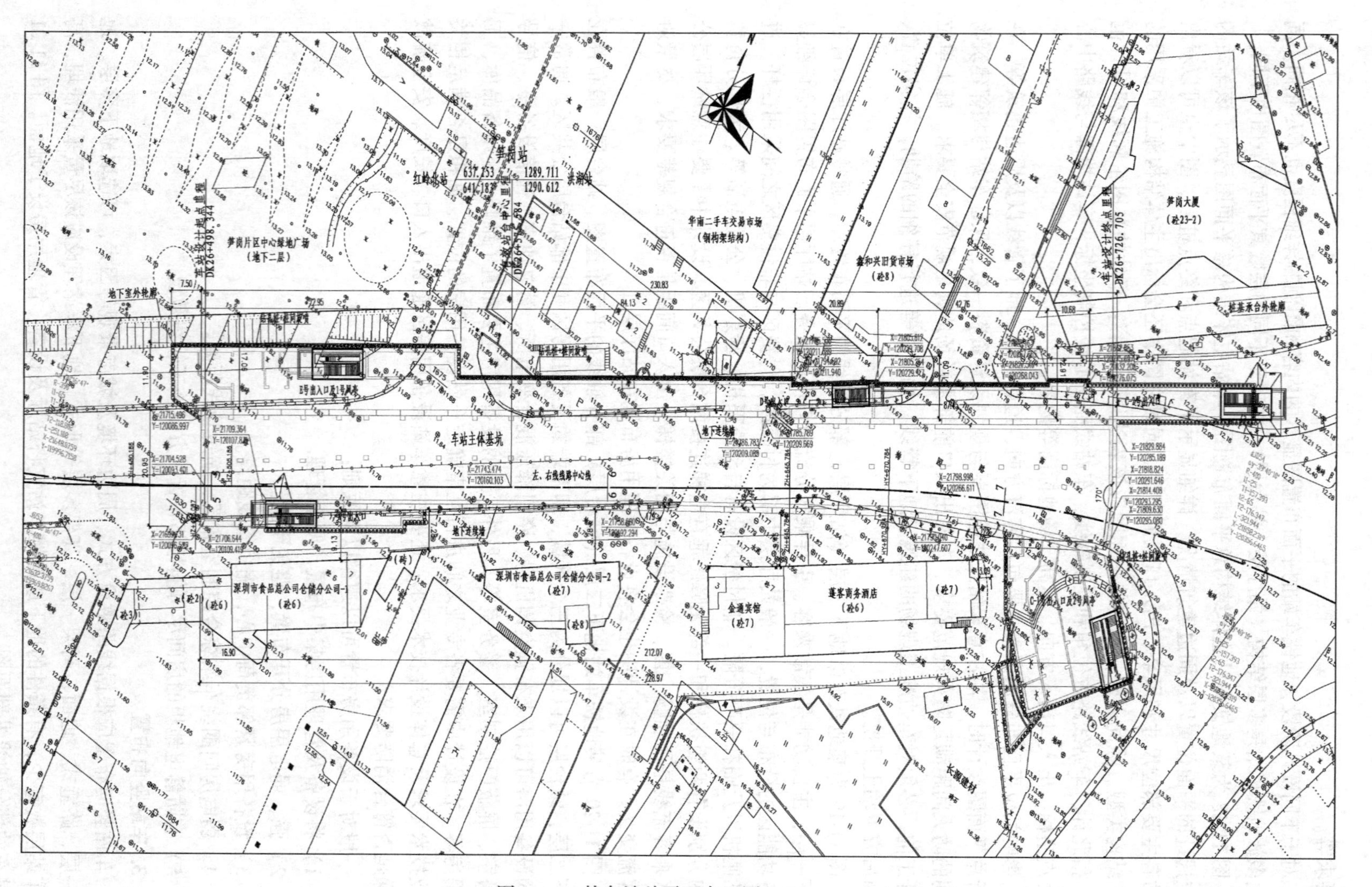

图11-18 某车站总平面布置图

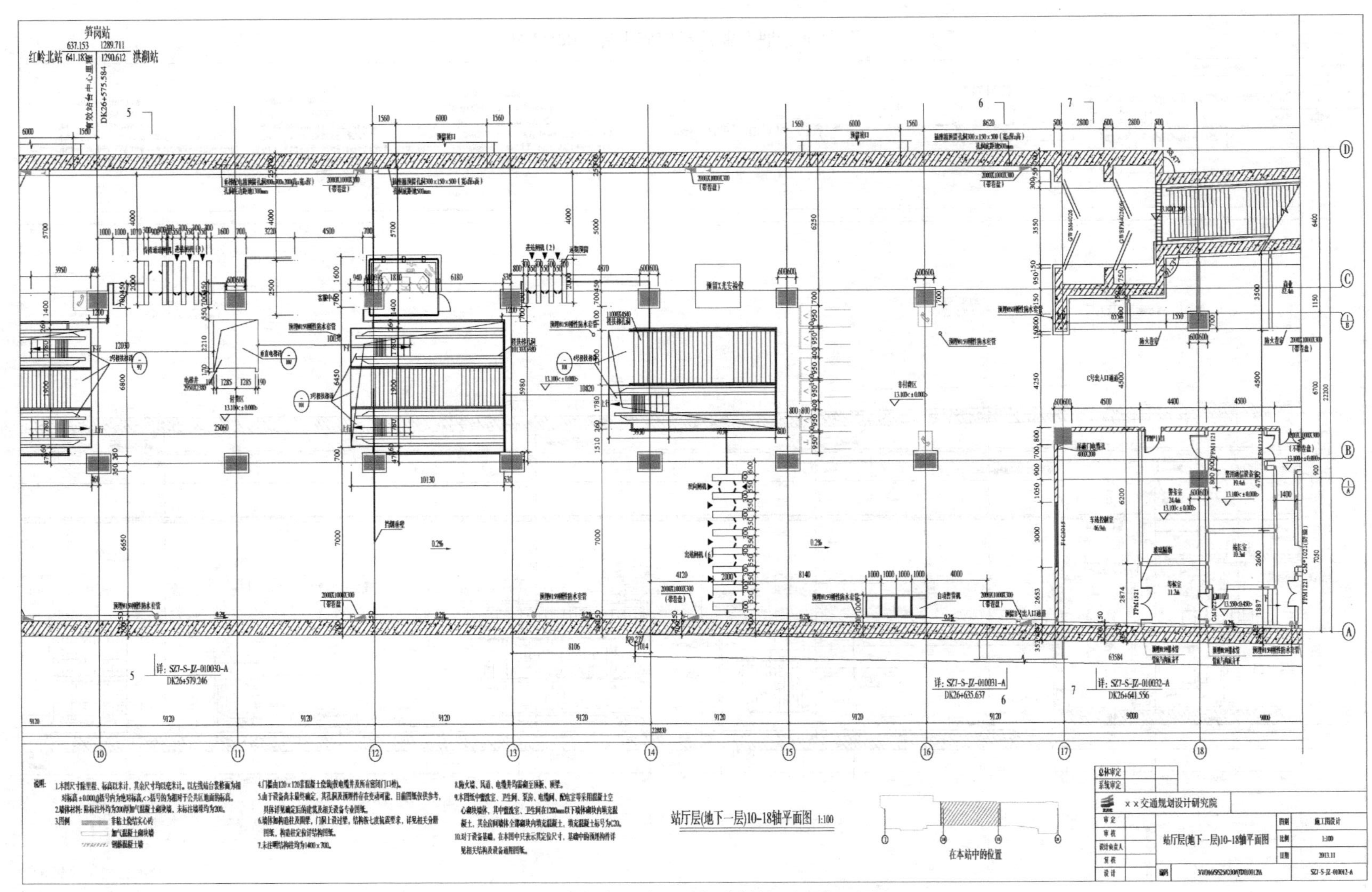

图11-19 某车站站厅层部分轴线平面布置图

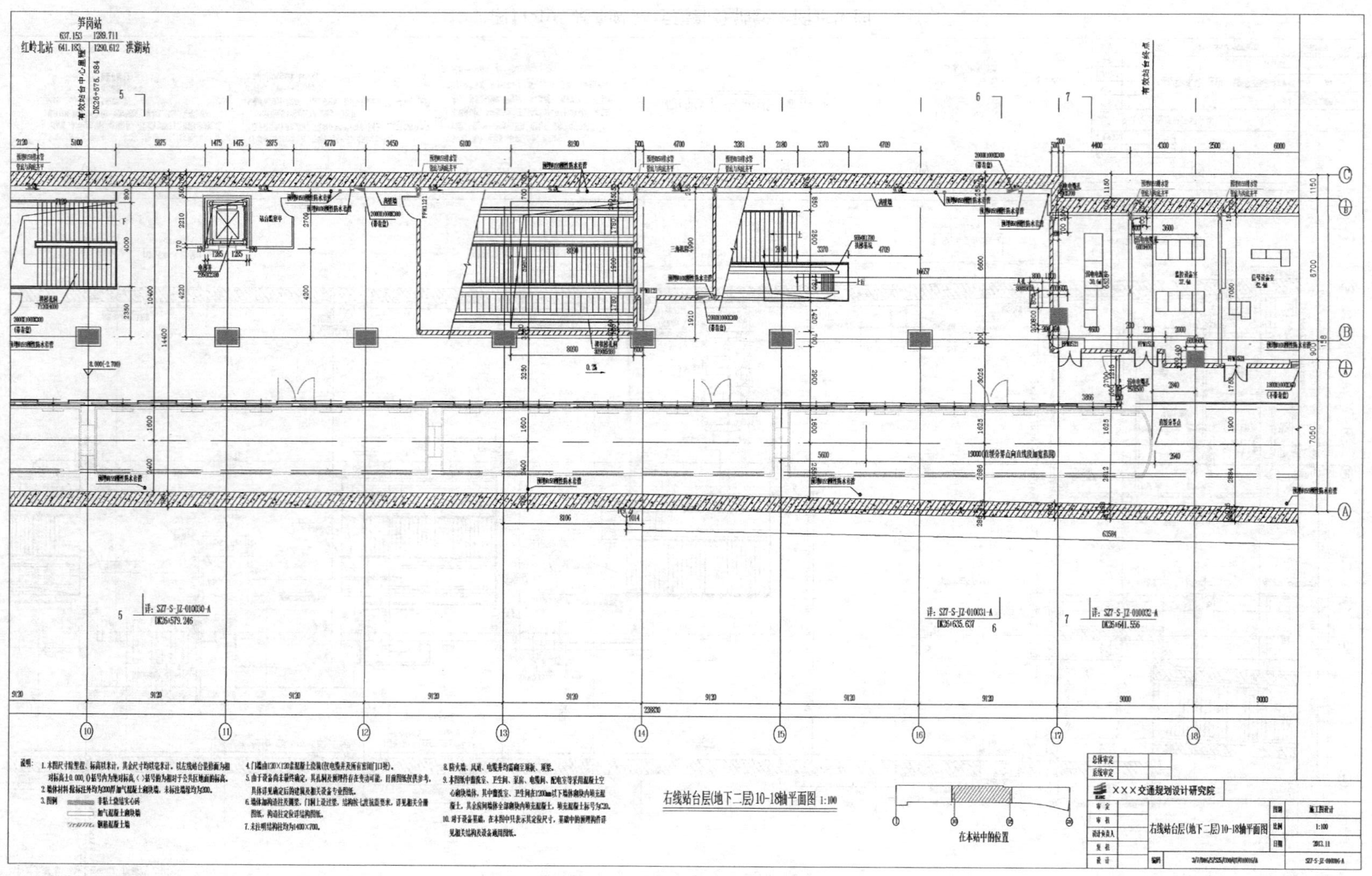

图11-20　某车站站台层部分轴线平面图

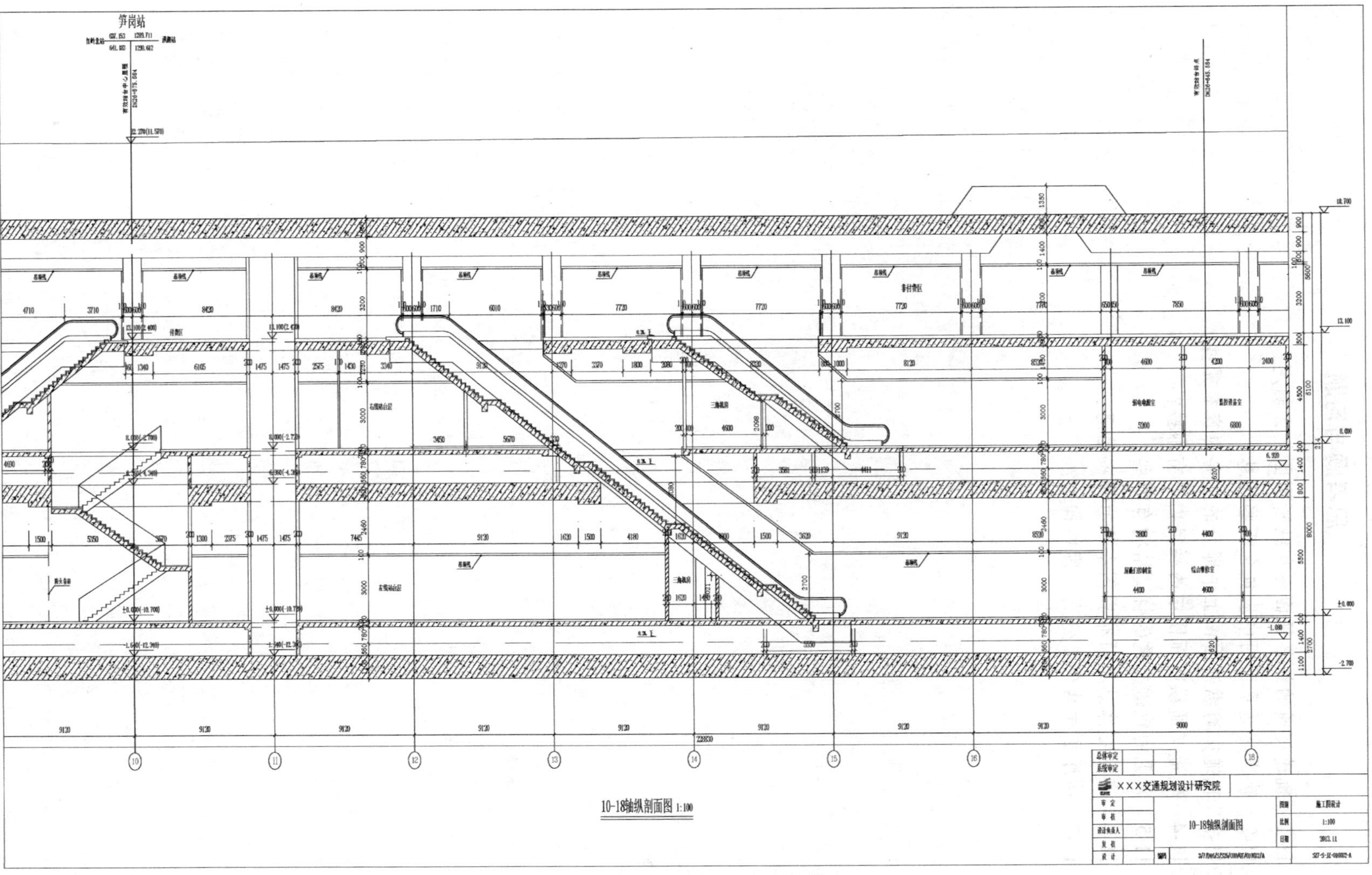

图11-21　某车站部分轴线纵剖面图

思考题与习题

11-1　轨道交通的线路平面图和纵断面图怎么确定？

11-2　轨道交通平面图中应包含哪些信息？

11-3　轨道交通纵断面图上半部分的主要内容有哪些？

11-4　轨道交通纵断面图中的栏目内容有哪些？

11-5　常见的轨道交通的轨道结构有哪些？

11-6　车站主体总平面布置图中都有哪些信息？

11-7　站厅层和站台层分别有哪些构造？

第12章　计算机辅助设计简介

学习目标：

1. 了解Auto CAD软件的使用功能。
2. 认识并熟悉Auto CAD 2007的工作界面。
3. 掌握Auto CAD 2007中调用命令的方法。
4. 掌握坐标输入方法。
5. 熟悉Auto CAD 2007中常用的绘图命令和编辑命令及其使用方法。

教学重点：

1. 坐标的输入方法。
2. Auto CAD 2007中常用的绘图命令和编辑命令使用方法。

12.1　Auto CAD概述

12.1.1　Auto CAD基本特征

CAD是Computer Aided Design（计算机辅助设计）的缩写，也称为Computer Aided Drafting（计算机辅助绘图）。Auto CAD是一种通用计算机辅助设计和绘图软件包，广泛用于机械、建筑、结构、城市规划、城市交通和道路等工程设计领域。

Auto CAD（Auto Computer Aided Design）是工程设计领域中应用最广泛的计算机辅助设计软件。它由美国Auto desk公司于1982年首次发布并不断推陈出新，现已成为国际上广为流行的绘图工具。

Auto CAD具有良好的用户界面，通过交互菜单或命令行方式可以进行各种操作。利用Auto CAD进行绘图具有以下特点：

（1）功能强大　Auto CAD具有完善的图形绘制功能和强大的图形编辑功能，同时还有图形标注、精确绘图和图形输出等功能。也可采用多种方式进行二次开发或用户定制。

（2）精确度高　图形绘制和打印精确度可达到所用单位的小数点后14位。

（3）快速高效　Auto CAD所具有的复制、编辑、自定义条目等功能加速了绘图过程，能极大提高设计工作效率，缩短设计周期。

（4）风格一致　在绘图方法上系统保持了一致性，从而消除了因为个人风格不同产生的问题，有利于设计工作的规范化和成果的标准化。

（5）整洁清晰　绘图仪有产生精确清晰图样的能力，这是优于传统手工绘图的最明显优点。

12.1.2　Auto CAD的版本选择

Auto desk公司于1982年1 1月正式发布Auto CAD 1.0版本，之后不断完善发展，目前的最新版本为Auto CAD 2017。随着版本的升级，Auto CAD的功能越来越强大，操作界面也焕然一新。从 Auto CAD 2007 开始，Auto desk 公司将三维动画渲染和制作软件 3DS MAX 的诸多技术移植到 Auto CAD 软件中，大大加强了 Auto CAD 的 3D 设计能力。

考虑到道路工程专业的绘图特点和初学者学习的难易程度等因素，本书以 Auto CAD 2007（中文版）为参考软件进行编写。初学者不必过于追求使用最新最高版本的 Auto CAD。以够用、顺手为原则，学好、吃透一个版本（如 Auto CAD 2007）的命令使用与操作思路，有助于以后更快地熟悉高版本 Auto CAD。这也是许多基于 Auto CAD 平台二次开发的工程设计软件（如鸿业市政、飞时达市政等）的使用基础。

12.1.3 Auto CAD 2007 的用户界面与相关操作

软件安装后，自动在桌面生成快捷图标，双击该图标即可启动程序。

启动 Auto CAD 2007 后，进入默认的用户界面（图 12-1）。

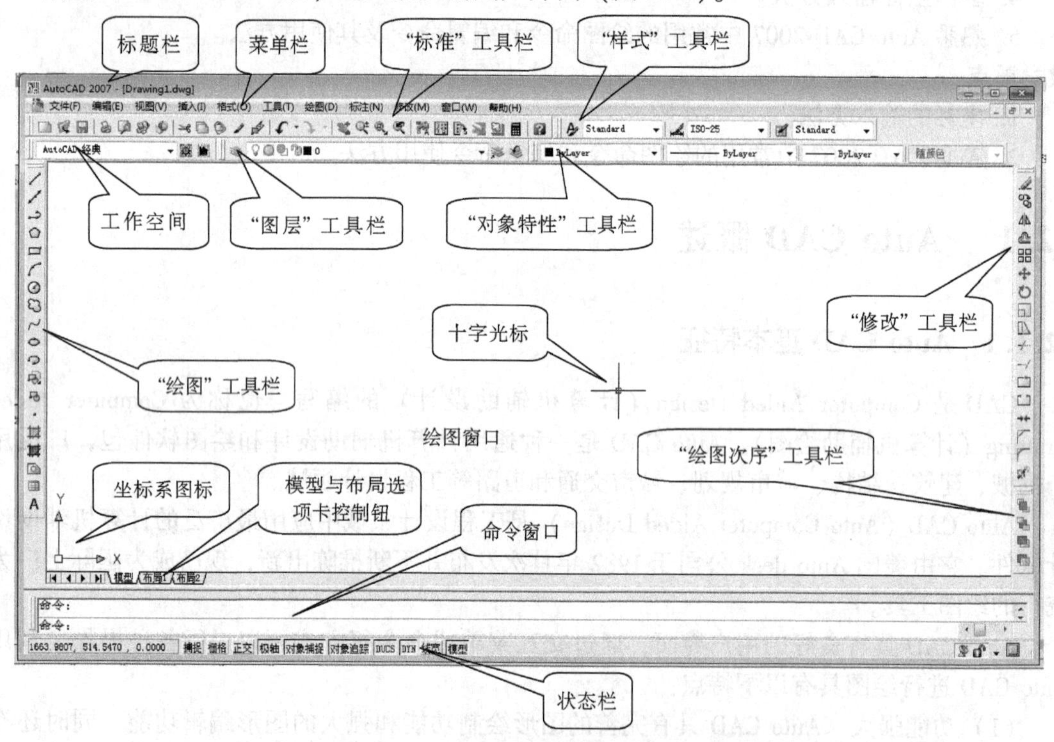

图 12-1 Auto CAD 2007 的用户界面

Auto CAD 命令的输入方式通常有三种：下拉菜单法、命令按钮法和键盘输入命令法。

Auto CAD 精确输入点坐标的方法主要有四种：绝对直角坐标、相对直角坐标、绝对极坐标和相对极坐标。

（1）绝对直角坐标　绝对直角坐标以原点（0，0）为参考点。输入的点坐标值是相对于原点的坐标增量，即相当于在数学坐标系中确定某点的位置。

命令窗口中的输入格式为“X，Y”。直角坐标输入时的逗号必须为英文逗号。

（2）相对直角坐标　相对直角坐标的参考点为上一个输入点，新点坐标值是相对于上一点的坐标增量值。

命令窗口中的输入格式为“@X，Y”。

（3）绝对极坐标　绝对极坐标以原点为极点。通过输入原点与该点的距离 L 和两点连

线与 X 轴正方向的夹角 α 来确定点位。

命令窗口中的输入格式为“$L<\alpha$”。

(4) 相对极坐标　相对极坐标以上一个输入点为参考点。通过输入上一点与新点的距离 L 和两点连线与 X 轴正方向的夹角 α 来确定点位。

命令窗口中的输入格式为“$@L<\alpha$”。

12.1.4　常用命令与精确绘图工具

任何图形不论复杂与否，都是由基本图形对象（包括点、直线和曲线等）组成的。因此，掌握各种基本图形对象的绘制与修改方法是使用 Auto CAD 的基本要求。Auto CAD 提供了较全面的绘图与修改命令，用于图形对象的绘制与编辑。这些命令大多可通过单击“绘图”或“修改”工具栏上的相应命令按钮激活。

1. 基本绘图命令

Auto CAD 的基本绘图命令见表 12-1。

表 12-1　基本绘图命令

序号	图标	命令全称	默认快捷键	功能	备注
1		LINE	L	绘制直线	1）连续绘制直线后，各段直线为独立对象 2）任何非连续直线的疏密显示可通过线型比例因子（LTSCALE）命令进行调整
2		XLINE	XL	绘制构造线	常用于绘制辅助线
3		PLINE	PL	绘制多段线	连续绘制的对象（直线或圆弧等）具有整体性，与 LINE 命令相比，更方便对象的选择
4		POLYGON	POL	绘制正多边形	
5		RECTANG	REC	绘制矩形	指定矩形任意对角线上的两个交点进行绘制
6		ARC	A	绘制圆弧	掌握三点绘制圆弧法
7		CIRCLE	C	绘制圆	掌握圆心 + 半径、切点 1 + 切点 2 + 半径的绘制方法
8		REVCLOUD		修订云线	常用于图形校审时的圈点，其宽度由多段线最后一次宽度值决定
9		SPLINE	SPL	样条曲线	可用于生成地形图中的地形线、绘制对象轮廓曲线或局部剖面的分界线等
10		ELLIPSE	EL	绘制椭圆	
11		ELLIPSE	EL	绘制椭圆弧	椭圆弧是椭圆的一部分，绘制方法与椭圆类似
12		POINT	PO	绘制点	点的样式与大小可设置
13		BHATCH HATCH	BH H	图案填充	1）用于生成图案填充，在使用前需设置填充样式 2）填充边线一定要密闭
14		DONUT	DO	绘制圆环	需要指定内、外圆半径。设置内圆半径为 0 时，即可绘制实心圆
15		MLINE	ML	绘制多线	可用于规则道路、建筑墙体的绘制

2. 常用编辑与修改命令

绘制复杂的图形过程中，需要用编辑和修改命令对所绘图形进行修改调整，如进行删除、复制和移动等操作。熟练运用常用编辑与修改命令，可减少冗余操作，极大地提高绘图效率。

Auto CAD 的常用编辑与修改命令见表 12-2。

表 12-2　常用编辑与修改命令

序号	图标	命令全称	默认快捷键	功能	备注
1		ERASE	E	删除	删除所选对象，可用快捷键 Delete 替代
2		COPY	CO	复制	在当前图形中复制所选对象
3		MIRROR	MI	镜像	将所选对象按对称轴进行复制。文字镜像后的方向由参数 Mirrtext 控制
4		OFFSET	O	偏移	将所选对象进行等距离或通过指定点复制
5		ARRAY	AR	阵列	将所选对象进行矩形或环形阵列复制
6		MOVE	M	移动	将所选对象进行各方向的移动，结合对象捕捉可实现精确移动
7		ROTATE	RO	旋转	将所选对象进行绕指定基点的转动
8		SCALE	SC	比例缩放	所选对象按指定缩放因子缩放；也可将对象按参照长度自动计算出比例并进行缩放
9		STRETCH	S	拉伸	将所选对象进行拉伸
10		TRIM	TR	修剪	将直线或曲线在指定边界处剪除；一次可以修剪多条直线或曲线
11		EXTEND	EX	延伸	将直线或曲线延伸到指定边界；一次可以延伸多条直线或曲线
12		BREAK	BR	打断	将直线或曲线在指定两点之间或某点处断开
13		JOIN	J	合并	可连接某一连续图形上的两个部分，也可将某段圆弧闭合为完整圆
14		CHAMFER	CHA	倒角	参数为 0 时两不相交直线可延伸相交
15		FILLET	F	圆角	参数为 0 时两不相交直线可延伸相交
16		EXPLODE	X	分解	将合成的整体对象分解为独立分离的多个对象
17		PEDIT		编辑多段线	进行多段线的闭合、合并和线宽设置等操作
18		HATCHEDIT		图案填充编辑	用于已填充图案的编辑
19		MATCHPROP		特性匹配	把源对象的指定特性复制到所选对象
20		PROPERTIES		对象特性	用于查看和修改图形对象的特性与参数

3. 精确绘图辅助工具

Auto CAD 绘图的一个重要特点是精确度高，其关键在于如何精确定位点位。通过键盘输入点坐标可以精确地进行点的定位。对于一些特殊点（如中点、端点、垂足、交点和圆心等）进行定位时，可使用对象捕捉功能。

调用对象捕捉的方法一般有三种：

1）在绘图过程中，当 Auto CAD 2007 提示指定一个点的位置时，用户可以打开图 12-2 所示“对象捕捉”工具栏，单击所需使用的对象捕捉按钮或输入捕捉命令来启动。

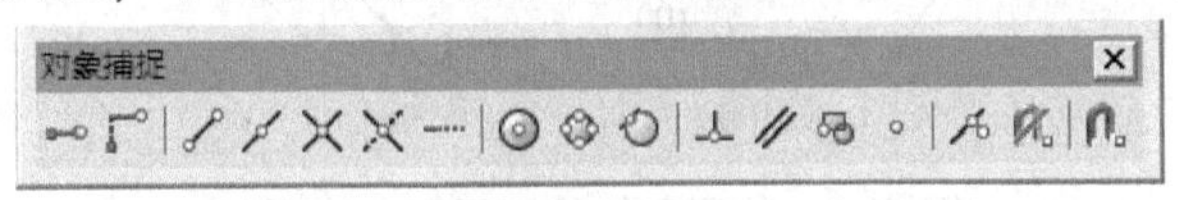

图 12-2　“对象捕捉”工具栏

2）在执行 Auto CAD 命令过程中，按下【Shift】键并同时单击鼠标右键，可以弹出图 12-3 所示快捷菜单，通过此菜单用户可以选择捕捉何种类型的特征点。

3）在状态栏的【对象捕捉】按钮上单击右键，弹出快捷菜单，选择“设置”命令选项，打开如图 12-4 所示“草图设置”对话框，然后再单击【对象捕捉】按钮，打开自动捕捉方式。

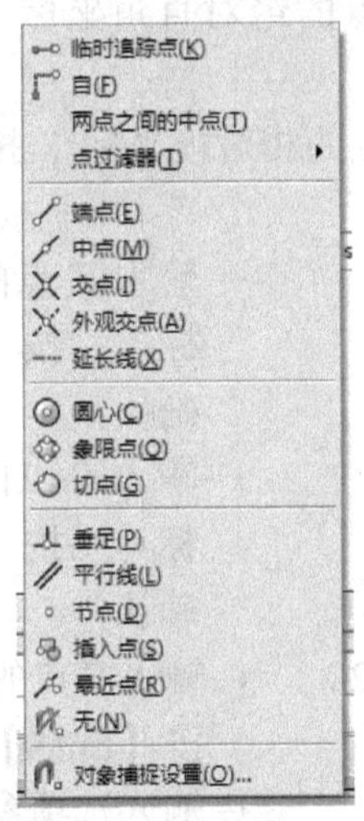

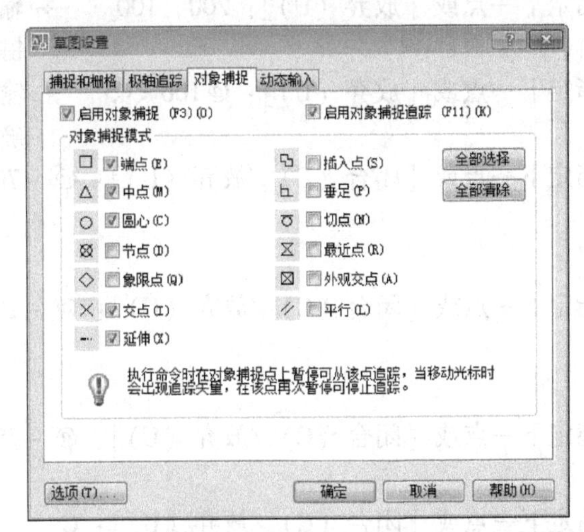

图 12-3　快捷菜单设置对象捕捉　　图 12-4　“草图设置”对话框设置自动对象捕捉

值得注意的是，“对象捕捉”工具栏方式、命令方式和右键快捷菜单方式（即上述 1）、2）两种调用方式）仅对当前操作有效，命令结束后，捕捉模式会自动关闭，这种捕捉方式也称为覆盖捕捉方式。自动捕捉（上述第三种方式）方式不会随着当前操作完成而关闭。

12.2　Auto CAD 2007 绘图实例

1. 画平面六边图形

直线是构成图形对称的基本几何元素之一，“两点定一条直线”是一个基本的公理，要准确表达一条直线段的位置，可以通过指定该直线的起点坐标和终点坐标来实现。

如图 12-5 所示，如果已知 A 点坐标和图形其他各段的尺寸关系，可以使用绘图直线命令 LINE，通过指定各线段起点和终点坐标的方式来绘制此图形。

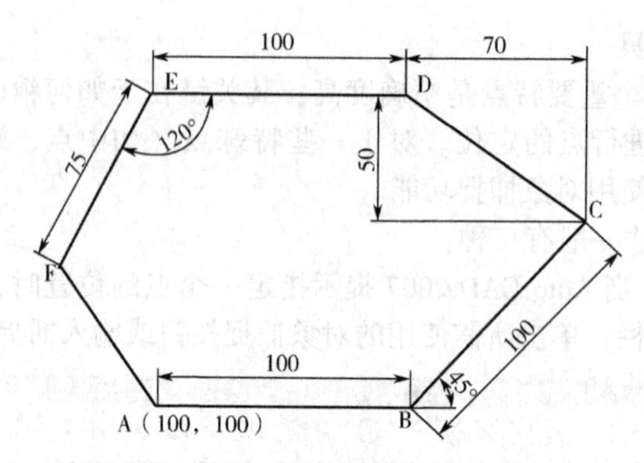

图 12-5 使用坐标绘制平面六边图形

【操作步骤】

关闭状态栏上的【DYN】按钮，在命令提示行输入命令 LINE（命令缩写 L）后按【Enter】键，然后根据 Auto CAD 2007 的提示进行如下操作。

命令：LINE ←输入直线绘制命令，按【Enter】键确认

指定第一点：100，100 ←输入 A 点的绝对直角坐标，按【Enter】键确认

指定下一点或［放弃（U）］：200，100 ←输入 B 点的绝对直角坐标，按【Enter】键确认

指定下一点或［放弃（U）］：@100<45 ←输入 C 点的相对极坐标，按【Enter】键确认

指定下一点或［闭合（C）/放弃（U）］：@ -70，50 ←输入 D 点的相对直角坐标，按【Enter】键确认

指定下一点或［闭合（C）/放弃（U）］：@ -100，0 ←输入 E 点的相对直角坐标，按【Enter】键确认

指定下一点或［闭合（C）/放弃（U）］：@ -75< -120 ←输入 F 点的相对极坐标，按【Enter】键确认

指定下一点或［闭合（C）/放弃（U）］：C ←输入选项参数“C”，按【Enter】键确认，使直线闭合

2. 绘制三角形的外接圆和内切圆

绘制圆的过程中并不一定能在所有的情况下都能明确地知道圆心位置和圆的直径、半径等尺寸关系，此时就需要借助 Auto CAD 提供的一些特殊方式来准确绘制圆，如图 12-6 所示的三角形的外接圆与内切圆。

【操作步骤】

（1）用直线命令 LINE 绘制三角形 ABC 关闭状态栏上的【DYN】按钮，在命令提示行输入命令 LINE（命令缩写 L）后按【Enter】键，然后根据 Auto CAD 2007 的提示进行如下操作：

命令：LINE ←输入命令，按【Enter】键

指定第一点：45，125 ←输入 A 点的绝对直角坐标

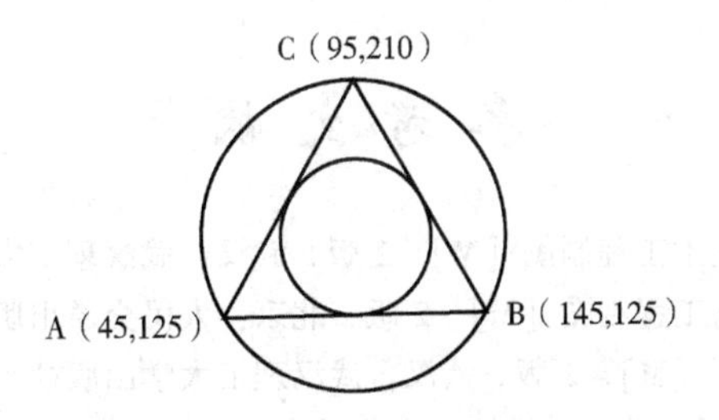

图 12-6 绘制三角形的外接圆和内切圆

指定下一点或［放弃（U）］：145，125 ←输入 B 点的绝对直角坐标

指定下一点或［放弃（U）］：95，210 ←输入 C 点的相对极坐标

指定下一点或［闭合（C）/放弃（U）］：C ←输入选项参数“C”，按【Enter】键，使三角形闭合

（2）绘制图三角形 ABC 的外接圆 在命令提示行输入命令 CIRCLE（命令缩写 C）后按【Enter】键，然后根据 Auto CAD 2007 的提示进行如下操作：

命令：CIRCLE ←输入命令，按【Enter】键

指定圆的圆心或［三点（3P）/两点（2P）/相切、相切、半径（T）］：3P ←输入选项参数“3P”按【Enter】键，选择使用三点方式绘制圆

指定圆上的第一个点：←打开对象捕捉中的端点，使用鼠标捕捉 A 点，单击鼠标左键

指定圆上的第二个点：←使用鼠标捕捉 B 点，单击鼠标左键

指定圆上的第三个点：←使用鼠标捕捉 C 点，单击鼠标左键，完成外接圆的绘制

（3）绘制图三角形 ABC 的内切圆 使用鼠标选择菜单命令【绘图】-【圆】-【相切、相切、相切】，然后根据 Auto CAD2007 的提示进行如下操作：

命令：_circle 指定圆的圆心或［三点(3P)/两点(2P)/相切、相切、半径(T)］：_3P 指定圆上的第一个点：_tan 到 ←使用鼠标单击选择三角形的一条边作为与之相切的第一个对象

指定圆上的第二个点：_tan到 ←使用鼠标单击选择三角形的第二条边作为与之相切的第二个对象

指定圆上的第三个点：_tan 到 ←使用鼠标单击选择三角形的第三条边作为与之相切的第三个对象

绘制完成的结果如图 12-6 所示。

特别提示：“相切、相切、相切”方式绘制圆无法通过命令选项参数调用，只能通过菜单方式选择。

思考题与习题

12-1 Auto CAD 的应用领域有哪些？

12-2 调用 Auto CAD 中命令的方法有哪些？

12-3 Auto CAD 中常用的快捷键有哪些？

12-4 Auto CAD 中点的输入方法有哪些？

12-5 Auto CAD 中如何重复执行上一个命令？

参考文献

[1] 何铬新．画法几何与土木工程制图［M］．2版．武汉：武汉理工大学出版社，2003.
[2] 刘松雪，攀琳娟．道路工程制图［M］．2版．北京：人民交通出版社，2005.
[3] 乐荷卿．土木建筑制图［M］．2版．武汉：武汉理工大学出版社，2003.
[4] 金大鹰．机械制图［M］．北京：机械工业出版社，2004.
[5] 谭伟建，王芳．建筑设备工程图识读与绘制［M］．北京：机械工业出版社，2004.
[6] 梁德本，叶玉驹．机械制图手册［M］．3版．北京：机械工业出版社，2002.
[7] 刘小聪．建筑制图与构造基础习题集［M］．北京：机械工业出版社，2007.

教材使用调查问卷

尊敬的老师：

您好！欢迎您使用机械工业出版社出版的教材，为了进一步提高我社教材的出版质量，更好地为我国教育发展服务，欢迎您对我社的教材多提宝贵的意见和建议。敬请您留下您的联系方式，我们将向您提供周到的服务，向您赠阅我们最新出版的教学用书、电子教案及相关图书资料。

本调查问卷复印有效，请您通过以下方式返回：

邮寄：北京市西城区百万庄大街 22 号机械工业出版社建筑分社（100037）
张荣荣（收）

传真：010-68994437（张荣荣收）　　Email：21214777@ qq. com

一、基本信息

姓名：________ 职称：________ 职务：________

所在单位：________

任教课程：________

邮编：________ 地址：________

电话：________ 电子邮件：________

二、关于教材

1. 贵校开设土建类哪些专业？

□建筑工程技术　□建筑装饰工程技术　□工程监理　□工程造价

□房地产经营与估价　□物业管理　□市政工程　□园林景观

2. 您使用的教学手段：□传统板书　□多媒体教学　□网络教学

3. 您认为还应开发哪些教材或教辅用书？________

4. 您是否愿意参与教材编写？希望参与哪些教材的编写？

课程名称：________

形式：　□纸质教材　□实训教材（习题集）　□多媒体课件

5. 您选用教材比较看重以下哪些内容？

□作者背景　□教材内容及形式　□有案例教学　□配有多媒体课件

□其他________

三、您对本书的意见和建议（欢迎您提出本书的疏误之处）________

____

____

____

四、您对我们的其他意见和建议________

____

____

请与我们联系：

100037　北京百万庄大街 22 号

机械工业出版社·建筑分社　张荣荣　收

Tel：010-88379777（O），68994437（Fax）

E-mail：streettour@ 163. com

http://www. cmpedu. com（机械工业出版社·教材服务网）

http://www. cmpbook. com（机械工业出版社·门户网）

http://www. golden-book. com（中国科技金书网·机械工业出版社旗下网站）

高等职业教育系列教材
——道路与桥梁工程技术专业系列教材

道路工程制图习题集

第❷版

◎ 谭伟建 主编

道路与桥梁工程技术专业系列教材

道路工程制图习题集

主　编　谭伟建

副主编　胡　朵　王晓芳

参　编　刘小聪　彭　雪　唐　甜　周　密　陈思源

主　审　曹孝柏

机械工业出版社

目　录

第 1 章　制图基础知识 …… 1

第 2 章　投影原理和正投影图 …… 10

第 3 章　点、直线和平面的投影 …… 19

第 4 章　结构形体的投影 …… 25

第 5 章　结构形体的表达方法 …… 34

第 6 章　标高投影 …… 40

第 7 章　道路工程图 …… 43

第 8 章　涵洞工程图 …… 45

第 9 章　桥隧工程图 …… 47

第 10 章　管道工程图 …… 50

第 11 章　轨道工程图 …… 52

1. 字体练习。

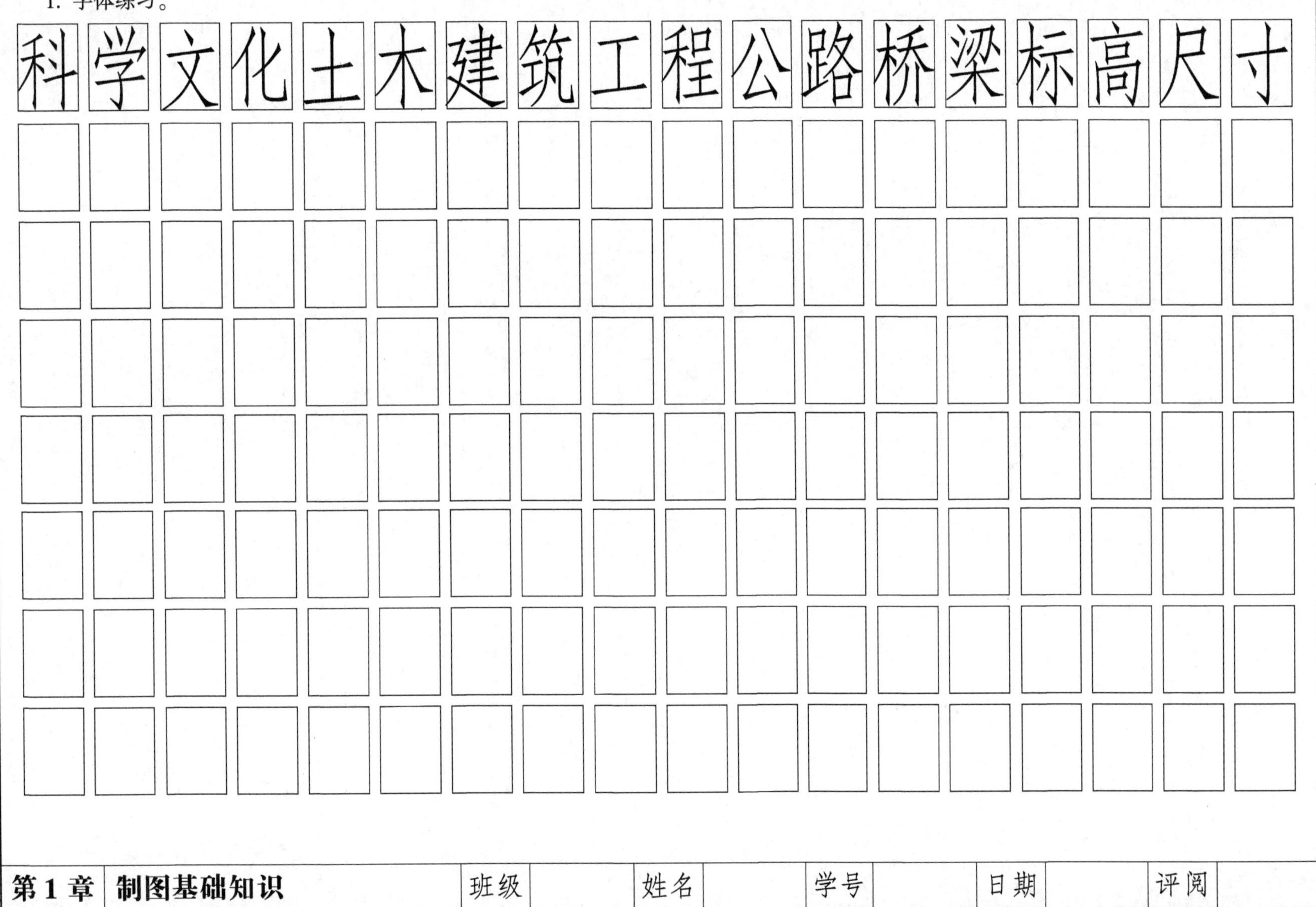

第 1 章	制图基础知识	班级		姓名		学号		日期		评阅	

2. 字体练习。

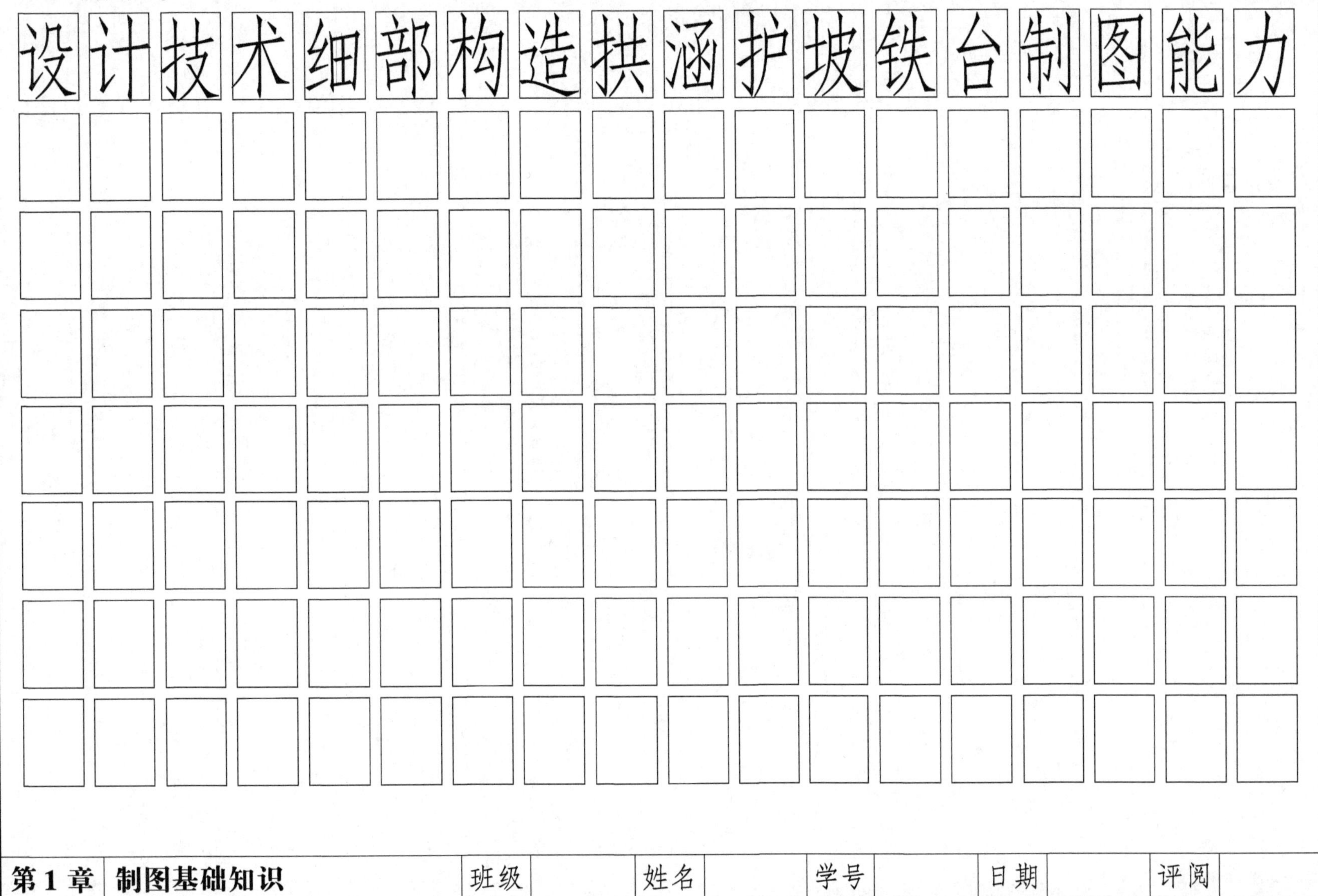

第 1 章	制图基础知识	班级		姓名		学号		日期		评阅	

3. 字体练习。

横平竖直起落分明排列匀称填满方格笔画成尖端或三角

剖断面通道口线型标准高差测量姓名钻研业务投影原理

第1章	制图基础知识	班级		姓名		学号		日期		评阅	

4. 字体练习。

材料石灰砂浆沥青水泥钢筑混凝柱桩隧翼卵砖墙开挖山

审核结构建施主俯仰视左右轴测旋转作圆球环锥厘毫米

5. 字体练习。

放大示意向局等干砌块厂房屋移动坝与河岸的连接常过渡引外资朝南指北针纵横

门窗低鞍两圈递增减现浇渐稀薄盆像马脊内插心新中国沿此虚剪切弧隔离墩表达

第1章	制图基础知识	班级		姓名		学号		日期		评阅	

6. 字体练习。

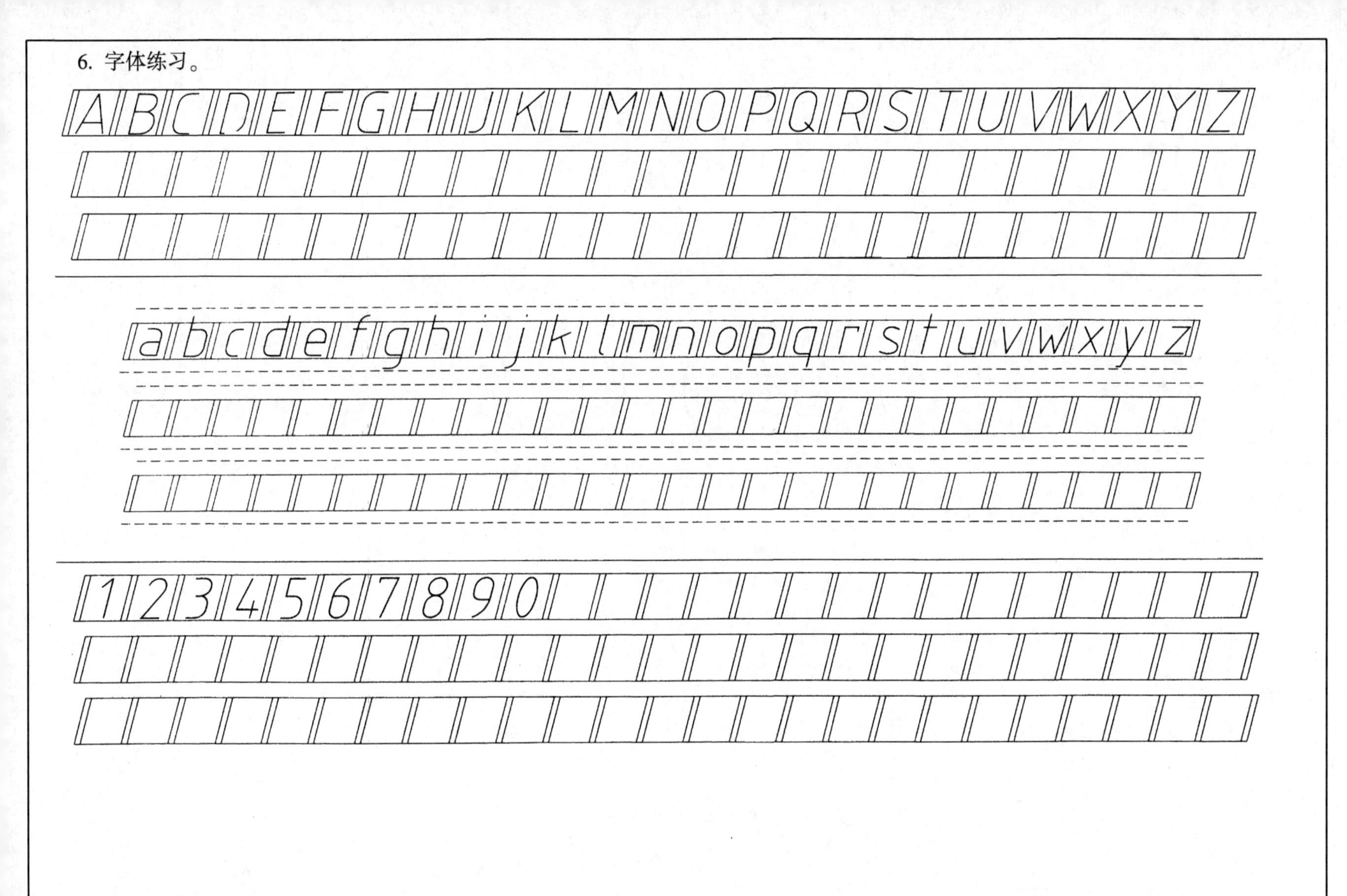

ABCDEFGHIJKLMNOPQRSTUVWXYZ
abcdefghijklmnopqrstuvwxyz
1234567890

7. 线型练习（在指定的位置画出相对应的图线）。

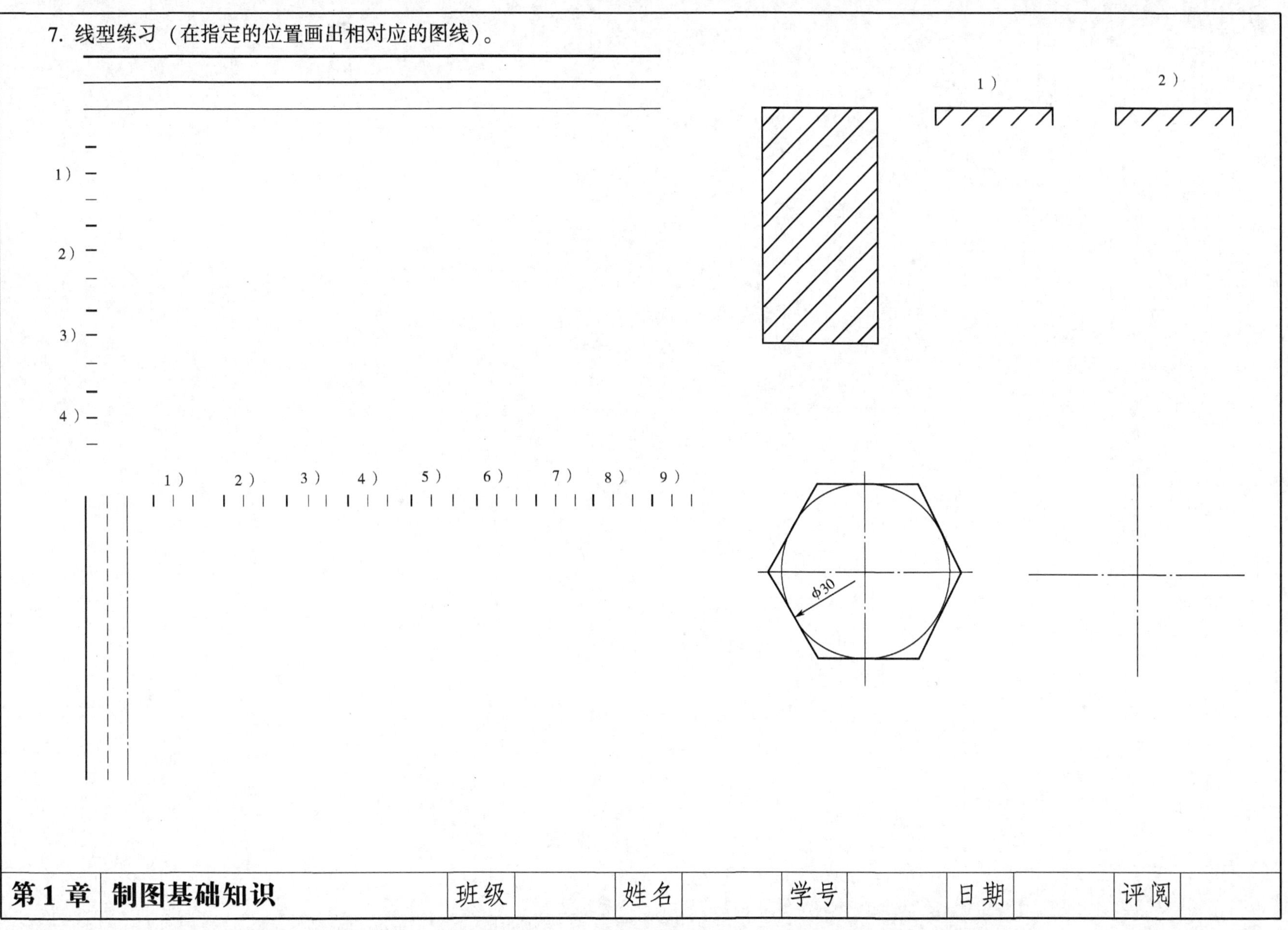

第1章	制图基础知识	班级		姓名		学号		日期		评阅	

8. 线型练习，按比例 1∶1 抄绘下列图样，可不用绘制尺寸标注。

（1）

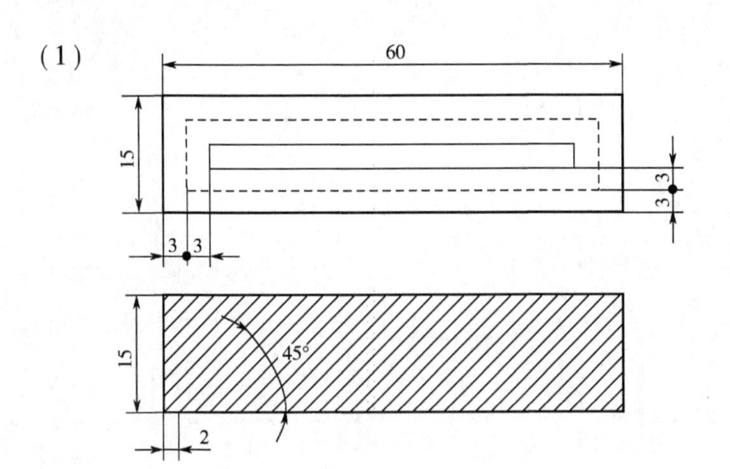

（2）

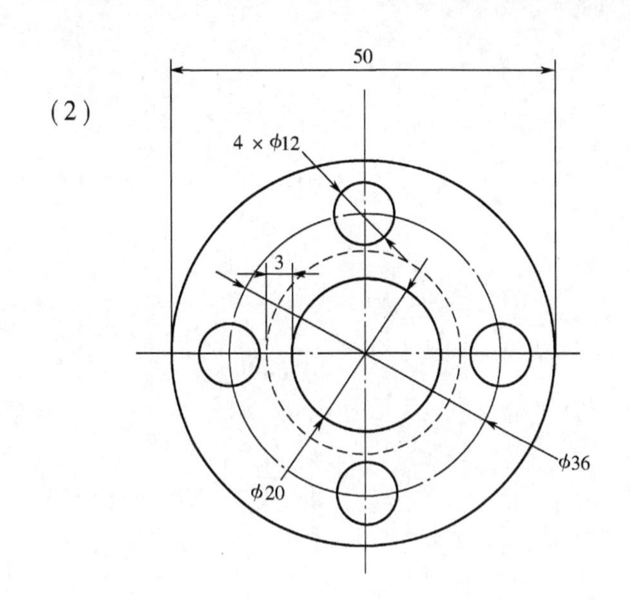

第 1 章	制图基础知识	班级		姓名		学号		日期		评阅	

9. 线型练习，按 1∶1 比例抄绘以下图样，可不用绘制尺寸标注。

（1）

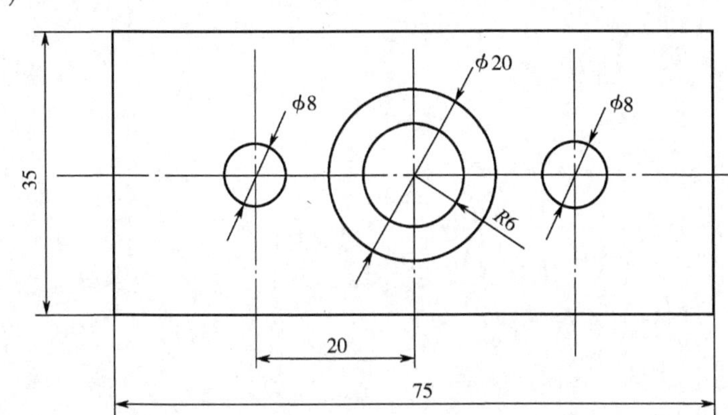

（2）

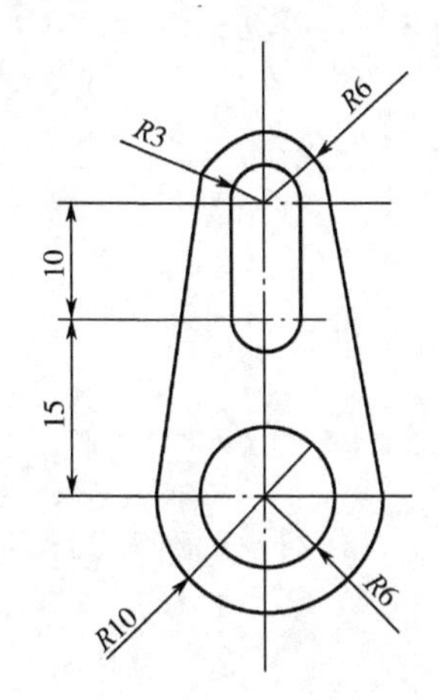

第 1 章	制图基础知识	班级		姓名		学号		日期		评阅	

1. 找图，根据立体图找投影图。

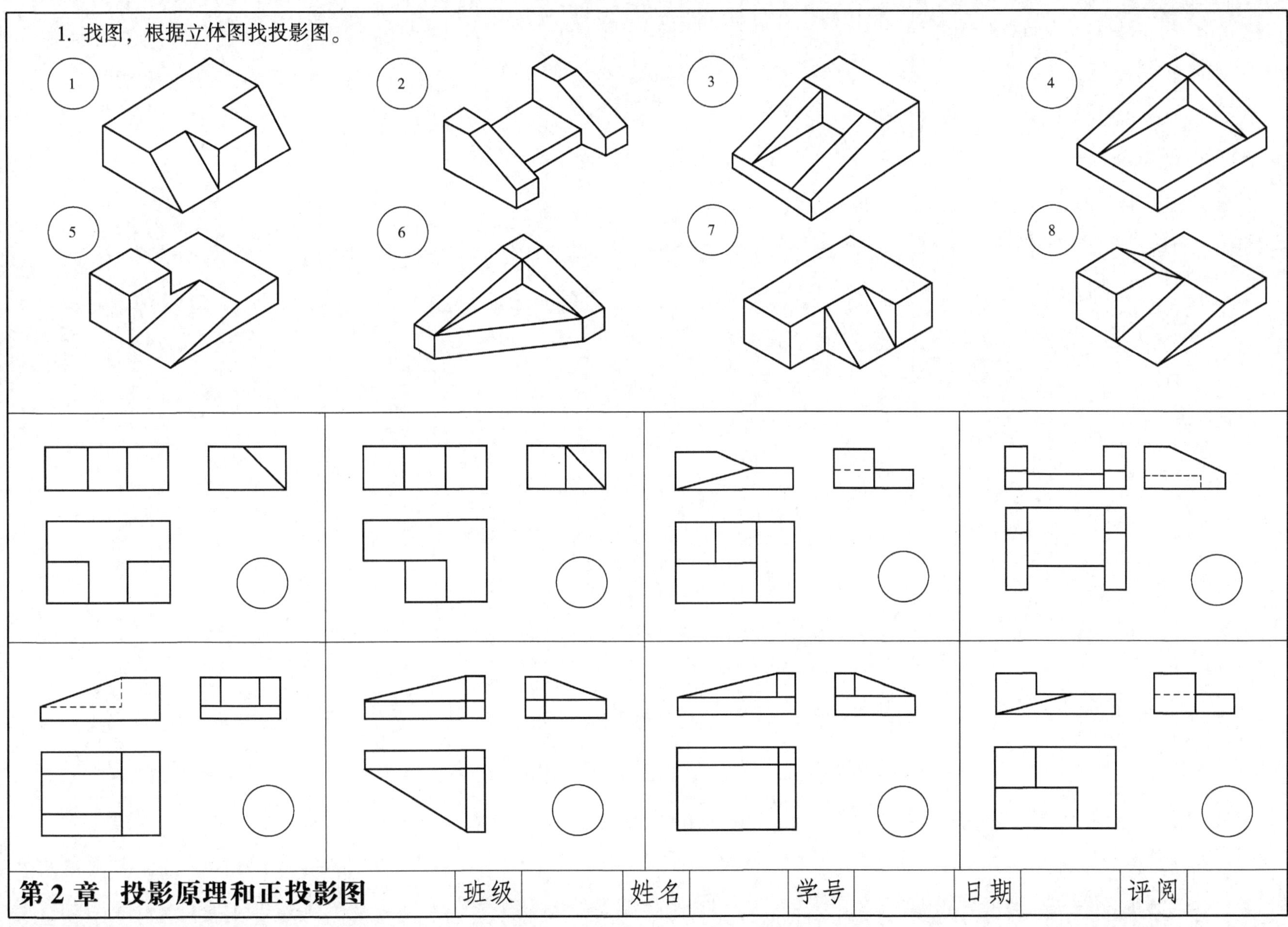

第 2 章	投影原理和正投影图	班级		姓名		学号		日期		评阅	

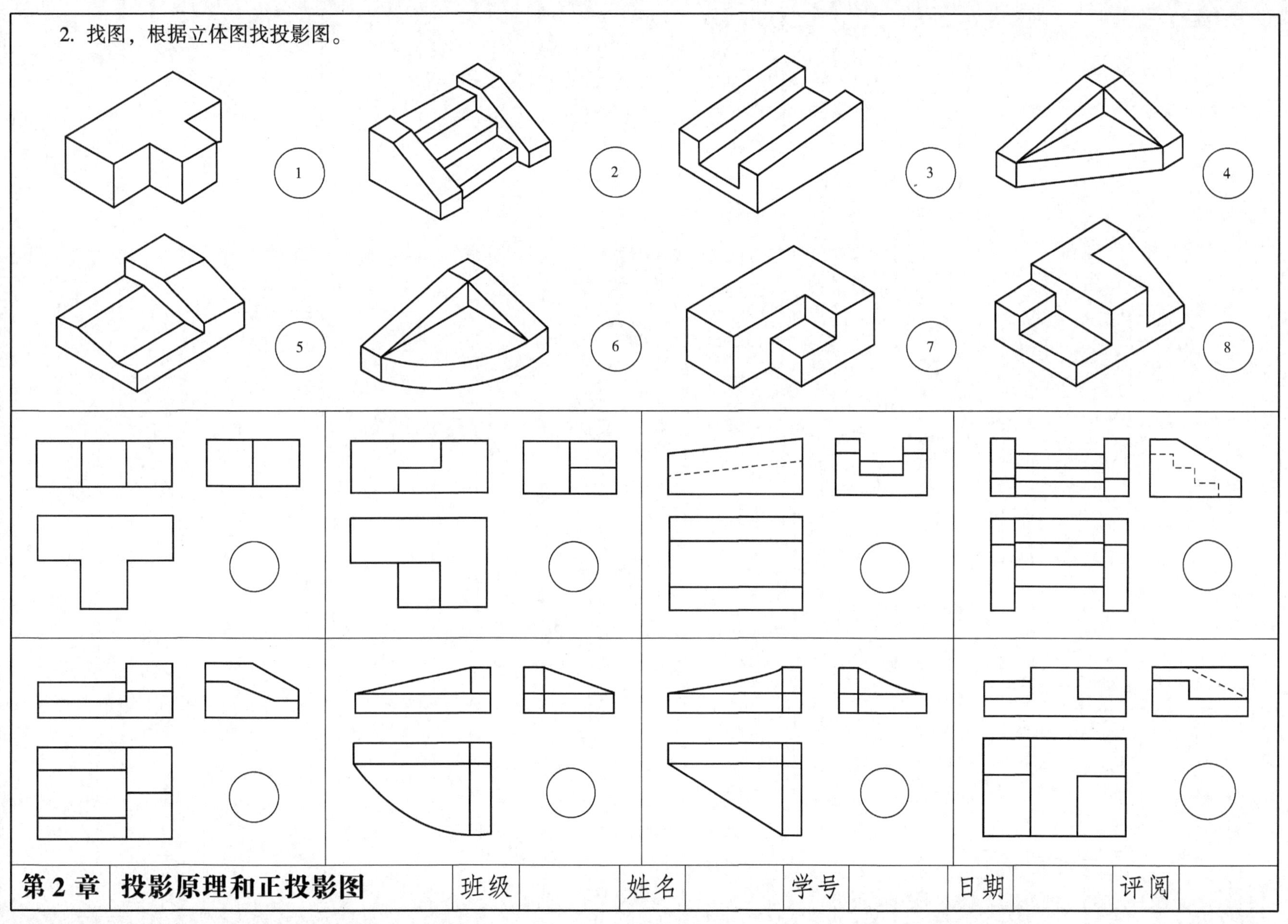
2. 找图，根据立体图找投影图。
1
2
3
4
5
6
7
8
第2章
投影原理和正投影图
班级
姓名
学号
日期
评阅

3. 找图，根据投影图找立体图。

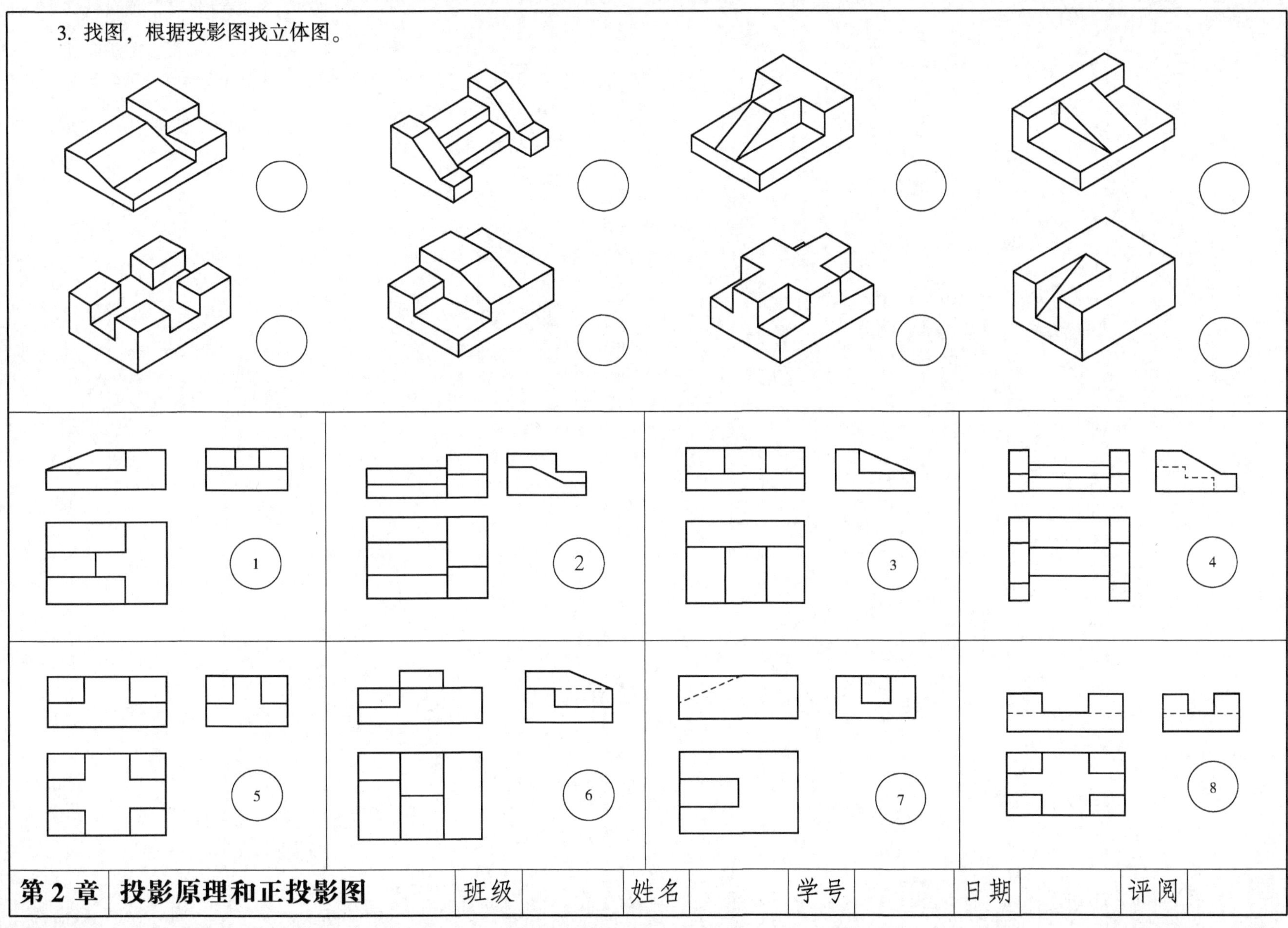

第2章	投影原理和正投影图	班级		姓名		学号		日期		评阅	

4. 找图，已知 *V* 面、*H* 面投影和立体图，找出相对应的 *W* 面投影图。

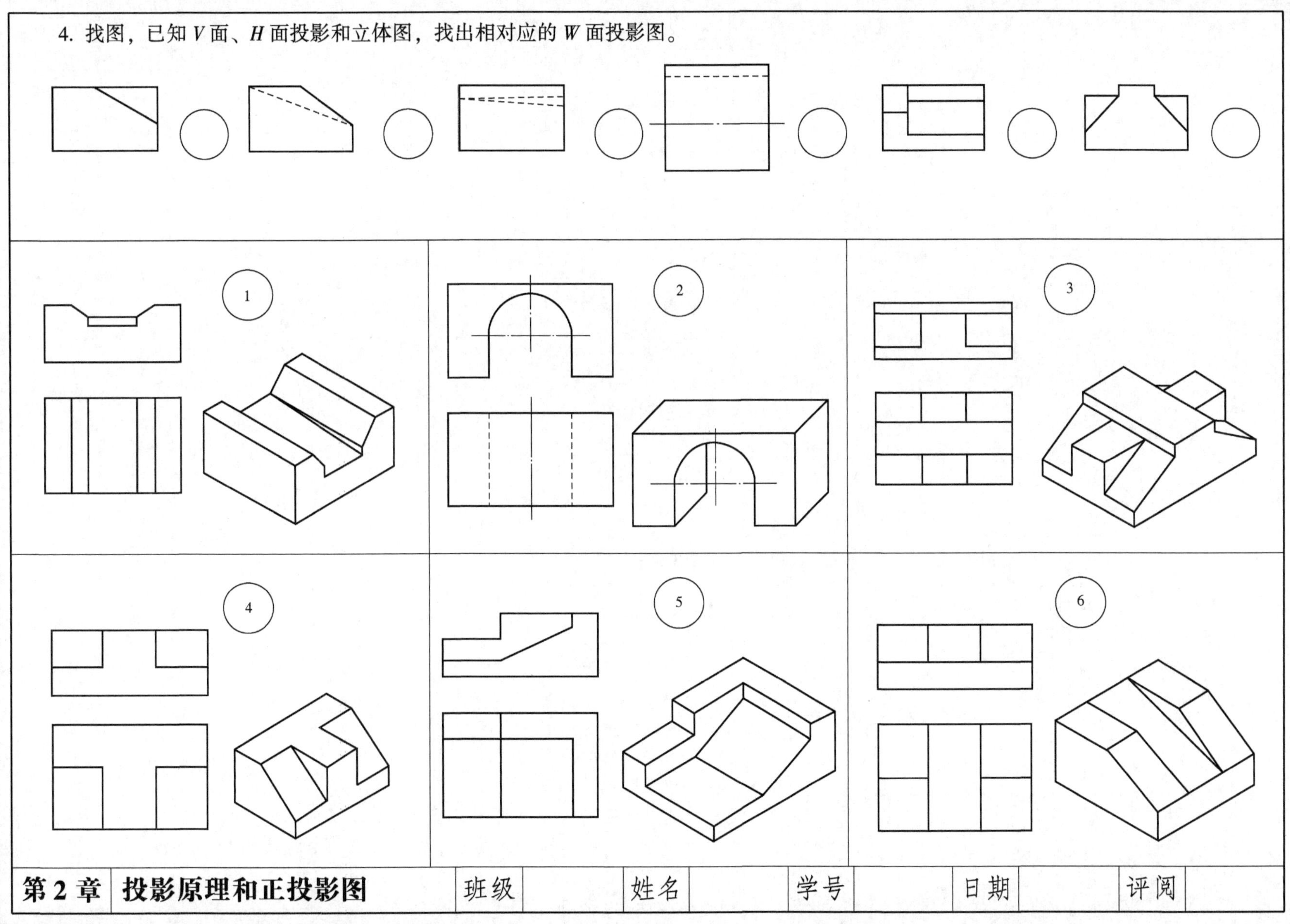

5. 补图练习，已知平面体的二面投影和立体图，补画第三面投影图。

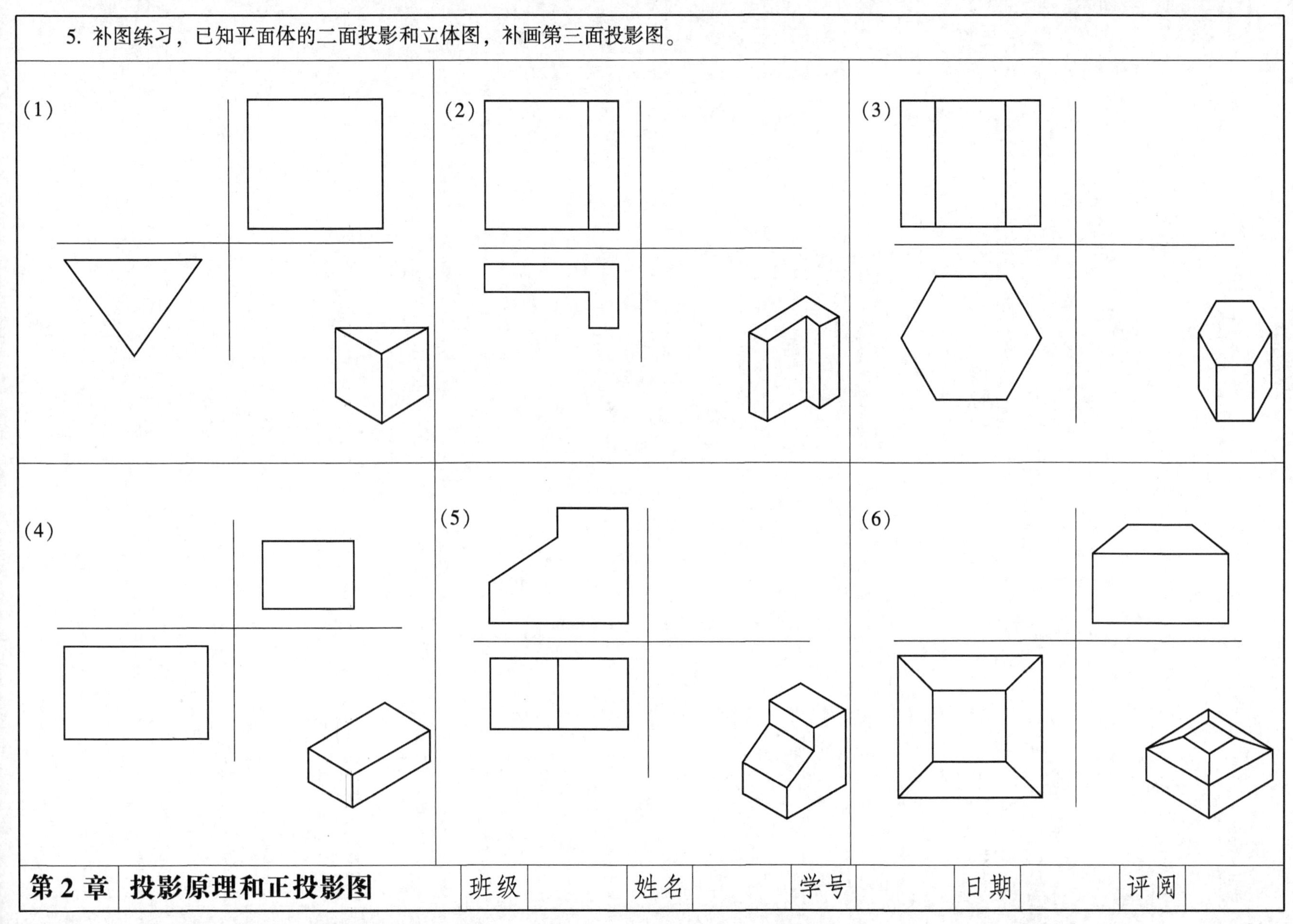

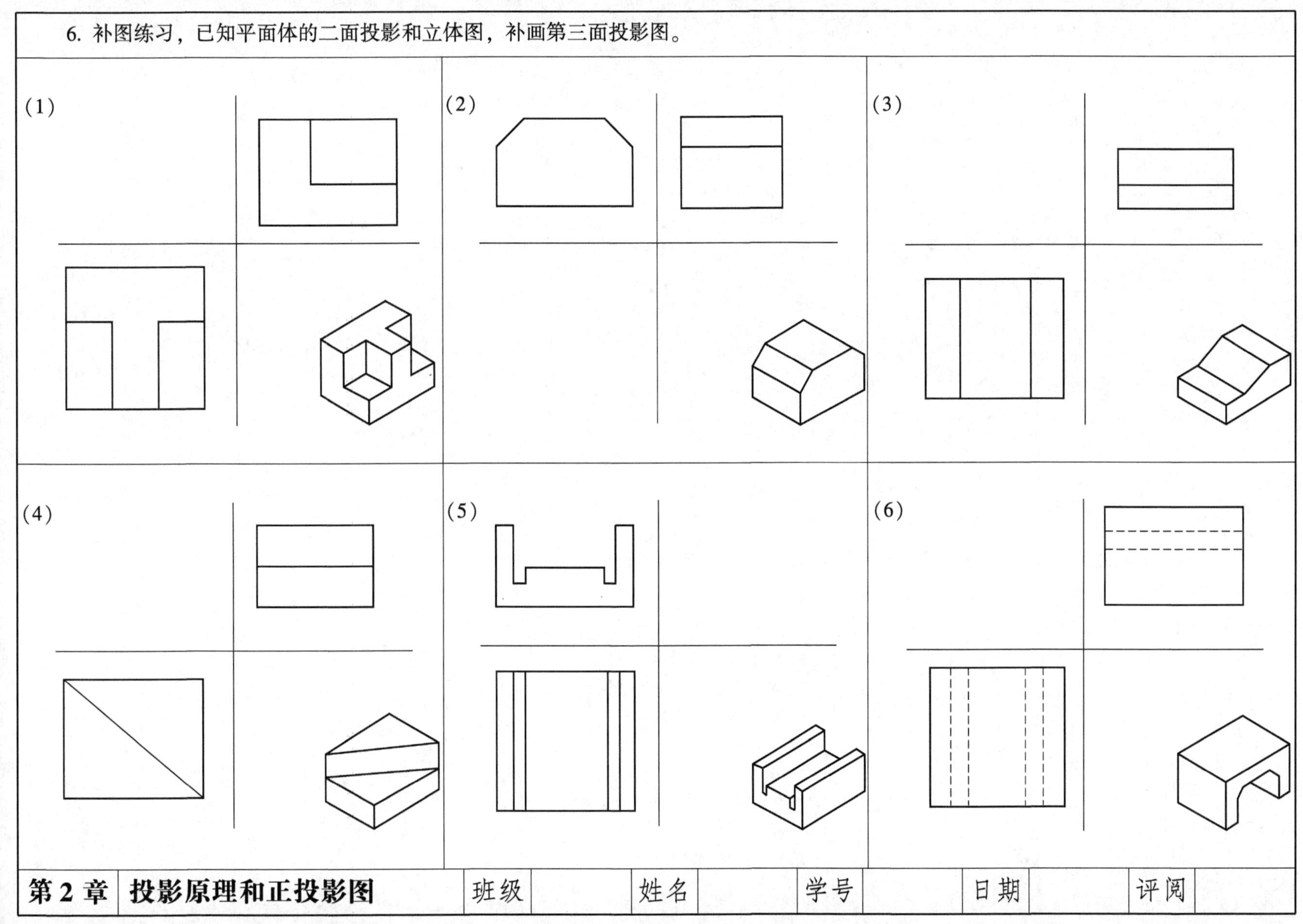
6. 补图练习，已知平面体的二面投影和立体图，补画第三面投影图。
(1)
(2)
(3)
(4)
(5)
(6)
第 2 章　投影原理和正投影图
班级
姓名
学号
日期
评阅

7. 已知平面体的 V 面、H 面投影，画出正等轴测图（尺寸照图量取）并补画 W 面投影图。

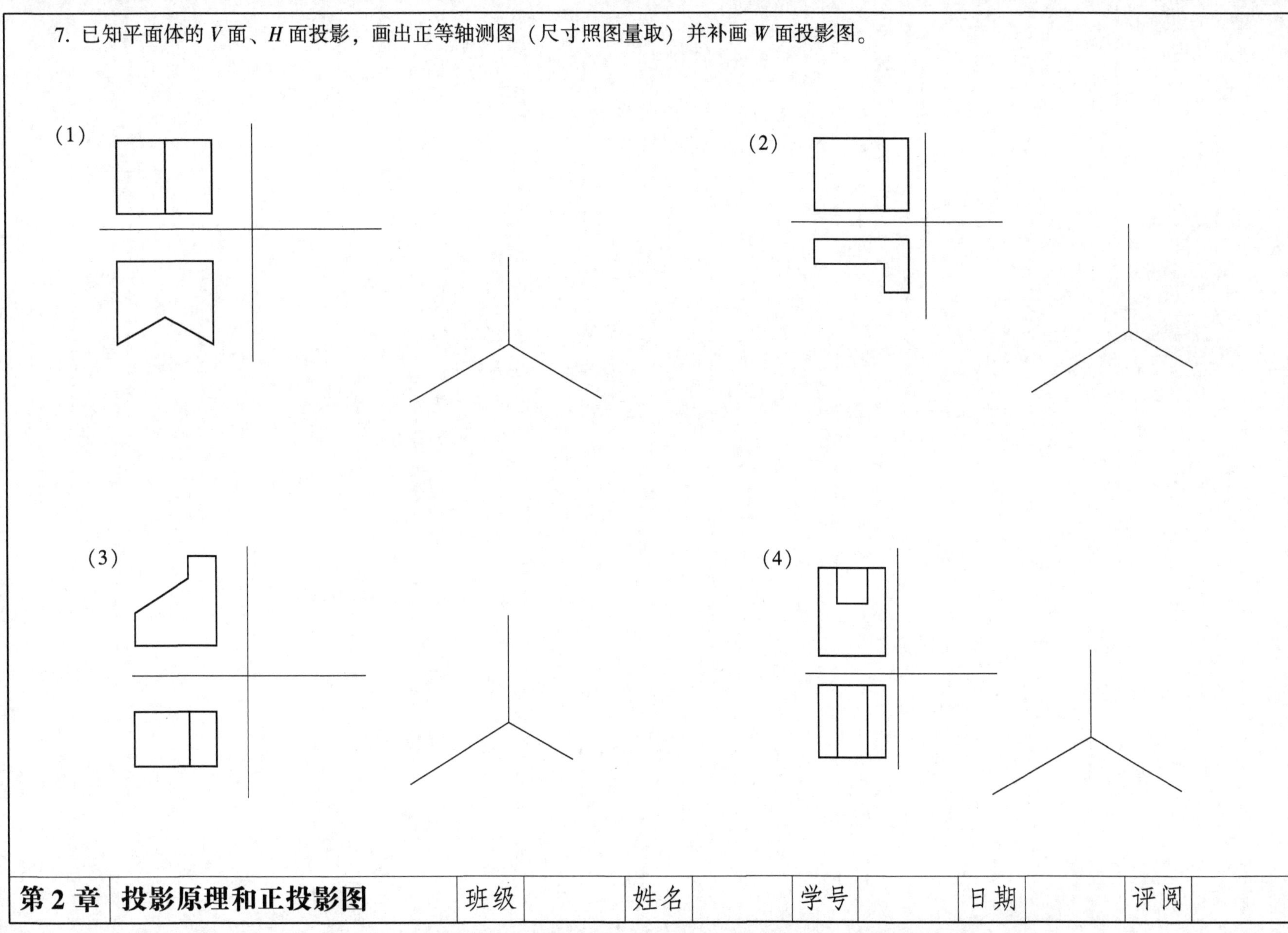

第 2 章	投影原理和正投影图	班级		姓名		学号		日期		评阅	

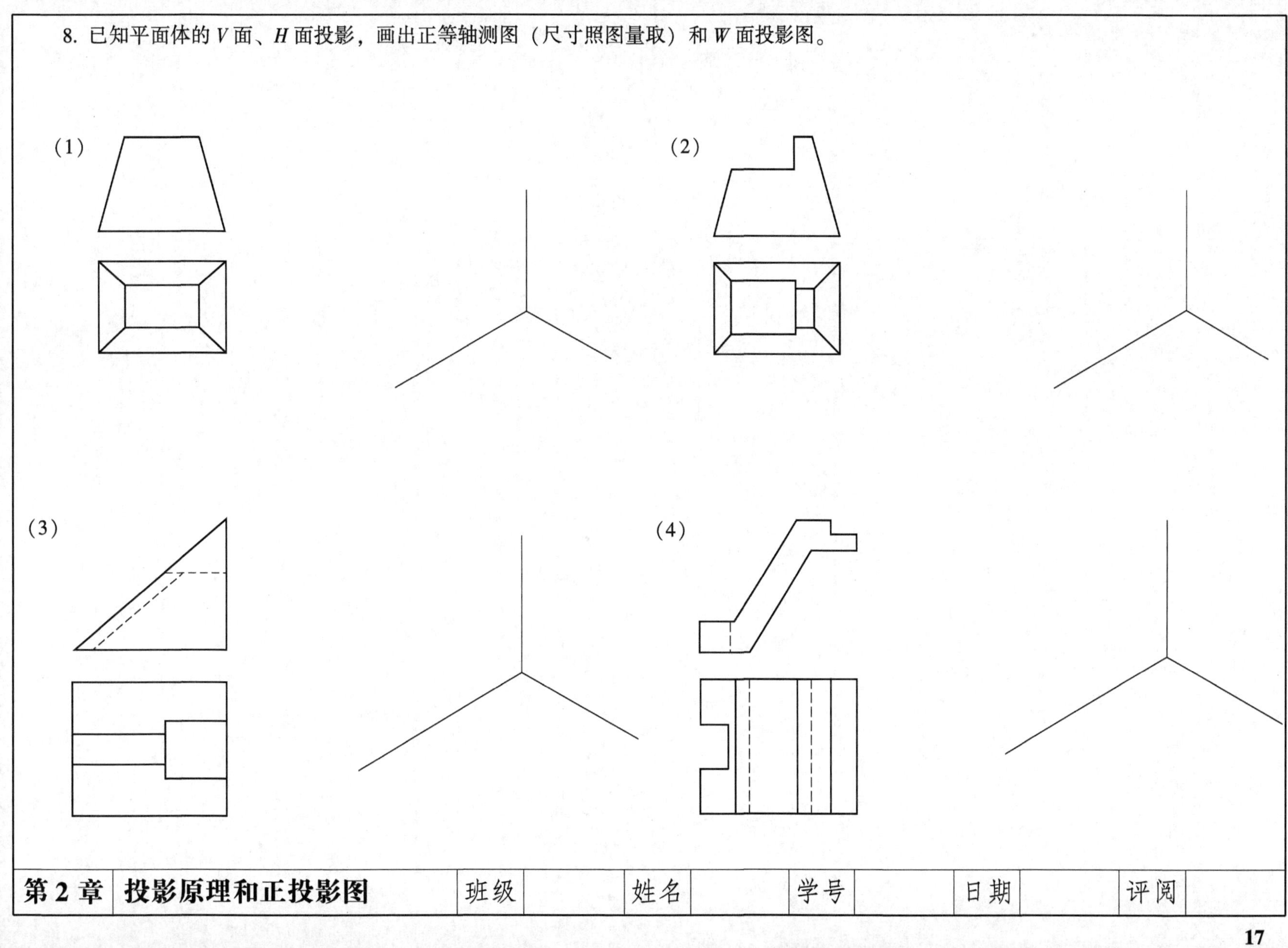
8. 已知平面体的 V 面、H 面投影，画出正等轴测图（尺寸照图量取）和 W 面投影图。
(1)
(2)
(3)
(4)
第 2 章
投影原理和正投影图
班级
姓名
学号
日期
评阅

9. 尺寸标注，在已知平面体尺寸线上注写所量取的长度、宽度、高度尺寸（取整数值）。

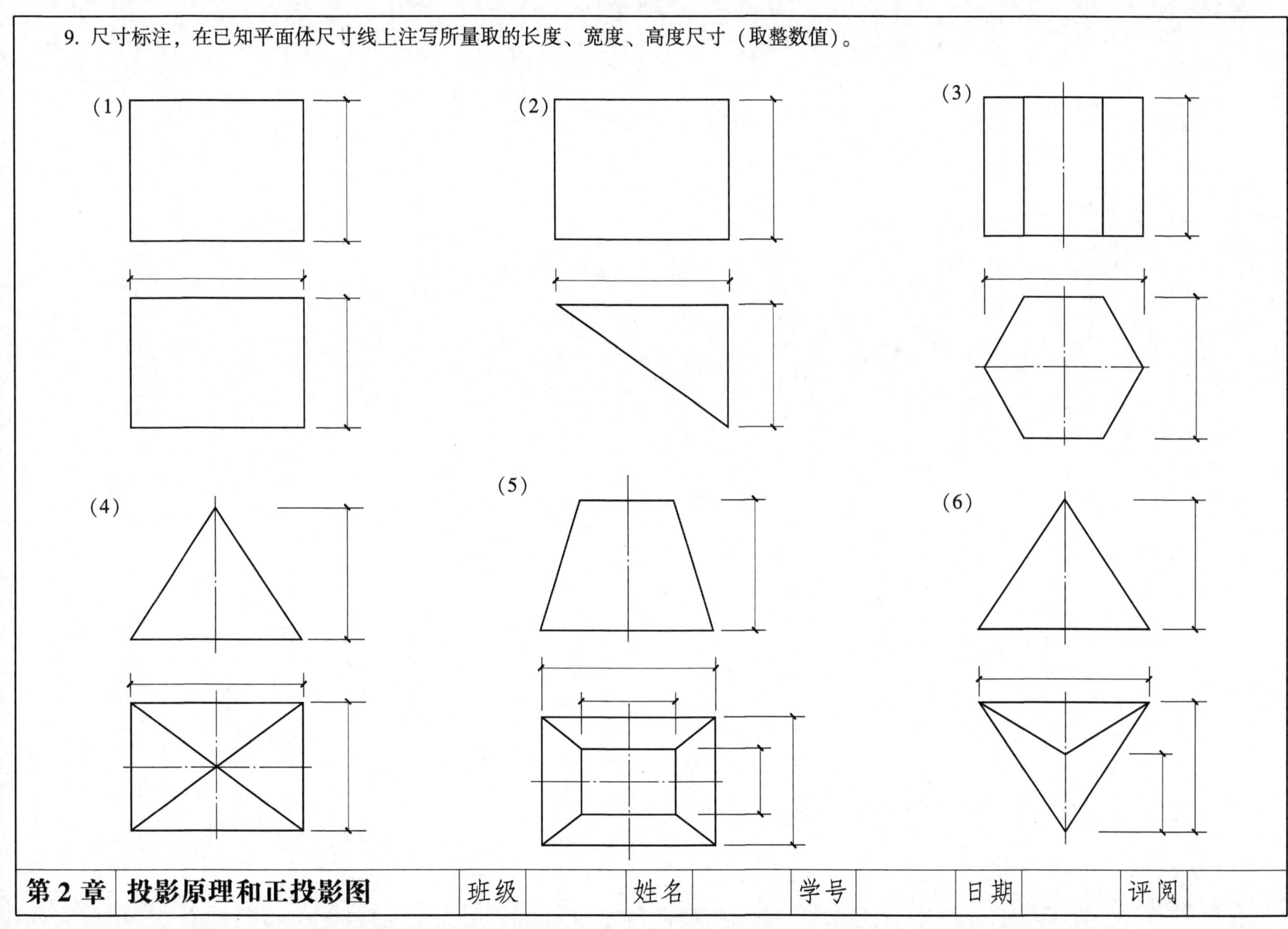

(1)

(2)

(3)

(4)

(5)

(6)

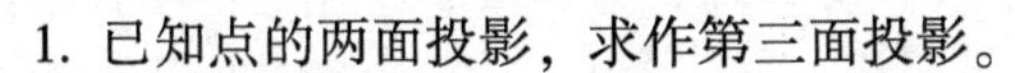

1. 已知点的两面投影，求作第三面投影。

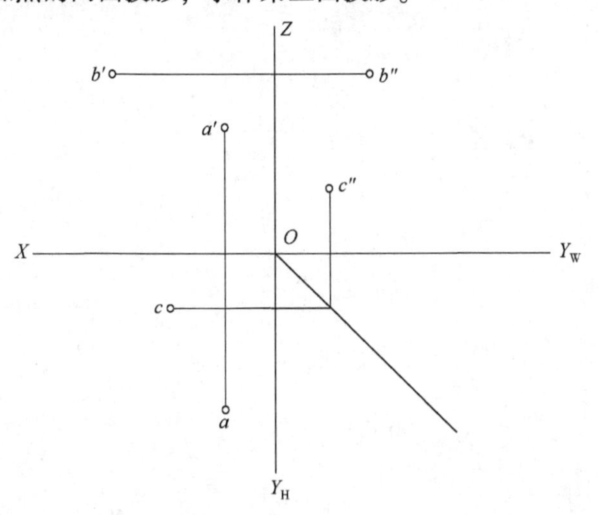

2. 已知点A（20，0，10）、B（0，0，5）、C（10，10，20），求它们的三面投影。

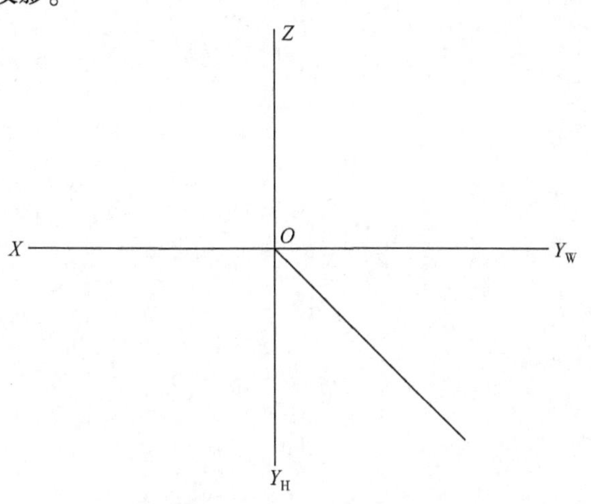

3. 已知点的两面投影，求作第三面投影，并判别它们的空间位置。

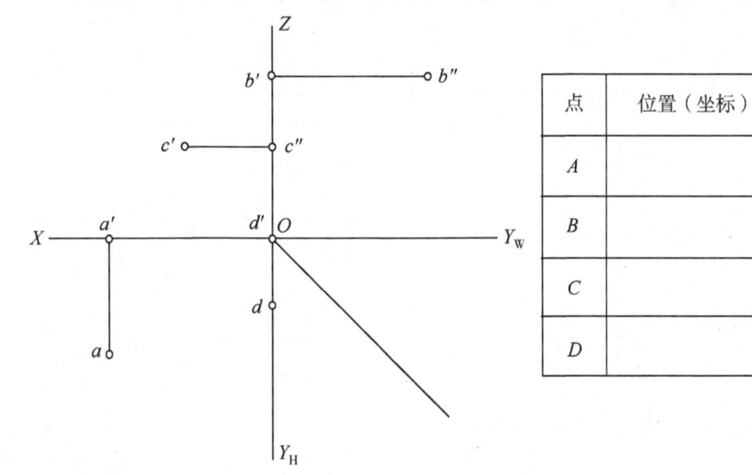

点	位置（坐标）
A	
B	
C	
D	

4. 已知点A、B、C三点到投影面的距离，求它们的三面投影。

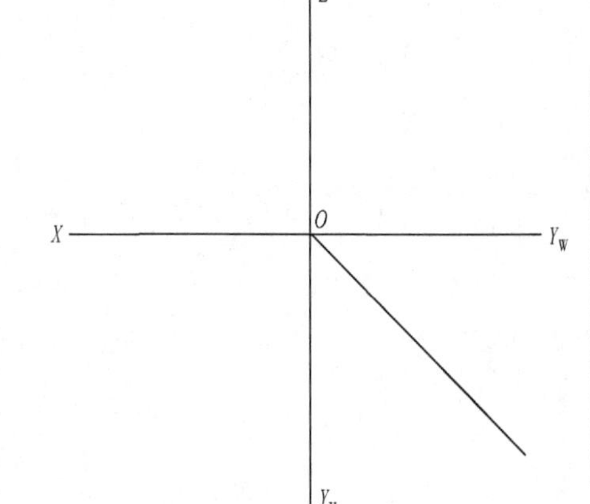

点	距W面（X）	距V面（Y）	距H面（Z）
A	5	15	10
B	10	20	5
C	20	10	15

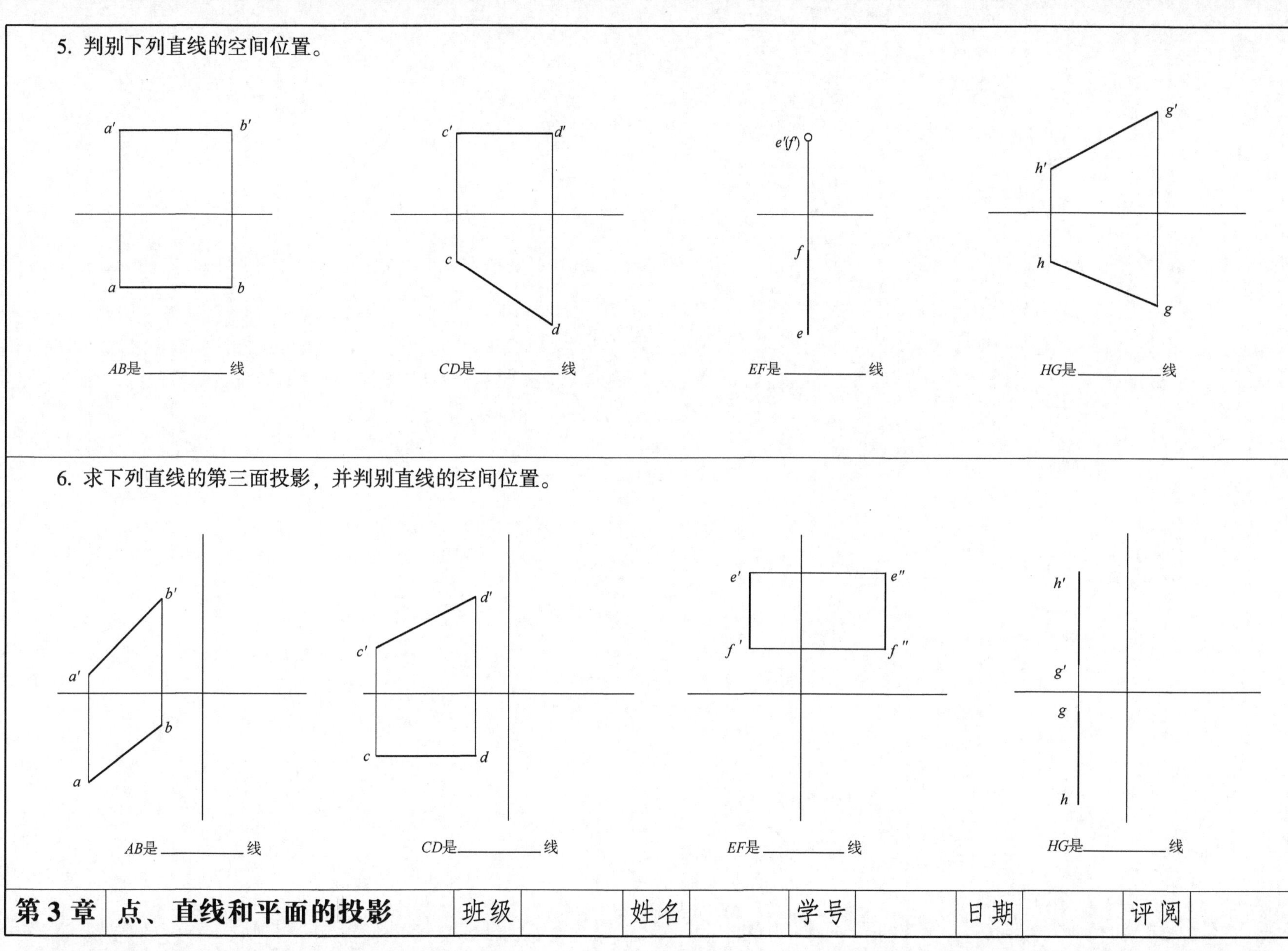
5. 判别下列直线的空间位置。
a′
b′
a
b
c′
d′
c
d
e′(f′)
f
e
g′
h′
h
g
AB是________线
CD是________线
EF是________线
HG是________线
6. 求下列直线的第三面投影，并判别直线的空间位置。
b′
a′
b
a
d′
c′
c
d
e′
e″
f′
f″
h′
g′
g
h
AB是________线
CD是________线
EF是________线
HG是________线
第3章
点、直线和平面的投影
班级
姓名
学号
日期
评阅

7. 求作下面形体的 W 面投影，并在投影图中注明各指定表面的名称（例如，m，m'，m''），并判别各平面与投影面的相对位置。

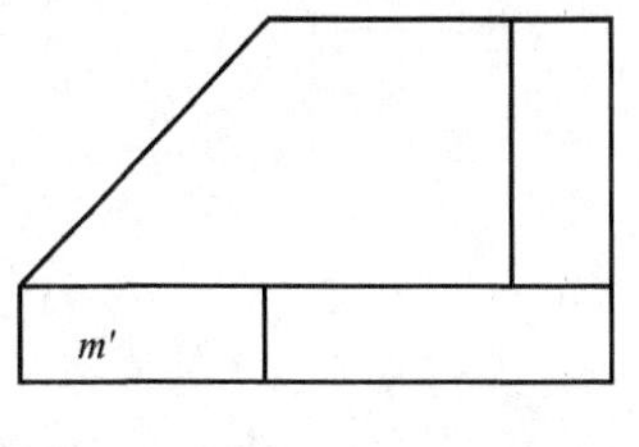

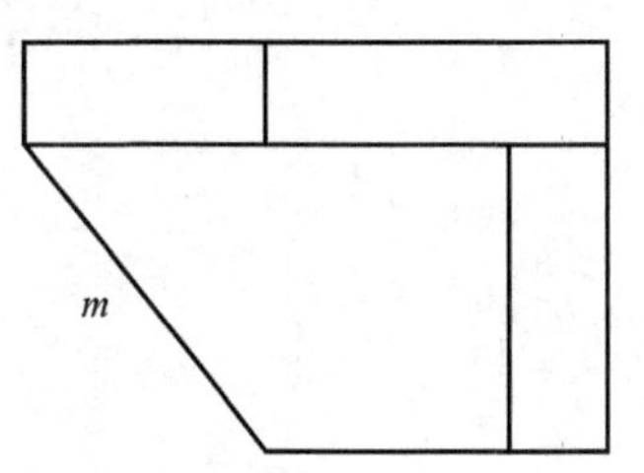

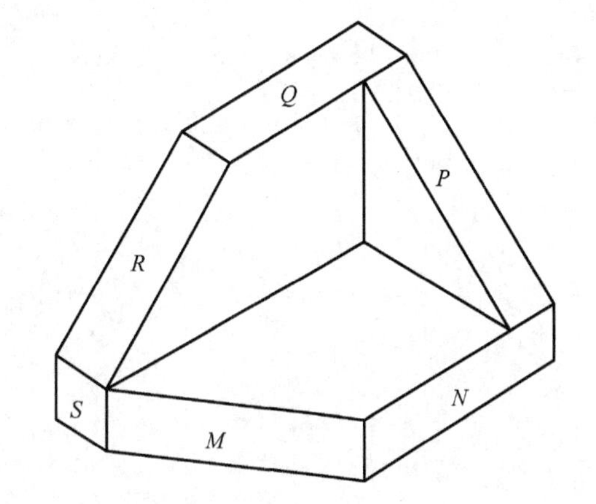

表面名称	与投影面相对位置
S	
M	铅垂面
N	
P	
Q	
R	

8. 判别下列平面的空间位置。

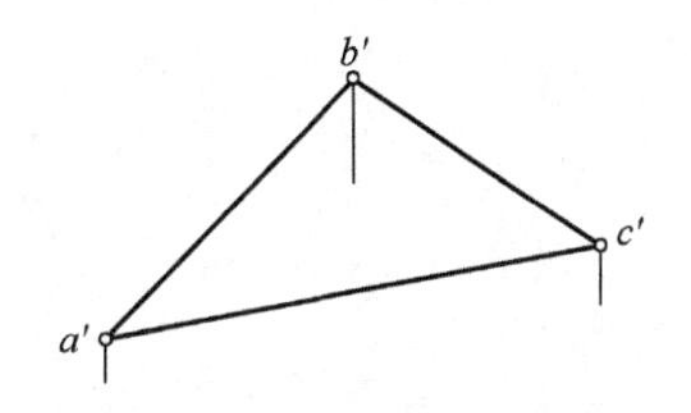

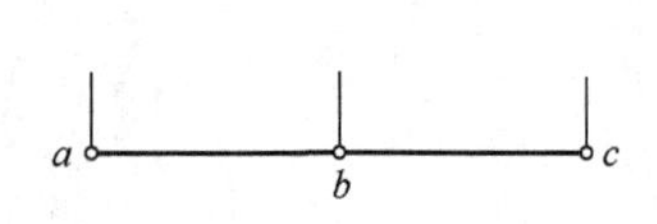

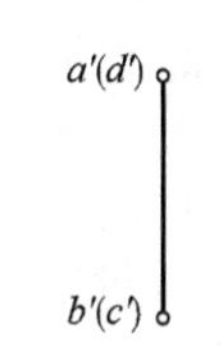

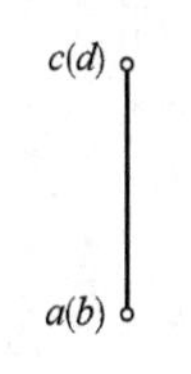

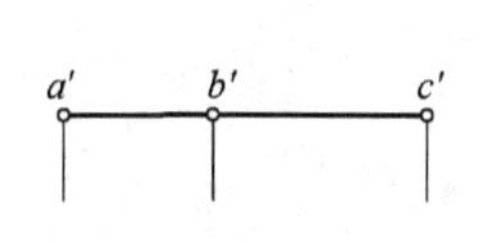

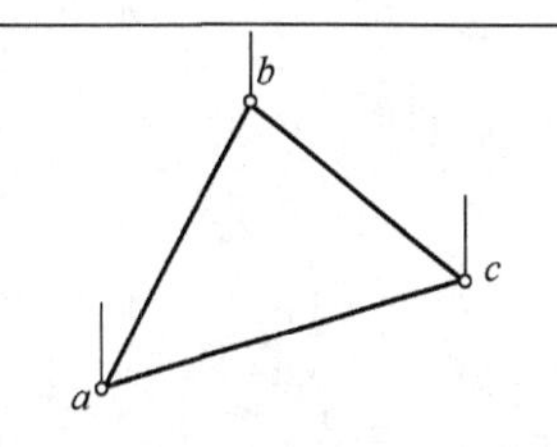

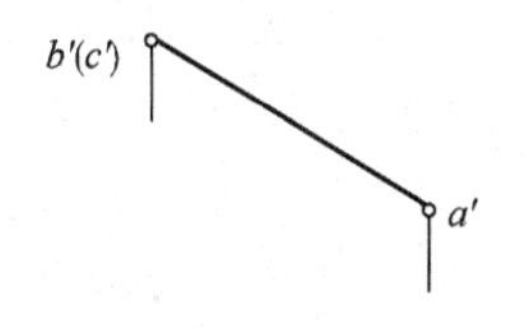

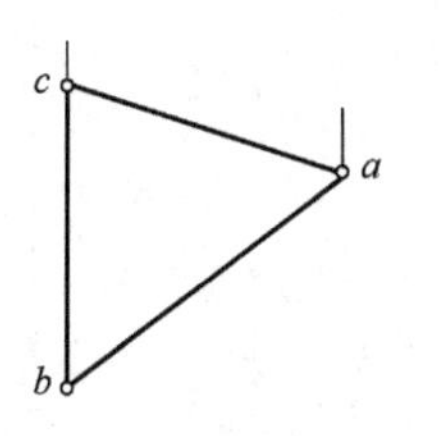

9. 求作第三面投影，并判别平面的空间位置。

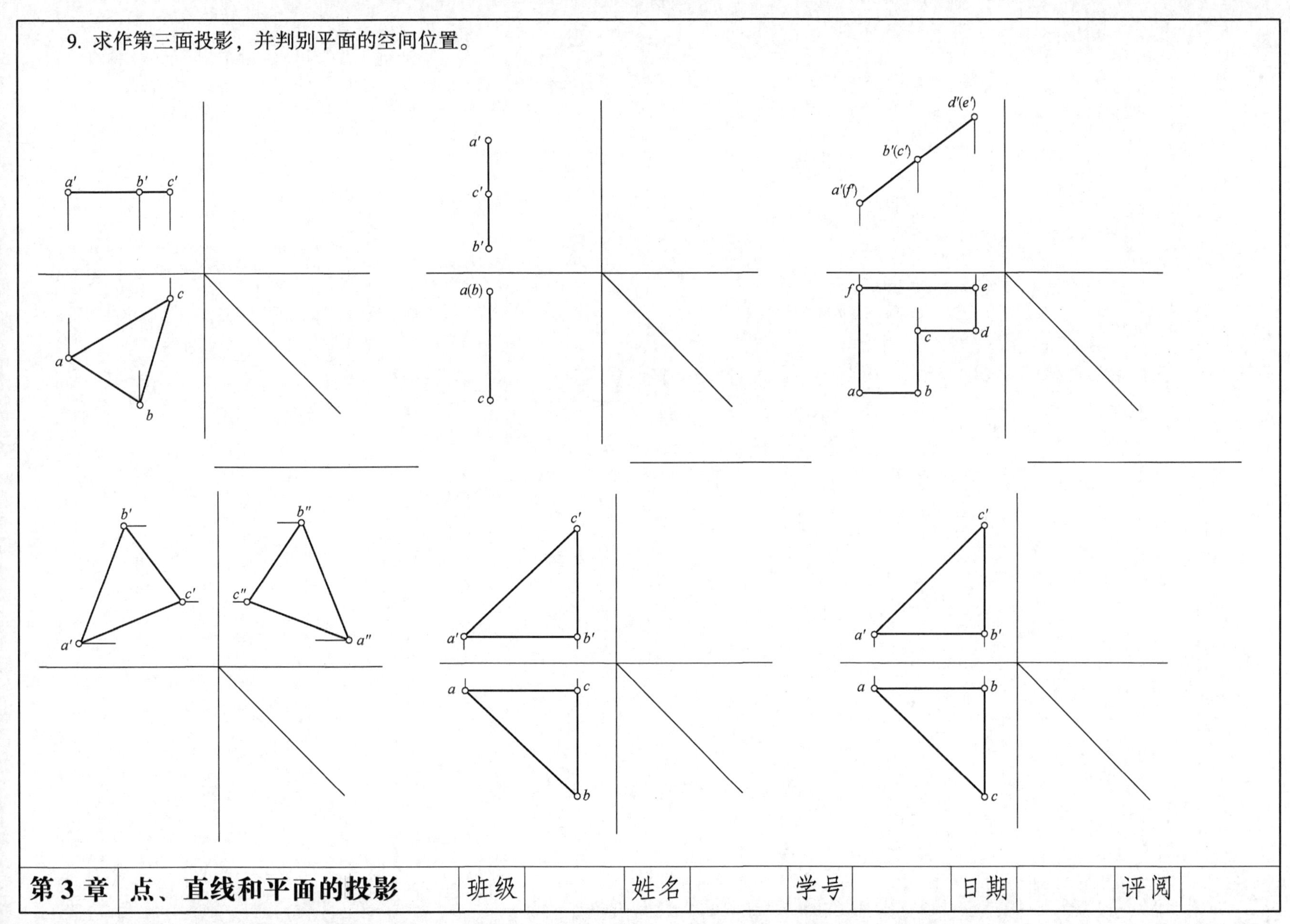

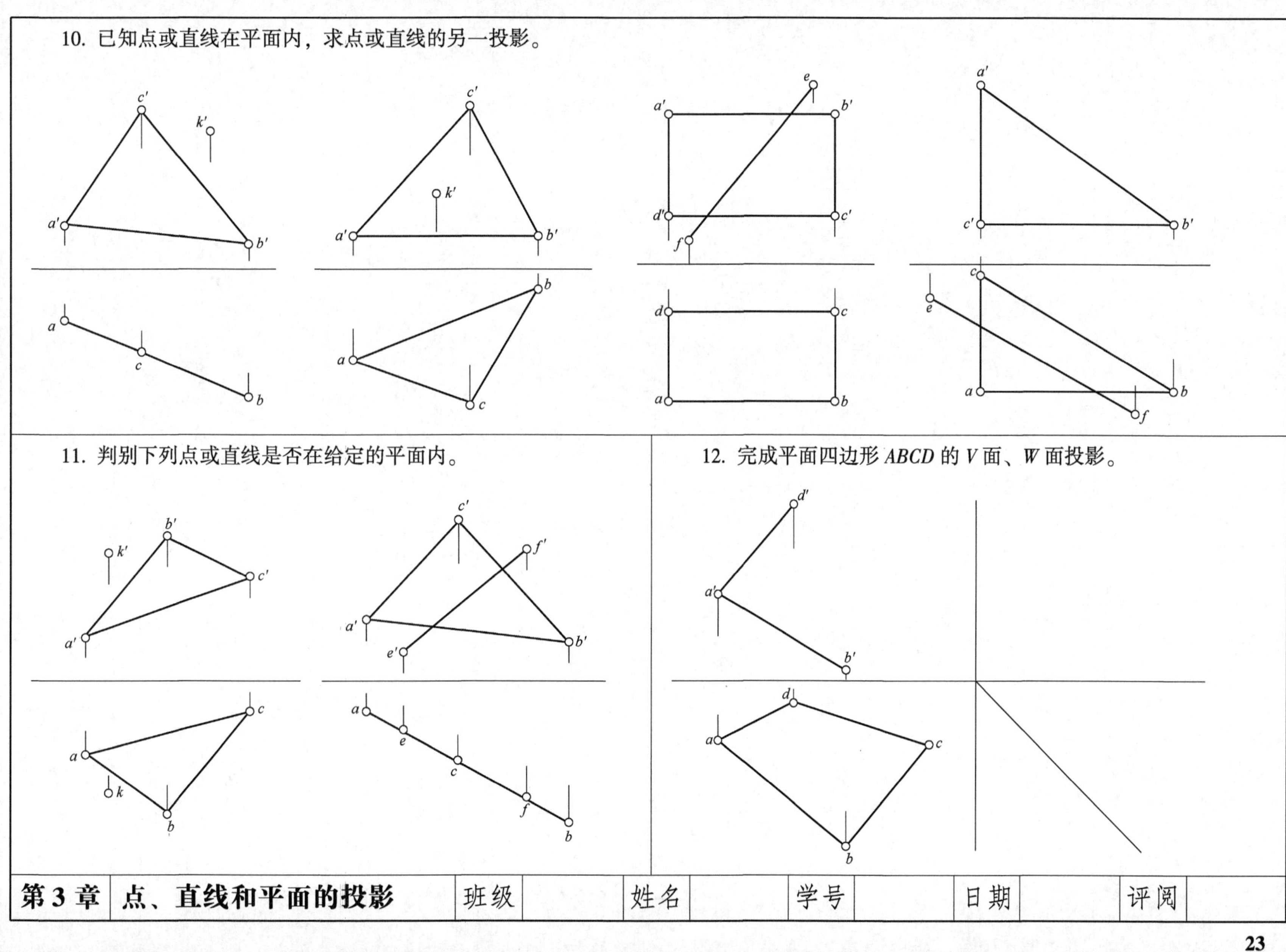
10. 已知点或直线在平面内，求点或直线的另一投影。
11. 判别下列点或直线是否在给定的平面内。
12. 完成平面四边形 ABCD 的 V 面、W 面投影。
第 3 章　点、直线和平面的投影
班级
姓名
学号
日期
评阅

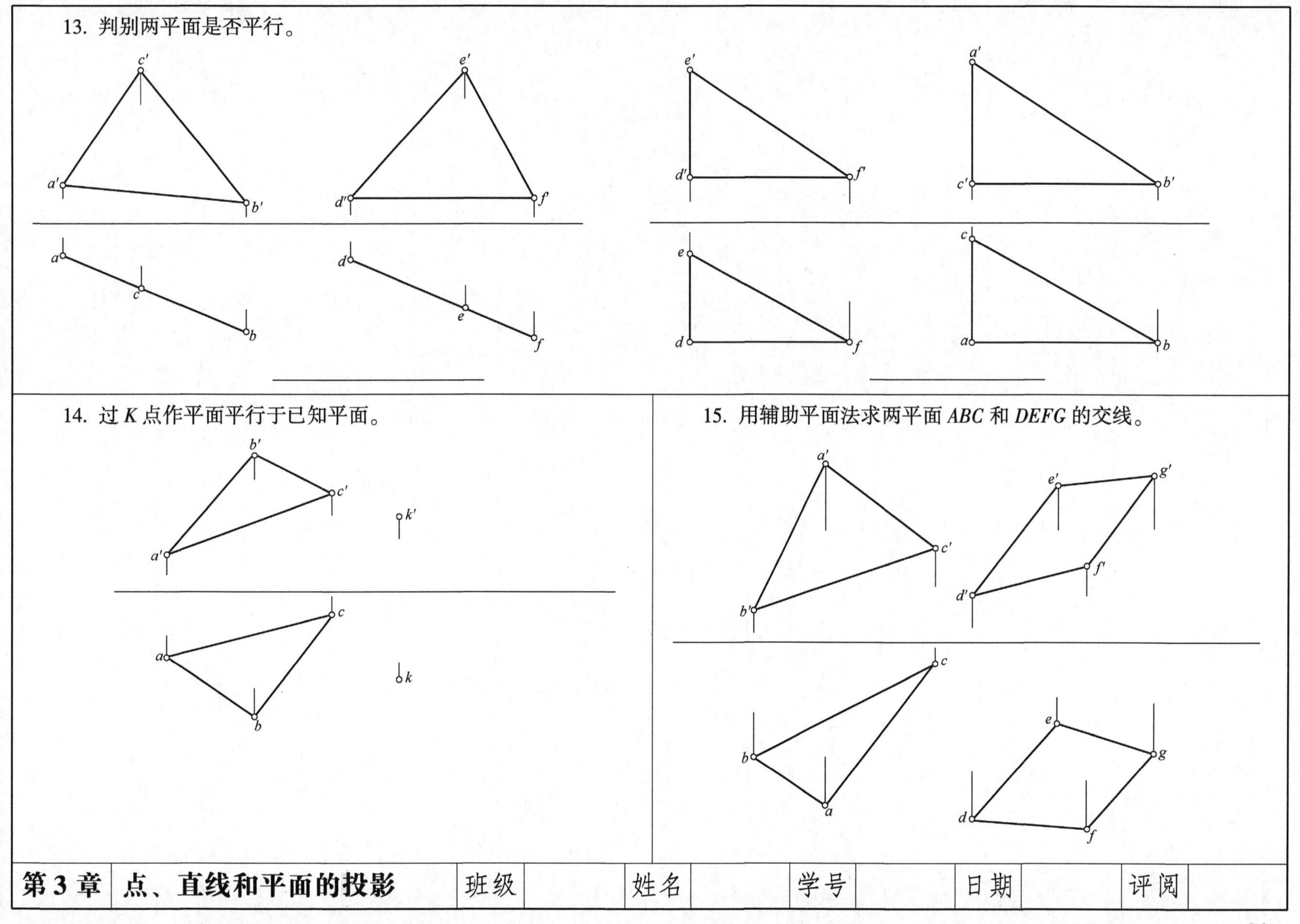
13. 判别两平面是否平行。
c′
e′
e′
a′
a′
b′
d′
f′
d′
f′
c′
b′
a
c
b
d
e
f
e
c
d
f
a
b
14. 过 K 点作平面平行于已知平面。
b′
c′
k′
a′
c
a
k
b
15. 用辅助平面法求两平面 ABC 和 DEFG 的交线。
a′
e′
g′
c′
f′
d′
b′
c
e
b
g
a
d
f
第 3 章
点、直线和平面的投影
班级
姓名
学号
日期
评阅

1. 形体表面上点的投影。补画编号（1）、（2）平面体表面上点的投影；补画曲面体表面上点、线的投影，其中编号（5）用素线法求作，编号（6）用纬圆法求作。

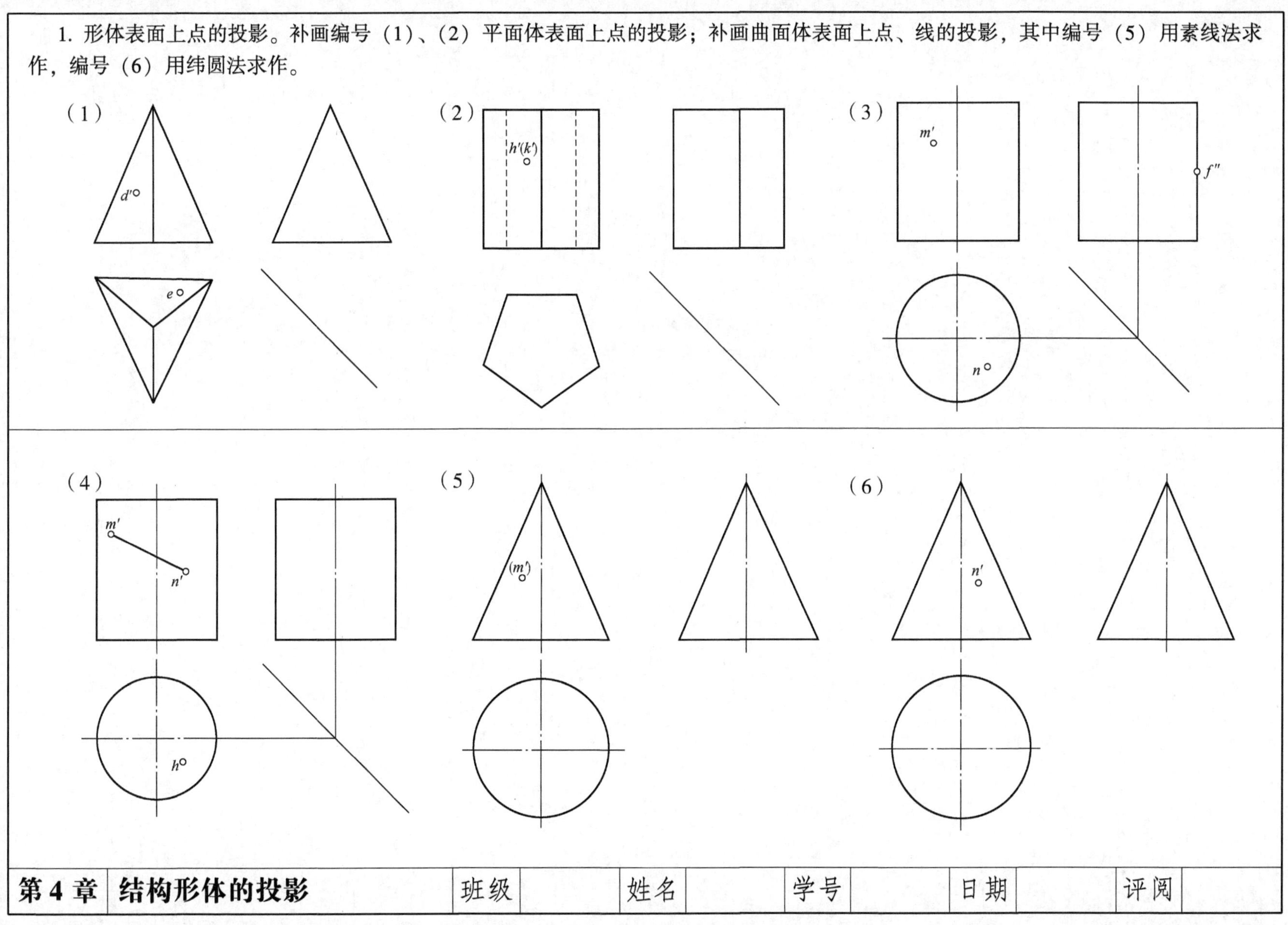

第 4 章	结构形体的投影	班级		姓名		学号		日期		评阅	

2. 曲面基本体的投影。分别根据曲面体上的尺寸画出三面投影。

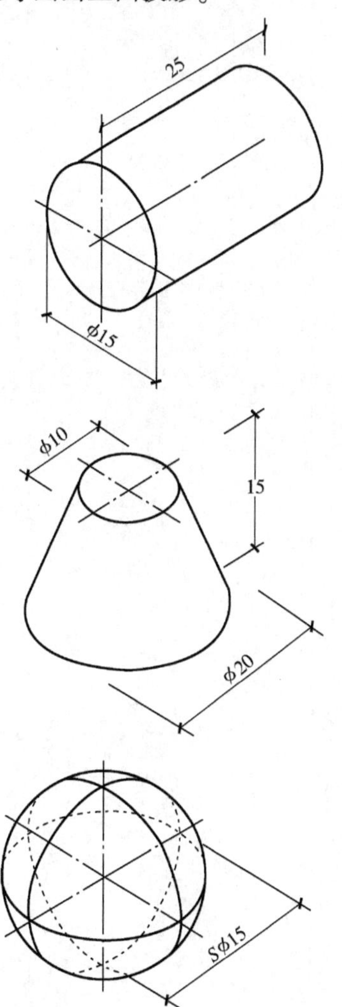

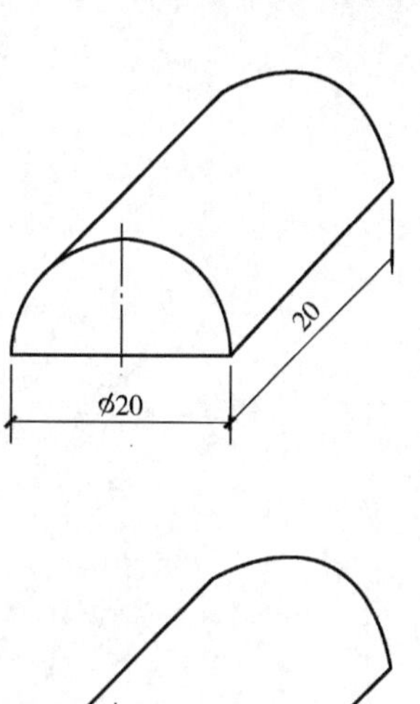

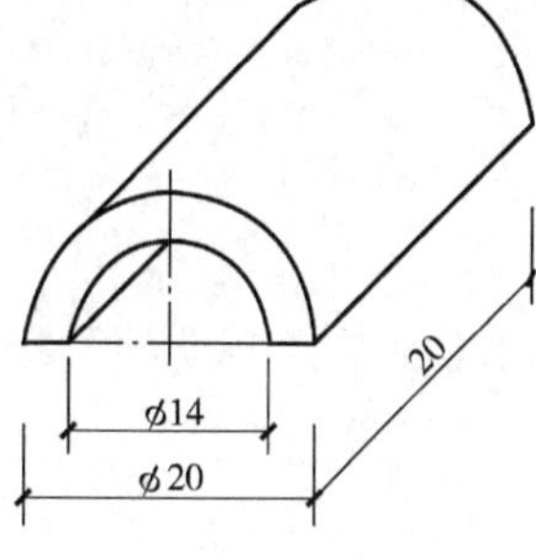

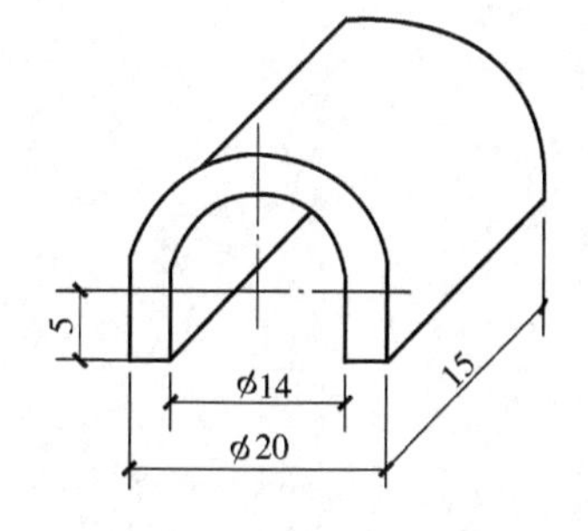

第 4 章	结构形体的投影	班级		姓名		学号		日期		评阅	

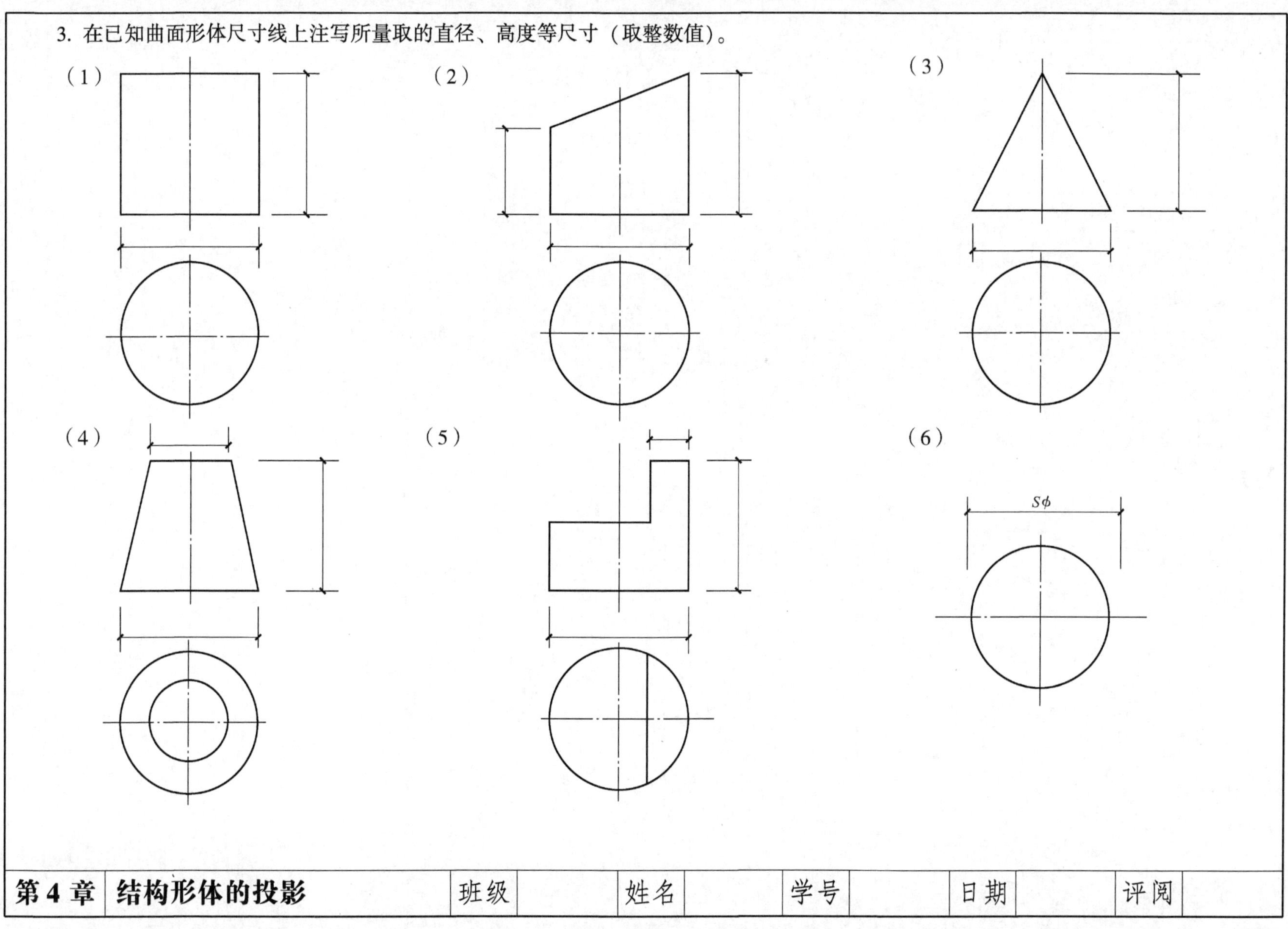
3. 在已知曲面形体尺寸线上注写所量取的直径、高度等尺寸（取整数值）。
（1）
（2）
（3）
（4）
（5）
（6）
Sϕ
第 4 章 结构形体的投影
班级
姓名
学号
日期
评阅

4. 已知曲面体 V 面、H 面投影，画出其相对应的正等轴测图（尺寸照图量取）和 W 面投影。

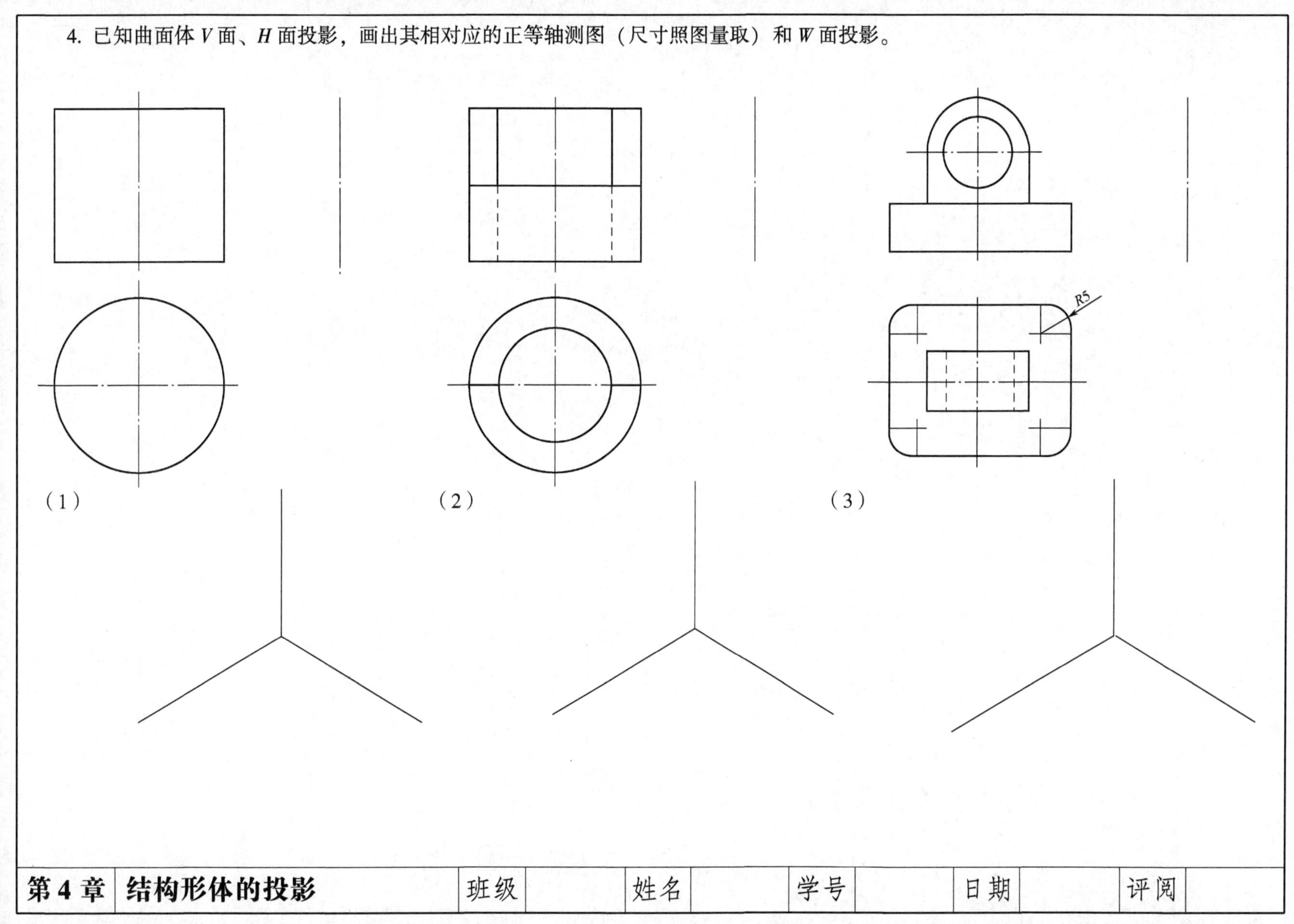

第 4 章	结构形体的投影	班级		姓名		学号		日期		评阅	

5. 已知 V 面、H 面投影图，画出正面斜轴测图（尺寸照图量取）并补画 W 面投影图。

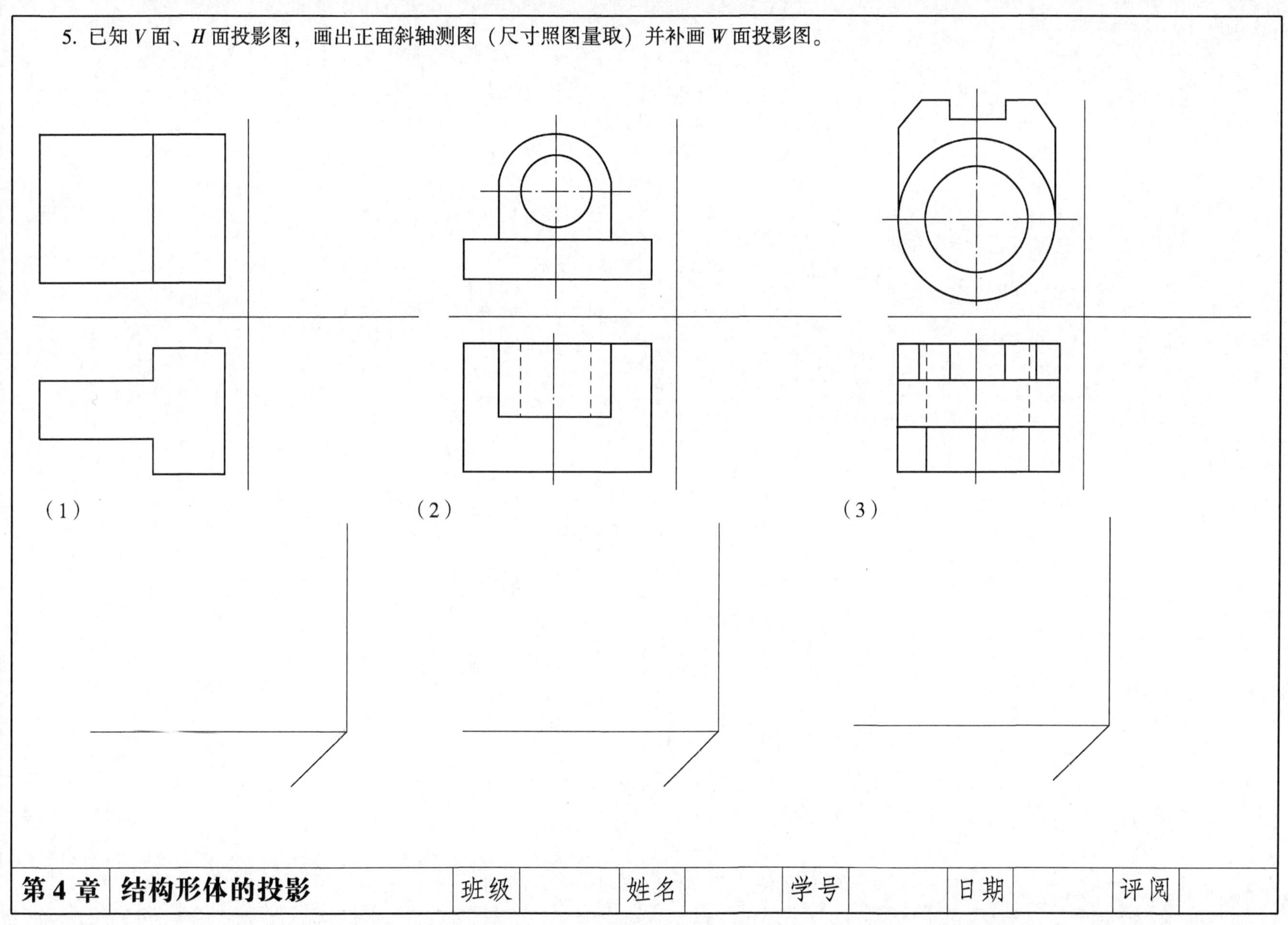

第 4 章	结构形体的投影	班级		姓名		学号		日期		评阅	

6. 补画六棱锥和四棱体、三棱锥台和四棱体的相贯线。

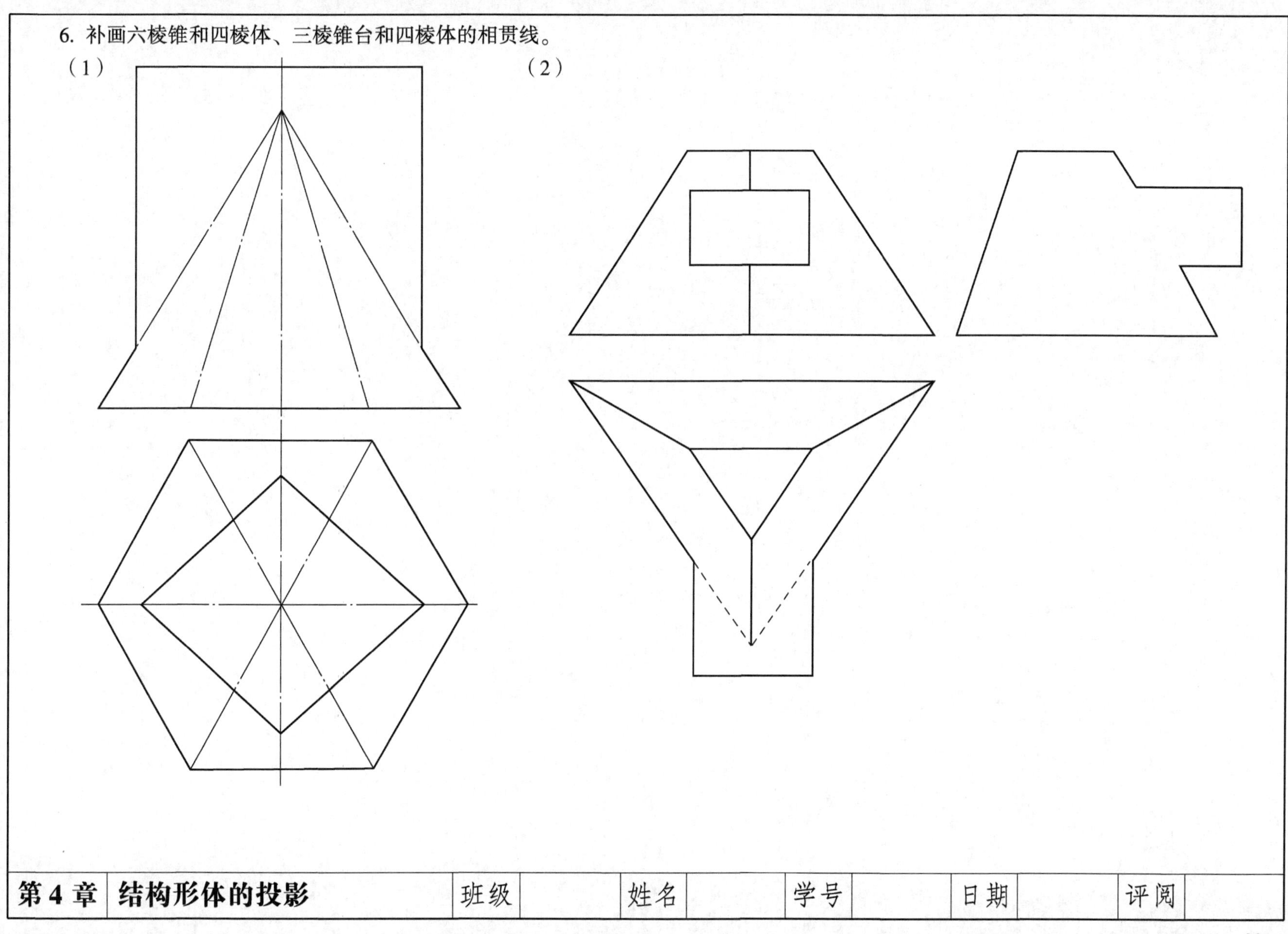

第 4 章	结构形体的投影	班级		姓名		学号		日期		评阅	

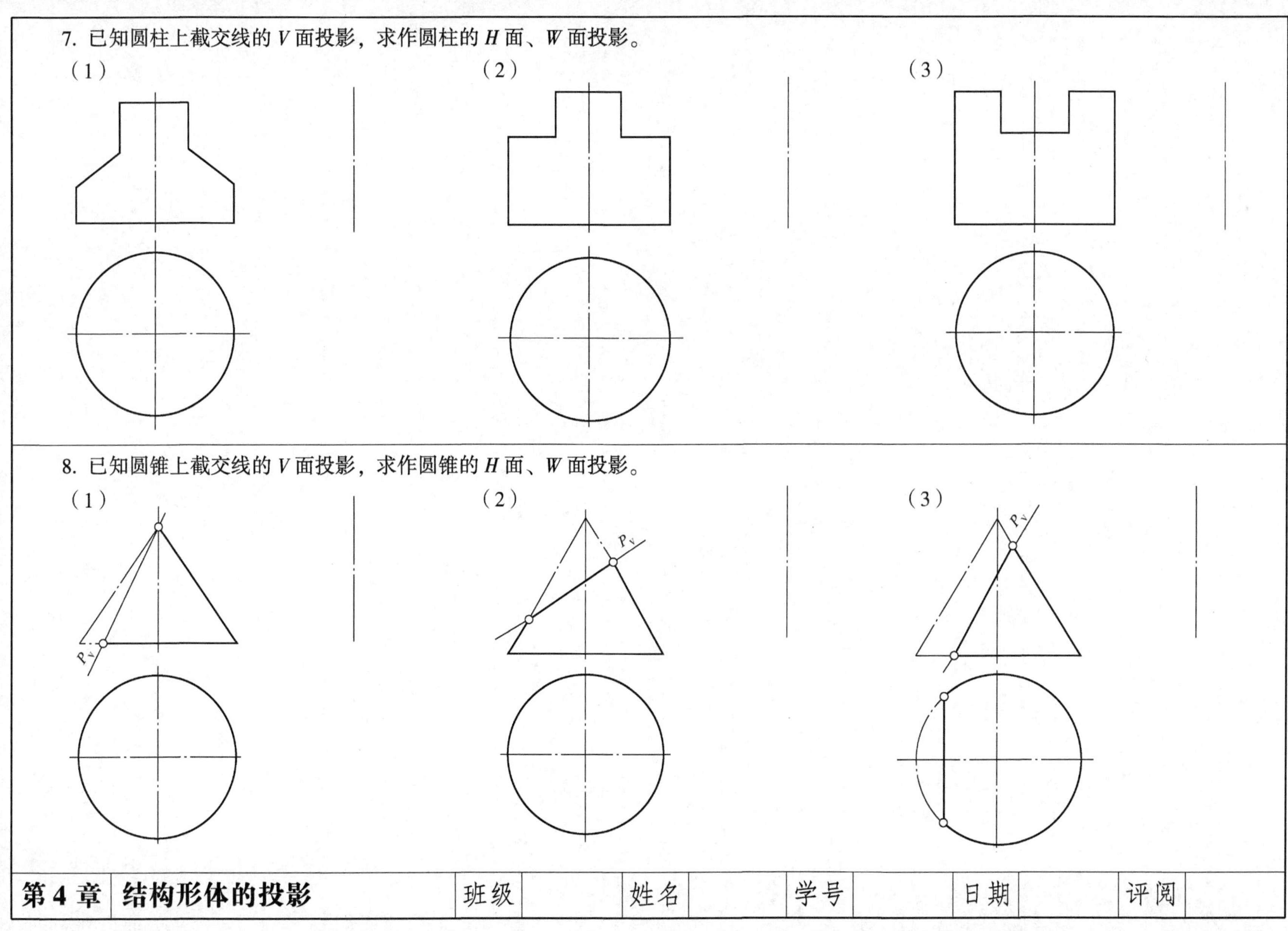
7. 已知圆柱上截交线的 V 面投影，求作圆柱的 H 面、W 面投影。
（1）
（2）
（3）
8. 已知圆锥上截交线的 V 面投影，求作圆锥的 H 面、W 面投影。
（1）
（2）
（3）
P_V
P_V
P_V
第 4 章 结构形体的投影
班级
姓名
学号
日期
评阅

9. 补画圆柱和半圆柱、圆柱和半圆球、圆柱和圆锥体的相贯线。

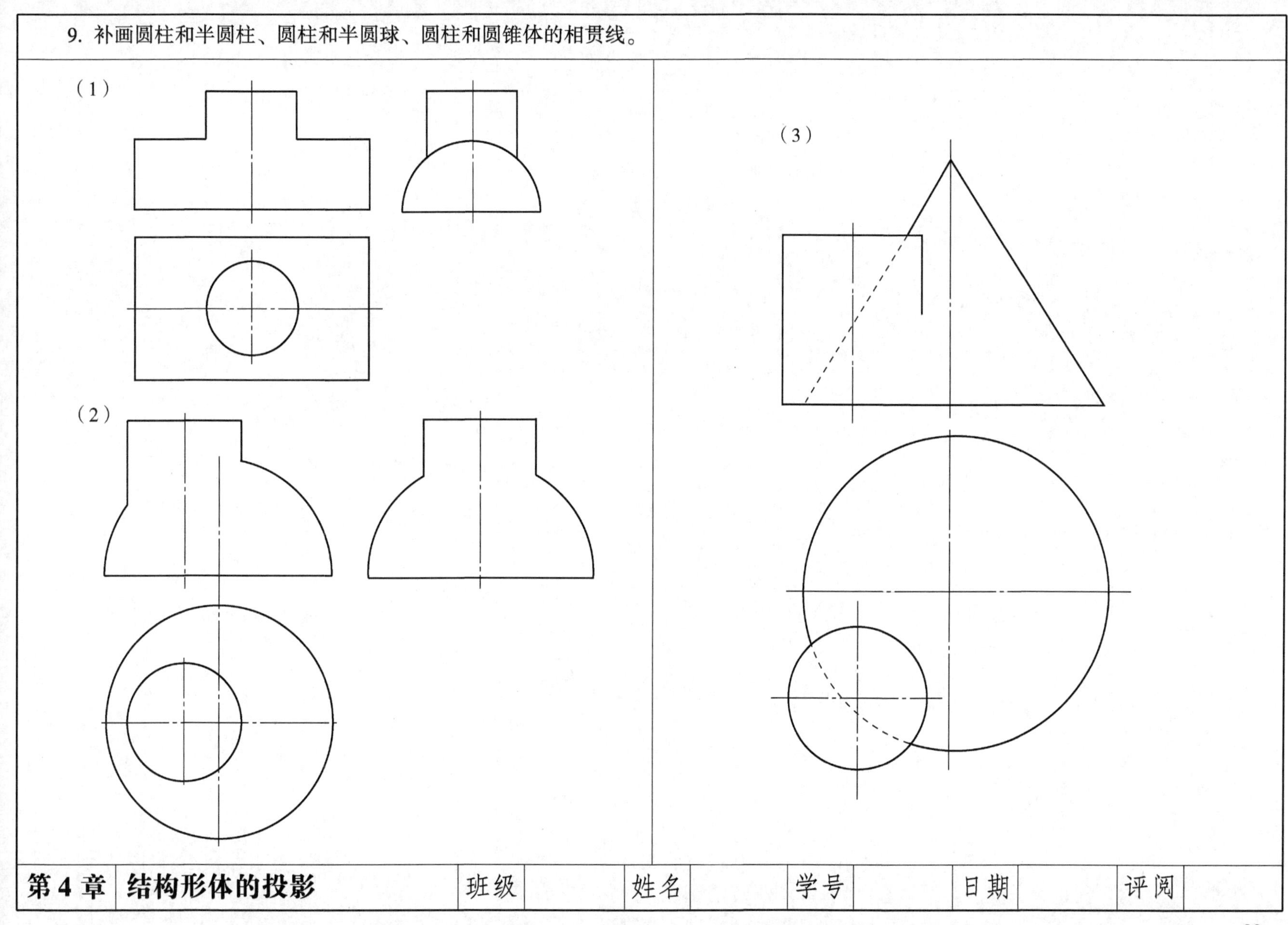

第 4 章	结构形体的投影	班级		姓名		学号		日期		评阅	

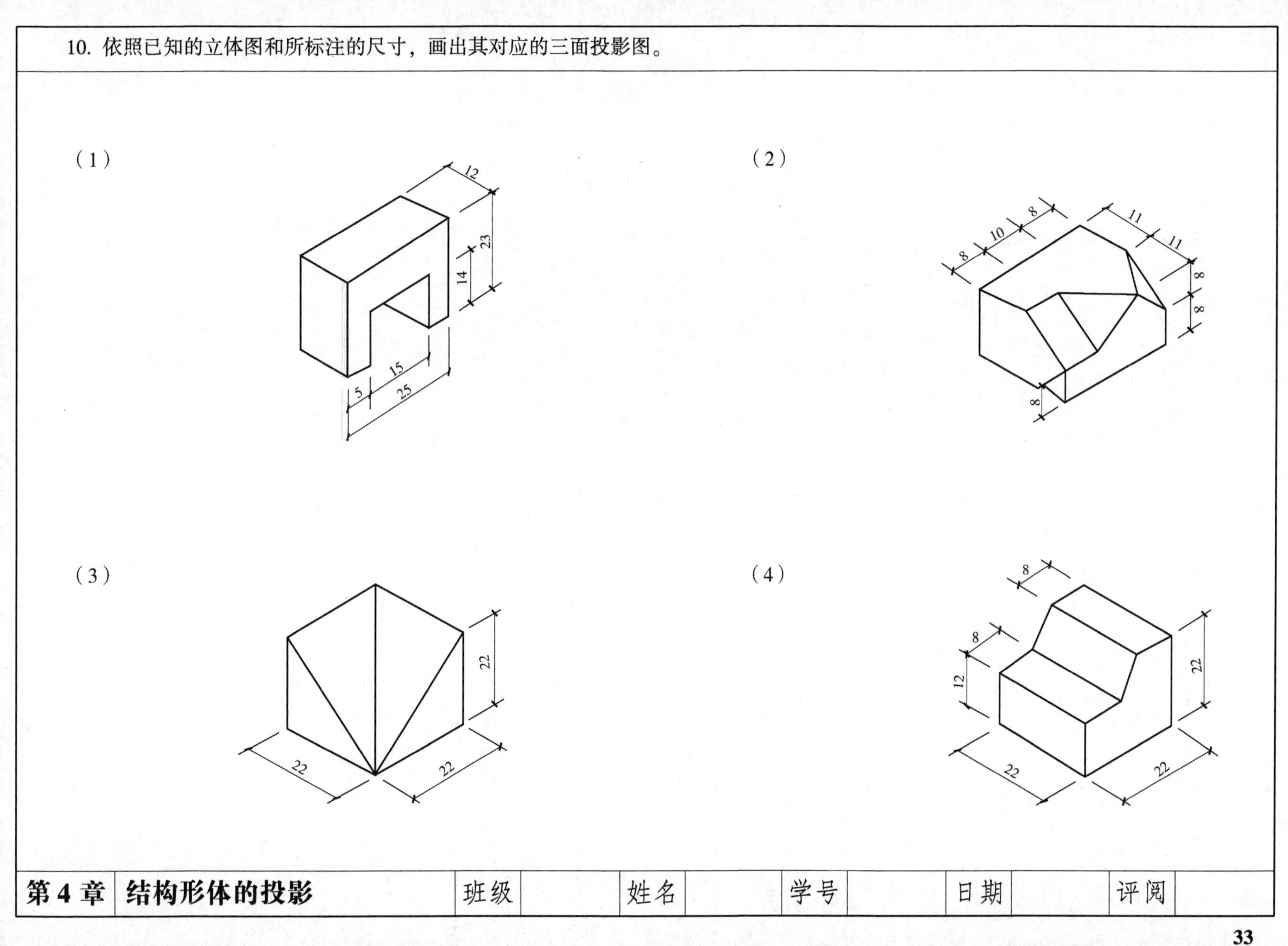
10. 依照已知的立体图和所标注的尺寸，画出其对应的三面投影图。
（1）
12
23
14
5
15
25
（2）
8
10
8
11
11
8
8
8
（3）
22
22
22
（4）
8
8
12
22
22
22
第 4 章　结构形体的投影
班级
姓名
学号
日期
评阅

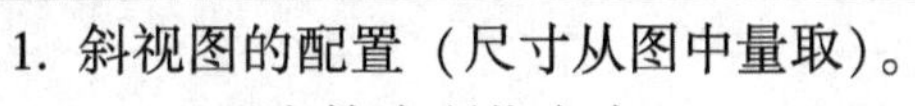

1. 斜视图的配置（尺寸从图中量取）。

（1）配置在箭头所指方向。

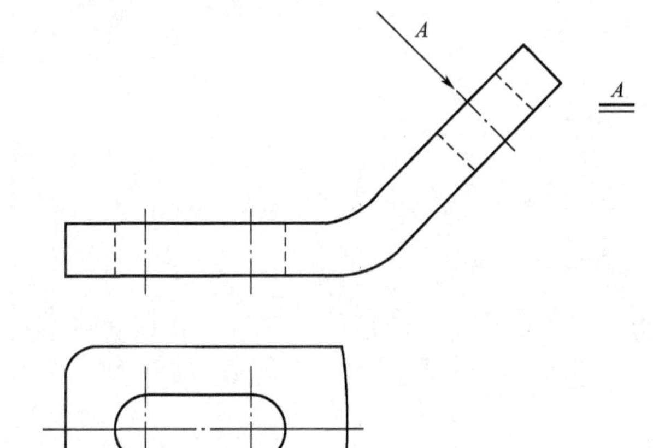

（2）斜视图按旋转配置。

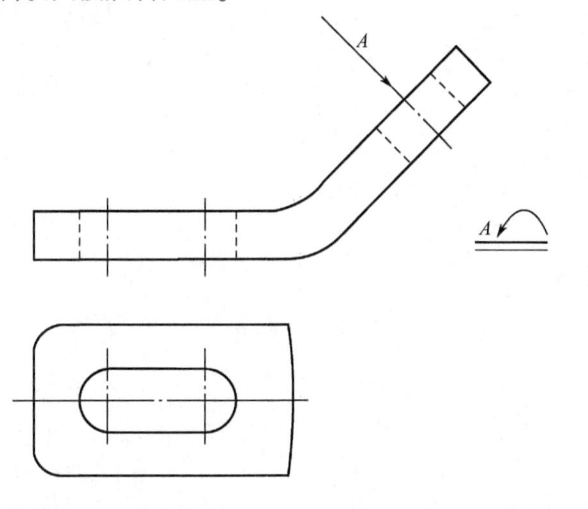

2. 补画 *A* 方向和 *B* 方向的局部视图（尺寸从图中量取）。

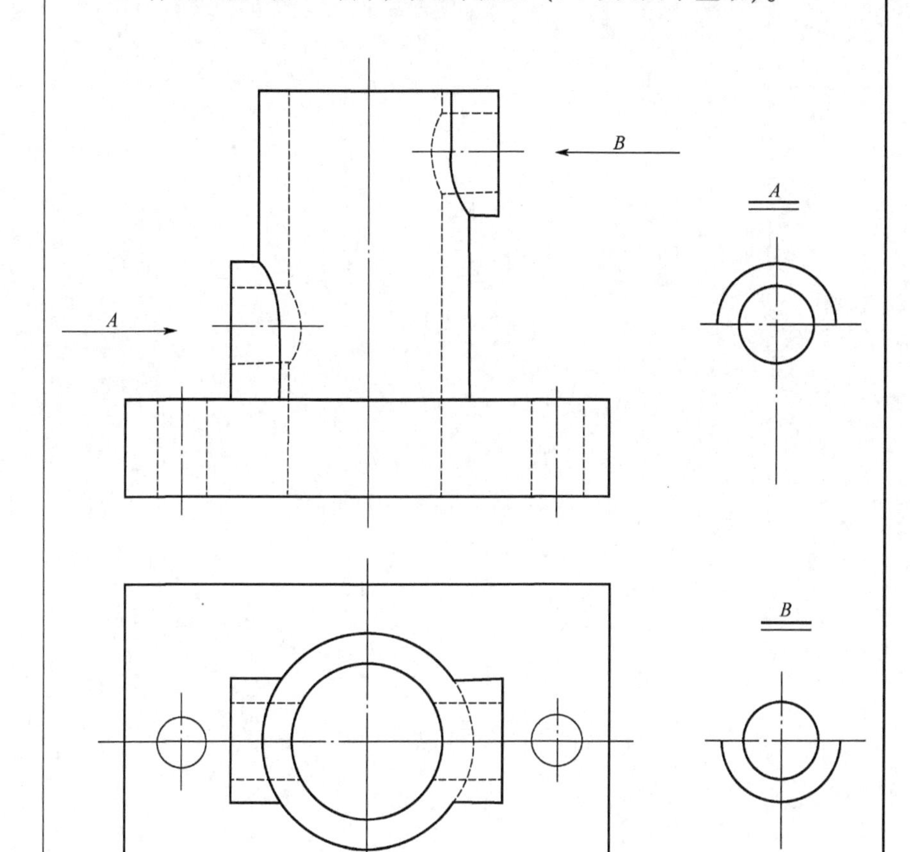

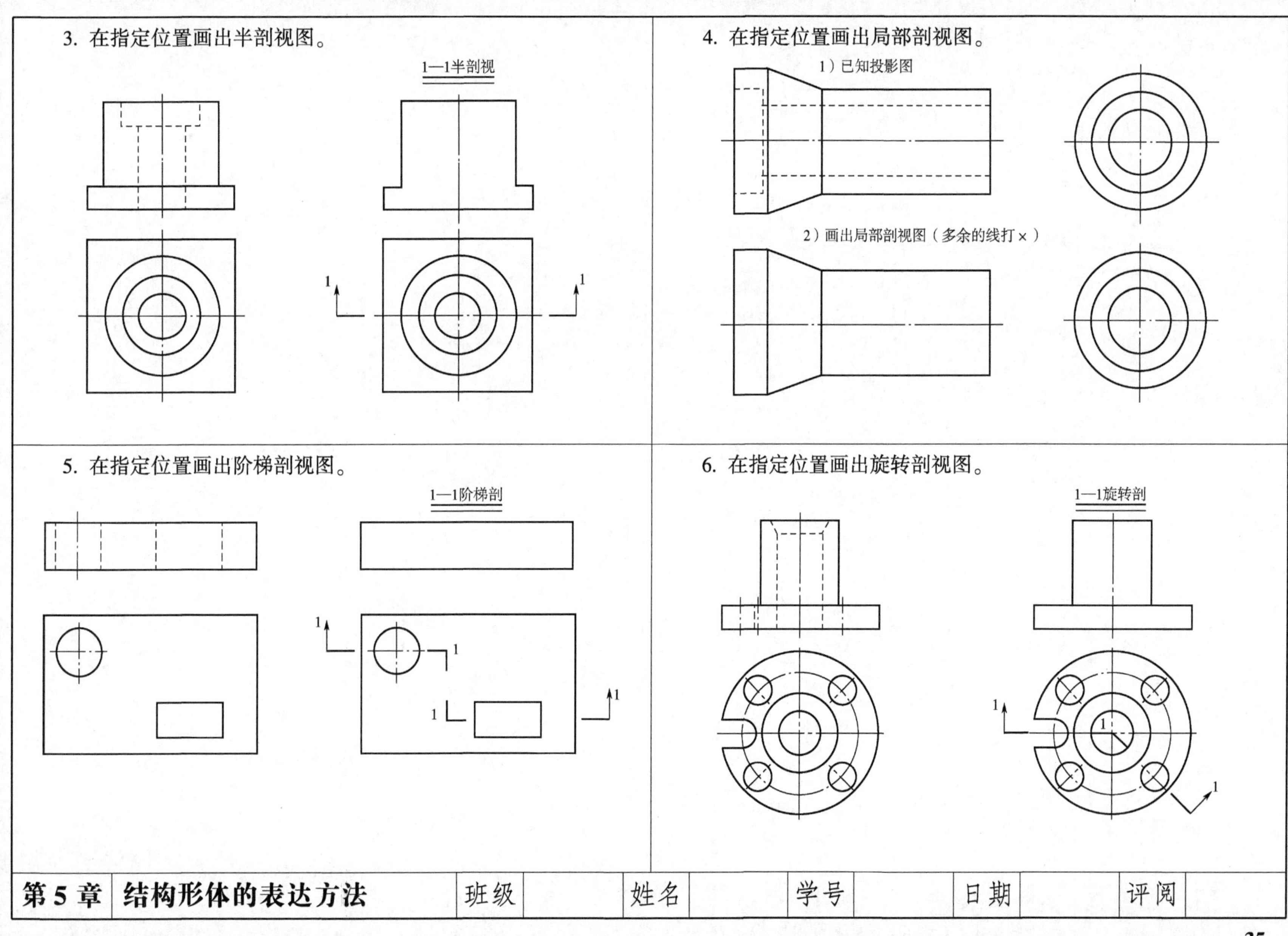
3. 在指定位置画出半剖视图。
1—1半剖视
1
1
4. 在指定位置画出局部剖视图。
1）已知投影图
2）画出局部剖视图（多余的线打×）
5. 在指定位置画出阶梯剖视图。
1—1阶梯剖
1
1
1
1
6. 在指定位置画出旋转剖视图。
1—1旋转剖
1
1
第5章 结构形体的表达方法
班级
姓名
学号
日期
评阅

7. 读剖视图并且改错（画错线的地方打×，缺线的位置必须补画）。

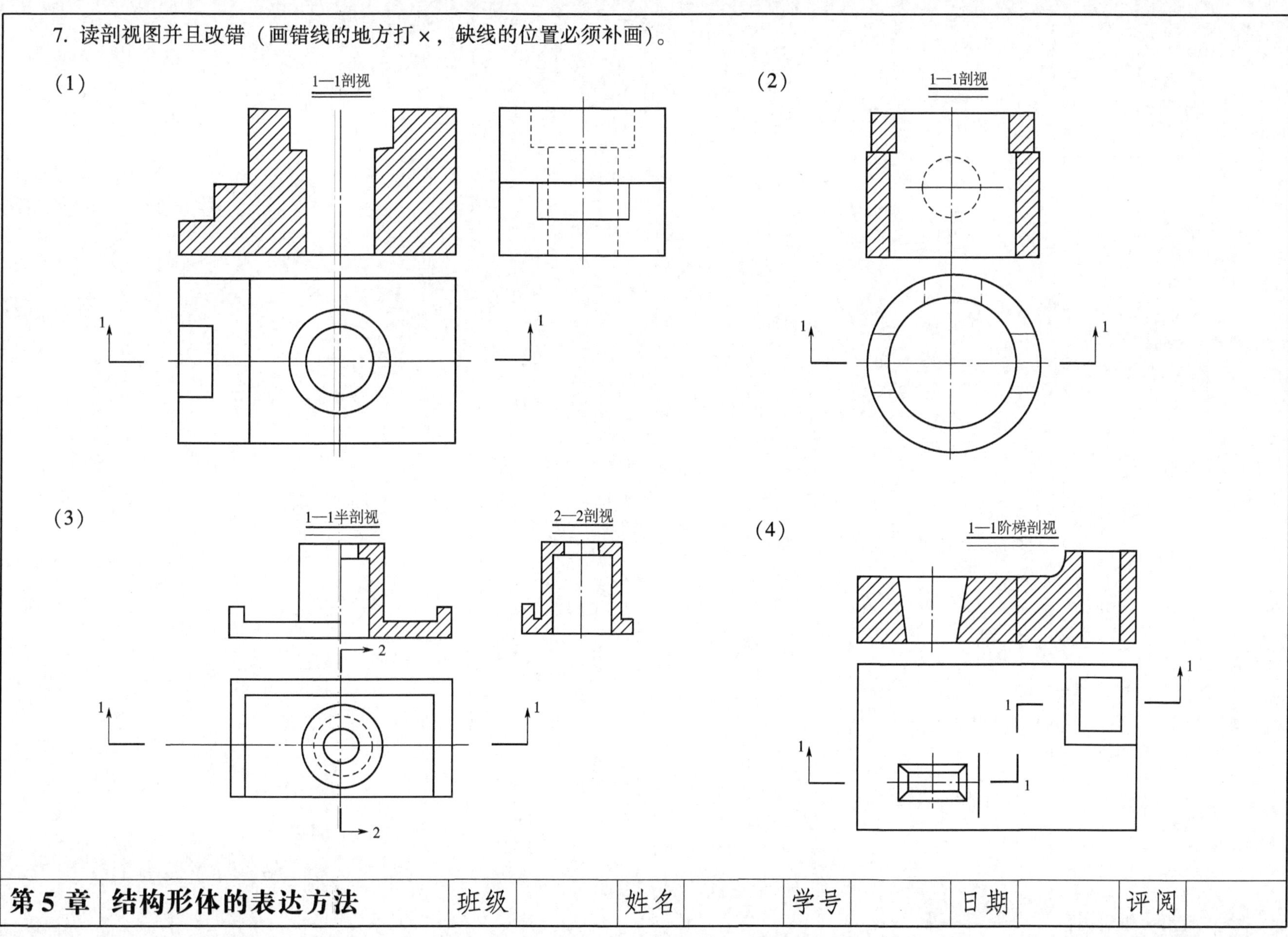

8. 补画剖视图中漏画的线或多余的线（多余的线打×）。

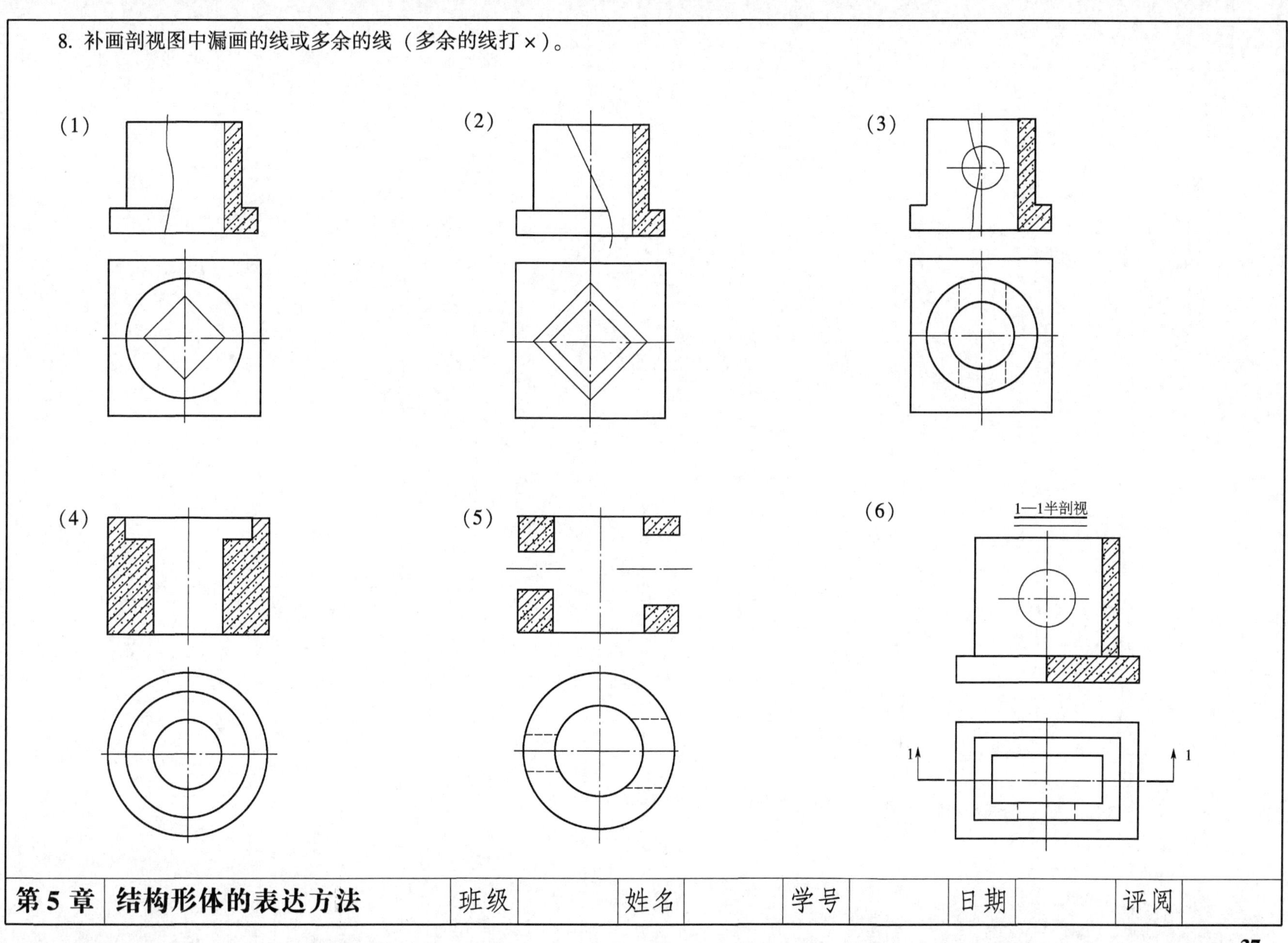

第5章	结构形体的表达方法	班级		姓名		学号		日期		评阅	

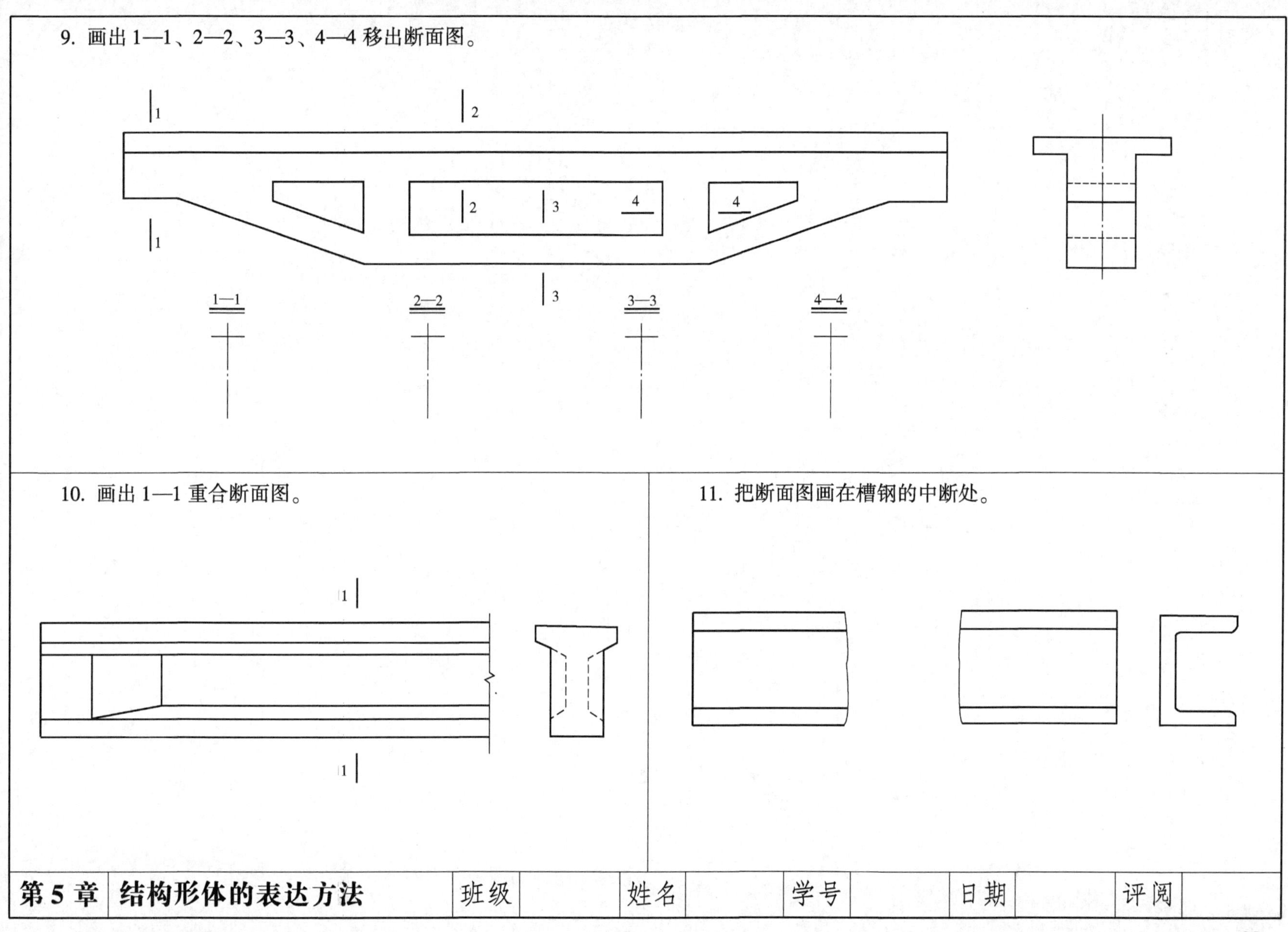
9. 画出 1—1、2—2、3—3、4—4 移出断面图。
1
2
1
2
3
4
4
3
1—1
2—2
3—3
4—4
10. 画出 1—1 重合断面图。
1
1
11. 把断面图画在槽钢的中断处。
第 5 章
结构形体的表达方法
班级
姓名
学号
日期
评阅

12. 在指定位置画出各结构形体的剖视图和断面图。

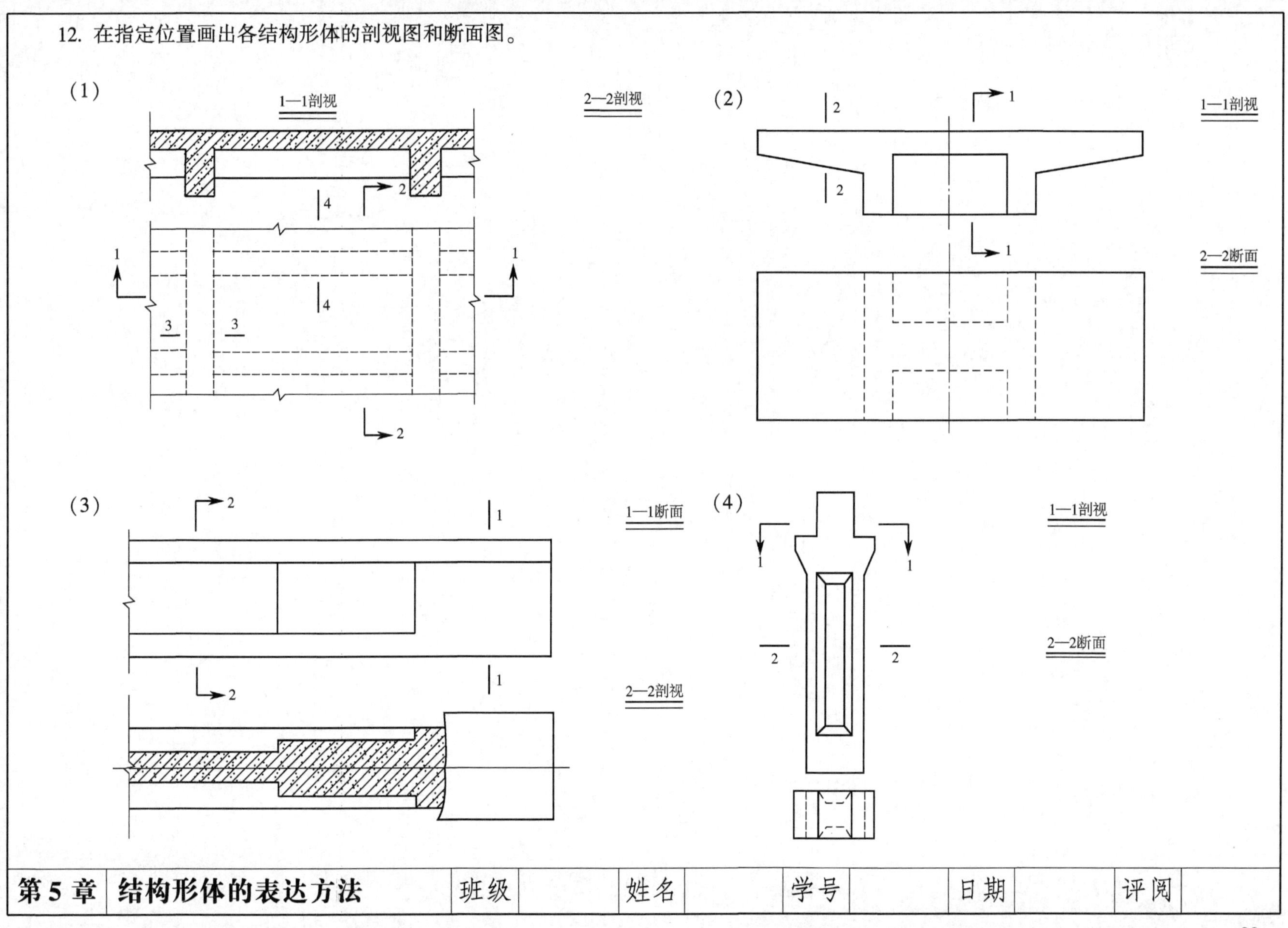

1. 已知点 *A* 位于 *H* 面以上 10m，作出点 *A* 的标高投影图。

2. 已知直线 *AB* 位于 *H* 面以上，其中点 *A* 距 *H* 面 3m，点 *B* 距 *H* 面 12m，作出直线 *AB* 的标高投影图。

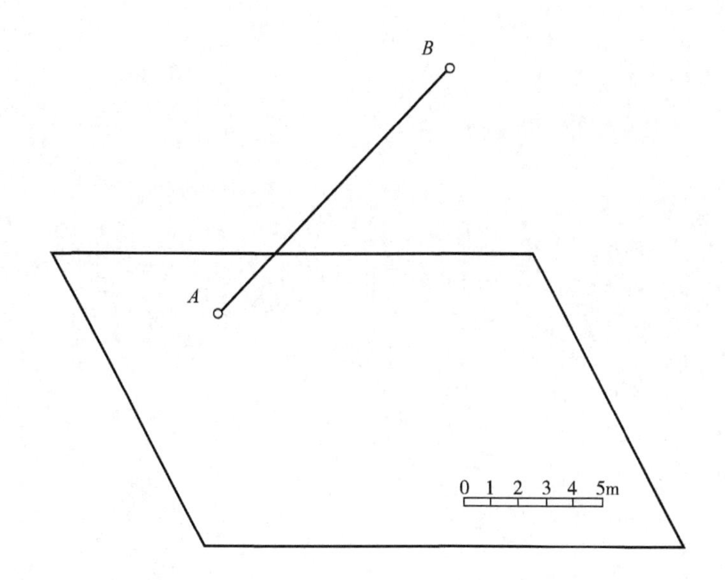

第 6 章	标高投影	班级		姓名		学号		日期		评阅	

3. 下图为一岸堤，堤顶标高为6m，坡面的坡度为1∶2，请用它的一条等高线和坡度来表示该坡面。

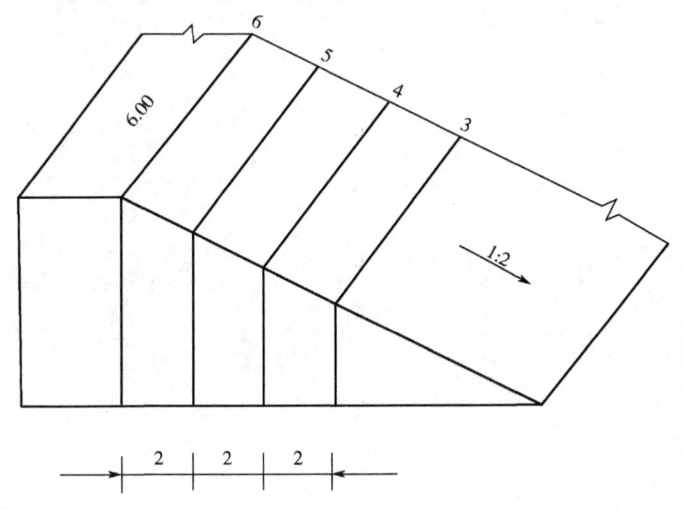

4. 求边坡与标高为+0的地面交线及各坡面交线。

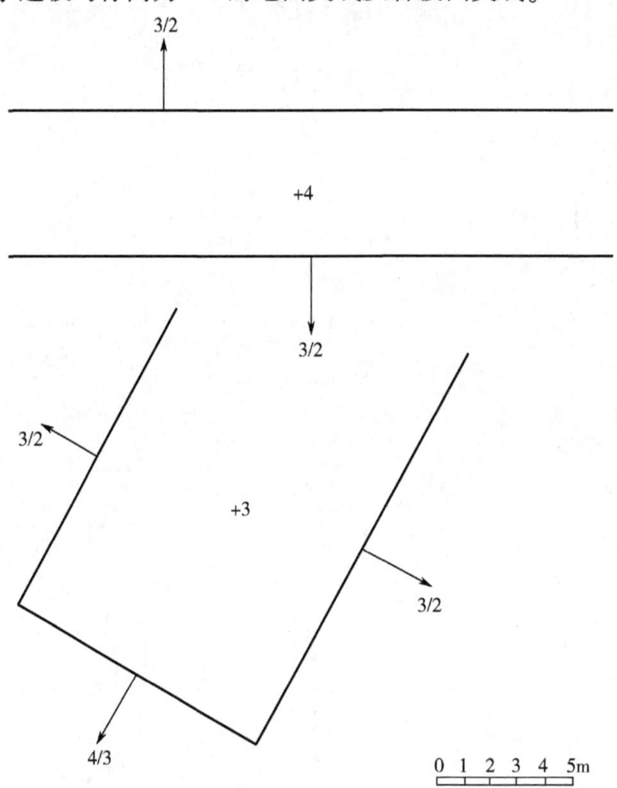

第6章 标高投影	班级		姓名		学号		日期		评阅	

5. 在边坡为0的地面上开挖基坑（各边均为1∶1），作出开挖线及坡面交线。

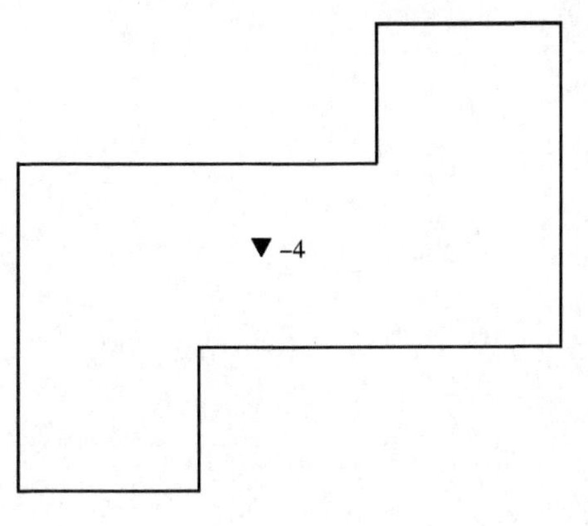

▼ 0

6. 设地面的高程为0，试求作带图台一段路堤边坡的坡面交线和边坡与地形面的交线。

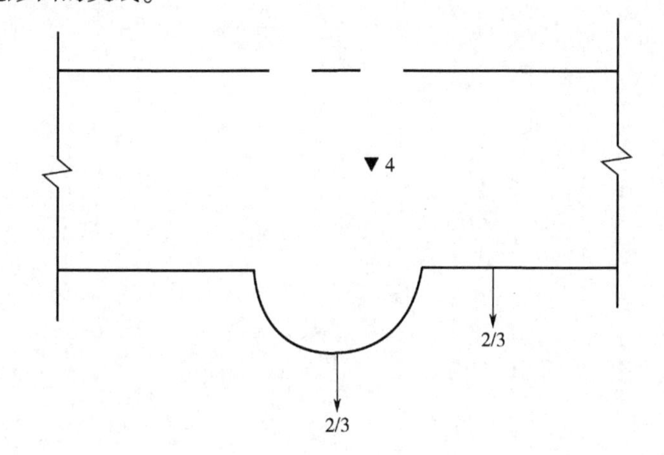

0 1 2 3 4 5m

1. 填空题

（1）道路路线纵断面图中，如果横坐标的比列为1∶1000，则纵坐标的比例为________。

（2）城市以外或者在城市郊区的道路称为____________，位于城市范围内的道路称为____________。

（3）城市道路的设计结果以________________，________________，____________来表达。

（4）道路路线的总长度和各段之间的长度用________表示。

（5）路线纵断面图包括__________和__________两部分。

（6）道路路线纵断面图是通过公路中心线用假想的____________纵向剖切，然后展开绘制后获得。

（7）整个路基全为填土区称为________，整个路基全为挖土区称为________。

2. 选择题

（1）路线平面中，里程桩号标记在路线的（　　）。

A. 左侧　　B. 右侧　　C. 下方

（2）路线纵断面中，设计线用（　　）。

A. 粗实线　　B. 不规则细折线　　C. 曲线　　D. 细实线

（3）为了排除路基范围内及流向路基的少量地表水，可设置（　　）。

A. 排水沟　　B. 急流槽　　C. 边沟　　D. 天沟

（4）路面结构层次的次序为（　　）。

A. 面层、联结层、垫层　　B. 面层、联结层、垫层、基层、土基

C. 面层、联结层、基层、垫层、土基　　D. 面层、基层、整平层

（5）路线走向规定为（　　）。

A. 由左向右　　B. 由右向左　　C. 由上向下　　D. 由下向上

（6）公路横断面图设计线用（　　）。

A. 不规则细折线　　B. 粗实线　　C. 曲线

（7）公路纵断面图中设计线表示（　　）。

A. 路基中心线的设计高程　　B. 路基边缘的设计高程　　C. 路面中心线的高程

1. 填空题

（1）拱涵的洞身由__________、__________和__________组成。

（2）涵洞是路基下的排水孔道，一般由__________、__________和__________三部分组成。

（3）__________________是直接将形体向水平面进行正投影，或是以半剖面图形式表达。

（4）________________的作用一方面是使涵洞与河道顺接，使水流进出口通畅，另一方面是确保________________稳定。

（5）涵洞按其顶上填土情况可分为有填土的____________和无填土的____________。

（6）涵洞是狭而长的工程结构物，一般以水流方向为纵向，与路线的前进方向垂直布置，并以________________代替立面图。

第 8 章	涵洞工程图	班级		姓名		学号		日期		评阅	

2. 阅读并抄绘涵洞工程图（比例自定）

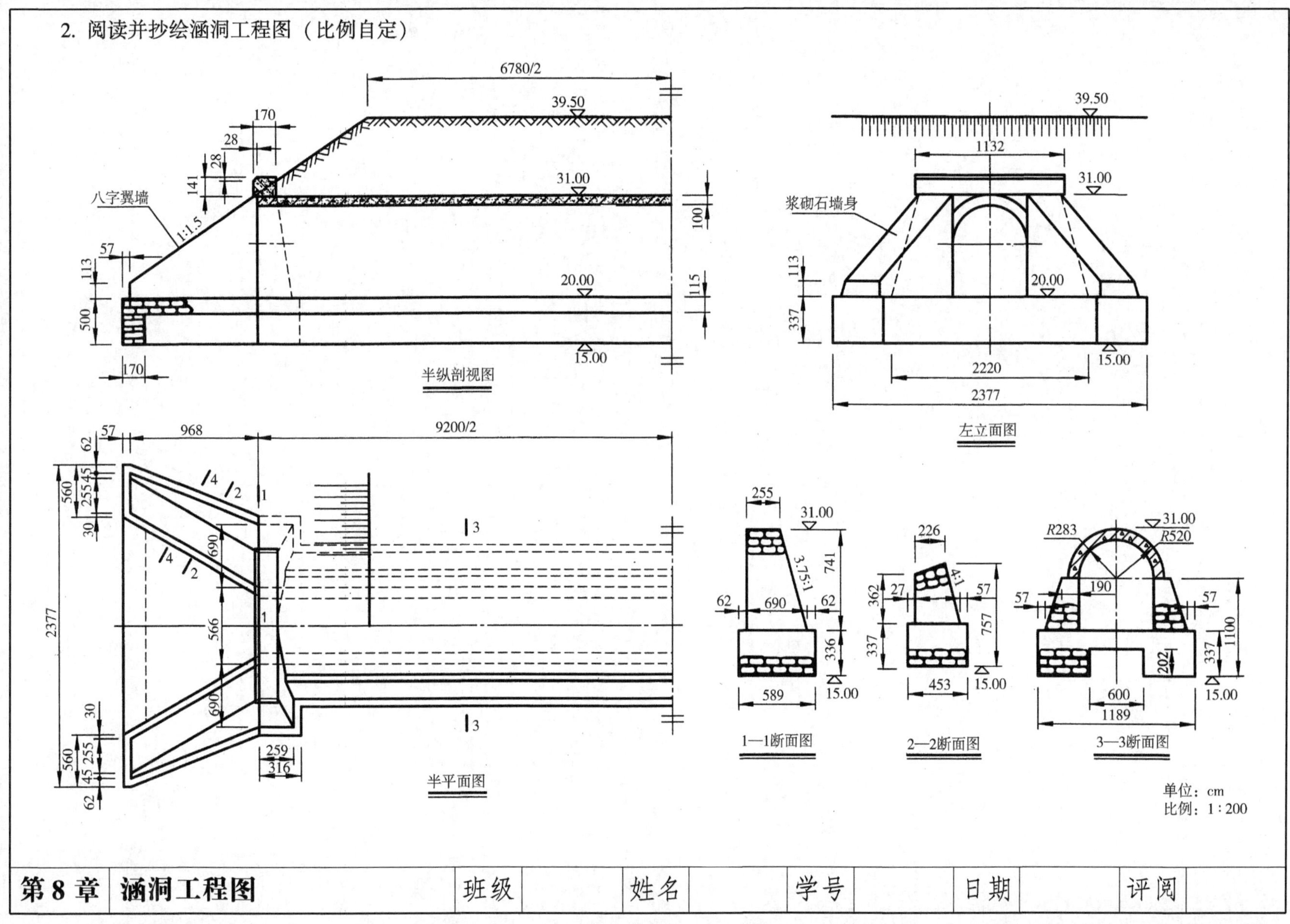

第 8 章	涵洞工程图	班级		姓名		学号		日期		评阅	

1. 填空题

（1）桥梁由____________结构（主梁或主拱圈和桥面系）、____________结构（桥墩、桥台和基础）及____________结构（栏杆、灯柱、护岸、导流结构等）三部分组成。

（2）____________是设在桥墩和桥台顶面，用来支撑上部结构的传力装置。

（3）____________是多孔桥梁中各孔净跨径的总和，它反映了桥下宣泄洪水的能力。

（4）河流中的水位是变动的，在____________河流中的最低水位称为低水位；在__________河流中的最高水位称为高水位。

（5）隧道工程由____________、____________、____________等部分组成。

（6）洞身衬砌结构类型为____________、____________、____________、____________等几种。

2. 阅读并抄绘某桥梁构造图

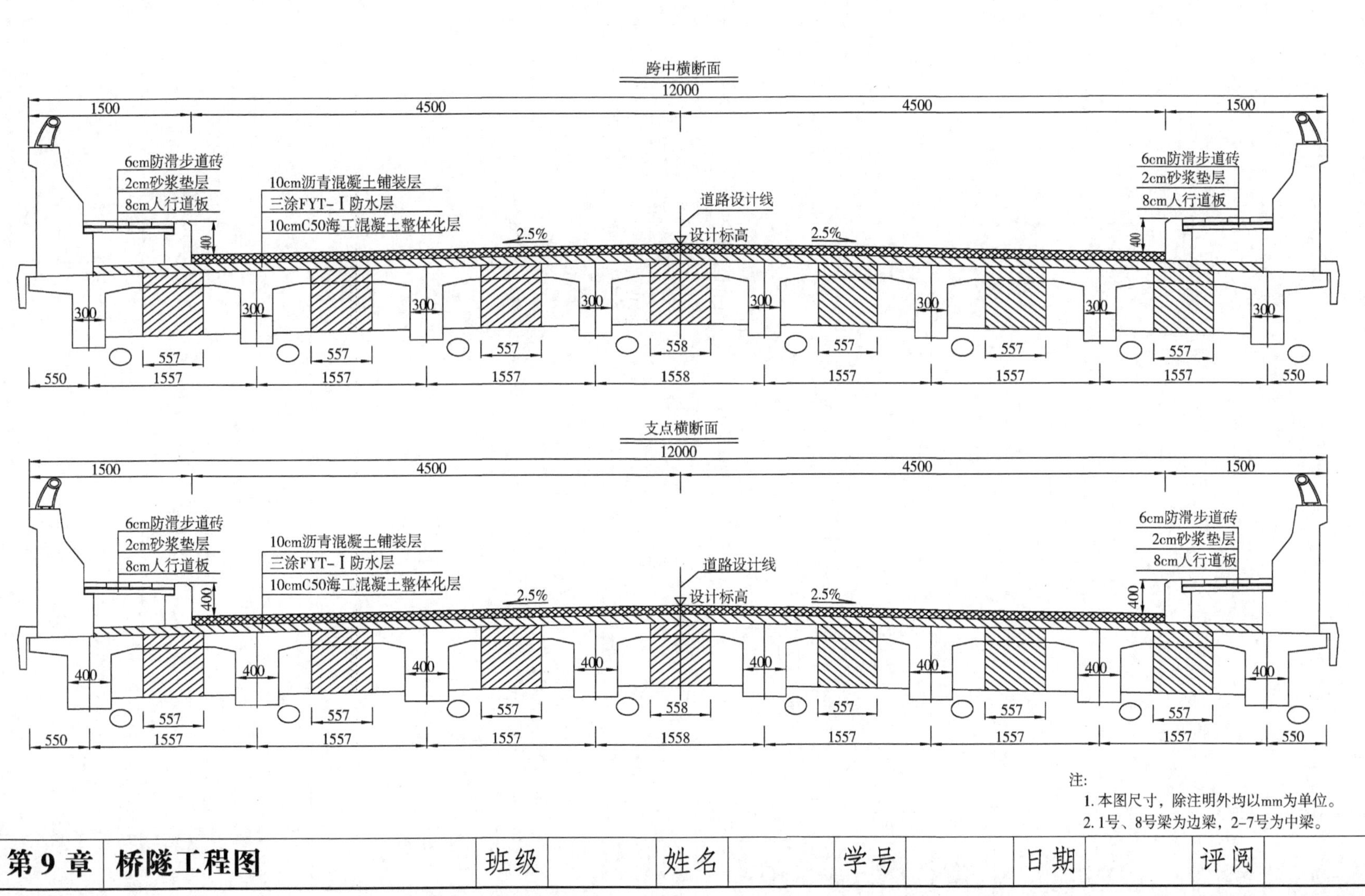

注：

1. 本图尺寸，除注明外均以mm为单位。
2. 1号、8号梁为边梁，2–7号为中梁。

第9章 桥隧工程图	班级		姓名		学号		日期		评阅	

3. 阅读并抄绘某桥梁桥墩一般构造图

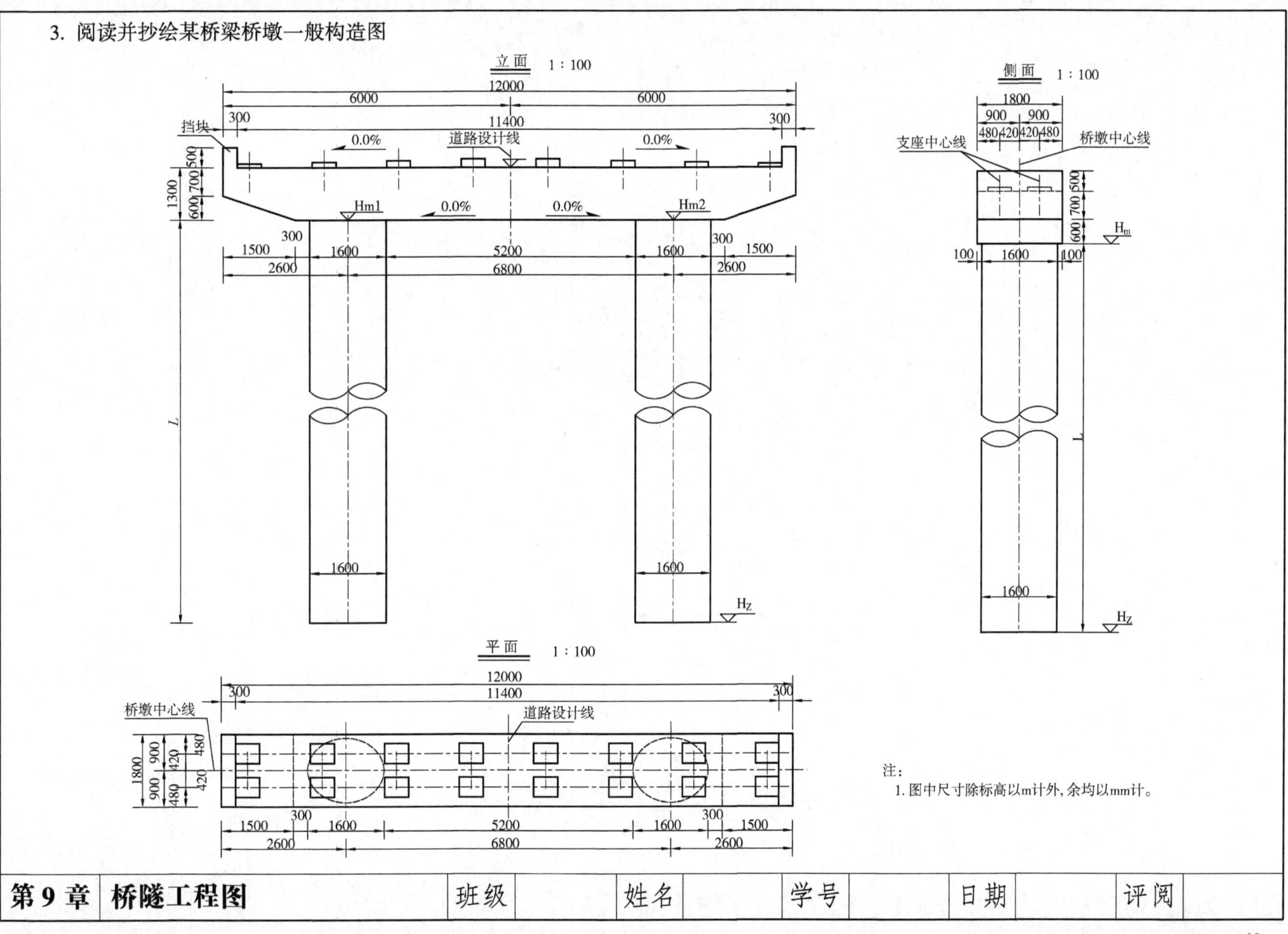

1. 填空题

（1）给水系统的分类：按水源种类分类，可分为________和________给水系统。按使用目的分类，可分为________，生产给水和消防给水。

（2）给水系统是指由取水、________、水质处理、配水等设施以一定的方式组合而成的总体。通常由取水构筑物、水处理构筑物、泵站、________、________和调节构筑物六部分组成。

（3）随着城市路网规划的不同，配水管网可以有多种布置形式，但一般可归结为__________和__________两种布置形式。

（4）排水系统的体制是指在一个地区内收集和输送废水的方式，简称排水体制（制度）。它有________和________两种基本方式。

（5）管道工程施工图的是保证工程施工质量的前提，一般管道施工图包括________、________、大样图和节点详图四种。

（6）纵断面图中主要标出设计地面标高、井类编号、间距、____、坡度、____、管底（或管中心）标高、管道转弯处的角度及横穿交叉的各类管道管沟的位置与标高。

第10章 管道工程图	班级		姓名		学号		日期		评阅	

2. 阅读并抄绘某污水管道纵断面图

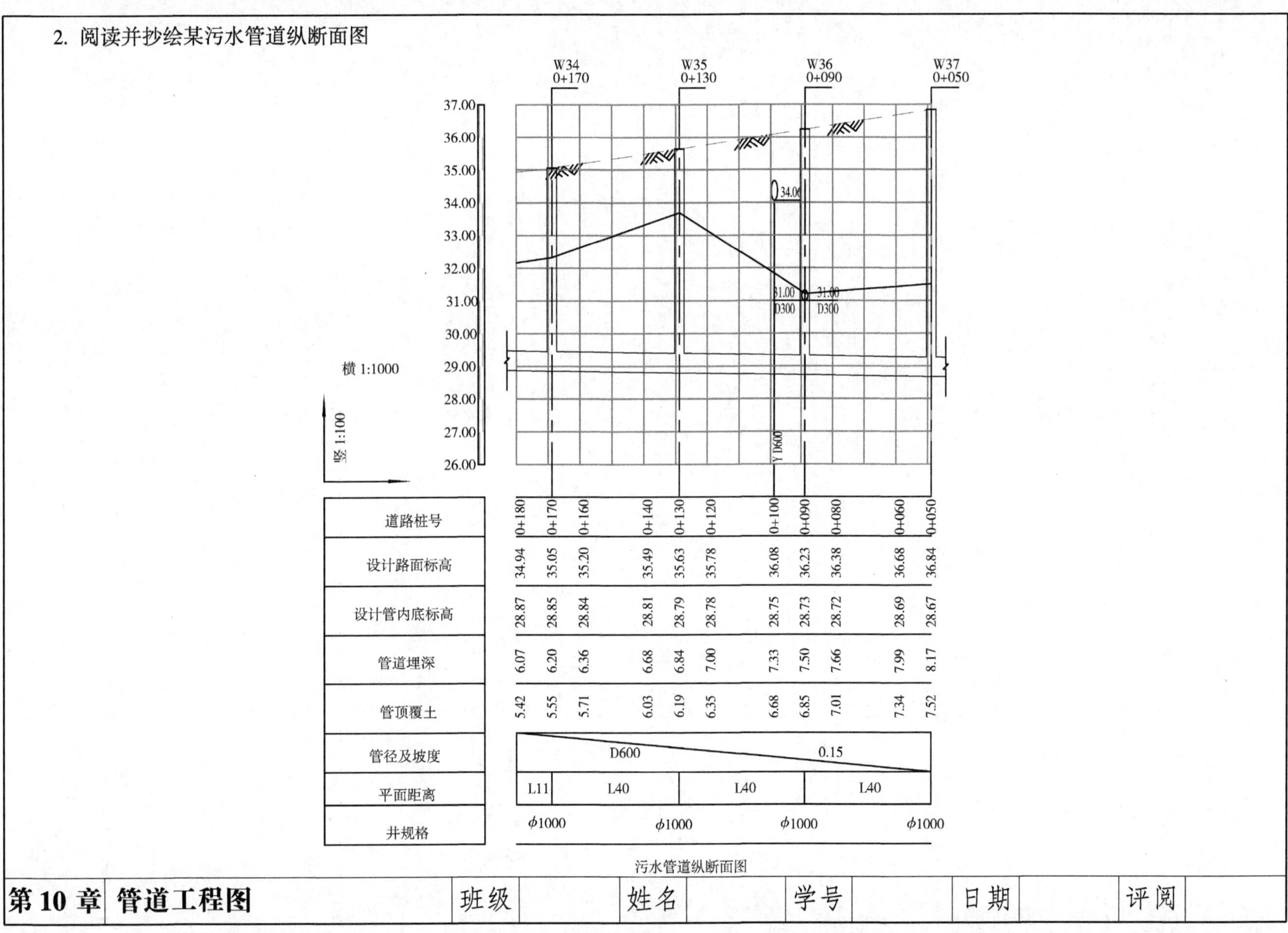

污水管道纵断面图

1. 填空题

（1）轨道交通工程线路在水平面上的投影线形是________，表示线路在平面上的具体位置。

（2）________是轨道交通运行的基础。

（3）________是贯穿所有车站、区间供列车日常运行的线路，采用上下行分行，一般实施右侧行车惯例，以便与城市地面交通的行车规划相吻合。

（4）在纵断面图的上半部分主要有两条线：一条是________，它是根据中线上各桩点的高程而点绘的一条不规则的折线，反映了沿着中线地面的起伏变化情况，一般用细实线表示；一条是________，它是经过技术上、经济上以及美学上等多方面比较后设计人员定出一条具有规则形状的几何线。

（5）轨道交通的轨道结构从总体上可分为两类：一类为传统的________；另一类为________，实践表明，两种轨道结构均可保证高速列车的安全运营。

（6）城市轨道交通车站主要由________和________两大部分组成。

（7）通常____________布置在地下一层，主要功能是集散乘客、引导乘客分流和售检票服务。

第 11 章	轨道工程图	班级		姓名		学号		日期		评阅	

2. 阅读并抄绘某导墙配筋图

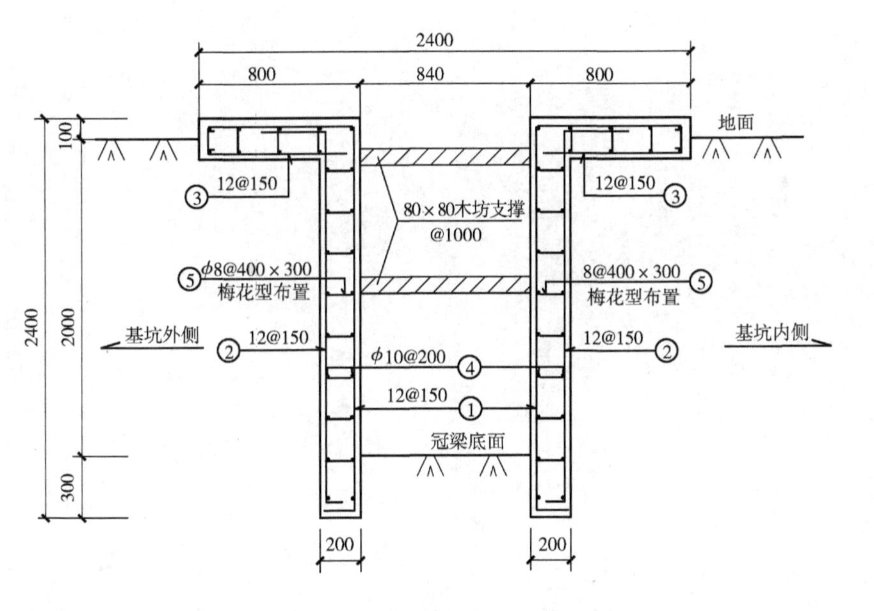

导墙配筋图 1:25

车站基坑导墙钢筋大样表（每延米）

序号	钢筋大样	长度（mm）
①	760 2360 160	3280
②	300 2340 160	2800
③	760	760
④	1000	1000
⑤	105 160 105	370